1th Edition 개편된 시험제도 완벽대비!

KB041806

2023
백광훈
경찰형사법

기본서 1권 형법총론

백광훈 편저

경단기

박영사

본서는 경찰공무원(순경) 공개경쟁채용시험(순경공채), 경찰공무원 경력경쟁채용시험(전의경·경행·법학경채), 해양경찰공무원(순경) 공개경쟁채용시험, 경찰간부후보생 선발시험(경찰간부) 및 경찰공무원 정기 승진시험(경찰승진) 등을 준비하는 수험생들을 위한 경찰형사법 전문수험서이다.

2022년 7월, 필자는 서울 경단기학원에 출강하게 됨에 따라, 위에서 나열한 시험들을 준비하는 수험생들만을 위한 경찰형사법 전용 기본서, 판례집, 기출문제집, OX문제집 등의 강의교재 시리즈를 모두 새롭게 다시 만들게 되었다.

'백광훈 경찰형사법 교재 시리즈'는 필자의 기존 형법·형사소송법 교재들의 방대한 분량을 경찰형사법의 각 단계별 강의에 맞추어 확 줄인 것이다. 즉, ① 기본이론강의에 필요한 '기본서', ② 심화총정리강의에 필요한 '판례집', ③ 기출문제총정리강의에 필요한 '기출문제집'이 바로 그것이다. 본서는 이 중 제1단계의 교재인 기본서에 해당한다.

특히 최근 경찰공무원 시험과목이 개편되어 형사법에서는 형법총론 35%, 형법각론 35%, 형사소송법의 수사와 증거 30%의 비중으로 출제되고 있는바, 이는 형사법에서 특히 형법의 비중이 상당히 높다는 것을 보여주는 것이다. 이에 본서는 경찰형사법의 형법총론을 공부하는 수험생들의 기본개념과 기본이론의 학습에 꼭 맞는 콘텐츠가 담긴 최적화된 수험서의 성격을 가지고 있다.

본서의 특징을 소개하자면 아래와 같다.

1 본서만으로도 형법총론의 실질적인 이해가 가능하도록 그 내용을 충실히 구성하였다. 동시에 기출문제는 수험의 시작이자 끝이라는 점에서 기본서 내용 전반에 경찰형사법 기출지문들이 모두 녹아들도록 만전을 기하였다.

2 핵심만을 간추려 빠른 회독을 할 수 있도록 하였다. 이에 본서는 전체 내용을 단기간에 정리할 수 있는 요약서의 기능 또한 충분히 수행할 것이다.

③ 형사법 과목에서 판례의 중요성은 아무리 강조해도 지나치지 아니하므로, 본서는 이론과 판례를 연계하여 이해할 수 있도록 핵심적인 기본판례를 수록하였다. 다만, 경찰형사법에서 최대 출제비중을 차지하는 판례에 대한 심화학습은 제2단계 교재인 판례집에서 이루지게 될 것이다. 참고로 기본서와 판례집 모두 2022년 2월 11일까지 판시된 판례들이 수록되어 있음을 확인해둔다. 이후의 최신판례들은 각 시험 전 최신판례특강을 통해 업데이트될 것임도 동시에 알려두고자 한다.

④ 기본이론 강의교재인 본서와 심화판례 강의교재인 판례집의 내용구성을 일치시킴으로써 수험생들이 이론과 판례를 쉽게 연결하여 학습할 수 있도록 하였다. 어떤 내용이 책의 어느 부분에 있다는 것을 금세 찾아낼 수 있다면 그 수험생은 일정한 실력을 갖춘 것으로 평가된다. 따라서 기본서와 판례집의 구성이 일치하여야만 독자들의 실력향상에도 기여할 수 있는 것이다.

끝으로 경찰형사법 교재 시리즈를 집필함에 있어서 필자의 까다로운 여러 요청들을 묵묵히 수용해주시고, 본서의 출간을 기꺼이 맡아주신 도서출판 박영사의 임직원들에 대한 심심한 감사의 마음을 지면을 빌려 기록해둔다.

2022년 6월

백 광 훈

학습문의 | cafe.daum.net/jplpexam (백광훈형사법수험연구소)

✔ 아웃라인

	목차	난도	출제율	대표지문
제1장 형법의 기본개념	01 형법의 의의	下	★	• 의사결정규범–형법이 무가치하다고 평가한 불법을 일반 국민이 결의하지 않도록 한다.
	02 형법의 성격	下	★	
	03 형법의 기능	下	★	
제2장 죄형법정주의	01 죄형법정주의의 의의	下	★	• 법률주의란 범죄와 형벌은 성문의 법률로 규정되어야 한다는 원칙 을 말하며 여기서의 법률은 형식적 의미의 법률을 의미한다. (O) • 독일에서 거주하다가 대한민국 국적을 상실한 사람이 국적 상실을 전후하여 북한을 방문한 사안에서, 대한민국 국적을 상실하기 전과 국적 상실 후의 모든 방문행위는 국가보안법 제6조 제2항의 탈출에 해당한다. (X)
	02 죄형법정주의의 연혁과 사상적 기초	下	–	• 사고피해자를 유기한 도주차량 운전자에게 살인죄보다 무거운 법정형을 규정하였다 하여 그것만으로 적정성의 원칙에 반한다고 할 수 없다. (X) • 보안처분 중 신상정보공개명령, 위치추적전자장치부착명령에는 소급처벌금지의 원칙이 적용된다. (X)
	03 죄형법정주의의 내용	中	★★★	• 형법이나 국가보안법의 '자수'에는 범행이 발각되고 지명수배된 후의 자진출두도 포함되는 것으로 해석하고 있으므로 공직선거법 의 '자수'를 '범행발각 전에 자수한 경우'로 한정하는 해석은 유추해 석금지의 원칙에 위반된다. (O)
제3장 형법의 적용범위	01 시간적 적용범위	中	★★★	• 범죄의 성립과 처벌은 행위시의 법률에 따른다고 할 때의 '행위시'라 함은 범죄행위의 종료시를 의미한다. (O)
	02 장소적 적용범위	中	★★★	• 형법 제1조 제2항을 적용함에 있어 형의 경중의 비교는 원칙적으로 법정형을 표준으로 할 것이고 처단형이나 선고형에 의할 것이 아니 다. (O)
	03 인적 적용범위	中	★★	
제4장 형법이론	01 형법이론	中	★	• 형벌을 과거의 범죄행위에 대한 책임의 상쇄로 이해하는 응보형주 의는 인간의 자기결정능력을 신뢰하는 자유주의 사상의 산물로서 국가형벌권 행사를 확대하는 데 기여하고 있다.
	02 범죄이론	中	★	• 장래의 범죄를 예방하는 데 형법의 목적이 있다고 이해하는 일반예 방주의는 심리강제설의 영향을 받고 있다. (O)

1 아웃라인

각 편·장의 목차별 난도 및 출제율과 함께 반복출제된 주요 대표지문을 OX문제로 수록하였습니다.

✔ 출제경향

구 분	경찰채용						경찰간부						경찰승진					
	17	18	19	20	21	22	17	18	19	20	21	22	17	18	19	20	21	22
제1절 범죄론의 기초			2								1			1		1	1	
제2절 행위론																		
제3절 행위의 주체와 객체		1								1			1		1	1		1
출제빈도			3/220						2/240						7/240			

2 출제경향

경찰채용·간부·승진 외에도 형법이 포함된 주요 시험의 기출문제를 철저히 분석하였습니다.

2. 신분범의 의의

(1) 신분범과 신분의 개념

① **신분범** : 행위자에게 일정한 신분관계가 존재하여야 범죄가 성립하거나 형의 경중에 영향을 미치는 범죄(자)를 의미한다. [국가9급 12]

② **형법상 신분** : 남녀의 성별, 내·외국인의 구별, 친족관계, 공무원자격 등은 물론 범인 개인 특유의 지위 또는 상태를 의미한다. [경찰채용 12 2차 / 경찰간부 20] 판례는 목적도 이에 포함된다는 입장이다(통설은 반대). 이에 모해위증죄(제152조 제2항)의 모해의 목적을 가진 자가 이러한 목적이 없는 자를 교사하여 위증케 한 경우, 정범은 단순위증죄(제152조 제1항)로 처벌되는 데 반해 교사자는 제33조 단서에 따라 모해위증교사죄(제152조 제2항)로 처벌된다고 한다(대법원 1994.12.23, 93도1002). [경찰채용 22 1차 / 경찰채용 12 2차 / 경찰간부 17·18·22 / 경찰승진(경사) 10 / 국가7급 14 / 법원9급 11 / 법원행시 05·08·09·14 / 사시 11·12·13·14 / 변호사시험 14]

(2) 신분범의 종류

① **진정신분범** : 신분이 있어야 범죄가 성립하는 경우를 말한다. [경찰승진 13 / 법원행시 05]

② **부진정신분범** : 신분 때문에 형이 가중되거나 감경되는 경우를 의미한다. [경찰승진 13 / 법원행시 05]

3 기출표시

해당 이론이 기출제된 시험의 직렬과 기출연도를 최대한 빠짐없이 표기하였습니다.

04 과잉방위와 오상방위

제21조【정당방위】② 방위행위가 그 정도를 초과한 경우에는 정황(情況)에 따라 그 형을 감경하거나 면제할 수 있다. 〈개정 2020.12.8.〉 [경찰채용 10 1차 / 법원9급 07(상) / 법원9급 07(하)]
③ 제2항의 경우에 야간이나 그 밖의 불안한 상태에서 공포를 느끼거나 경악(驚愕)하거나 흥분하거나 당황하였기 때문에 그 행위를 하였을 때에는 벌하지 아니한다. 〈개정 2020.12.8.〉 [경찰간부 17 / 국가9급 12 / 법원행시 16]

1. 과잉방위

(1) 개 념

과잉방위(過剩防衛)라 함은 정당방위상황은 존재하나 침해행위에 대한 방위행위의 균형성이 상실되고 방어방법의 상당성이 결여된 경우를 의미한다.

> 예 • 자신의 아들의 장난감을 절취하는 자를 살해한 행위
> • 자신의 아내를 성적으로 희롱하는 자를 살해한 행위 등

(2) 법적 취급

① 제2항: 책임감소·소멸사유라는 것이 다수설이다(임의적 감면). 따라서 과잉방위에 대해서도 무죄판결이 가능하게 된다.

> → 이에 비하여 후술하는 중지미수(제26조)의 경우에는 책임감소 내지 인적 처벌조각사유로 파악되므로 무죄판결이 불가능하다.

(2) 회피가능성의 판단기준

① 내용: 행위자에게 자신의 지적(知的) 인식능력을 사용하여 진지하게 고려해보고 전문가에게 성실하게 문의해보고 조사해볼 것을 요구하고, 행위자가 자신의 지적 인식능력을 다하여 문의·조사의무를 이행했음에도 불구하고 그 위법성을 인식할 수 없었을 때에는 회피가능성이 없으므로 책임이 조각된다 (지적 인식능력 기준설, 다수설·판례).

② 지적 인식능력에 의한 문의의무·조사의무 이행의 정도: "구체적인 행위정황과 행위자 개인의 인식능력 그리고 행위자가 속한 사회집단"에 따라 달리 평가되어야 한다(대법원 2006.3.24, 2005도3717). [국가9급 18 / 사시 13]

> **판례연구 법률의 착오의 정당한 이유 판단방법**
>
> 대법원 2006.3.24, 2005도3717; 2008.10.23, 2008도5526; 2010.7.15, 2008도11679 등
> 형법 제16조에서 ⋯ 정당한 이유가 있는지 여부는 ① 행위자에게 자기 행위의 위법의 가능성에 대해 심사숙고하거나 조회할 수 있는 계기가 있어 ② 자신의 지적능력을 다하여 이를 회피하기 위한 진지한 노력을 다하였더라면 스스로의 행위에 대하여 위법성을 인식할 수 있는 가능성이 있었음에도 이를 다하지 못한 결과 자기 행위의 위법성을 인식하지 못한 것인지 여부에 따라 판단하여야 할 것이고, ③ 이러한 위법성의 인식에 필요한 노력의 정도는 구체적인 행위정황과 행위자 개인의 인식능력 그리고 행위자가 속한 사회집단에 따라 달리 평가되어야 한다. [법원행시 09 / 경찰채용 15 2차 / 사시 15]

그림정리 형법 제10조 개관

심신장애로 인하여 → 사물변별능력 / 의사결정능력 → 어느 하나가
• 없는 자 → 심실상실자 (책임능력 × → 책임조각 → 범죄성립 ×) [국가9급 08]
• 미약한 자 → 심신미약자 (한정책임능력 ○ → 책임감경 → 임의적 감경) [국가9급 08]

(생물학적 요소)+(심리적 요소)=(혼합적 방법)
※ 원인에 있어서 자유로운 행위 → 정상적인 책임능력자의 형으로 처벌(제10조 제3항)
→ 간접정범의 피이용자 → 심신상실자 ○, 심신미약자 ×

4 최신 개정법령 반영

2021.12.9. 시행된 개정형법과 관련 형사특별법의 개정사항을 완벽하게 반영하였습니다.

5 판례·사례연구

판례암기와 사례연습을 위하여 중요판례를 관련이론 바로 하단에 배치하였습니다.

6 표·그림정리

효율적인 암기를 위하여 도표로 정리한 필수 학습요소를 본문 곳곳에 배치하였습니다.

목 차

백광훈 경찰형사법 기본서 **형법총론**

PART 01
형법의 일반이론

형법의 일반이론

✔ 키포인트

제1장 형법의 기본개념
• 협의의 형법과 광의의 형법
• 보호적 기능과 보장적 기능

제2장 죄형법정주의
• 법률주의
• 명확성원칙
• 관습형법금지원칙
• 소급효금지원칙
• 보안처분의 소급효

• 공소시효의 연장
• 확장해석과 유추해석
• 입법재량권
• 적정성의 원칙
• 죄형균형주의

• 진정소급입법과 부진정소급입법
• 절대적 부정기형과 상대적 부정기형
• 피고인에게 유리한 유추해석
• 포괄위임입법금지원칙

제3장 형법의 적용범위
• 행위시법주의와 재판시법주의
• 경한 신법 우선의 원칙
• 형이 구법보다 가벼워진 때

• 한시법과 추급효
• 동기설
• 속지주의

• 보호주의
• 속인주의
• 세계주의

제4장 형법이론
• 응보형주의와 목적형주의
• 일반예방주의와 특별예방주의

• 고전학파와 근대학파
• 객관주의와 주관주의

	국가9급						법원9급						법원행시						변호사시험					
17	18	19	20	21	22	16	17	18	19	20	21	17	18	19	20	21	22	17	18	19	20	21	22
1	1		1	1	1	1				1			2	1	2	5	1	1	1				1
	1	1						1	1				1	1	1		1			1		1	
		7/120						4/150						15/240						5/140			

CHAPTER 01 형법의 기본개념

01 형법의 의의

1. 형법의 개념

어떠한 행위가 범죄이고 이에 대한 법적 효과로서 어떠한 형벌과 보안처분을 과할 것인가를 규정하는 법규범의 총체를 말한다.

2. 협의의 형법과 광의의 형법

(1) 협의의 형법

'형법'이라는 이름이 붙여진 **형법전(刑法典)**만을 의미한다(제정 1953.9.18. 법률 제293호, −중략− 개정 2020.12.8. 제17571호 − 소위 '우리말 순화 개정형법'). 이를 **협의의 형법** 내지 **형식적 의미의 형법**이라고 한다. 이러한 형법전은 제1조부터 제372조까지의 본문과 부칙으로 되어 있으며, 그중 제1조부터 제86조까지를 형법총칙이라 하고, 제87조부터 제372조까지를 **형법각칙**이라 한다.

형법총칙은 형법에 공통적으로 적용되는 요소들의 개념과 요건을 정한 것으로서 이에 대한 해석론을 **형법총론**이라 한다. 형법총칙은 비단 형법각칙뿐만 아니라 다른 법령(후술하는 형사특별법과 행정형법)에 정한 모든 범죄와 형벌에 적용되는 것을 원칙으로 삼고 있으나(제8조 본문), 다만 그 법령에 형법총칙을 배제하는 규정을 두고 있는 때에는 소위 '**특별법 우선의 원칙**'에 의하여 그 법령이 적용되고 형법총칙은 적용되지 않게 된다.

이에 비해 형법각칙은 각 개별적인 범죄의 구성요건유형과 이에 대한 법정형 등을 정한 것으로서 이에 대한 해석론을 **형법각론**이라 한다. 형법각론은 개별적인 범죄처벌규정들이 보호하고자 하는 법익(法益)을 기준으로 개인적 법익에 대한 죄, 사회적 법익에 대한 죄, 그리고 국가적 법익에 대한 죄로 나누어 설명하는 것이 보통이다.

(2) 광의의 형법

범죄와 형벌을 정한 규범은 형법전(刑法典)만 있는 것이 아니다. 오히려 우리나라에는 여러 **형사특별법(刑事特別法)**과 수백 개에 이르는 **행정형법(行政刑法)**이 존재하고 있다. 이렇게 그 법률의 명칭 여하를 불문하고 범죄와 그 법률효과로서 형벌 내지 보안처분을 규정하고 있는 모든 법규범을 바로 **광의의 형법** 내지 **실질적 의미의 형법**이라고 하는 것이다.

대체로 형사특별법들은 형법각칙상의 범죄행위와 유사한 범죄이지만 그보다 더 무거운 행위불법을 가지고 있는 범죄와 형벌을 규정하고 있다. 물론 형법각칙에 규정되어 있지 않은 범죄들을 새로이 규정한 형사특별법도 적지 않은 것이 사실이다. 이에 비해 행정형법은 일정한 행정법적 의무를 설정한 후 그 위반행위들을 범죄로 규정하여 대체로 벌칙이라고 되어 있는 장에서 이에 대한 형사처벌규정을 정하고 있는 법률들을 말한다.

이러한 실질적 의미의 형법은 후술하는 죄형법정주의의 "법률 없으면 범죄도 없고 형벌도 없다."는 원칙의 '법률'을 뜻하기도 한다. 즉 여기서의 '법률'이란 형식적으로는 국회에서 제정한 '형식적 의의의 법률'이자 내용적으로 범죄와 형벌을 담고 있는 '실질적 의미의 형법'이다.

➜ 형사특별법의 예 : 국가보안법, 폭력행위 등 처벌에 관한 법률(이하 '폭처법'), 특정범죄 가중처벌 등에 관한 법률(이하 '특가법'), 특정강력범죄의 처벌에 관한 특례법(이하 '특강법'), 특정경제범죄 가중처벌 등에 관한 법률(이하 '특경법'), 성폭력범죄의 처벌 등에 관한 특례법(이하 '성폭법'), 아동·청소년의 성보호에 관한 법률(이하 '아청법'), 보건범죄단속에 관한 특별조치법(이하 '보건범죄법'), 환경범죄의 단속에 관한 특별조치법(이하 '환경범죄단속법'), 부정수표단속법, 소년법, 형의 실효 등에 관한 법률(이하 '형실효법'), 전자장치 부착 등에 관한 법률(이하 '전자장치부착법')(소년법, 형실효법, 전자장치부착법은 절차법에 가까우나 처벌규정도 있음) 등

➜ 행정형법의 예 : 건설산업기본법(이하 '건산법'), 게임산업진흥에 관한 법률(이하 '게임산업법'), 농수산물 유통 및 가격안정에 관한 법률(이하 '농안법'), 도로교통법, 도시 및 주거환경정비법(이하 '도시정비법'), 독점규제 및 공정거래에 관한 법률(이하 '공정거래법'), 영화 및 비디오물의 진흥에 관한 법률(이하 '영화비디오법'), 정보통신망 이용촉진 및 정보보호 등에 관한 법률(이하 '정보통신망법'), 집회 및 시위에 관한 법률(이하 '집시법'), 풍속영업의 규제에 관한 법률(이하 '풍속법') 등

3. 형사법

형사실체법(형법), 형사절차법(형사소송법), 형집행법(행형법, 소년법) 등을 총칭한다.

02 형법의 성격

1. 형법의 법체계적 지위

형법은 공법, 사법법 그리고 실체법으로서의 성격을 가진다.

2. 형법의 규범적 성격

(1) 가설적 규범

"어떠한 행위를 하면, 어떠한 형으로 처벌하게 된다."는 식으로 규정되어 있다.

(2) 행위규범인 동시에 재판규범

일반인들의 행위의 기준이자, 법관으로 하여금 자의적 판결을 내리지 못하게 하는 등 재판의 기준으로 사용된다.

(3) 의사결정규범인 동시에 평가규범

일반인들의 의사를 결정해주고, 행위를 평가해준다. [국가9급 08]

1. 보호적 기능

(1) 법익의 보호

법익(法益)이라 함은 사람이 생활을 함에 있어서 보호해야 할 이익 중에서도 특히 법률이 보호하는 이익을 말한다. 형법은 바로 이러한 생명, 신체, 재산, 명예, 공공의 안전 등의 법익(法益)을 보호하는 기능을 한다. 그러므로 법익침해 없는 범죄는 있을 수 없다.

> 예 살인죄의 '생명', 상해죄의 '신체의 건강', 체포·감금죄의 '잠재적 신체활동의 자유', 미성년자약취·유인죄의 '미성년자의 자유권 및 보호자의 감호권', 명예훼손죄의 '외적 명예(평판)', 주거침입죄의 '사생활의 평온(내지 주거권)', 절도죄의 '소유권(및 점유)', 강도죄의 '재산권과 의사결정의 자유', 문서위조죄의 '문서에 대한 공공의 신용', 위증죄의 '국가의 사법(司法 : 진실발견)기능', 무고죄의 '국가의 적정한 징계·심판기능 및 피무고자의 개인적인 법적 안정성' 등

(2) 사회윤리적 행위가치의 보호

사회윤리적 행위가치의 보호기능이라 함은 행위의 측면에서 보호하여야 할 행위가치를 보호하는 기능을 말한다. ➡ 살인죄의 '살인하지 말라.'라는 행위명령을 어긴 자를 살인(미수)죄로 처벌한다.

구 분	법익의 본질	불법의 본질	형법의 성격
법익보호기능	법익침해	결과불법	평가규범
행위가치보호기능	의무위반	행위불법	의사결정규범

(3) 형법의 보충성의 원칙 : 법익보호기능의 구체화

형법의 보충성(補充性)은 형법이 모든 법익을 보호하는 것이 아니라, 형법 이외의 다른 수단에 의하여 법익을 보호하는 것이 불가능한 경우에만 최후의 수단으로써 적용되어야 한다는 원칙이다. 형법에서 '다른 분쟁해결의 수단이 존재할 때에는 적용되어서는 안 된다.'라는 보충성(최후수단성·겸억성·단편성)의 원칙은 반드시 지켜져야 하므로, '명확한 피해자가 존재하지 않는 범죄'라든가 '매우 경미한 범죄'를 처벌하는 규정은 형법에서 삭제되어야 한다. 이 경우 경범죄처벌법 등으로 처리하는 대안적 조치를 생각해볼 수 있다. ➡ 非범죄화이론(Decriminalization theory)과 연결된다.

2. 보장적 기능

(1) 의 의

형법의 (인권)보장적 기능(또는 마그나카르타적 기능)이라 함은 형법이 국가 형벌권의 한계를 명확하게 함으로써 자의적인 형벌로부터 국민의 자유와 권리를 보장하는 기능을 말한다. 특히 민주주의국가에서는 형법의 소극적(보장적) 기능이 적극적(보호·규제적) 기능에 우선하며, 후술할 헌법상 죄형법정주의원칙은 바로 이러한 보장적 기능을 구체화하고 실현하는 중요한 기능을 하게 된다. 보호적 기능과 보장적 기능이 상호 비례관계라기보다는 긴장·반비례관계로 설명되는 이유가 여기에 있다.

(2) 효 과

① **일반국민에 대한 효과** : 형법상의 범죄 이외에는 어떤 행동을 하더라도 처벌되지 않는다는 원칙이다 (일반인에 대한 보장적 기능). '선량한 국민의 Magna Charta'로서의 기능이다.

> 예 과실로 타인의 재물을 손괴한 행위 : 민법상 손해배상책임은 별론으로 하고 형법상 형사책임은 지지 않는다. 형법전에 처벌규정을 두고 있지 않기 때문이다.

② **범죄인에 대한 효과** : 아무리 범죄를 저지른 자라 하더라도 그에 대해서는 형법에 정해진 형벌의 범위 내에서만 처벌받게 하여야 한다(범죄인에 대한 보장적 기능). 이러한 의미에서 형법은 '범죄인의 Magna Charta'라고도 부르게 되는 것이다.

> **예** 상습으로 도박한 행위 : 형법 제246조 제2항에 의하여 상습도박자라 하여도 −다른 가중사유가 없는 한− 징역 3년을 초과하는 형벌을 선고할 수 없다.

3. 사회보호적 기능

범죄에 대하여 사회질서를 보호·유지하는 기능이 사회보호적 기능이다.

4. 규제적 기능

일정한 범죄에 대하여 일정한 형벌을 과할 것을 예고함으로써 당해 범죄에 대한 국가의 규범적 평가를 밝히는 작용을 의미한다. 즉 범죄대응적 관점에서의 범죄투쟁적 기능을 말한다.

CHAPTER 02 죄형법정주의

01 죄형법정주의의 의의

1. 개 념

국가형벌권의 자의적(恣意的)인 행사로부터 개인의 자유와 권리를 보호하기 위하여 죄와 형을 법률로 정할 것이 요구되는바, 죄형법정주의는 바로 '법률이 없으면 범죄도 없고 형벌도 없다.'는 원칙이다(nullum crimen, nulla poena sine lege).

2. 법적 근거

헌법 제12조 제1항 및 제13조 제1항,[1] 형법 제1조 제1항에서 죄형법정주의의 실정법적 근거가 있다는 점에서, 죄형법정주의는 단지 사상적으로만 인정되는 원칙이 아니다.

02 죄형법정주의의 연혁과 사상적 기초

1. 기원 및 연혁(역사적 발전과정)

1215년 영국의 Magna Charta(존왕의 대헌장)에서 유래되어, 1776년 버지니아주 권리장전 제8조, 1788년 미국헌법 제1조 제9항, 1789년 프랑스 세계인권선언 제8조, 1810년 나폴레옹형법 등을 거쳐 우리나라에 계수되었다.

2. 사상적 기초

삼권분립설(Montesquieu), 심리강제설 내지 일반예방주의(Feuerbach), 자유주의운동, 계몽주의, 성문법주의운동(법치주의), 공리주의 등의 사상적 배경하에서 죄형법정주의는 나타났고 발전했다. 다만 법적 안정성을 중시하는 죄형법정주의와 범죄인의 재사회화라는 합목적성을 우선시하는 특별예방주의는 서로 직접적 관련이 없다.

---

1 **헌법 제12조** ① 모든 국민은 신체의 자유를 가진다. 누구든지 법률에 의하지 아니하고는 체포·구속·압수·수색 또는 심문을 받지 아니하며, **법률**과 적법한 절차에 의하지 아니하고는 **처벌**·보안처분 또는 강제노역을 받지 아니한다. **헌법 제13조** ① 모든 국민은 행위시의 **법률**에 의하여 **범죄**를 구성하지 아니하는 행위로 소추되지 아니하며, 동일한 범죄에 대하여 거듭 처벌받지 아니한다.

03 죄형법정주의의 내용 -파생원칙-

1. 법률주의

(1) 의 의

법률주의라 함은 범죄와 형벌은 성문의 법률에 규정되어야 하고, 법률이 아닌 명령·규칙·조례에 의하여 범죄와 형벌을 규정할 수는 없으며(포괄위임입법금지원칙), 법률이 아닌 관습법에 의하여 가벌성을 인정하거나 형을 가중하여서는 안 된다는 원칙(관습형법금지원칙)을 말한다. [경찰채용 14 2차]

(2) 내 용

① 포괄위임입법금지의 원칙

    ㉠ 위임입법의 의의와 요건 : 법률주의에 의해 범죄와 형벌은 국회에서 제정한 법률에 의해서만 정해져야 하고 법률이 아닌 명령이나 규칙에 의해 범죄와 형벌을 정하는 것은 원칙적으로 허용되지 않는다. 다만, 법률에서 모든 사항을 규정하는 것은 현실적으로 불가능하므로, '법률(위임법률·수권법률·모법·백지형법)에서 범죄와 형벌의 대강을 규정'하고 있다면 구성요건의 '세부적' 사항은 명령(시행령)·규칙(시행규칙) 등(보충규범)에 위임할 수는 있는데[2] 이를 **위임입법**(委任立法)이라 한다. 이러한 위임입법을 할 때에도 특히 긴급한 필요가 있거나 미리 법률로써 자세히 정할 수 없는 부득이한 사정이 있는 경우에 한하여 '위임법률(모법)이 구성요건에서 처벌대상이 어떠한 유형의 행위인가를 구체적으로 규정하고 형벌에 대하여는 형벌의 종류 및 그 상한과 폭을 명확히 규정하는 것을 전제'로 명령·규칙으로의 위임입법이 허용되는 것이다(구체적·세부적 위임입법 허용). [경찰채용 14 2차 / 경찰승진 14 / 국가9급 20 / 국가7급 16]

    ㉡ 포괄위임입법금지원칙 : 일반적으로 법률의 시행령은 모법인 법률에 의하여 위임받은 사항이나, 법률이 규정한 범위 내에서 법률을 현실적으로 집행하는 데 필요한 세부적인 사항만을 규정할 수 있을 뿐, 법률의 위임 없이 법률이 규정한 개인의 권리·의무에 관한 내용을 변경·보충하거나 법률에서 규정하지 아니한 새로운 내용을 규정할 수 없다. 특히 **법률의 시행령이 형사처벌에 관한 사항을 규정하면서 법률의 명시적인 위임 범위를 벗어나 그 처벌의 대상을 확장하는 것은** 헌법 제12조 제1항과 제13조 제1항에서 천명하고 있는 죄형법정주의의 원칙에도 어긋나는 것으로 결코 허용될 수 없다(대법원 1999.2.11, 98도2816 전원합의체). [국가9급 18·20] 요컨대, **전면적·포괄적 위임입법은 허용될 수 없다.**

판례연구　　**포괄위임입법금지원칙에 위반된다는 판례**

대법원 1998.6.18, 97도2231
외국환관리규정의 '도박 기타 범죄 등 선량한 풍속 및 사회질서에 반하는 행위' 사례
외국환관리규정(재정경제원 고시 제1996-13호) 제6-15조의4 제2호 나목 소정의 '도박 기타 범죄 등 선량한 풍속 및 사회질서에 반하는 행위'라는 요건은, 이를 한정할 합리적인 기준이 없다면, 형벌법규의 구성요건요소로서는 지나치게 광범위하고 불명확하므로 죄형법정주의가 요구하는 형벌법규의 명확성의 원칙에 반하고 외국환관리법 및 동법시행령과 같은 모법의 위임범위를 벗어난 것이라고 보지 않을 수 없다. [경찰간부 21 / 경찰승진 12]

---

2 보충 : 백지형법(白地刑法)에 대해서는 형법의 시간적 적용범위에서 후술할 것이다. 위임입법의 헌법적 근거는 다음과 같다. 헌법 제75조 대통령은 법률에 구체적으로 범위를 정하여 위임받은 사항과 법률을 집행하기 위하여 필요한 사항에 관하여 대통령령을 발할 수 있다. 헌법 제95조 국무총리 또는 행정각부의 장은 소관사무에 관하여 법률이나 대통령령의 위임 또는 직권으로 총리령 또는 부령을 발할 수 있다.

② **관습형법금지의 원칙** : 성문법이 아닌 관습법은 형법의 (직접적) 법원(法源)이 될 수 없다. 관습법이란 국회에서 제정한 법률이 아니라 사회의 일정한 관행이 법적 확신을 얻게 된 것을 말하기 때문이다. 따라서 관습법에 의하여 범죄를 성립시키거나 형벌을 가중시키는 것은 허용되지 아니한다. 다만, ㉠ **관습법에 의하여 범죄의 성립을 조각시키는 것은 가능하다.** 피고인에게 유리한 효과가 인정되기 때문이다.

> **예** 민법(성문법)상 친권자가 아니라 하더라도 타인의 자녀인 연소자에 대하여 사회의 연장자로서 행한 교육목 적에 의한 경미한 징계행위는 형법 제20조의 '사회상규'에 위배되지 아니하는 정당행위로서 정당화되어 무죄가 된다.

또한 ㉡ **성문의 형법규정의 의미를 보다 구체화하고 명확하게 하기 위하여 관습(법)이 활용되는 것도 허용될 수 있다.** 즉 성문의 형법을 해석하는 보충자료로서 관습법을 사용하는 것까지 금지되는 것은 아니다. 이러한 의미에서 **보충적 관습법 내지 간접적 법원으로서의 관습법**은 인정된다. [국가7급 07]

> **예** 수리방해죄(제184조)의 수리권의 근거나 부진정부작위범(제18조)의 작위의무의 발생근거는 관습법(조리) 에서 구할 수 있다.

2. 소급효금지의 원칙

(1) 의 의

소급효금지의 원칙이란 형법의 효력을 그 형법이 제정되기 이전의 행위에 소급하여 적용시켜서는 안 된다는 원칙을 말한다(헌법 제13조 제1항, 형법 제1조 제1항)(행위시법주의, 형벌불소급원칙).

(2) 적용범위

① **소급입법 및 법률의 소급적용의 금지** : 행위시에 법률에 근거가 없었던 실체법상 형벌이 재판시에 신설되었다고 하여 이것이 과거(행위시)로 거슬러 올라가서 처벌의 근거로 원용될 수 없다. 따라서 소급입법 및 법률(실체형법)의 소급적용은 모두 금지된다. [경찰승진 12 / 국가9급 07] 소급효 금지원칙이 적용되는 형벌은 자유형이든 벌금형(대법원 1960.11.16, 4293형상445)이든 주형이든 부가형이든 묻지 아니한다.

---

3 **유사** : 수산업협동조합중앙회와 그 회원조합을 정부관리기업체로 규정한 것도 위임입법의 한계를 벗어나지 않았다는 판례는 대법원 2007.4.27, 2007도1038 참조.

징역이나 500만 원 이상 1,000만 원 이하의 벌금에 처하도록 규정하고 있는바, 도로교통법 제148조의2 제1항 제1호의 '도로교통법 제44조 제1항을 2회 이상 위반한' 것에 '구' 도로교통법 제44조 제1항 위반 음주운전 전과도 포함된다고 해석하는 것은 형벌불소급원칙이나 일사부재리원칙 또는 비례원칙에 위배된다고 할 수 없다.

> 유사 도로교통법(2018.12.24. 개정) 제148조의2 제1항의 '도로교통법 제44조 제1항 또는 제2항을 2회 이상 위반한 사람'에 개정된 도로교통법이 시행된 2019.6.25. 이전 위반 전과가 포함되는 것으로 해석하는 것은 형벌불소급의 원칙에 위반되지 아니한다(대법원 2020.8.20, 2020도7154).

판례연구   소급효금지원칙에 위반된다는 판례

대법원 2010.6.10, 2010도4416
전자금융거래법상 접근매체 양도·양수 알선죄 입법 이전의 알선행위 사례
전자금융거래법 시행일 이전의 법 제6조 제3항 제1호에 규정된 접근매체 양도·양수의 알선행위를 처벌하는 것은 형벌법규의 소급효금지 원칙에 위배된다.

---

② **행위자에게 유리한 경우** : 소급효금지원칙에도 불구하고, 피고인에게 유리한 신법의 소급효는 허용된다. 형법에서도 경한 신법 우선의 원칙(재판시법주의)에 의하여 피고인에게 유리한 법률변경의 경우에는 소급효금지의 원칙은 적용되지 않는다고 규정하고 있다(2020.12.8. 우리말 순화 개정형법 제1조 제2항·제3항). [국가9급 07]

③ **보안처분의 소급효** : 학계에서는 견해가 대립하나, ㉠ 형벌과 유사한 사회봉사명령 [경찰채용 11·12 1차 / 경찰승진 10 / 국가9급 18 / 법원9급 11·15 / 사시 16 / 변호사시험 12], 수강명령, 실질적 불이익을 추가하는 전자장치부착명령기간 하한가중규정 [법원행시 15] 등은 소급효가 부정되나, ㉡ 형벌과 다른 보호관찰 [경찰채용 13 1차 / 경찰승진 13·15·16 / 국가9급 07·08 / 국가7급 10 / 법원9급 08 / 법원승진 13 / 법원행시 08], 전자장치부착명령 기간의 연장 [국가7급 17 / 사시 12], 신상정보 공개·고지명령 [사시 14] 등은 소급효가 긍정된다.

④ **공소시효 연장 등 소송법규정의 소급효**

㉠ 소급효금지원칙의 소송법에 대한 적용 여부 : 소급효금지원칙(형벌불소급원칙)은 형법과 같은 실체법에 적용되는 원칙이므로 공소시효의 변경과 같은 소송법규정의 변경에 대하여는 적용되지 않는다. [경찰승진 16 / 국가7급 11 / 법원9급 08 / 변호사시험 12]

㉡ 공소시효의 사후적 연장의 허용 여부

ⓐ 부진정소급입법(부진정소급효) : 공소시효가 아직 완성되지 않은 시점에서 단지 진행 중인 공소시효를 연장하는 것을 말한다. 판례도 경우에 따라 인정하거나 부정하는 입장을 취한다.

판례연구   부진정소급입법 관련판례

대법원 2015.5.2, 2015도1362,2015전도19
공소시효를 정지·연장·배제하는 내용의 특례조항을 신설하면서 소급적용에 관한 명시적인 경과규정을 두지 아니한 경우, 그 조항을 소급하여 적용할 것인지 판단할 때 고려할 사항
공소시효를 정지·연장·배제하는 내용의 특례조항을 신설하면서 소급적용에 관한 명시적인 경과규정을 두지 아니한 경우에 그 조항을 소급하여 적용할 수 있다고 볼 것인지에 관하여는 이를 해결할 보편타당한 일반원칙이 존재할 수 없는 터이므로 적법절차원칙과 소급금지원칙을 천명한 헌법 제12조 제1항과 제13조 제1항의 정신을 바탕으로 하여 법적 안정성과 신뢰보호원칙을 포함한 법치주의 이념을 훼손하지 아니하도록 신중히 판단하여야 한다.

ⓑ **진정소급입법**(진정소급효) : 이미 공소시효가 완성되었음에도 그 이후 다시 공소시효를 연장하여 소급처벌하는 것을 말한다. 원칙적으로, 신법 시행 이전에 고소기간이 만료되었다거나 공소시효가 완성된 경우에는 소급효금지원칙이 적용되어 처벌할 수 없으나(진정소급효는 원칙적 부정, 다수설·판례, 소위 5·18 특별법 합헌결정례인 헌법재판소 1996.2.16, 96헌가2,96헌바7·13; 1999.7.22, 97헌바76,98헌바50·51·52·54·55), '**신뢰보호의 요청에 우선하는 심히 중대한 공익상의 사유가 소급입법을 정당화하는 경우**' 등에는 진정소급입법이 허용된다(진정소급효의 예외적 인정, 헌법재판소 1996.2.16, 96헌가2,96헌바7·13; 1999.7.22, 97헌바76,98헌바50·51·52·54·55). [경찰간부 14/국가9급 10/국가7급 11]

⑤ **판례의 변경과 소급효** : 학계에서는 견해가 대립하나, 판례는 법원(法源)이 아니기 때문에 **판례에 대해서는 소급효금지의 원칙이 적용되지 않는다**고 본다(대법원 1999.7.15, 95도2870 전원합의체; 1999.9.17, 97도3349). [경찰채용 11 1차/경찰간부 11·14/경찰승진 13·15·16/국가9급 07·08·09·10/국가7급 11·12·13/법원9급 05·08·11/법원승진 13/법원행시 05·08·10·11/변호사시험 12]

3. 명확성의 원칙

(1) 의 의

명확성의 원칙이란 구성요건(구성요건의 명확성)과 그 법적 결과(형사제재의 명확성)를 명확하게 규정해야 한다는 원칙을 말한다.

다만 입법에 있어서 **법관의 보충적인 해석을 필요로 하는 개념**(규범적 구성요건요소)을 사용하였다고 하더라도 통상의 해석방법에 의하여 **건전한 상식과 통상적인 법감정을 가진 사람**(일반인)이면 당해 처벌법규의 보호법익과 금지된 행위 및 처벌의 종류와 정도를 알 수 있도록 규정하였다면 명확성원칙에 배치되지 아니한다(대법원 2006.5.11, 2006도920 등). [경찰간부 16/국가9급 20/국가7급 12] 요컨대, 명확성의 원칙이란 기본적으로 **최대한이 아닌 최소한의 명확성**을 요구하는 것이다(헌법재판소 1998.4.30, 95헌가16). [경찰채용 22 1차]

(2) 내 용

① **구성요건의 명확성** : 형벌구성요건의 입법에 있어서는 가능한 한 명백하고 확장할 수 없는 개념을 사용하여야 하며 사물의 변별능력을 제대로 갖춘 **일반인의 이해와 판단**에 의하여 해당 법률에 의하여 금지된 행위가 무엇인가를 알 수 있어야 한다(대법원 2003.4.11, 2003도451).

판례연구　　**명확성원칙에 위반된다는 판례**

헌법재판소 1995.9.28, 93헌바50
'정부관리기업체'는 명확성 결여
특가법 제4조 제1항의 '정부관리기업체'라는 용어는 전체로서의 구성요건의 명확성을 결여한 것으로 죄형법정주의에 위배되고 위임입법의 한계를 일탈한 것으로서 위헌이다.

판례연구　　**명확성원칙에 위반되지 않는다는 판례**

대법원 2008.5.29, 2008도1857
폭처법상 범죄단체 구성원으로서의 '활동'은 명확성 인정
폭력행위 등 처벌에 관한 법률 제4조 제1항에서 규정하고 있는 범죄단체 구성원으로서의 "활동"의 개념이 다소 추상적이고 포괄적인 측면이 있지만, 어떠한 행위가 위 "활동"에 해당할 수 있는지는 법관의 합리적인 해석과 조리에 의하여 보충될 수 있는 점 등을 종합적으로 판단하면, 이 사건 법률조항 중 "활동" 부분은 죄형법정주의의 명확성의 원칙에 위배된다고 할 수 없다. [경찰채용 15 1차/사시 10]

---

② (형사)제재의 명확성

　　㉠ 의의 : 형법은 범죄에 대하여 어떤 형벌 또는 보안처분을 과할 것인가를 명확하게 규정하여야 한다.

　　　　예 '~한 자는 징역에 처한다'(절대적 부정기형) : 위 원칙에 위배된다.

　　㉡ 부정기형의 문제 : 부정기형이 금지된다는 것은 어디까지나 절대적 부정기형을 금지한다는 것을 의미한다. 따라서 상대적 부정기형을 법률에서 규정한다거나(법정형) 법원에서 선고하는 것(선고형)은 죄형법정주의원칙과의 충돌 없이 허용될 수 있다. [국가7급 12] 예를 들어, 현행 소년법은 소년범에 대하여 형의 단기와 장기를 정하여 선고하는 상대적 부정기형(소년법 제60조 제1항)을 인정하고 있다. 즉, 절대적 부정기형은 금지되고, 상대적 부정기형은 허용된다.

　　㉢ 보안처분 : 보안처분도 명확성원칙의 적용을 받는다.

4. 유추해석금지의 원칙

(1) 의 의

유추해석금지의 원칙이란 법률에 규정이 없음에도 그것과 유사한 성질을 가지는 사항에 관한 법률을 적용하는 것을 금지하는 원칙을 말한다.

사실 형법의 해석방법으로는 문언의 있는 그대로의 의미대로 해석하는 문리해석이 주된 방법이지만, 그 문언이 해석의 여지가 있을 때에는 법률의 전체적인 체계적 관련성을 고려하는 체계적 해석(논리해석), 법률의 현재의 객관적인 의미와 목적을 고려하는 객관적·목적론적 해석(합목적적 해석), [법원9급 11] 그리고 법률의 입법 연혁이나 입법자의 목적을 고려하는 주관적·역사적 해석(주관적·목적론적 해석) 등이 종합적으로 사용될 수 있다. 다만 '문언(언어; 어의)의 가능한 의미'를 넘어서는 해석은 '해석이 아니라 법관에 의한 법형성 내지 법창조'이므로 허용될 수 없다.

(2) 내 용

유추해석금지원칙은 모든 형벌법규의 구성요건과 가벌성에 관한 규정에 적용된다. [국가9급 12] 따라서 이러한 형벌법규의 적용대상이 **행정법규가 규정한** 사항을 내용으로 하고 있는 경우에도 마찬가지로 적용된다 (대법원 2007.6.29, 2006도4582). [경찰채용 22 1차]

유추해석금지원칙에 의하여 피고인에게 불리한 유추해석은 금지되므로, **피고인에게 불리한 규정에 대한 확장해석과 피고인에게 유리한 규정에 대한 축소해석이 모두 금지된다.** [법원9급 11] 다만 피고인에게 유리한 유추해석까지 금지되는 것은 아니다.

① **피고인에게 불리한 규정의 확장 금지(확장적 유추 금지) : 피고인에게 불리한 규정을 확장·유추하는 것은 금지된다.** [법원9급 11] 예컨대 사실혼상의 배우자를 존속살해죄(제250조 제2항)의 '배우자'로 해석하는 것은 허용되지 않는다.

② **피고인에게 유리한 규정의 축소 금지(제한적 유추 금지) :** 위법성(조각사유) 및 책임의 조각사유나 소추조건 또는 처벌조각사유인 형면제사유(이상 '피고인에게 유리한 규정')에 관하여 그 범위를 '제한'하게 되면(또는 '제한적으로 유추적용하게 되면' : 판례의 표현) 행위자의 가벌성의 범위는 '확대'되어 행위자에게 불리하게 되는데, 이는 '가능한 문언의 의미'를 넘어 범죄구성요건을 '유추적용'하는 것과 같은 결과가 된다. **따라서 피고인에게 유리한 규정을 축소해석하는 것은 금지된다.** [경찰채용 16 1차 / 경찰간부 16 / 경찰승진 14 / 국가9급 12 / 국가7급 12·14 / 법원9급 15 / 법원행시 15 / 사시 12]

③ **피고인에게 유리한 유추해석 허용 및 예외 :** ㉠ 죄형법정주의의 이념을 존중할 때 유추해석금지원칙은 피고인에게 불리한 유추해석만 금지하는 것이지 피고인에게 유리한 유추해석까지 금지시키는 것은 아니다. 예컨대, 강요된 행위(제12조)는 책임조각사유이므로 그 '친족' 개념에 법률상 친족뿐만 아니라

사실상의 친족을 포함시키는 해석이 허용된다. 다만, ⓛ '피고인에게 유리한 해석임에도 불구하고 그 어의(語義)의 한계 내에서 해석해야 한다고 보아 축소해석이 행해질 때'도 있다(대법원 2004.11.11, 2004도4049). 예컨대 ⓐ 범인은닉죄와 증거인멸죄의 친족 간의 특례(제151조 제2항 및 제155조 제4항)는 책임조각사유임에도 불구하고 그 '친족'에 법률혼상의 배우자만 포함되고 사실혼상의 배우자는 포함되지 않는다는 것이 판례의 입장(대법원 2003.12.12, 2003도4533, 통설은 반대)이고, ⓑ 재산죄의 친족상도례(제328조)의 배우자에도 사실혼 관계의 배우자는 포함되지 않는다는 것이 다수설이다. [사시 14]

판례연구　　**유추해석금지원칙에 위반된다는 판례**

대법원 2017.12.21, 2015도8335 전원합의체
항공기 탑승구 복귀 사건(소위 땅콩회항 사건)
법률을 해석할 때 입법 취지와 목적, 제·개정 연혁, 법질서 전체와의 조화, 다른 법령과의 관계 등을 고려하는 체계적·논리적 해석 방법을 사용할 수 있으나, 문언 자체가 비교적 명확한 개념으로 구성되어 있다면 원칙적으로 이러한 해석 방법은 활용할 필요가 없거나 제한될 수밖에 없다. 죄형법정주의 원칙이 적용되는 형벌법규의 해석에서는 더욱 그러하다. … 항공보안법 제42조는 "위계 또는 위력으로써 운항 중인 항공기의 항로를 변경하게 하여 정상 운항을 방해한 사람은 1년 이상 10년 이하의 징역에 처한다."라고 규정하고 있다. 지상의 항공기가 이동할 때 '운항 중'이 된다는 이유만으로 그때 다니는 지상의 길까지 '항로'로 해석하는 것은 문언의 가능한 의미를 벗어난다. [경찰채용 18 1차/ 경찰간부 22]

판례연구　　**유추해석금지원칙에 위반되지 않는다는 판례**

대법원 1994.12.20, 94모32
실화죄의 '자기의 소유에 속하는 제166조 또는 제167조에 기재한 물건'에 대한 해석
형법 제170조 제2항에서 말하는 '자기의 소유에 속하는 제166조 또는 제167조에 기재한 물건'이라 함은 '자기의 소유에 속하는 제166조에 기재한 물건 또는 자기의 소유에 속하든, 타인의 소유에 속하든 불문하고 제167조에 기재한 물건'을 의미하는 것이라고 해석하여야 하며, 이렇게 해석한다고 하더라도 그것이 법규정의 가능한 의미를 벗어나 법형성·법창조행위에 이른 것이라고는 할 수 없어 죄형법정주의의 원칙상 금지되는 유추해석·확장해석에 해당한다고 볼 수는 없다.

---

5. 적정성의 원칙

(1) 의 의

근대의 문명사회에서 죄형법정주의가 널리 수용된 이후에도, 죄형법정주의는 "법률(형식적 근거로서의 법률)만 있으면 범죄도 있고 형벌도 있다."는 형식적·근대적 의미로서만 기능하고 있었다. 그러나 우리 인류는 20세기 초·중반 두 차례의 세계대전과 2차 대전 당시 독일 나치의 유대인 대학살 등과 같은 인간의 광기를 경험하고 목격하면서, 단지 법률이 존재한다고 하여 그 정당성을 무조건 인정해서는 안 되겠다는 자각과 자성을 하게 된다. 오늘날의 현대적 죄형법정주의가 "실질적 정의에 부합하는 법률 내지 적정한 법률(내용적으로 정의로운 법률)이 있어야만 비로소 범죄도 있고 형벌도 있다."는 적정성원칙을 가지게 되는 배경은 바로 여기에 있다(현대적 의미의 죄형법정주의=실질적 의미의 죄형법정주의=적정성원칙).

(2) 내 용

죄형법정주의의 현대적 의의인 적정성원칙은 그 내용으로서, ① 형사처벌법규 자체가 **입법 자체의 정당성**을 갖추고 있어야 할 것과, 입법 자체의 정당성을 갖추고 있다고 하더라도 나아가 ② 법률에 규정된 범죄와 형벌 간의 균형성이 지켜질 것(비례성의 원칙 내지 과잉금지의 원칙, 죄형균형의 원칙, 책임주의)을 요구하게 된다. 다만, 어떤 범죄를 어떻게 처벌할 것인가 하는 문제, 즉 법정형의 종류와 범위의 선택은 광범위한

입법재량이 인정되어야 할 사항이므로, 어떠한 법정형에 대하여 그것이 헌법에 위반된다고 쉽사리 단정하여서는 아니 된다.

판례연구 **적정성원칙에 위반된다는 판례**

헌법재판소 2015.9.24, 2014헌바154 · 398,2015헌가3 · 9 · 14 · 18 · 20 · 21 · 25(병합)
구 폭처법 제3조 제1항의 흉기휴대 폭행 · 협박 · 손괴죄의 법정형은 적정성 부정
형법 제261조(특수폭행), 제284조(특수협박), 제369조(특수손괴)(이하 모두 합하여 '형법조항들'이라 한다)의 '위험한 물건'에는 '흉기'가 포함된다고 보거나, '위험한 물건'과 '흉기'가 동일하다고 보는 것이 일반적인 견해이며, 심판대상조항의 '흉기'도 '위험한 물건'에 포함되는 것으로 해석된다. 그렇다면 심판대상조항의 구성요건인 '흉기 기타 위험한 물건을 휴대하여'와 형법조항들의 구성요건인 '위험한 물건을 휴대하여'는 그 의미가 동일하다. 그런데 심판대상조항은 형법조항들과 똑같은 내용의 구성요건을 규정하면서 징역형의 하한을 1년으로 올리고, 벌금형을 제외하고 있다. 흉기 기타 위험한 물건을 휴대하여 폭행죄, 협박죄, 재물손괴죄를 범하는 경우, 검사는 심판대상조항을 적용하여 기소하는 것이 특별법 우선의 법리에 부합하나, 형법조항들을 적용하여 기소할 수도 있다. 그런데 위 두 조항 중 어느 조항이 적용되는지에 따라 피고인에게 벌금형이 선고될 수 있는지 여부가 달라지고, 징역형의 하한을 기준으로 최대 6배에 이르는 심각한 형의 불균형이 발생한다(예컨대, 폭처법상 흉기 휴대폭행은 1년 이상의 징역, 형법상 특수폭행은 5년 이하의 징역 또는 1천만 원 이하의 벌금 – 필자 주). 심판대상조항은 가중적 구성요건의 표지가 전혀 없이 법적용을 오로지 검사의 기소재량에만 맡기고 있으므로, 법집행기관 스스로도 법적용에 대한 혼란을 겪을 수 있고, 이는 결과적으로 국민의 불이익으로 돌아올 수밖에 없다. 법집행기관이 이러한 사정을 피의자나 피고인의 자백을 유도하거나 상소를 포기하도록 하는 수단으로 악용할 소지도 있다. 따라서 심판대상조항은 형벌체계상의 정당성과 균형을 잃은 것이 명백하므로, 인간의 존엄성과 가치를 보장하는 헌법의 기본원리에 위배될 뿐만 아니라 그 내용에 있어서도 평등원칙에 위배된다.

> **보충** 폭처법 중 특수폭행죄 가중처벌 등 일부규정에 대한 헌법재판소가 위헌결정을 내림에 따라, 2016년 1월 개정형법에서는, 존속중상해죄의 법정형을 정비하고(제258조 제3항), 특수상해죄를 신설하며(제258조의2 신설), 이에 대한 상습범과 자격정지의 병과 규정을 정비하고(제264조 및 제265조), 특수강요죄 및 특수공갈죄를 신설(제324조 제2항 및 제350조의2 신설)하였다(2016.1.6. 개정, 법률 제13719호).

판례연구 **적정성원칙에 위반되지 않는다는 판례**

헌법재판소 2016.10.27, 2016헌바31
형법상 상습절도 가중처벌조항 위헌소원 사건 : 합헌
형법 제332조 중 절도죄(제329조)에 관한 부분(상습절도)은 죄형법정주의의 명확성원칙에 위반된다고 볼 수 없고 형벌에 관한 입법재량이나 형성의 자유를 현저히 일탈하여 책임과 형벌의 비례원칙에 위반된다고 할 수도 없다.

CHAPTER 03

형법의 적용범위

01 시간적 적용범위

1. 의 의

시간적 적용범위란 어느 때의 형법을 기준으로 하여 적용되는가의 문제를 말한다(소위 시제형법의 문제). 우리 형법은 행위시의 법을 적용하는 행위시법주의를 원칙으로 하고, 행위시법보다 재판시법이 피고인에게 보다 유리한 때에는 재판시법의 소급적용을 인정함으로써 재판시법주의를 예외적으로 채택하고 있다.

2. 원칙 – 행위시법주의

제1조 【범죄의 성립과 처벌】 ① 범죄의 성립과 처벌은 행위시의 법률에 따른다. 〈개정 2020.12.8.〉 [법원9급 08]

(1) 의 의

형법은 그 법이 제정된 이후의 행위에 대하여 적용되는 것이다. 즉 어떤 행위를 처벌하기 위해서는 그 행위가 행해지던 시점에 미리 법이 존재하고 있어야 하며, 그 행위 이후 제정된 법률이 소급하여 적용되는 것은 행위자의 신뢰보호를 위해서 금지되어야 한디(형법 제1조 제1항, 소급효금지원칙, 행위시법주의).

(2) 내 용

'행위시'란 '범죄행위의 종료시'를 말한다. [경찰승진 15 · 16 / 국가9급 07 / 국가7급 08 / 법원9급 11 / 사시 13] 결과범에서도 결과발생시가 아니라 행위종료시를 말하며, 계속범에서는 기수시가 아니라 종료시를 말한다. [국가7급 09 / 법원행시 13] 따라서 어떠한 행위가 **포괄일죄**의 관계로 처벌되는 경우라면 그 사이에 법률의 변경이 있어서 신법의 법정형이 무거워졌다 하더라도 '신법'에 의한다.

3. 예외 – 재판시법주의(경한 신법 우선의 원칙)

제1조 【범죄의 성립과 처벌】 ② 범죄 후 법률이 변경되어 그 행위가 범죄를 구성하지 아니하게 되거나 형이 구법(舊法) 보다 가벼워진 경우에는 신법(新法)에 따른다. 〈개정 2020.12.8.〉 [경찰승진 15 / 국가9급 07 / 법원9급 08 · 11 / 법원행시 11]
③ 재판이 확정된 후 법률이 변경되어 그 행위가 범죄를 구성하지 아니하게 된 경우에는 형의 집행을 면제한다. 〈개정 2020.12.8.〉 [경찰간부 11 / 경찰승진 15 / 국가9급 07 / 국가7급 08 · 13 / 법원9급 05 · 08 / 법원행시 14]

(1) 의 의

행위시의 법률이 재판시에 폐지되었다거나 그 형이 가벼워진 경우 그리고 재판확정 후 폐지된 경우에는 재판시의 법률이 적용된다(형법 제1조 제2항 · 제3항, 경한 신법 우선의 원칙).

(2) 재판시법주의의 요건 · 효과

① **범죄 후**(제1조 제2항) : 여기에서의 범죄 후란 '**범죄종료 후**'를 말하므로, 범죄종료 후에 법률의 변경이 있는 경우에만 구법과 신법 간의 형의 경중을 고려한다. 이와 달리 실행행위의 도중에 법률의 변경이 있는 경우에는 실행행위는 신법 시행시에 행해진 것이므로 행위시법인 신법이 적용된다(대법원 1986.7.22, 86도1012 전원합의체; 1992.12.8, 92도407; 2005.3.24, 2004도8651). [국가9급 08 / 법원승진 12]

② **법률의 변경**(제1조 제2항) : 형벌에 영향을 미치는 **총체적 법률상태**가 고려된다. [국가7급 09] 따라서 백지형법에 영향을 미치는 보충규범의 변경도 법률이 변경된 경우에 속한다(다수설).

③ **범죄를 구성하지 아니하게 된 경우**(제1조 제2항)

  ㉠ **면소판결** : 범죄 후의 법령개폐로 형이 폐지되었을 경우 **면소판결**을 해야 한다(형사소송법 제326조 제4호). [법원9급 08 / 법원행시 11 · 14] 다만 판례는 모든 경우 면소판결을 하는 것은 아니고 법률변경의 동기가 반성적 고려에서 비롯된 것일 때에만 형법 제1조 제2항 및 형사소송법 제326조 제4호를 적용하여 면소판결을 해야 한다는 입장(동기설)이다.

  ㉡ **위헌결정이 있는 때** : **헌법재판소**의 위헌결정으로 인하여 형벌에 관한 법률규정이 소급하여 그 효력을 상실한 경우에는 당해 피고사건은 소급하여 범죄로 되지 아니하는 때에 해당하므로(헌법재판소법 제47조 제2항) 결국 **무죄**가 된다(형사소송법 제325조). [경찰승진 10 · 13 / 법원승진 13 / 법원행시 10 · 14 / 사시 12]

판례연구 **헌법재판소의 위헌결정에 의해 무죄판결이 내려져야 하는 사례**

대법원 2011.6.23, 2008도7562 전원합의체
집시법 중 야간옥외집회금지규정에 대한 헌법불합치결정은 위헌결정이므로 소급하여 무효가 된다는 사례
헌법재판소의 위헌결정은 헌법과 헌법재판소법이 규정하고 있지 않은 변형된 형태이지만 법률조항에 대한 위헌결정에 해당하므로 당해 조항을 적용하여 공소가 제기된 피고사건은 범죄로 되지 아니한 때에 해당하고, 법원은 형소법 제325조 전단에 따라 무죄를 선고하여야 한다. 헌법재판소가 이 사건 헌법불합치결정의 주문에서 이 사건 법률조항이 개정될 때까지 계속 적용되고, 이유 중 결론에서 개정시한까지 개선입법이 이루어지지 않는 경우 그 다음날부터 효력을 상실하도록 하였더라도, 이 사건 헌법불합치결정을 위헌결정으로 보는 이상 이와 달리 해석할 여지가 없다. [국가7급 14 / 사시 14]

유사 헌법재판소는 국회의사당 경계 지점으로부터 100미터 이내의 장소에서의 집회를 금지한 집시법 제11조 제1호에 대하여 헌법불합치 결정을 선고하였는데[헌법재판소 2018.5.31, 2013헌바322,2016헌바354,2017헌바360 · 398 · 471,2018헌가3 · 4 · 9(병합) 결정], 위 헌법불합치결정은 형벌에 관한 법률조항에 대한 위헌결정이라 할 것이고, 헌법재판소법 제47조 제3항 본문에 따라 형벌에 관한 법률조항에 대하여 위헌결정이 선고된 경우 그 조항은 소급하여 효력을 상실하므로, 법원은 당해 조항이 적용되어 공소가 제기된 피고사건에 대하여 형사소송법 제325조 전단에 따라 무죄를 선고하여야 한다(대법원 2020.5.28, 2019도8453; 2020.6.4, 2018도17454 등). 또한 관할경찰서장이 '국회의사당'이 집시법 제11조 제1호에 정해진 시위금지장소라는 이유로 같은 법 제20조 제1항 제1호에 의하여 해산명령을 하고 집회참가자가 이에 따르지 않았다는 내용의 해산명령불응죄(집시법 제24조 제5호, 제20조 제2항)의 경우, 집시법 제20조 제2항, 제1항과 결합하여 앞서 본 바와 같이 헌법불합치결정으로 소급하여 효력을 상실한 집시법 제11조 제1호를 구성요건으로 하므로 해산명령불응 부분 피고사건 역시 범죄가 되지 아니한 때에 해당한다(대법원 2020.7.9, 2019도2757; 2020.11.26, 2019도9694).

---

④ **형이 구법보다 가벼워진 때**(2020.12.8. 우리말 순화 개정형법 제1조 제2항)

  ㉠ **형이 구법보다 가벼워진 때** : 신법의 형이 구법의 형보다 경(輕)하게 된 것인가에 관련한 형의 경중은 형법 제50조에 따라 결정하며, 제1조 제2항의 형(刑)은 **법정형**을 의미한다. [경찰채용 11 2차 / 법원9급 11] 이러한 형의 경중의 판단은 종합적 · 전체적 판단에 의한다.

ⓐ 법정형 중 병과형 또는 선택형이 있을 때에는 **가장 무거운 형**을 기준으로 형의 경중을 정하고(대법원 1983.11.8, 83도2499; 1992.11.13, 92도2194) [경찰승진(경위) 11 / 경찰승진 10·22 / 국가9급 11] 가장 무거운 형이 같을 때에는 벌금형·부가형도 비교해야 한다(다수설). [사시 14]

ⓑ 범죄 후 여러 차례 법률이 변경되어 행위시법과 재판시법 사이에 중간시법이 있는 경우에는 그 가운데 **가장 경한 법률**이 적용된다(대법원 1962.5.17, 61형상76; 1968.12.17, 68도1324). [경찰채용 12 2차 / 경찰승진 10]

ⓒ 신법에 따른다 : 경한 신법의 형으로 처벌형이 구법보다 경하게 된 때로 판단되는 경우에는 **경한 신법**에 의하여 처벌된다.

ⓒ 특별법에 무거운 구법을 적용한다는 부칙 등을 둔 경우 : 형을 종전보다 가볍게 형벌법규를 개정하면서 그 부칙으로 개정 전 범죄에 대하여는 종전의 형벌법규를 적용하도록 한 경우에는 구법이 적용된다(대법원 1995.1.24, 94도2787). [경찰채용 14 2차 / 경찰승진 15 / 국가9급 09·11·14 / 국가7급 07·13 / 법원9급 05·08·11 / 법원행시 05·06·08·10·11·13 / 사시 13·14·15]

⑤ 재판이 확정된 후 법률이 변경되어 범죄를 구성하지 않게 된 경우(2020.12.8. 우리말 순화 개정형법 제1조 제3항)

㉠ 형집행면제 : 행위시법에 의하여 형선고판결이 확정되었더라도 형집행에 있어서 행위시법(구법)이 폐지된 경우에는 형의 집행을 면제한다.

㉡ 재판이 확정된 후 형이 가벼워진 경우 : 이에 대해서는 아무런 규정을 두고 있지 않으므로 무거운 구법에 의하여 확정된 형을 그대로 집행한다. [국가7급 09]

표정리 시간적 적용범위 개관

원 칙	제1조 제1항의 행위시법주의	
예 외	범죄 후 – 재판확정 전(제1조 제2항)	재판확정 후(제1조 제3항)
면소 등	신법 소급적용 → 면소판결	신법 소급적용 → 형집행면제(유죄판결, 전과 남음)
경한 형으로 변경	신법 소급적용 → 경한 형 적용	규정 無 → 구법(중한 형) 적용

(3) 형법 제1조 제2항·제3항의 적용요건

범죄 후 내지 재판확정 후 피고인에게 유리한 법률변경(범죄를 구성하지 않거나 법정형이 감경된 경우)이 있으면 기술한 바와 같이 제1조 제2항·제3항의 재판시법주의를 적용해야 함에도 불구하고, **판례**는 제한적인 입장을 취한다. 즉, 법률변경의 동기가 '종전의 조치가 부당하다는 데에서 나온 **반성적 조치**', 즉 **법률이념의 변경**에 의한 것일 때 비로소 동 조항을 적용할 수 있다는 것이다(동기설).

4. 한시법과 추급효

(1) 의 의

유효기간을 정해 놓은 법률만이 한시법(限時法)이다(협의의 한시법 개념 : 다수설. 단, 판례는 법령의 목적·내용이 일시적 사정에 대처하기 위한 소위 임시법도 한시법에 포함된다고 보고 있음).

그림정리 한시법과 추급효 도해

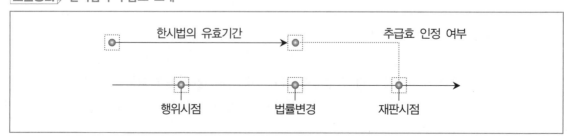

(2) 한시법의 추급효

① **추급효 인정설**(소수설) : 명문규정이 없는 경우에도 유효기간의 경과 후에 유효기간 중의 위반행위를 처벌할 수 있다고 보는 견해이다(제1조 제1항의 구법주의 적용). 법의 실효성을 중시하는 입장이기는 하나, 제1조 제2항을 정면으로 위반한다는 비판이 있다.

② **동기설**(소수설·판례) : 법률변경의 동기가 ㉠ **법률이념의 변경**에 기인하는 경우에는 추급효를 부정하여 불처벌하고(면소판결 등), ㉡ **사실관계의 변경**에 기인한 경우에는 추급효를 인정하여 처벌(유죄판결) 해야 한다는 견해이다. [경찰채용 11 2차 / 국가9급 08·14 / 국가7급 12·16 / 법원행시 05] 동기설에 대해서는 무엇이 법률변경의 동기인지 파악하기 어렵다는 점에서, 법률이념의 변경과 사실관계의 변경의 구별기준이 명확하지 않다는 비판이 있다.

③ **추급효 부정설**(다수설) : 우리 형법에 한시법의 추급효를 인정하는 명문규정이 없는 한, 유효기간이 경과함과 동시에 한시법은 실효되므로 처벌할 수 없다는 견해이다(제1조 제2항의 신법주의). [경찰간부 11]

(3) 동기설의 판례

> **판례연구**   법률의 변경이 법률이념의 변경에서 기인하였다고 보아 재판시법을 적용한 예
>
> 대법원 2000.12.8, 2000도2626
> 청소년숙박허용죄 폐지 사례(소위 여관 차 배달 사례) : 청(소년숙박업소 출입)
> 개정된 청소년보호법에서는 숙박업은 청소년유해업소 중 **청소년의 출입은 가능하나 고용은 유해**한 것으로 인정되는 업소에 해당하는 것으로 변경된 점 및 같은 법 개정 당시 그 부칙 등에 같은 법 시행 전의 위와 같은 출입허용행위에 대한 벌칙의 적용에 있어 이에 대한 아무런 경과규정을 두지 아니한 점 등을 종합하여 보면, 그 변경은 청소년의 숙박행위까지 처벌대상으로 삼은 종전의 조치가 부당하다는 데에서 나온 반성적 조치라고 보아야 한다. [경찰간부 16·17]

> **판례연구**   사실관계의 변화에 기인한 정책적 법률변경에 불과하므로 행위시법을 적용한 예
>
> 대법원 2000.8.18, 2000도2943
> 부동산중개보조원 고용인원수 제한의 규정이 폐지된 경우, 그 전에 범한 위반행위의 가벌성 유지
> 부동산중개업법령의 개정으로 부동산중개업자가 인원수의 제한 없이 중개보조원을 고용할 수 있게 된 것은 사회·경제상황의 변화에 따라 부동산중개업자의 중개보조원 고용인원수를 제한할 필요성이 감소됨으로써 취하여진 정책적인 조치에 불과한 것이므로, 중개보조원 고용인원수 제한 규정이 폐지되었다고 하더라도 그 이전에 이미 범하여진 위반행위에 대한 가벌성이 소멸되는 것은 아니다. [경찰간부 16 / 경찰승진(경감) 10 / 법원행시 06 / 사시 10]

(4) 관련문제 : 백지형법과 추급효

① **의의** : 백지형법(白地刑法)은 법률·명령(보충규범)으로 보충해야 할 공백을 가진 형벌법규를 말하는바, 그 보충규범의 한시적 성격상 대체로 한시법적 성질을 띤다. 이러한 백지형법은 포괄적·전면적 위임입법이 아닌 한 허용된다.

    예 형법 제112조의 중립명령위반죄는 백지형법이요, 이 경우 중립에 관한 명령은 보충규범이다.

② **보충규범의 개폐는 법률의 변경**(제1조 제2항)**으로 볼 수 있는가** : 법률의 변경이란 총체적 법률상태를 기준으로 해야 하므로 **법률의 변경으로 볼 수 있다**(다수설). [사시 15]

③ **백지형법과 추급효** : 한시법의 추급효이론과 마찬가지로 견해의 대립이 있으며, 다수설은 백지형법의 보충규범의 추급효에 대해 부정설을 취하나, **판례는 동기설**을 취한다.

개 념	• 협의설(다수설) • 광의설(소수설 · 판례)
추급효 인정 여부	• 추급효 긍정설 → 유죄판결 • 추급효 부정설(다수설) → 면소판결 • 동기설(판례) → 법률이념의 변경(추급효 부정) → 면소판결 사실관계의 변경(추급효 긍정) → 유죄판결
백지형법의 보충규범의 개폐가 법률의 변경에 해당하는지 여부	• 소극설 : 보충규범의 개폐는 법률의 변경 × • 적극설 : 보충규범의 개폐는 법률의 변경 ○(다수설).

02 장소적 적용범위

1. 의 의

장소적 적용범위란 형법이 어느 장소에까지 효력을 미칠 수 있는가의 문제이다. 우리 형법은 속지주의를 원칙으로 하되, 여기에 속인주의를 가미하고, 예외적으로 보호주의를 채택하고 있으며 각칙에서는 세계주의를 규정하고 있다.

2. 속지주의의 원칙

(1) 속지주의

제2조 【국내범】 본법은 대한민국 영역 내에서 죄를 범한 내국인과 외국인에게 적용한다. [법원9급 07(하)]

① 의의 : 장소적 적용범위에 관한 우리 형법의 원칙은 속지주의(영토주의)이다. [법원행시 05]
② 영역의 범위 : 영토 · 영해 · 영공을 말하며, 북한도 포함된다(판례).
③ 범죄지 : 실행행위 · 결과발생 중 어느 것이라도 대한민국의 영역 안에서 발생했으면 충분하다. 나아가 공모지도 범죄지에 해당한다.

(2) 기국주의

제4조 【국외에 있는 내국선박 등에서 외국인이 범한 죄】 본법은 대한민국 영역 외에 있는 대한민국의 선박 또는 항공기 내에서 죄를 범한 외국인에게 적용한다. [국가9급 15 / 법원9급 07(하)]

내국인의 경우에는 속인주의(제3조)에 의하므로, 기국주의는 '외국인'에 한해서 적용된다. 제2조의 속지주의 규정과의 차이점이다.

3. 속인주의의 가미

제3조 【내국인의 국외범】 본법은 대한민국 영역 외에서 죄를 범한 내국인에게 적용한다. [법원9급 07(하) / 법원행시 05]

(1) 취 지

속인주의에 의하여 속지주의를 보충한 것을 의미한다. [법원행시 05]

(2) 내국인

대한민국의 국적을 가진 자를 말한다(범행 당시 대한민국 국민임을 要). 대한민국 내의 미국문화원에서 범죄를 범한 경우, 외국인에게 카지노출입이 허용되는 필리핀국에서 도박을 한 경우도 행위자가 대한민국 국민이라면 형법 제3조의 적용을 받는다.[4] [경찰채용 14 1차 / 경찰채용 11 2차 / 법원9급 09 / 법원행시 09 · 12 · 15 / 사시 11 · 16]

4. 보호주의의 예외

제5조 【외국인의 국외범】 본법은 대한민국 영역 외에서 다음에 기재한 죄를 범한 외국인에게 적용한다. [경찰채용 11 2차 / 법원9급 14]
1. 내란의 죄 [법원행시 06]
2. 외환의 죄 [법원행시 06]
3. 국기에 관한 죄 [법원행시 06]
4. 통화에 관한 죄 [국가9급 10 / 사시 11]
5. 유가증권, 우표와 인지에 관한 죄 [법원행시 14]
6. 문서에 관한 죄 중 제225조 내지 제230조 [경찰채용 21 1차 / 법원행시 06 / 사시 13]
7. 인장에 관한 죄 중 제238조

제6조 【대한민국과 대한민국 국민에 대한 국외범】 본법은 대한민국 영역 외에서 대한민국 또는 대한민국 국민에 대하여 전조에 기재한 이외의 죄를 범한 외국인에게 적용한다. 단, 행위지의 법률에 의하여 범죄를 구성하지 아니하거나 소추 또는 형의 집행을 면제할 경우에는 예외로 한다.

(1) 의 의

외국인의 국외범은 속지주의와 속인주의에 모두 해당되지 않으므로 원칙적으로 처벌할 수 없으나, 대한민국이나 대한민국 국민에 대한 범죄인 경우에는 형법이 이를 '보호'해야 한다는 점에서 '예외'적으로 처벌할 수 있다. [법원행시 05] 이것을 보호주의라 한다.

(2) 제5조의 보호주의 : 국가보호주의

형법 제5조에 규정된 범죄들에 대해서는 외국인의 국외범이라 하더라도 우리나라의 재판권이 존재하게 된다. 제5조 중 제4호의 통화에 관한 죄나 제5호의 유가증권, 우표와 인지에 관한 죄에 관한 죄는 **외국의 통화 · 유가증권 · 우표 · 인지**도 위조 · 변조죄의 처벌대상이 되므로(제207조 제3항, 제214조 제1항, 제218조 제1항 등) 보호주의의 대상에 포함된다. 또한 제5조 제6호는 **공문서**에 대한 죄, 동조 제7호는 **공인**에 대한 죄를 규정하고 있으므로, 사문서나 사인에 대한 죄는 보호주의의 대상이 되지 않는다. [국가9급 15]

(3) 제6조의 보호주의 : 국가보호주의 · 개인보호주의 · 상호주의

① 제6조의 의의 : 형법 제6조 본문에서는 국가보호주의를 규정하여 제5조를 보충하고 있으며 더불어 개인(국민)보호주의(소극적 속인주의)도 규정하고 있다. 다만 제6조 단서에서는 행위지의 법률에 의하여 범죄를 구성하지 않는 경우 등에 있어서는 우리 형법이 적용되지 않음을 밝혀두어 해당 국가와의 상호주의(현실주의)를 규정하고 있다.

---

4 유사 : 형법 제3조는 "본법은 대한민국 영역 외에서 죄를 범한 내국인에게 적용한다."고 하여 형법의 적용 범위에 관한 속인주의를 규정하고 있고, 또한 국가 정책적 견지에서 도박죄의 보호법익보다 좀더 높은 국가이익을 위하여 예외적으로 내국인의 출입을 허용하는 **폐광지역 개발지원에 관한 특별법** 등에 따라 카지노에 출입하는 것은 **법령에 의한 행위**로 위법성이 조각된다고 할 것이나, 도박죄를 처벌하지 않는 외국 카지노에서의 도박(미국의 네바다주에 있는 미라지 호텔 카지노)이라는 사정만으로 그 위법성이 조각된다고 할 수 없다(대법원 2004.4.23, 2002도2518). [경찰간부 14 / 법원행시 05 · 07 / 사시 11 / 변호사시험 15]

② 제6조 본문의 '대한민국 또는 대한민국 국민'에 대하여 범한 죄
　　㉠ 의의 : 대한민국 또는 대한민국 국민의 법익이 직접적으로 침해되는 결과를 야기하는 죄를 범한 경우를 말하며, 이는 곧 우리나라의 **국가적 법익**이나 우리나라 국민의 **개인적 법익**에 대한 죄를 의미한다. 예컨대, 내국 법인의 대표자인 외국인이 내국 법인이 외국에 설립한 특수목적법인에 위탁해 둔 자금을 임의로 사용한 행위는 대한민국 국민에 대한 죄이므로 우리 법원에 재판권이 있다. 반면, (따라서) 사회적 법익에 대한 죄는 여기에 해당되지 않는다.
　　㉡ 우리나라에 재판권이 없는 예 : ⓐ 중국 국민이 중국에서 대한민국 국적 주식회사의 인장을 위조한 경우 [경찰채용 14 1차 / 국가9급 18 / 법원9급 09 / 법원승진 11 / 사시 13 · 16], ⓑ 외국인이 중국 북경시에 소재한 대한민국 영사관 내에서 여권발급신청서를 위조한 경우 [경찰채용 20 1차 / 법원승진 11 / 법원행시 07 · 09 · 15 / 사시 12 · 16 / 변호사시험 15], ⓒ 외국인이 독일에서 국가보안법상 잠입·탈출이나 회합·통신을 한 경우 [국가9급 16 / 사시 11], ⓓ 캐나다 시민권자가 캐나다에서 위조사문서를 행사한 경우 [경찰채용 14 1차 / 경찰간부 14 / 법원행시 17] 등이 있다.
③ 제6조 단서의 상호주의 : 형법 제6조 본문에 의하여 외국인이 대한민국 영역 외에서 대한민국 또는 대한민국 국민에 대하여 범죄를 저지른 경우에도 우리 형법이 적용되지만, 같은 조 단서에 의하여 행위지의 법률에 의하여 범죄를 구성하지 아니하거나 소추 또는 형의 집행을 면제할 경우에는 우리 형법을 적용하여 처벌할 수 없다. [국가7급 20 / 사시 13]

5. 세계주의의 예외

세계주의란 외국인의 국외범이라 하더라도 인신매매, 인종학살, 항공기납치 등 인류의 공존을 해하는 범죄에 대해서는 자국의 형법을 적용한다는 원칙이다. 우리 형법은 총칙에서는 세계주의 원칙을 채택하고 있지 않지만, 각칙 제31장 약취·유인 및 인신매매의 죄에 대해서는 세계주의를 적용하고 있다(2013.4.5. 개정 제296조의2). [국가9급 16]

6. 외국에서 받은 형집행의 효력

> **제7조 【외국에서 집행된 형의 산입】** 죄를 지어 외국에서 형의 전부 또는 일부가 집행된 사람에 대해서는 그 집행된 형의 전부 또는 일부를 선고하는 형에 산입한다. 〈개정 2016.12.20.〉 [경찰승진 11 / 법원9급 07(하) / 법원9급 12 / 법원행시 12 / 사시 14]

외국에서 처벌을 받은 경우 국내법으로 다시 처벌하더라도 위법이 아니다(대법원 1979.4.10, 78도831). [법원행시 15] 이는 외국의 재판권과 우리나라의 재판권은 서로 달라 **일사부재리의 원칙이 적용되지 않기 때문**이다. 다만 행위자의 입장에서는 외국과 국내에서 이중처벌이 이루어지게 되어 지나치게 가혹할 수 있다는 점에서, 구 형법 제7조에서는 **임의적 감면으로 처리하다가**(구형법 제7조 : "외국에서 형의 전부 또는 일부의 집행을 받은 자에 대하여는 그 형을 감경 또는 면제할 수 있다."), 2015년 헌법재판소가 **헌법불합치결정**(과잉금지원칙 위반, 헌법재판소 2015.5.28, 2013헌바129) [사시 15] 을 내림에 따라 2016.12.20. 개정형법 제7조는 외국에서 집행된 형의 전부 또는 일부를 우리나라에서 선고하는 형에 **반드시 산입**하도록 규정하였다(임의적 감면에서 필요적 감면으로).

> **판례연구** **외국에서 집행된 형의 의미**
>
> 대법원 2017.8.24, 2017도5977 전원합의체
> 외국에서 집행된 형의 산입의 의미

형법 제7조는 "죄를 지어 외국에서 형의 전부 또는 일부가 집행된 사람에 대해서는 그 집행된 형의 전부 또는 일부를 선고하는 형에 산입한다."라고 규정하고 있다. 여기서 '외국에서 형의 전부 또는 일부가 집행된 사람'이란 문언과 취지에 비추어 '외국 법원의 유죄판결에 의하여 자유형이나 벌금형 등 형의 전부 또는 일부가 실제로 집행된 사람'을 말한다고 해석하여야 한다. 따라서 형사사건으로 외국 법원에 기소되었다가 무죄판결을 받은 사람은, 설령 그가 무죄판결을 받기까지 상당 기간 미결구금되었더라도 이를 유죄판결에 의하여 형이 실제로 집행된 것으로 볼 수는 없으므로, '외국에서 형의 전부 또는 일부가 집행된 사람'에 해당한다고 볼 수 없고, 그 미결구금 기간은 형법 제7조에 의한 산입의 대상이 될 수 없다. [경찰채용 20 · 21 1차 / 경찰간부 22 / 국가9급 18 / 국가7급 18 · 20 / 변호사시험 18]

표정리 장소적 적용범위 개관

구 분	제2조 (속지주의)	제4조 (기국주의)	제3조 (속인주의)	제5조 (국가보호주의)	제6조 (국가 · 국민보호주의)
범죄지	내국	기국	외국	외국	외국
수범자	내 · 외국인	외국인	내국인	외국인	외국인
범 죄	모든 범죄	모든 범죄	모든 범죄	1. 내란의 죄 2. 외환의 죄 3. 국기에 관한 죄 4. 통화에 관한 죄 5. 유가증권, 우표와 인지에 관한 죄 6. 문서에 관한 죄 중 제225조 내지 제230조(공문서) 7. 인장에 관한 죄 중 제238조(공인) – 제6조의 단서와 같은 제한 無	제5조 각 호 이외의 죄 (단서 – 상호주의 : 양 국가에서 모두 범죄가 되어야 적용)

03 인적 적용범위

형법의 인적 적용범위에 있어서는 다음과 같은 예외들이 있다.

1. 국내법상의 예외

(1) 대통령 – 소추의 제한

대통령은 내란 · 외환의 죄를 범한 경우를 제외하고는 재직 중 형사상의 소추를 받지 아니한다(헌법 제84조). 이는 형사소송법상 공소시효 정지사유에 해당된다.

(2) 국회의원 – 면책특권(인적 처벌조각사유)

국회에서 직무상 행한 발언 · 표결에 관하여 국회 외에서 책임을 지지 않는다(헌법 제45조).

2. 국제법상의 예외

(1) 치외법권자 – 인적 처벌조각사유

외국의 원수, 외교관, 그 가족 및 내국인이 아닌 종자(수행원)에 대해서는 재판권을 행사하지 못한다(1961년 비엔나협약 제31조 제1항).

(2) 외국군대

대한민국과 협정이 체결되어 있는 외국군대를 말한다. 예컨대 대한민국에서의 미군의 지위에 관한 협정(SOFA−Status of Forces Agreement−, 1967.2.9. 조약 제232호)에 의하여 공무집행 중의 미군범죄에 대하여는 미국이 우선 재판권을 가지도록 한다. 다만, 한반도의 평시상태에서 대한민국에 통상적으로 거주하는 미합중국 군대의 군속에 대하여는 우리가 바로 형사재판권을 행사할 수 있다(이때에는 SOFA가 적용되지 않는다는 의미, 대법원 2006.5.11, 2005도798). [국가9급 16 / 법원행시 07]

CHAPTER 04 형법이론

01 형벌이론

1. 응보형주의 - 절대적 형벌이론

응보형주의라 함은 형벌의 본질은 범죄에 대한 응보(應報)에 있다고 보는 형벌이론이다.

2. 목적형주의 - 상대적 형벌이론

(1) 일반예방주의 [변호사시험 13]

범죄예방의 대상을 사회 일반인에게 두고, 형벌에 의하여 일반인을 위하·경계함으로써 범죄예방의 효과를 얻으려는 사상이다. 응보형주의와 함께 **고전학파**(古典學派)의 형벌관으로 분류된다. 특히 포이에르바하(Feuerbach)는 잠재적 범죄인인 일반인에게 범죄로 인한 쾌락보다 형벌로 인한 고통이 더 크다는 것을 보여줌으로써(범죄로 인한 쾌락<형벌로 인한 고통) 범죄를 저지르지 않게끔 예방하는 데 형벌의 목적이 있다고 하였다(심리강제설). [국가9급 14]

(2) 특별예방주의 [국가9급 14 / 변호사시험 13]

범죄를 저지른 특정한 구체적인 범죄자 개인의 재범방지(사회복귀)를 목표로 삼고 이를 위해 형벌 내지 보안처분을 과함으로써 범죄자의 정상적인 사회인으로의 재사회화를 도모하는 데 형벌의 목적이 있다는 입장이다. **근대학파**(近代學派)의 형벌관으로 분류된다.

(3) 결합설(합일적 형벌이론)

응보형주의, 일반예방주의, 특별예방주의의 모든 관점이 형벌의 목적으로 고려되어야 한다는 입장으로서 그 우선하는 관점에 따라 응보적 결합설과 예방적 결립설로 나눌 수 있다(통설).

표정리 형법학파의 대립

구 분		고전학파	근대학파
사상적 배경		계몽주의에 입각한 개인주의 · 자유주의에 따른 법치국가사상	범죄로부터 사회를 방위하려는 사회적 국가관
시 기		18세기~19세기 초	19세기 후반~현대
학 자		Feuerbach, Kant, Hegel, Beccaria, Binding, Birkmeyer, Merkel	Lombroso, Garofalo, Ferri, Liszt, Liepmann, Lanza, Saldana
기본적 범죄관		범죄란 자유의사에 의한 선택의 결과	인간의 자유의사 부정
범죄성립요건		외부에 나타난 행위 · 결과를 중시	행위자의 반사회적 성격을 중시
인간상		의사자유론 → 비결정론	의사결정론
범죄론	원 칙	객관주의	주관주의
	구성요건적 착오	구체적 부합설, 법정적 부합설	추상적 부합설
책임론	책임의 근거	도의적 책임론	사회적 책임론
	책임능력의 본질	범죄능력	형벌능력
	책임판단의 대상	행위책임	성격책임
미수론	미수와 기수	구별	불구별
	실행의 착수시기	객관설	주관설
	불능범과 불능미수의 구별	객관설, 구체적 위험설	주관설 → 불능범 부정
공범론	공동정범의 본질	범죄공동설	행위공동설
	공범의 종속성	공범종속성설 → 간접정범 인정	공범독립성설 → 간접정범 부정
죄수론	죄수결정의 기준	행위 / 법익 / 구성요건표준설	의사표준설
형벌론	목 적	응보형주의	목적형주의
	부정기형	부정	긍정
	기 능	일반예방주의	특별예방주의
형벌과 보안처분		이원론	일원론

→ 객관주의와 주관주의는 전반적으로 대립하고 있으나, 고의 · 목적과 같은 순수한 주관적 요소나 인과관계와 같은 순수한 객관적 요소에서는 그러한 대립이 일어나지 않는다.

→ 객관주의에 대해서는 형법의 사회방위적 기능이나 효과적인 범죄대응이 약화될 수 있다는 비판이 있고, 주관주의에 대해서는 책임주의가 무시됨으로써 개인의 자유와 권리가 위협받을 수 있다는 비판이 제기되고 있다.

→ 현대의 형법학은 객관주의와 주관주의의 목표를 모두 존중하고 이를 통합하며 새로운 분야의 연구성과를 도입하는 것에 관심을 가지고 있는 것이다.

MEMO

PART 02

범죄론

목 차		난 도	출제율	대표지문
제1절 범죄론의 기초	01 범죄의 의의	下	–	• 처벌조건에 대한 인식은 고의의 내용이 되지 않으므로 이에 대한 착오는 범죄의 성립에 영향을 미치지 아니한다. (O) • 구체적 위험범은 현실적 위험의 발생을 객관적 구성요건요소로 하지만 그 위험은 고의의 인식 대상이 아니다. (×) • 위조통화취득죄, 자격모용에 의한 유가증권작성죄, 사전자기록위작·변작죄는 목적범에 해당한다. (O) • 부진정신분범은 신분이 범죄의 성립에 영향을 미치지 않지만 형의 경중에 영향을 미치는 범죄이다. (O)
	02 범죄론 체계	下	★	
	03 범죄의 성립조건·처벌조건·소추조건	中	★★	
	04 범죄의 종류	下	★★	
제2절 행위론	01 행위개념의 기능	下	★	• 자연적·인과적 행위론은 의사에 따라 수행되는 신체활동 또는 인간에 의해 야기된 외부세계의 인과적 변화를 행위로 보는데, 미수범, 부작위범을 잘 설명해 줄 수 있다는 평가를 받는다. (×) • 목적적 행위론은 고의·과실을 주관적 구성요건요소로 보게 되는데, 고의는 잘 설명할 수 있으나 과실을 잘 설명해주지 못한다는 평가를 받는다. (O)
	02 인과적 행위론	中	★	
	03 목적적 행위론	中	★	
	04 사회적 행위론	中	★	
	05 인격적 행위론	中	★	
제3절 행위의 주체와 객체	01 행위의 주체	中	★★	• 법인이 아닌 약국을 실질적으로 경영하는 약사가 다른 약사를 고용하여 그 고용된 약사를 명의상의 개설약사로 등록하게 해두고 약사 아닌 종업원을 직접 고용하여 영업하던 중 그 종업원이 약사법 위반행위를 한 경우에 형사책임은 그 실질적 경영자가 진다. (O)
	02 행위의 객체와 보호의 객체	下	★★	

구 분	경찰채용						경찰간부						경찰승진					
	17	18	19	20	21	22	17	18	19	20	21	22	17	18	19	20	21	22
제1절 범죄론의 기초			2								1			1		1	1	
제2절 행위론																		
제3절 행위의 주체와 객체		1								1			1		1	1		1
출제빈도	3/220						2/240						7/240					

CHAPTER 01

범죄론의 일반이론

국가9급						법원9급						법원행시						변호사시험					
17	18	19	20	21	22	16	17	18	19	20	21	17	18	19	20	21	22	17	18	19	20	21	22
			1	2	1			1								1			1	1	1		
		1												1	1	2	1					1	
5/120						1/150						6/240						4/140					

CHAPTER 01 범죄론의 일반이론

제1절 범죄론의 기초

01 범죄의 의의

1. 범죄의 개념

범죄란 **구성요건**에 해당하고 **위법**하고 **책임** 있는 **행위**이자(형식적 범죄개념), 사회생활상의 **보호이익**을 침해·위협하는 반사회적 행위(실질적 범죄개념)를 말한다(결합설).

2. 범죄의 본질

범죄의 본질에 대해서는 타인의 권리를 침해하는 행위라는 **권리침해설**, 법질서에 의하여 자신에게 부여된 의무를 위반하는 행위라는 **의무위반설**, 법률이 보호하는 이익을 침해하는 행위라는 **법익침해설**(Birnbaum) 등이 제시되어 왔으나, 현대에는 범죄의 본질을 법익침해와 의무위반의 결합에서 찾는 **결합설**이 **통설의 입장이다.**

02 범죄론 체계

표정리 범죄론 체계 개관

구 분	고전적 범죄체계	신고전적 범죄체계	목적적 범죄체계	합일태적 범죄체계
특 징	• 객관적 요소는 구성요건, 주관적 요소는 책임으로 이해 • Liszt, Beling	• 주관적 구성요건요소의 존재를 부분적으로 인정 • 기대가능성을 통하여 책임을 비난가능성으로 이해(규범적 책임개념)	고의를 비롯한 모든 주관적 불법요소들을 구성요건요소로 파악	• 신고전적 범죄체계와 목적적 범죄체계의 절충적 입장 • 고의·과실의 이중적 지위 인정
행 위	인과적 행위론 → 행위를 외적·자연적 과정으로 이해 (자연적 행위개념)	인과적 행위론 → 행위의 의미·가치 판단을 중시 (가치개념)	목적적 행위론 → 목적적 의사조종인 행위가 범죄체계의 기초	사회적 행위론 → 사회적(형법적)으로 의미 있는 인간의 행태

구분				
구성요건	• 객관적·기술적 요소 • 몰가치적·가치중립적 개념 • 주관적 요소는 책임, 규범적 요소는 위법성으로 이해	• 규범적 요소와 주관적 요소가 구성요건에도 있음을 발견 예 명예·불법영득의사·음란성·목적 • 불법구성요건	• 고의(및 과실)를 일반적인 주관적 구성요건요소로 파악 • 구성요건착오(고의 성부)와 금지착오(책임조각 여부)의 구분	고의를 일반적·주관적 구성요건요소로 파악한 목적적 행위론의 입장을 수용
위법성	• 전체 법질서의 기준에 의한 행위의 법적 평가(규범적 요소) → 객관적·형식적 평가 • 불법의 본질은 결과반가치	• 위법성을 실질적인 사회적 유해성으로 파악 • 불법의 본질을 결과반가치로 파악 • 방위의사 등을 주관적 위법요소로 파악	• 불법은 행위자와 관련된 인적 불법이므로, 불법의 본질은 행위반가치(인적 불법론) • 주관적 정당화요소 일반화	• 불법을 행위반가치와 결과반가치의 불가분적 연관 속에서 파악(이원적·인적 불법론) • 주관적 정당화요소
책 임	• 책임능력은 책임조건, 고의·과실은 책임형식으로 파악 • 심리적 책임개념 채택(책임의 본질은 고의·과실)	• 책임능력은 책임조건, 고의·과실은 책임형식으로 파악 • 규범적 책임개념 도입(Frank. 책임의 본질은 비난가능성)	책임능력, 위법성인식, 기대가능성만을 책임의 내용으로 이해하는 순수한 규범적 책임개념 채택(고의·과실을 구성요건요소로만 이해)	책임의 내용으로서 책임능력, 위법성인식, 기대가능성 이외에도 고의·과실의 2중적 지위에 의해 책임형식으로서의 고의·과실도 인정

03 범죄의 성립조건·처벌조건·소추조건

1. 논의의 실익

고의의 대상인지 여부, 그것에 대한 정당방위 가능 여부, 그것을 이용한 간접정범 또는 공범의 성립 가능 여부 그리고 그것이 결여된 경우 해야 할 재판의 종류의 차이 등은 중요한 구별의 실익이다. 예컨대, 범죄의 성립요건이 구비되면 유죄판결(형사소송법 제323조)을 하게 되고 범죄의 성립요건이 결여되면 **무죄판결**(동법 제325조)을 하게 되며, 범죄의 처벌조건이 결여되면 유죄판결이지만 형벌을 면제해주는 **형면제판결**(동법 제322조)을 하게 되고, 범죄의 소추조건이 결여되면 공소기각 등의 **형식재판**(동법 제327조)을 하게 된다.

표정리 범죄의 성립조건·처벌조건·소추조건의 비교

구 분	범죄의 성립	형벌권의 발생	소송상의 효과
성립조건 ×	×	×	무죄판결
처벌조건 ×	○	×	형면제판결
소추조건 ×	○	○	공소기각판결

2. 범죄의 성립조건

어떠한 행위에 대한 구성요건해당성, 위법성, 책임이 범죄의 성립조건(成立條件)이다. 이러한 범죄는 고의에 의한 작위범, 고의에 의한 부작위범, 과실에 의한 작위범 그리고 과실에 의한 부작위범으로 분류해볼 수 있다.

3. 범죄의 처벌조건

(1) 의 의

범죄의 처벌조건(處罰條件)은 범죄가 성립한 후에도 다시 형벌권의 발생을 위하여 필요한 조건이다. 예를 들어, '아버지의 재물을 절취하는 행위'는 절도죄가 성립하더라도(범죄성립＝구성요건해당성＋위법성＋책임) 직계혈족관계가 존재하므로 친족상도례(제344조에 의한 제328조 제1항의 준용)에 의하여 형을 면제한다. 이러한 의미에서 친족상도례는 처벌조건에 속하는 인적 처벌조각사유이다.

(2) 종 류

① **객관적 처벌조건** : 범죄의 성부(成否)와 관계없이 형벌권의 발생을 좌우하는 외부적·객관직 사유이다.
   예 사전수뢰죄에 있어서 공무원·중재인이 된 사실(제129조 제2항), 파산범죄에 있어서 파산선고의 확정(파산법 제366조, 제367조)

② **인적 처벌조각사유** : 이미 성립한 범죄에 관하여 행위자의 특별한 신분관계 또는 태도로 형벌권의 발생을 저지시키는 인적 사정(주관적 처벌조각조건)을 말한다. 구체적으로는, 범죄는 성립되나 행위 당시에 존재하는 특별한 신분관계로 가벌성이 배제되는 경우(**예** 친족상도례 - 제328조 제1항에 있어서 직계혈족 등의 신분, 인적 적용범위의 예외로서의 면책특권을 가진 국회의원·외교관이라는 신분) 내지 가벌적 행위 후에 발생한 행위자의 특별한 태도에 따라 이미 성립한 가벌성을 소급적으로 소멸시키는 경우(**예** 중지미수에 있어서의 형의 면제 - 제26조, 예비·음모단계에서 자수로 인한 형의 면제 - 제90조 제1항 단서 등)를 말한다. ➡ 후자를 인적 처벌소멸사유라 부르기도 한다.

표정리 처벌조건 개관

종 류	내 용	예
객관적 처벌조건	일단 성립한 범죄의 가벌성만을 좌우하는 외부적·객관적 사유	• 파산죄 : 파산선고의 확정 • 사전수뢰죄 : 공무원 또는 중재인이 된 사실
인적 처벌조각사유	행위자의 특수한 신분관계로 인하여 일단 성립한 범죄의 형벌권이 발생하지 않은 경우	• 친족상도례 • 국회의원의 면책특권 • 외교사절의 외교특권
인적 처벌소멸사유	가벌적 행위 후 발생하여 이미 성립한 가벌성이 소급적으로 제거되는 경우	• 중지범에서의 형의 면제 • 내란예비·음모에서 자수로 인한 형의 면제

➡ 인적 처벌조각사유와 인적 처벌소멸사유를 구별할 실익은 크지 않다.

4. 범죄의 소추조건

(1) 의 의

범죄의 소추조건(訴追條件)은 범죄가 성립하고 형벌권이 발생한 경우라도 그 범죄에 대하여 형사소송법상 소추(재판의 청구, 공소의 제기)를 하기 위하여 필요한 조건(소송조건)을 말한다.

(2) 친고죄

친고죄(親告罪)는 공소제기를 위해서 피해자 기타 고소권자의 고소가 있을 것을 요하는 범죄이다(정지조건부 범죄). 친고죄에는 상대적 친고죄와 절대적 친고죄가 있다.[5][6]

---

5 **조언** : 형법의 수험에 있어서는 절대적 친고죄와 상대적 친고죄를 구분해서 정리할 필요가 크지 않다. 단 형사소송법에서는 양자가 주관적 고소불가분원칙의 적용 여부에 있어서 구별의 실익이 있다.
6 **참고** : "조세범처벌법의 규정에 의한 범칙행위는 국세청장·지방국세청장·세무서 또는 세무에 종사하는 공무원의 고발을 기다려 논한다(동법 제6조)."라고 규정되어 있으므로 조세범죄도 친고죄의 일종인 즉시고발사건으로 분류된다.

① **상대적 친고죄** : 범인과 피해자 사이에 일정한 신분관계가 있음으로써 비로소 친고죄로 되는 것을 말한다.

예 친족상도례 : 제328조 제2항, 제344조, 제354조, 제361조, 제365조 제1항

② **절대적 친고죄** : 신분관계와 관계없이 친고죄가 되는 경우를 말한다. [국가7급 14]

예 사자명예훼손죄(제308조), 모욕죄(제311조), 비밀침해죄(제316조), 업무상 비밀누설죄(제317조)

(3) 반의사불벌죄

반의사불벌죄(反意思不罰罪)는 피해자의 명시한 의사에 반하여 논할 수 없는(공소를 제기할 수 없는) 범죄를 말한다(해제조건부 범죄). 반의사불벌죄의 처벌불원의 의사표시는 친고죄의 고소취소에 준하므로, 처벌불원의 의사가 한 번 명시적으로 표시된 이후에는 다시 처벌을 희망하지 아니하는 의사표시를 철회하거나 처벌을 희망하는 의사를 표시할 수 없다(형사소송법 제232조 제3항, 제2항).

표정리 우리 형법상의 친고죄 및 반의사불벌죄의 규정들

구 분	해당 범죄
친고죄	• 범죄가 경미한 경우 : 사자명예훼손죄(제308조), [경찰승진(경사) 11 / 법원행시 07] 비밀침해죄(제316조), [경찰승진(경사) 11] 모욕죄(제311조), 업무상 비밀누설죄(제317조) [경찰승진(경사) 11 / 법원행시 07 · 13] → 명예 · 비밀의 고려[비 · 누 · 모 · 사] • 친족상도례 중 비동거친족 간의 경우(제328조 제2항) → [재(산죄의 비동거친족)]
반의사 불벌죄	• 외국원수 · 외국사절에 대한 폭행 · 협박 · 모욕죄(제107조 · 제108조) [경찰채용 10 1차 / 경찰간부 13 / 경찰승진(경사) 11] • 외국국기 · 국장모독죄(제109조) [경찰간부 13 / 법원승진 10] • 폭행 · 존속폭행죄(제260조) [경찰간부 17 / 경찰승진(경사) 11 / 경찰승진 13 / 법원9급 05 · 06 / 법원행시 07 · 14 · 15] • 과실치상죄(제266조) [경찰승진(경사) 11 / 법원승진 10 / 법원행시 07 · 08 · 11 · 15] • 협박 · 존속협박죄(제283조) [경찰간부 17 / 법원9급 05 · 06 / 법원행시 07 · 11 · 15] • 명예훼손죄(제307조) [법원9급 06 · 21 / 법원승진 10 / 법원행시 15] • 출판물 등에 의한 명예훼손죄(제309조) [경찰승진(경사) 11 / 법원9급 05 / 법원행시 11 · 15] → [폭 · 과 · 협 · 명 · 출] • 부정수표단속법 위반죄(동법 제2조 제2항 · 제3항)

주의할 점	• ┌ 사자명예훼손죄 · 모욕죄 → 친고죄 [경찰채용 10 2차 / 법원9급 05 · 06]
	   └ 출판물에 의한 명예훼손죄 · 명예훼손죄 → 반의사불벌죄 [법원9급 05]
	 • ┌ 과실치상죄 → 반의사불벌죄
	   └ 상해죄 및 과실치사죄 → 친고죄도 반의사불벌죄도 아님
	 • 특수폭행, 특수협박, 학대 · 존속학대, 업무상 과실 · 중과실치상죄 → 반의사불벌죄 아님 [법원9급 05]

PART 01 / PART 02 / PART 03

04 범죄의 종류

1. 결과범과 거동범

(1) 결과범

결과범은 행위 이외에 결과의 발생이 있어야 기수가 되는 범죄이다(실질범).

예 살인죄, 상해죄, 강도죄, 손괴죄 등 대부분의 범죄

(2) 거동범

거동범은 결과발생을 요하지 않고 행위만으로 기수가 되는 범죄이다(형식범, Formaldelikt). 그러므로 미수범 성립이 불가능하고 인과관계의 판단이 필요하지 않다.

> 📖 주거침입죄, 모욕죄, 명예훼손죄, 공연음란죄, 무고죄, 위증죄

→ 미수범 처벌규정이 존재하는 경우도 있다. → 집합명령위반죄, 퇴거불응죄

표정리 결과범과 거동범의 구별실익

구 분	결과범	거동범
인과관계와 객관적 귀속	필요	불필요
미수의 성립 여부	성립 가능	성립 불가능

2. 침해범과 위험범

(1) 침해범

침해범이라 함은 범죄가 완성되기 위해서는 구성요건적 실행행위에 의하여 그 보호법익이 현실적으로 침해될 것을 요하는 범죄를 말한다.

> 📖 살인죄, 상해죄, 체포·감금죄, 강간죄, 주거침입죄, 절도죄, 강도죄 등

(2) 위험범

① 의의 : 위험범이라 함은 그 보호법익이 침해될 필요는 없고 침해의 위험성만 있으면 성립되는 범죄이다. 따라서 그 법익보호의 정도에 있어서 위험범이 침해범보다 더 강력하다.

② 종 류

ㄱ 추상적 위험범 : 법익에 대한 일반적 위험성만 있으면 가벌성이 인정되는 범죄이다. 추상적 위험범은 구성요건에 규정된 행위만 하여도 그 행위 안에 위험성이 내포되어 있다고 보게 되므로 대체로 거동범적 성질을 가진다. 따라서 위험은 별도의 구성요건요소가 아니며 이에 고의의 인식대상도 되지 않는다. 추상적 위험범은 형법의 보호적 기능을 충실히 하는 것으로, 추상적 위험범의 증가는 현대 형법의 예방형법적 경향을 보여준다. 다만, 형법의 보장적 성격을 고려할 때 신중을 기해야 하는 부분이다.

> 📖 위증죄(제152조), 무고죄(제156조), 현주건조물방화죄(제164조), 공용건조물방화죄(제165조), 이상에 대한 실화죄(제170조 제1항), 타인소유일반건조물방화죄(제166조 제1항), 현주건조물 및 공용건조물에 대한 일수죄(제177조, 제178조), 교통방해죄(제185조), 통화위조죄(제207조), 낙태죄(제269조, 다수설), 유기죄(제271조), 협박죄(판례, 제283조), 명예훼손죄(제307조), 신용훼손죄(제313조), 업무방해죄(제314조), 비밀침해죄(제316조), 도로교통법상 약물운전죄(판례, 동법 제150조 제1호) 등

ㄴ 구체적 위험범 : 법익침해의 현실적 위험의 발생을 구성요건해당성의 요건으로 하는 범죄이다. 따라서 이 경우의 '위험'은 객관적 구성요건요소로서 고의의 인식대상이 된다. [경찰간부 17 / 국가9급 13 / 사시 12]

> 📖 자기소유일반건조물방화죄(제166조 제2항), 일반물건방화죄(제167조), 이상의 목적물에 대한 실화죄(제170조 제2항), 폭발성물건파열죄(제172조)와 폭발물사용죄(제119조), 가스·전기 등 방류죄(제172조의2), 가스·전기 등 공급방해죄(제173조 제1항), 자기소유일반건조물일수죄(제179조 제2항), 과실일수죄(제181조), [사시 12] 중유기죄(제271조 제3항·제4항), [사시 12] 배임죄(제355조 제2항) 등

→ 자기소유~, 일반물건~, 폭발성물건~/폭발물사용, 가스·전기~, 중~, 직무유기, 배임

구 분	추상적 위험범	구체적 위험범
위험의 발생	구성요건요소 ×	구성요건요소 ○
위험의 인식	고의의 내용 ×	고의의 내용 ○
범죄의 성질	(대부분) 거동범	결과범
위험발생의 입증	불필요	필요

3. 즉시범 · 계속범 · 상태범

(1) 즉시범

실행행위에 의하여 일정한 법익의 침해 또는 침해의 위험성이 있으면 바로 완성되고 종료되는 범죄이다(기수=종료). 살인, 절도, 방화, 범죄단체조직죄, 도주죄 등 대부분의 범죄가 여기에 속한다.

(2) 계속범

계속범이라 함은 구성요건적 실행행위에 의하여 기수(구성요건충족상태)가 된 이후에도 위법한 상태가 계속 유지되다가 별도의 종료시점에 가서 종료하게 되는 범죄를 말한다(기수≠종료). 예를 들어, 감금죄의 경우 甲이 乙을 감금하고 일정한 시간적 계속이 이루어진 때 기수가 되고 그 이후에도 감금된 상태가 계속되다가 감금상태가 해제된 때(석방·탈출시점) 종료가 되는 것이다. 계속범에는 체포·감금, 주거침입·퇴거불응(등 진정부작위범), [경찰채용 10 1차] 약취·유인, 직무유기, 교통방해, 범인은닉죄, 청소년보호법상 청소년유해업소고용죄, 공유수면관리법상 무허가공유수면점용·사용죄 등이 있다.

참고하기 계속범의 특징

1. 기수시기와 종료시기에 차이가 있다.
2. 기수 이후에도 공범의 성립이 인정된다(예 '승계적 방조'). [경찰채용 10 1차]
3. 기수 이후 종료 이전에도 피해자의 정당방위가 가능하다. [경찰채용 10 1차]
4. 종료시부터 형사소송법상 공소시효가 기산되게 된다. [경찰채용 10 1차]

(3) 상태범

상태범은 구성요건적 실행행위에 의하여 법익의 침해가 발생함으로써 기수가 되어 종료되지만(기수=종료, 이 점에서는 즉시범=상태범), 기수 이후에도 위법상태가 계속되는 범죄이다. 상태범의 특징은 예컨대, 타인의 재물을 절취한 후 그 재물을 손괴·소비·매각하여도 기존의 절도죄 이외에 별도의 범죄(손괴·횡령)를 구성하지 않는 불가벌적 사후행위의 경우에 나타난다.

예 절도죄, 횡령죄, 재물손괴죄 등 대부분의 재산범죄, 살인죄, 상해죄, 내란죄 등

(4) 계속범과 상태범의 구별실익

구 분	계속범	상태범(즉시범)
기수·종료의 시기	불일치	일치
공소시효의 기산점	종료시	기수시
공범의 성립시기	종료시까지 가능	기수시까지 가능
정당방위 가능시기		

4. 일반범·신분범·자수범

(1) 일반범

일반범은 누구나 범죄의 주체가 될 수 있는 범죄를 말한다.

(2) 신분범

① 의의 : 신분범이란 구성요건상 행위의 주체에 해당되기 위해서 일정한 신분을 요하는 범죄를 말한다. 신분이란 범인의 인적 관계인 특수한 지위나 상태를 가리킨다(객관적 구성요건요소).

② 종 류

　㉠ 진정신분범 : 신분 있는 자만이 주체가 될 수 있는 범죄를 말한다.

　　예 수뢰죄(공무원·중재인), 횡령죄(타인의 재물을 보관하는 자), 배임죄(타인의 사무를 처리하는 자), 위증죄(법률에 의하여 선서한 증인), 유기죄(요부조자를 보호할 법률상·계약상 의무 있는 자), 업무상 비밀누설죄(의사, 한의사 등), 직무유기죄(공무원), 허위진단서작성죄(의사, 한의사 등) 등 및 부진정부작위범(보증인적 지위에 있는 자) [법원행시 07]

　㉡ 부진정신분범 : 신분이 없어도 범죄가 성립하나, 신분이 있음으로 인해서 형이 가중되거나 감경되는 범죄를 말한다.

　　예 직계'존속'에 대한 범죄(존속살해·존속상해 등), '업무상' 범죄(업무상 횡령죄, 업무상 배임죄, 업무상 동의낙태죄, 업무상 과실치사상죄), 간수자도주원조죄, '모해'위증죄(판례) [국가7급 14 / 법원행시 05·08·09·14 / 사시 11·12·13·14 / 변호사시험 14], '상습'도박죄, 감경적 신분('영아'살해죄·영아유기죄) 등

> **참고하기** 진정신분범과 부진정신분범에 있어서 주의할 규정들
>
> 1. 업무상 비밀누설죄, 업무상 과실장물죄, 업무상 위력에 의한 간음죄는 진정신분범이다.
> 2. 업무상 비밀누설죄는 신분범이지만, 비밀침해죄는 신분범이 아니다.
> 3. 허위진단서작성죄·허위공문서작성죄는 신분범이지만, 공정증서원본부실기재죄는 신분범이 아니다.
> 4. 도박죄는 신분범이 아니지만, 상습도박죄는 부진정신분범이다.

(3) 자수범

① 의의 : 자수범(自手犯)이란 범인 스스로이 직접적인 범죄실행을 요하기 때문에 타인을 이용해서는 저지를 수 없는 범죄를 말한다.

　예 위증죄(제152조), 피구금자간음죄(제303조 제2항), 업무상 비밀누설죄(제317조), 부정수표단속법상 허위신고죄 등

② 자수범 인정시 효과 : 직접·단독정범만이 성립가능하고, 간접정범이나 자수적 실행 없는 공동정범의 성립은 불가능하다. 그러나 교사범·종범의 성립은 가능하다.

5. 목적범·경향범·표현범

(1) 목적범

① 의의 : 목적범이란 객관적 구성요건요소에 대한 인식·의사인 고의의 범위를 초과하는 일정한 주관적 목적(초과주관적 구성요건요소)이 구성요건상 전제되어 있는 범죄이다. **판례**는 대체로 목적이 확정적 인식뿐만 아니라 미필적 인식으로도 충분하다는 입장이다(대법원 1992.3.31, 90도2033 전원합의체). [사시 15]

② 종 류

　㉠ 진정목적범과 부진정목적범 : 목적의 성질에 따른 구별이다.

　　ⓐ 진정목적범 : 목적의 존재가 범죄성립요건인 범죄를 말한다.

예 ① 각종 위조·변조죄(행사목적), [법원9급 09 / 법원행시 05·10] ② 각종 자격모용작성죄(행사목적), ③ 각종 영득·이득죄(불법영득·이득의사), ④ 각종 예비죄(기본범죄목적), ⑤ 내란죄(제87조 : 국권 배제·국헌문란 목적), ⑥ 국기·국장모독죄(제105조), [법원행시 08·10] 국기·국장비방죄(제106조) : 대한민국을 모욕할 목적, ⑦ 외교상 기밀탐지·수집죄(제113조 제2항 : 누설목적), ⑧ 범죄단체조직 죄(제114조 : 범죄목적), [경찰채용 10 1차] ⑨ 다중불해산죄(제116조 : 폭행·협박·손괴 목적), ⑩ 직무 ·사직강요죄(제136조 제2항 : 직무강요·저지·사직 목적), ⑪ 법정·국회회의장모욕죄(제138조 : 법원재판·국회심의 방해·위협 목적), ⑫ 무고죄(제156조 : 타인 형사처분·징계처분 목적), [법원9급 12 / 법원행시 05·10] ⑬ 위조통화수입·수출죄(제207조 제4항), 위조유가증권수입·수출죄(제217조 제 4항), 위조인지·우표수입·수출죄(제218조 제2항) : 행사목적, ⑭ 위조통화취득죄(제208조), 위조 인지·우표취득죄(제219조), 소인말소죄(제221조) : 행사목적, [법원9급 09 / 법원행시 08] ⑮ 통화유사물 제조죄(제211조 제1항), 인지·우표유사물제조죄(제222조 제1항) : 판매목적, [법원9급 09] ⑯ 허위공 문서작성죄(제227조 : 행사목적), 공·사전자기록위작·변작죄(제227조의2, 제232조의2 : 사무처리 를 그르치게 할 목적), ⑰ 공·사인위조·부정사용죄(제238조 제1항, 제239조 제1항 : 행사목적), ⑱ 음행매개죄(제242조 : 영리목적), [법원행시 08·10] ⑲ 음화제조·소지죄(제244조 : 음화반포·판매 목적), ⑳ 도박개장죄(제247조 : 영리목적), [경찰채용 10 1차 / 법원9급 12] ㉑ 준점유강취죄(제325조 제2 항) 및 준강도죄(제335조 : 재물탈환항거·체포면탈·범죄흔적 인멸 목적), [법원행시 05·08·10] ㉒ 강 제집행면탈죄(제327조 : 강제집행을 면할 목적) [법원행시 10]

ⓑ **부진정목적범** : 목적의 존재가 형의 가중·감경사유로 되어 있는 범죄를 말한다.

예 ① 내란목적살인죄(제88조 : 국권배제·국헌문란 목적) : 살인죄에 비하여 불법가중, ② 모해위증죄 (제152조 제2항), 모해증거인멸죄(제155조 제3항) : 모해목적, [법원9급 12] ③ 아편·아편흡식기판매 목적소지죄(제198조, 제199조 : 판매목적) : 단순아편 등 소지죄(제205조)에 비하여 불법가중, ④ 촉탁승낙살인죄(제252조 제1항 : '본인을 위하여'는 기술되지 않은 구성요건요소) : 살인죄에 비하 여 불법감경, ⑤ 추행·간음·결혼·영리 목적(제288조 제1항, 제289조 제2항), 노동력착취·성매매 ·성적착취·장기적출 목적(제288조 제2항, 제289조 제3항), 국외이송 목적(제288조 제3항, 제289조 제4항) 약취·유인죄(제288조) 및 (위 목적에 의한) 인신매매죄(제289조 제2·3·4항) : 약취·유인죄 및 인신매매죄에 비하여 불법가중, ⑥ 출판물명예훼손죄(제309조 : 비방목적) : 명예훼손죄에 비하 여 불법가중 [경찰간부 17 / 법원행시 05]

정리의맥

1. 출판물 등에 의한 명예훼손죄는 목적범이지만, '명예훼손죄'와 '신용훼손죄'는 목적범이 아니다.
2. 허위유가증권작성죄와 허위공문서작성죄는 목적범이지만, '허위진단서작성죄' [국가9급 12] 와 '공정증서원본 부실기재죄'는 목적범이 아니다.
3. 강제집행면탈죄(강제집행을 면할 목적)는 목적범이지만, '부동산강제집행효용침해죄'는 목적범이 아니다.
4. 문서부정행사죄는 목적범이 아니지만, 인장부정사용죄는 목적범이다.
5. 모든 '위조·변조죄(단 부정수표단속법상 수표위조·변조는 아님)', '자격모용작성죄', '취득죄', [국가9급 12] '전자기록위작·변작죄', [국가9급 12] '(유사물)제조죄(단 전시폭발물제조·소지, 아편소지는 아님)', '예비· 음모죄', '모해목적범죄'는 목적범이다.

ⓒ **단절된 결과범과 단축된 이행위범** : 목적이 구성요건적 행위의 실행에 의해 어떻게 실현되는가에 따른 구별이다.

ⓐ **단절된 결과범** : 목적 실현이 행위자의 구성요건적 행위 자체에 의하여 직접 야기되며, 목적 실현을 위해 다른 별개의 행위를 필요로 하지 않는 목적범을 말한다. 단축된 결과범이라고도 한다.

예 내란죄(제87조 : 국권배제·국헌문란 목적), 출판물에 의한 명예훼손죄(제309조 : 비방목적), 준강 도죄(제335조 : 재물탈환항거·체포면탈·범죄흔적인멸 목적) 등

ⓑ **단축된 이행위범** : 목적실현이 행위자의 구성요건적 행위만으로는 야기될 수 없고, 행위자나 제3자의 별개의 행위를 통해서만 야기될 수 있는 목적범을 말한다. 예를 들어, 예비·음모죄는

'기본범죄를 범할 목적'을 초과주관적 구성요건요소로 삼고 있는바, 이는 예비·음모행위 이후에 별도의 기본범죄를 범함으로써 그 목적을 달성할 수 있으므로 단축된 2행위범으로 분류될 수 있는 것이다(불완전한 2행위범이라고도 함).

> 예 무고죄(제156조 : 형사처분·징계처분을 받게 할 목적), 음행매개죄(제242조 : 영리목적), 약취·유인죄(제288조 : 영리목적), 각종 위조죄(제207조 등 : 행사목적), 각종 예비죄(제255조 등 : 기본범죄를 범할 목적) 등

ⓒ **구별실익** : 단절된 결과범에서는 목적에 대한 확정적 인식이 필요하나, **단축된 이행위범**에서는 목적에 대한 미필적 인식으로 충분하다는 것이 교과서적 설명이다. 다만 판례는 이를 따른다는 실례(實例)는 없고, 단지 미필적 인식만으로 충분하다는 사례들만 보일 뿐이다.

(2) 경향범

행위자의 주관적인 행위경향이 초과구성요건요소로 인정되는 범죄유형을 말하며, 통설적으로 인정되는 개념이고, 대체로 성범죄들이 경향범인 경우가 많다. 다만 판례는 부정하는 입장이다.

> 예 학대죄(제273조)의 학대행위, 가혹행위죄(제125조)의 가혹행위, 공연음란죄(제245조)의 음란행위(성욕을 자극시키는 경향), 강제추행죄(제298조)의 추행(성적 흥분·만족을 얻으려는 경향) 등

(3) 표현범

행위자의 내면적인 지식상태의 굴절·모순과정을 표현해 주는 범죄이다. 예를 들어, 모욕죄(제311조)는 표현범이므로 단순히 무례한 언동만으로는 동죄가 성립하는 것은 아니다.

> 예 위증죄(제152조 : 자신이 알고 있는 것과 다르게 표현하려는 내심의 의사 – 주관설) 등

6. 망각범

'과실에 의한 부진정부작위범'이다. 즉 망각범이란 일정한 작위가 기대됨에도 불구하고 부주의로 그 작위의무를 인식하지 못하여 결과를 발생시키는 범죄를 말한다.

> 예 • 전철수가 잠이 들어 전철하지 않아 기차를 전복시킨 경우
> • 함께 술을 마신 후 만취한 친구의 발 옆 30cm 가량 떨어진 방바닥에 켜져 있는 촛불을 끄지 않고 그냥 나와 친구가 화재로 사망한 경우(대법원 1994.8.26, 94도1291) → 과실치사죄와 실화죄 [법원행시 14]

제2절 행위론

01 행위개념의 기능

무언가 문제되는 행위가 있어야 그 행위의 범죄성립 여부를 검토할 수 있으므로, 범죄의 성립 여부를 따지려면 우선 행위의 개념을 밝혀야 한다. 이러한 이론을 행위론이라 한다.

행위개념은 다음과 같은 기능을 한다. 우선 ① 행위의 개념을 정함으로써 이것이 하나의 상위개념이 되어 그 하위에 고의행위, 과실행위, 작위행위, 부작위행위를 배치시키고 이를 분류시킬 수 있는 기능을 할 수 있게 된다. 이를 행위론의 **기본요소로서의 행위의 기능** 또는 **분류기능**이라고 한다. 다음 ② 행위개념을 파악하게 되면 그러한 행위가 형법이 정한 (불법)구성요건에 해당되고, 그 구성요건에 해당되는 행위가

위법성(전체적 가치질서에 반한다는 가치판단)이 있고, 이러한 불법한 행위를 한 행위자에게 비난가능성(책임)이 있다는 판단을 할 수 있게 된다. 이렇듯 행위개념은 3단계 범죄론체계를 서로 이어주는 **연결기능**을 한다. 마지막으로 ③ 행위개념을 확정하게 되면 행위와 소위 비(非)행위를 구별할 수 있다. 즉 인간의 행위가 아닌 동물이나 기계의 동작이나 자연현상 등은 행위가 아니고, 인간의 행위라 하더라도 간질발작 중의 행위라거나 수면 중의 무의식적 행동을 행위개념에서 배제시킬 수 있게 되는 것이다. 이를 행위론의 **한계기능**이라 한다.

이러한 행위개념의 분류기능, 연결기능, 한계기능과 같은 3대 기능을 수행하기 위해서 제시되어 온 주요 행위론들은 다음과 같다.

02 인과적 행위론

인과적 행위론은 행위란 **인간의 유의적 거동(有意的 舉動)에 의한 외부세계의 변화 내지 의욕된 신체활동**이라는 입장이다. 이에 의하면 행위는 유의성과 거동성의 두 요소로 이루어져 있다.

> 비판
> 1. 인식 있는 과실은 행위로 포함되지만, 인식 없는 과실은 유의성이 없기 때문에 행위개념에서 배제됨 [법원9급 07(하)]
> 2. 부작위에는 거동성이 없기 때문에 행위에서 배제됨 [법원9급 07(하)]
> 3. 미수범은 외부세계의 변화를 일으키지 못했다는 점에서 행위개념에 포함시킬 수 없음
> 4. 근본요소로서의 기능 내지 분류기능을 할 수 없음

표정리 인과적 행위론 개관

행 위	구성요건	위법성	책 임
유의성+거동성	객관적 구성요건요소	객관적 구성요건요소에 대한 규범적·객관적 가치판단	심리적 책임론 • 책임능력 • 책임형식(책임조건) ┌ 고의=범죄사실의 인식, 위법성의 인식 └ 과실=결과발생, 주의의무위반

03 목적적 행위론

목적적 행위론은 행위란 단지 인과적 사건이 아니라 인간의 의사에 지배되는 목적지향적인 인간의 **목적조종적 활동**으로 파악한다.

> 비판
> 1. (목적적 행위론자들이 과실행위도 목적적 행위라고 설명을 시도하였음에도) 목적성이 없는 과실의 행위성 인정 곤란 [법원9급 07(하)]
> 2. (인과과정을 조종하지 못하였다는 점에서) 부작위의 행위성 인정 곤란
> 3. 의식적 조종의 요소가 없는 자동화된 행위나 격정적 행위 인정 곤란
> 4. 행위론의 근본기능·분류기능을 수행할 수 없음

표정리 목적적 행위론 개관

행 위	구성요건	위법성	책 임

유의성+거동성+목적성	• 객관적 구성요건요소
	• 주관적 구성요건요소
	  (고의, 과실)
	  [법원9급 07(하)]
		• 인적 불법론
		• 행위반가치론
		• 주관적 정당화요소
		  일반화
			순수한 규범적 책임론
			┌ 책임능력
			├ 위법성인식
			└ 기대가능성

04 사회적 행위론

인과적 행위론이나 목적적 행위론과 같은 **존재론적 행위개념**이 행위개념의 근본기능을 다하지 못한다는 점에서, **규범적 요소에 의한 행위개념**을 제시하는 입장이 나오게 되는데 이것이 사회적 행위론이다. 사회적 행위론에 의하면 행위란 **사회적**(형법적)**으로 중요한**(의미 있는) **인간의 모든 행태**라고 파악된다. 사회적 행위론은 고의행위·과실행위·작위·부작위 모두를 아우르는 상위개념을 제시할 수 있다는 점에서 행위론의 근본요소로서의 기능을 수행한다는 장점이 있다(다수설).

> **비판** 근본기능은 수행하지만, 이론적 통일성·일관성이 미비하다는 점에서 행위가 지나치게 확장되어 적절한 한계기능을 수행할 수 없다. [법원9급 07(하)] 예를 들어 법인의 사회적 활동이나 인간의 간질발작 중의 행동도 사회적 중요성이 구비되는 한 행위로 볼 수 있게 되므로 행위개념의 한계를 정하기가 어려워진다.

표정리 사회적 행위론 개관

행 위	구성요건	위법성	책 임
• 사회적 의미성 • 의사지배가능성	• 객관적 구성요건요소 • 주관적 구성요건요소 (의사방향결정요인)	이원적·인적 불법론 (행위불법＋결과불법)	• 책임능력 • 심정반가치로서의 고의, 과실 • 위법성인식 • 기대가능성

05 인격적 행위론

인격적 행위론은 인간의 행위가 동물의 행위와 다른 점은 인간의 인격이 나타난다는 것임을 중시하여, 행위를 인격의 표현(객관화 또는 발현)으로 파악하는 입장이다(수험에서는 참고만 할 것).

➜ 이외에도 소극적 행위론(행위란 회피가능한 상황을 회피하지 않은 것)이나 행위개념 부정론도 있다. 자세한 설명은 본서의 특성상 생략한다.

01 행위의 주체 : 법인의 형사책임

1. 문제의 소재

형법상 '행위의 주체'는 구성요건에 규정된 범죄의 주체가 될 수 있는가를 객관적으로 판단하는 문제로서, 자연인이 행위의 주체에 해당함은 자명하므로, 여기서는 법인의 형사책임이 문제가 된다.

법인(法人)이라 함은 자연인이 아니면서 법에 의하여 권리능력이 부여되는 사단과 재단을 말한다. 형법학에서는 법인도 행위(범죄)의 주체가 될 수 있는가라는 법인의 **범죄능력의 문제**, 법인을 형사처벌할 수 있는가라는 법인의 **형벌능력(수형능력)의 문제**, 행정형법상 양벌규정에 의하여 법인이 처벌이 된다면 그 **처벌의 근거**는 어디에서 구할 것인가라는 법인처벌의 근거의 문제가 논의의 대상이 된다.

2. 법인의 범죄능력

(1) 법인의 본질과 법인의 범죄능력의 논리적 관계

법인의 본질에 대해서는 ① 법인이 실제로 존재한다는 법인실재설(독일)과 ② 법인은 실제로 존재하지 않으며 가상의 존재를 마치 실재하는 것처럼 의제하는 것에 불과하다는 법인의제설(영미)이 대립하는데, 이러한 법인의 본질에 관한 사법(私法)상의 논의는 형법상 **법인의 범죄능력을 인정할 것인가 부정할 것인가와 논리적으로 일관되지 않는다.** [국가9급 10 / 법원행시 07] 예컨대, 전통적으로 법인의제설을 취하는 영미법계(참고로 현재에는 법인실재설도 일부 수용)에서 오히려 법인의 형사책임을 쉽게 인정하고, 법인실재설의 대륙법계 국가에서 법인의 범죄능력을 부정하는 예가 종종 있다.

(2) 법인의 범죄능력에 관한 학설·판례

① 의의 : 법인의 범죄능력의 문제는 법인이 범죄의 주체가 될 수 있는가의 문제이다.

② 부정설(다수설·판례) : 법인은 자연인과 다르므로 범죄능력이 없다는 입장이다. **판례**도 "법인은 배임죄의 주체가 될 수 없다(대법원 1984.10.10, 82도2595)." [경찰채용 15 1차 / 국가9급 09·13 / 변호사시험 13] 라는 등의 판시를 통하여 부정설을 지지하고 있다.

  ㉠ 주요 논거

    ⓐ 법인에게는 자연인과 같은 의사와 육체가 없으므로 행위능력이 없다.

    ⓑ 사형·자유형은 법인에게 집행할 수 없다.

    ⓒ 법인처벌의 효과가 실질적으로 법인의 구성원에게까지 미치게 되는데, 범죄와 무관한 법인의 구성원까지 처벌하는 것은 자기책임의 원칙에 반한다. [경찰채용 11 2차]

  ㉡ 비판 : 각종 행정형법에 산재된 양벌규정의 규정취지를 설명하기 곤란하다. [경찰채용 11 2차]

③ 긍정설(소수설) : 현대에 들어와 기업범죄가 날로 증가함에 따라 법인의 범죄능력에 대해서도 이를 긍정할 필요가 있다는 입장이 나오게 되었다.

  ㉠ 주요 논거

    ⓐ 법인도 기관을 통하여 의사를 형성하고 행위할 수 있으므로, 행위능력이 있다.

    ⓑ 재산형과 자격정지, 몰수·추징을 과할 수 있으며, 생명형은 해산형으로, 자유형은 영업정지 등으로 대체가능하다. [경찰채용 11 2차]

ⓒ 현대사회에서는 법인(기업)의 활동이 중시되므로 법인의 범죄능력을 인정하는 것이 사회방위필
요성상 형사정책적으로 필요하다.
ⓛ 비판 : 법인을 처벌하는 것은 범죄와 무관한 법인의 다른 구성원들까지 처벌하는 연대책임을
인정하는 결과가 되어 개인책임원칙에 반할 수 있다.
④ **부분적 긍정설**(소수설) : 형사범과 행정범을 구분하여 윤리적 요소가 약한 반면 합목적적 요소가
강한 행정범의 경우에는 법인의 범죄능력을 인정하는 입장이다. [경찰채용 15 1차 / 경찰채용 11 2차] 다만,
이에 대해서는 범죄능력의 주체성을 부여하는 기준이 모호하고, 법인처벌의 명문규정이 있는 경우
이를 해석으로 배제할 근거가 없다는 비판이 제기된다.

3. 법인의 형벌능력 및 처벌

(1) 법인의 형벌능력

① 법인의 범죄능력 긍정설 : 당연히 형벌능력을 긍정하게 된다.
② 법인의 범죄능력 부정설
ⓐ 부정설 : 범죄능력을 부정한다면 형벌능력도 부정하는 것이 논리적이라는 점을 근거로 하는 입장
이지만, 사실상 주장하는 학자가 거의 없다.
ⓛ 긍정설(다수설·판례) : 법인의 범죄능력은 부정되지만, **행정형법상 양벌규정**이 존재하는 것을 전제
로 법인의 형벌능력은 인정된다는 입장이다. [국가9급 08] 행정형법은 윤리적 색채가 약하며, 또한
행정목적 달성을 위하여 필요하다는 것을 그 논거로 삼고 있다.

(2) 법인의 책임형식 – 법인 처벌규정의 방식

① 양벌규정의 입법형식과 위헌결정
ⓐ **양벌규정의 입법형식** : 양벌규정은 행위자와 법인의 양자를 처벌하는 경우로서 우리의 **주된 입법**
이다. "종업원이 위반행위를 한 때에는 행위자를 처벌하는 외에 법인 또는 개인에 대하여도
처벌한다."고 규정하는 것이 보통이며, 이에 따라 행위자뿐 아니라 그 위반행위의 이익귀속주체인
'법인·개인 등 업무주'가 처벌받게 된다.
ⓛ **위헌결정 이후의 입법형식** : 보건범죄단속에 관한 특별조치법 제6조의 양벌규정에 대한 **헌법재판
소의 2007년 11월 29일 2005헌가10 위헌결정**이 내려진 이후부터는, 양벌규정의 단서 부분에
"다만, 법인 또는 개인이 그 위반행위를 방지하기 위하여 해당 업무에 관하여 상당한 주의와
감독을 게을리하지 아니한 때에는 그러하지 아니하다."라는 '업무주 면책규정'을 규정하는 것이
보편화되고 있다.
② 양벌규정 적용의 전제로서 법규위반행위를 한 사용인 기타 종업원의 범위 : **지입차주**(持入車主)(대법원
2003.9.2, 2003도3073; 2009.9.24, 2009도5302; 2010.4.15, 2009도9624), **다단계판매원**(대법원 2006.2.24, 2003도
4966), **업무보조자**(대법원 2007.8.23, 2007도3787)는 포함되고, **토지의 임차인**(대법원 2003.6.10, 2001도2573)
은 포함되지 않는다.
③ 양벌규정에 의하여 처벌받는 법인·개인 등 업무주의 범위
ⓐ **지방자치단체** : ⓐ 국가가 본래 그의 사무의 일부를 지방자치단체의 장에게 위임하여 그 사무를
처리하게 하는 **기관위임사무**(지정항만순찰업무, 대법원 2009.6.11, 2008도6530)의 경우 지방자치단체는
공법인으로 볼 수 없으나, ⓑ 그 고유의 **자치사무**(청소차 과적운행, 대법원 2005.11.10, 2004도2657[7]

---

7 **판례** : 청소차 과적운행으로 인한 도로법위반 사례 지방자치단체 소속 공무원이 **지방자치단체 고유의 자치사무를 수행하던 중 도로법
위반행위를 한 경우**에는 지방자치단체는 도로법 제86조의 양벌규정에 따라 처벌대상이 되는 법인에 해당한다고 할 것이다(대법원
2005.11.10, 2004도2657).

를 처리하는 경우에는 지방자치단체는 공법인으로 보아 양벌규정의 적용대상이 된다. [경찰채용 15 1차 / 경찰간부 15]

    ⓒ **명의자와 실질적 경영자 중 업무주** : 양벌규정에 의하여 처벌되는 업무주로 규정되어 있는 '법인 또는 개인'은 단지 형식상의 사업주가 아니라 자기의 계산으로 사업을 경영하는 실질적인 사업주를 말한다(대법원 2000.10.27, 2000도3570; 2010.7.8, 2009도6968). [경찰간부 14] 예컨대, 약사법상 양벌규정은 명의상 개설약사가 아닌 '실질적 경영자'에게 적용된다(대법원 2000.10.27, 2000도3570). [국가7급 12]

    ⓒ **합병으로 소멸한 경우** : 합병으로 인하여 소멸한 법인이 그 종업원 등의 위법행위에 대해 양벌규정에 따라 부담하던 형사책임은 합병으로 인하여 **존속하는 법인에 승계되지 않는다**(대법원 2007.8.23, 2005도4471).⁸ [경찰채용 16 2차 / 경찰채용 18 3차 / 경찰승진 22 / 국가9급 10 / 국가7급 12 / 사시 16 / 변호사시험 13]

    ⓔ **법인격 없는 사단의 구성원 개개인** : 법인격 없는 사단의 구성원 개개인은 양벌규정에서 정한 업무주인 '개인'의 지위에 있다 할 수 없다(대법원 2017.12.28, 2017도13982).

  ④ **양벌규정에 의한 행위자로의 처벌대상 확대** : 양벌규정은 원래 '행위자를 처벌하는 외에 법인·개인 등 업무주도 처벌한다.'는 형식이어서, 주안점은 업무주를 처벌하는 데 있으나, 판례는 양벌규정을 위반행위의 이익귀속주체인 업무주에 대한 처벌규정임과 동시에 비신분자인 행위자에 대한 처벌규정으로 보아 행위자 처벌의 근거로 활용하고 있다(대법원 1995.5.26, 95도230; 2007.7.26, 2006도379; 2011.9.29, 2009도12515). [경찰채용 18 3차]

판례연구   **판례에 의한 양벌규정의 적용대상의 행위자로의 확대**

대법원 1999.7.15, 95도2870 전원합의체; 2009.2.12, 2008도9476
행정형법상 범죄주체가 한정된 때에도 양벌규정을 통한 확장이 가능하다는 사례
건축법의 벌칙규정에서 그 적용대상자를 건축주, 공사감리자, 공사시공자 등 일정한 업무주로 한정한 경우에 있어서, 같은 법의 양벌규정은 업무주가 아니면서 당해 업무를 실제로 집행하는 자가 있는 때에 위 벌칙규정의 실효성을 확보하기 위하여 그 적용대상자를 당해 업무를 실제로 집행하는 자에게까지 확장하여 처벌할 수 있도록 한 행위자의 처벌규정임과 동시에 그 위반행위의 이익귀속주체인 업무주에 대한 처벌규정이라고 할 것이다.
[경찰간부 18]

---

(3) 법인처벌의 근거

  ① **문제의 소재**

    ⓐ **법인의 범죄능력과 법인처벌의 근거의 관계** : 순수 논리상으로는, 법인의 범죄능력을 부정한다면 법인이 과실행위를 할 수 없어도 처벌된다는 무과실책임설을, 법인의 범죄능력을 긍정한다면 법인 자신의 과실이 인정될 때에만 처벌된다는 과실책임설을 취해야 하지만, 판례는 "법인의 범죄능력을 부정하면서도 법인처벌의 근거에 있어서는 과실책임설"을 취하고 있다.

    ⓑ **법인의 종업원의 행위와 대표자의 행위의 구별** : 법인처벌의 근거를 살펴볼 때에는 행위자가 법인의 종업원인지 법인의 대표자인지에 따라 경우를 나누어 검토해야 한다.

  ② **법인의 종업원의 행위에 대한 법인처벌의 근거**

    ⓐ **무과실책임설**(종래의 일부 대법원 판례) : 법인은 범죄능력은 없지만 법인에 대한 처벌규정은 범죄주체와 형벌주체의 동일을 요구하는 '형법의 일반원칙(책임주의)에 대한 예외'로서, 행정단속의 목적을 위하여 정책상 무과실책임·대위책임·전가책임을 인정한 것이라는 입장이다. 과거의 일부

---

8 **판결이유** : 양벌규정에 의한 법인의 처벌은 어디까지나 형벌의 일종으로서 행정적 제재처분이나 민사상 불법행위책임과는 성격을 달리하는 점, 형사소송법 제328조가 '피고인 법인이 존속하지 아니하게 되었을 때'를 공소기각결정의 사유로 규정하고 있는 것은 형사책임이 승계되지 않음을 전제로 한 것임을 고려해야 한다.

대법원 판례의 입장이기도 하다. 그러나 무과실책임설에 대해서는 최소한 과실은 있어야 한다는 **책임주의(責任主義)**에 정면으로 반한다는 비판이 제기된다.

  ⓒ **과실책임설**(다수설, 헌법재판소 판례, 대부분의 대법원 판례) : 과실책임설은 법인 자신의 과실(종업원의 업무위반행위에 대한 감시·방지의무의 태만)이 인정되거나, 행위자에 대한 법인의 부작위에 의한 선임·감독책임이 인정된 때에는 이를 근거로 법인이 처벌된다는 입장으로서, **대법원 판례**의 대체적인 입장이자 **헌법재판소 판례**의 일관된 입장이다. [경찰간부 14]

판례연구   **과실책임설을 취한 헌법재판소와 대법원의 판례**

1 대법원 2006.2.24, 2005도7673; 1987.11.10, 87도1213
여행사 홈페이지 저작권법 위반 사진 게재 사례
양벌규정에 의한 영업주의 처벌은 금지위반행위자인 종업원(여행사 종업원이 여행사 홈페이지에 타인의 저작물 −사진−을 영리를 위하여 임의로 게시한 저작권 침해행위)의 처벌에 종속하는 것이 아니라 독립하여 그 자신의 종업원에 대한 선임감독상의 과실로 인하여 처벌되는 것이므로 종업원의 범죄성립이나 처벌이 영업주 처벌의 전제조건이 될 필요는 없다. [경찰채용 18 3차/경찰간부 14/변호사시험 13]

2 헌법재판소 2007.11.29, 2005헌가10
무과실책임적 양벌규정 위헌 사례 : 치과기공소 직원의 위반행위에 대한 업주의 책임 사례
보건범죄단속에 관한 특별조치법의 양벌규정은 개인이 고용한 종업원(대리인, 사용인 등)이 업무와 관련하여 위 법을 위반한 범죄행위를 저지른 사실이 인정되면, 곧바로 그 종업원을 고용한 개인(영업주)도 종업원과 똑같이 처벌하도록 규정하고 있다. … '책임 없는 자에게 형벌을 부과할 수 없다'는 형벌에 관한 책임주의는 형사법의 기본원리로서, 헌법상 법치국가의 원리에 내재하는 원리인 동시에, 헌법 제10조의 취지로부터 도출되는 원리이다. … 이 사건 법률조항은 영업주가 고용한 종업원이 그 업무와 관련하여 무면허의료행위를 한 경우에, 그와 같은 종업원의 범죄행위에 대해 영업주가 비난받을 만한 행위가 있었는지 여부, 가령 종업원의 범죄행위에 실질적으로 가담하였거나 지시 또는 도움을 주었는지, 아니면 영업주의 업무와 관련한 종업원의 행위를 지도하고 감독하는 노력을 게을리 하였는지 여부와는 전혀 관계없이 종업원의 범죄행위가 있으면 자동적으로 영업주도 처벌하도록 규정하고 있다. 이것은 형사법의 기본원리인 책임주의에 반하므로 결국 법치국가의 원리와 헌법 제10조의 취지에 위반하여 헌법에 위반된다.

---

  ③ **법인의 대표자의 행위에 대한 법인의 책임** : 법인의 내표자의 행위와 종업원 등의 행위는 달리 보아야 한다는 전제에서, 법인의 대표자가 행정형법상 법규를 위반한 경우 양벌규정에 의하여 법인의 책임을 물을 때에는 '**직접책임**'의 성질을 가진다는 것이 일관된 판례의 입장이다. 이에 의하면, 법인 대표자의 법규위반행위에 대한 법인의 책임은 법인 자신의 법규위반행위로 평가될 수 있는 행위에 대한 법인의 직접책임으로서, 대표자의 고의에 의한 위반행위에 대하여는 법인 자신의 고의에 의한 책임을, 대표자의 과실에 의한 위반행위에 대하여는 법인 자신의 과실에 의한 책임을 진다(대법원 2010.9.30, 2009도3876).

(4) 여론(餘論) − 소추조건

  ① 친고죄의 경우 행위자의 범죄에 대한 고소가 있으면, 저작권법상 양벌규정에 의해 처벌받는 **업무주에 대해 별도의 고소를 요하지 않는다**(친고죄의 고소에 대한 주관적 불가분원칙은 적용, 대법원 1996.3.12, 94도2423). [국가9급 09/국가7급 20/법원행시 08] 그러나 ② 피고발인을 법인으로 명시한 다음, 법인의 등록번호와 대표자의 인적 사항을 기재한 고발장의 표시를 **자연인인 개인까지를 피고발자로 표시한 것이라고 볼 수는 없다**(고발에 대해서는 주관적 불가분원칙 부적용, 대법원 2004.9.24, 2004도4066).

법인의 본질	범죄능력	형벌능력	법인처벌의 근거	입법론
법인실재설 (대륙법계, 우리나라)	부정설 (다수설·판례)	긍정 (행정형법의 양벌규정)	무과실책임설 (일부 판례)(★)	범죄능력 불인정 → 형벌 ×, 범칙금 ○
법인의제설(영미)	긍정설(소수설) [국가9급 10]		과실책임설 (헌재·판례)	범죄능력 인정 → 형벌 ○

02 행위의 객체와 보호의 객체

행위의 객체란 구성요건 중 행위의 대상으로 규정된 것으로서 객관적 구성요건요소이다. 그런데 구성요건 중에는 이러한 행위의 객체가 없는 범죄도 있다.

예 다중불해산죄(제116조), 도주죄(제145조 제1항), 공연음란죄(제245조), 퇴거불응죄(제319조 제2항) 등

그러나 보호의 객체, 즉 보호법익이 없는 범죄는 있을 수 없다. 법익(法益)이란 범죄처벌규정이 궁극적으로 보호하고자 하는 이념적·관념적 형상으로서, 바로 이러한 법익을 보호하기 위해 범죄처벌규정이 존재하기 때문이다.

표정리 행위의 객체와 보호의 객체의 비교

구 분	행위의 객체	보호의 객체(법익)
성 질	물질적·외형적	가치적·관념적
구성요건요소	법률에 규정 → 구성요건요소 ○	법률에 불규정이 원칙 → 구성요건요소 ×
예	• 살인죄의 '사람' • 절도죄의 타인의 '재물'	• 살인죄의 사람의 '생명' • 절도죄의 타인의 '소유권'

✔ 출제경향

구 분	경찰채용						경찰간부						경찰승진					
	17	18	19	20	21	22	17	18	19	20	21	22	17	18	19	20	21	22
제1절 구성요건이론								1										
제2절 결과반가치와 행위반가치																		
제3절 인과관계와 객관적 귀속	1	1	1				2	1			1	1	1		1	1	1	1
제4절 고의	1				1	1		1	1	1	1					1		2
제5절 구성요건적 착오		2	1		1	1						1			1	1	1	
출제빈도	11/220						12/240						11/240					

CHAPTER 02

구성요건론

✔ 키포인트

제1절 구성요건이론
- 구성요건과 위법성의 관계
- 인식근거설
- 소극적 구성요건표지이론
- 기술적 구성요건요소와 규범적 구성요건요소
- 객관적 구성요건요소와 주관적 구성요건요소

제2절 결과반가치와 행위반가치
- 불 법
- 2원적·인적 불법론
- 결과반가치와 행위반가치

제3절 인과관계와 객관적 귀속
- 인과관계의 유형
- 조건설
- 상당인과관계설
- 합법칙적 조건설
- 객관적 귀속의 기준

제4절 고 의
- 고의의 이중기능
- 인용설
- 고의의 대상
- 미필적 고의와 인식 있는 과실의 구별
- 택일적 고의
- 개괄적 고의

제5절 구성요건적 착오
- 구체적 사실의 착오와 추상적 사실의 착오
- 객체의 착오와 방법의 착오
- 구체적 부합설
- 법정적 부합설
- 인과관계의 착오

국가9급						법원9급						법원행시						변호사시험					
17	18	19	20	21	22	16	17	18	19	20	21	17	18	19	20	21	22	17	18	19	20	21	22
1							1																
1			1	1										1		1			1				1
	1		1									1	1					1	2	1			
1	1	2												1						1			
10/120						1/150						5/240						7/140					

CHAPTER 02 구성요건론

제1절 구성요건이론

01 구성요건의 의의

구성요건(構成要件)이라 함은 반사회적 행위 중에서 특히 형법에 위배되는 불법한 행위를 선별하고 이를 정형화하여 추상적으로 기술해놓은 것을 말한다(불법유형). 오늘날에는 이를 불법구성요건(Unrechts-tatbestand)이라 부르는 것이 보편화되어 있다. 죄형법정주의에 따를 때, 아무리 반사회적이고 유해한 행위처럼 보인다 하더라도 불법구성요건에 해당하지 않는 유형의 행위는 범죄로 취급받지 않게 된다(구성요건의 보장적 기능). 이러한 보장적 기능을 실현하기 위해 구성요건의 정형성(定型性)은 함부로 훼손되어서는 안 된다.

02 구성요건이론의 발전

1. Beling의 형식적 구성요건론

벨링은 "범죄는 구성요건에 해당하는 위법하고 유책한 행위"라는 3단계 범죄론의 기초를 다졌다.

2. M. E. Mayer의 구성요건론

마이어는 구성요건에 규범적 요소가 있음을 발견하였고, 구성요건은 위법성의 인식근거라고 주장하였다(연기와 불의 관계). 다만, 규범적 구성요건요소에 대하여는 구성요건은 위법성의 존재근거라고 보았다.

3. Mezger의 구성요건론

메츠거는 목적 등 주관적 요소가 구성요건요소임을 인정하였고, 구성요건은 위법성의 존재근거라고 주장하였다.

03 구성요건과 위법성의 관계

1. 인식근거설

구성요건해당성과 위법성의 판단은 별개의 독립적 단계에서 행해지는 것으로, **구성요건은 위법성의 인식근거(징표)이므로 구성요건해당성은 위법성을 추정하고**(구성요건의 위법성 환기·경고기능), **예외적으로 위법성조각사유에 의해서 이 추정은 배제된다는 입장**이다(통설).

예를 들어, 甲이 고의로 乙을 살해하는 행위를 하였다면 이는 살인죄의 구성요건(형법 제250조 제1항 : "사람을 살해한 자")에 해당되는 것이고, 그렇다면 甲의 행위는 우리 사회의 전체적 가치질서에 대체로 위반되는 성질, 즉 '정당하지 않다는 평가'를 받을 수 있게 된다. 이를 위법성이라고 한다. 즉 구성요건에 해당된다면 대체로 위법성은 있을 것임이 추정되는 것이다(구성요건의 위법성 경고·환기기능). 다만 예외적으로 乙이 甲을 의도적으로 살해하려고 한 데 대해 甲이 방어하기 위해 위와 같은 살인행위를 한 것이라면 이는 정당방위(형법 제21조 제1항)에 해당되어 위법성이 조각되어 정당한 행위로 평가받게 되는 것이다.

2. 존재근거설

구성요건은 위법성의 존재근거이므로 구성요건에 해당하는 행위는 위법하다는 견해이다. 다만 위법성조각사유에 해당되면 존재하던 위법성이 없어지는 예외도 인정한다는 점에서, 존재근거설은 인식근거설과 큰 차이가 없다.

3. 소극적 구성요건표지이론

(1) 소극적 구성요건표지의 내용

소극적 구성요건표지이론은 위법성조각사유를 소극적 구성요건요소로 이해하기 때문에 위법성조각사유가 존재하면 행위의 구성요건해당성 자체를 조각하게 된다.

> 예 살인죄의 구성요건 : "정당한 이유 없이 사람을 살해하는 행위"

(2) 총체적 불법구성요건

소극적 구성요건표지이론에 의한 구성요건개념은 위법성조각사유가 포함된 '총체적 불법구성요건(전체 구성요건)'의 개념이다(총체적 불법구성요건＝적극적 구성요건요소＋소극적 구성요건요소). [경찰간부 16 / 국가9급 13]

(3) 2단계 범죄론체계 － 구성요건해당성(불법)＋책임

여기에서는 범죄가 총체적 불법구성요건에 해당하고 유책한 행위라고 보게 된다. 따라서 소극적 구성요건표지이론에 의하면 위법성단계는 존재하지 않는다. 또한 구성요건해당성은 위법성의 존재근거가 되게 된다(구성요건해당성은 종국적·확정적 반가치판단).

(4) 소극적 구성요건요소이론에 대한 비판

소극적 구성요건요소이론에 대해서는, 위법성조각사유의 독자적 기능을 무시한다는 점("정당방위에 의하여 사람을 살해한 자를 모기를 죽인 자와 마찬가지의 행위를 했다고 평가할 수는 없다.") [사시 10·14] 과 허용구성요건의 착오(예 오상방위)의 해결에 있어서 법효과제한적 책임설의 입장을 수용하지 못한다는 점(공범성립이 불가능하게 된다는 점) [경찰채용 11 2차] 등의 비판이 제기된다.

표정리 소극적 구성요건표지이론 : 2단계 범죄론체계 : 총체적 불법구성요건

총체적 불법구성요건 구성요건해당성 + 위법성		책 임
적극적 구성요건요소	소극적 구성요건요소	행위자에 대한 비난가능성
구성요건해당성 ○	위법성조각사유 ×	−

→ 소극적 구성요건표지이론에 의하면 구성요건에 해당하면 위법성이 있다. 따라서 구성요건은 위법성의 존재근거이며, [경찰채용 11 2차] 허용구성요건착오는 구성요건착오로서 구성요건적 고의가 조각된다.

04 구성요건의 유형

표정리 불법구성요건 · 총체적 불법구성요건 · 범죄구성요건 · 보장구성요건의 비교

구 분	불법구성요건	총체적 불법구성요건	범죄구성요건	보장구성요건
내 용	협의의 구성요건 (형법상 불법유형) (일반적 의미의 구성요건)	구성요건해당성(적극적 요소) + 위법성조각사유가 없을 것(소극적 요소)	광의의 구성요건 (불법표지 + 책임표지 + 객관적 처벌조건)	죄형법정주의에 입각한 '법적' 전제조건 전부 : 초법규적 사유는 제외
도식화	불법구성요건 < 총체적 불법구성요건 < 범죄구성요건 < 보장구성요건			

→ ① 총체적 구성요건은 소추조건을 제외한 가벌성의 모든 전제조건으로서 초법규적 사유도 포함하고, ② 허용구성요건은 위법성조각사유의 객관적 전제조건(사실)이며, ③ 책임구성요건은 불법요소는 제외하고 특별히 행위자의 비난가능성만을 근거지우는 요소를 말한다. ④ 보장구성요건은 죄형법정주의와 형법의 보장적 기능을 중시하는 법치주의국가에서 어떤 사람에게 형사처벌을 내리는 데 있어서 최소한 거쳐야 하는 전체적인 법률적 전제조건을 총칭한다.[9]

05 구성요건의 요소

1. 기술적 구성요건요소와 규범적 구성요건요소

(1) 기술적 구성요건요소

기술적 구성요건요소란 개별적인 경우에 사실확정에 의하여 그 의미를 인식할 수 있는 구성요건요소로서, 별도의 가치판단을 요하지 않는 구성요건요소를 말한다.

(2) 규범적 구성요건요소

규범적 구성요건요소란 규범적 평가와 가치판단에 의해서만 내용을 확정할 수 있는 구성요건요소이다. 즉 법관의 보충적 해석이 필요한 개념이다.

---

9 **수험을 위한 조언** : 용어상 혼란이 있는 총체적 구성요건, 보장구성요건, 최광의 구성요건, 광의의 구성요건, 범죄구성요건이라는 용어들은 사실상 널리 사용되지 않고 있으며, 국가시험에서도 거의 출제되지 않고 있다. 대신 불법구성요건(협의의 구성요건), 책임구성요건, 허용구성요건, 총체적 불법구성요건, 후술하는 기술적 구성요건, 규범적 구성요건, 기본적 구성요건, 가중적 구성요건, 감경적 구성요건에 대해서는 간명하게 그 개념을 익혀두어야 한다.

예 구체적으로, 직계존속은 존속살해죄(제250조 제2항)처럼 행위객체로서 규정된 경우라든지 영아살해죄(제251조)처럼 행위주체로서 규정되어 있는 구성요건요소로서, 직계존속은 민법 중 가족법에 의하여 평가될 수 있는 내용을 가진 규범적 구성요건요소를 말한다. 예를 들어 혼인외 출생자의 생모는 당해 출생자의 직계존속이지만 생부는 인지 이전에는 직계존속이 아니어서 보통살인죄의 객체에 불과하다는 설명은 직계존속관계 존부에 관한 민법의 원칙에 의한 것이다. 따라서 직계존속은 법률적 평가를 받는 규범적 구성요건요소이다. 이외에도 '배우자'라든가 '재물의 타인성(타인의 소유에 속함)' 그리고 '공무원 또는 중재인', '유가증권', '문서' 등이 있다. 이에 비하여 사회적·경제적 평가를 받는 규범적 구성요건요소로는 명예훼손죄의 '명예'나 업무방해죄의 '업무', '신용', '음란', '추행' 등이 있다.

2. 객관적 구성요건요소와 주관적 구성요건요소

(1) 객관적 구성요건요소

객관적 구성요건요소란 외부적으로 그 존재를 인식할 수 있는 구성요건요소를 말한다.

예 행위의 주체, 객체, 결과, 수단, 행위, 인과관계, 객관적 귀속, 행위상황 등

(2) 주관적 구성요건요소

주관적 구성요건요소란 행위자의 내심에 속하는 요소를 말한다. 대표적으로 고의는 객관적 구성요건요소에 대한 인식과 의사(죄의 성립요인인 사실에 대한 인식 : 제13조)를 말한다.

예 고의, 과실(이상 일반적·주관적 구성요건요소), 목적(초과주관적 구성요건요소), 불법영득의사(역시 초과주관적 구성요건요소로서 영득죄의 기술되지 않은 구성요건요소), 경향, 표현 등

제2절 결과반가치와 행위반가치

01 형법상 불법의 개념과 의미

1. 불법의 개념

불법(不法)은 구성요건해당성과 위법성을 포함하는 개념으로서 위법한 행위나 그로 인한 결과를 의미한다. 예컨대, 甲이 乙을 살해하였다면 이러한 행위는 살인죄의 구성요건에 해당되고 나아가 정당행위나 정당방위 등의 위법성조각사유에 해당되지 않을 때에는 甲의 살인행위는 불법하다고 평가된다. 이렇듯 불법이란 구성요건에 해당되는 구체적인 행위가 위법성까지 조각되지 못한 경우(형법에 위반되는 구체적 행위와 결과)를 말한다.

따라서 불법이란 위법성과는 다르다. 위법성이란 전체적 법질서의 관점에서 정당하지 못하다는 평가 그 자체를 말하기 때문이다. 또한 불법은 그 질과 양과 수에 있어서 대소고저의 구별이 있을 수 있지만(살인죄의 不法 > 상해죄의 不法) 위법성이란 그 유무의 문제일 뿐 대소고저의 구별이 있을 수 없다(살인죄의 위법성=상해죄의 위법성).

2. 불법과 책임

불법은 행위판단이고 책임은 행위자판단이므로 불법과 책임은 범죄행위의 요소가 된다. 또한 불법은 책임비난의 전제조건이 된다.

3. 불법의 요소

(1) 결과반가치(결과불법)와 행위반가치(행위불법)

① 결과불법 : 결과반가치는 법익보호의 관점에서 부정적으로 평가된 외적 상태인 '법익침해' 또는 '법익 침해의 위험성'을 말한다. 법익침해는 기수범의 결과불법이요, 법익침해의 위험성은 미수범의 결과불법이다. 살인죄의 형이 상해죄의 형보다 무거운 이유는 살인죄의 결과불법이 더욱 무겁기 때문이다.

② 행위불법 : 행위반가치는 행위자의 의무위반과 관련되는 ㉠ 주관적 불법요소(고의·과실·목적·경향·표현·불법영득의사 및 주관적 정당화요소)를 중심으로 ㉡ 객관적 행위자요소(신분)나 ㉢ 객관적 행위요소인 행위태양(사기·공갈·횡령·배임, 단체·다중의 위력을 보이거나 위험한 물건을 휴대하는 등의 태양)을 내용으로 하는 상태를 의미한다. 예컨대, 똑같은 폭행이라 하여도 단순폭행(제260조 제1항)보다 특수폭행(제261조)의 형이 무거운 이유는 특수폭행의 행위불법이 더욱 무겁기 때문이다.

③ 인적 불법론 : 목적적 행위론에 의할 때, 불법은 법익침해를 이루는 결과야기에 있기보다는 특정한 행위자의 의무위반적 요소로서의 행위인 점에서 인정되므로, 불법은 행위자와 관련된 인적인 행위불법이 된다.

④ 이원적·인적 불법론 : 불법은 행위불법과 결과불법의 양 측면으로 이루어지고 불법이 충족되어 기수범이 되기 위해서는 두 불법의 결합이 필요하다는 것이 통설이다(이원적·인적 불법개념). 이에 의하면 미수범은 결과불법이 실현되지 못한 상태이다.[10]

참고하기 일원적·주관적·인적 불법론과 이원적·주관적·인적 불법론

> 결과반가치를 배제한 극단적인 행위반가치론에서는 결과는 구성요건요소가 아니라 객관적 처벌조건에 불과하다는 이론을 전개하게 되는데, 이를 **일원적·주관적 불법론**이라 한다. [경찰승진 12] 이에 비해 **이원적·인적 불법론**(통설)에 의하면, 불법은 결과반가치로서 법익의 침해 또는 위험을, 행위반가치로서 주관적·객관적 측면을 포섭하여 판단해야 하며, 결과반가치와 행위반가치는 동일한 서열에서 병존하는 불법요소라고 이해해야 한다.

(2) 주관적 불법요소와 고의·과실의 이중기능

고의가 불법영역에 속한다는 것이 목적적 행위론자에 의하여 주장된 이래로 고의·과실은 구성요건적 고의·과실로 인정되어 **행위불법의 중심개념**으로 자리잡게 되었다. 다만, 사회적 행위론자들에 의하여 정립된 합일태적 범죄체계에서는 고의·과실은 주로 **불법요소이면서도 심정반가치** 측면에서는 **책임에도 관련된다는 '고의·과실의 이중기능[11]'**이 제시되고 있다.

→ 특히 책임고의는 허용구성요건착오의 해결에 관한 법효과제한적 책임설의 주장에서 사용된다.

---

10 **우연적 방위의 해결** : 정당방위에 있어서 주관적 정당화요소는 없는데 객관적 정당화상황은 갖추고 있는 경우를 우연적 방위라 하는데, 행위반가치는 인정되나 결과반가치는 부정된다고 보아 **불능미수**로 해결하자는 것이 다수설이다. 자세한 것은 위법성론, 주관적 정당화요소에서 후술하겠다.

11 책임론, 위법성조각사유의 전제사실에 관한 착오 및 과실범, 과실의 체계적 지위에서 후술하겠다.

02 결과반가치론과 행위반가치론

표정리 결과반가치론과 행위반가치론의 비교

구 분	결과반가치론	행위반가치론
불법의 본질	법익침해 또는 그 위험성	행위자의 행위(수범자의 의무위반)
불법의 내용	① 기수범 : 법익침해 ② 미수범 : 법익침해의 위험성	① 주관적 불법요소 : 고의·과실·목적·경향·표현·불법영득의사, 주관적 정당화요소 ② 객관적 행위자요소 : 신분 ③ 객관적 행위요소 : 행위태양
형법의 규범적 성격	평가규범적 성격 강조	의사결정규범적 성격 강조
형법의 기능	법익보호	사회윤리적 행위가치보호
고의·과실	책임요소	주관적 불법요소(구성요건요소)
위법성조각사유의 일반원리	법익형량설, 우월적 이익설	사회상당성설, 목적설
과실범의 불법	고의범과 불법의 경중에서 차이 없음	고의범과 불법의 경중에서 차이 인정
불능범	객관설 → 불가벌	주관설 → 불능범 부정 (위험한 주관이 있으므로)
비 판	법익침해결과만을 가지고는 살인, 과실치사, 무과실에 의한 사망을 구별 못함 [국가7급 08]	결과측면의 무시로 ① 미수와 기수를 동일하게 처벌, ② 과실치사와 과실치상도 동일하게 처벌
통설의 결론	결과반가치와 행위반가치(이원적·인적 불법론)	

제3절 인과관계와 객관적 귀속

> **제17조【인과관계】** 어떤 행위라도 죄의 요소되는 위험발생에 연결되지 아니한 때에는 그 결과로 인하여 벌하지 아니한다. [경찰채용 15 1차/ 경찰채용 10 2차/ 경찰간부 12]

01 인과관계와 객관적 귀속의 의의

1. 인과관계의 의의

인과관계(因果關係)라 함은 원인행위가 있어야 결과가 있다는 원인과 결과의 관계를 말한다(행위 → 결과 : 행위가 원인제공을 한 결과, 사실적·존재론적 문제).

2. 객관적 귀속의 의의

객관적 귀속이론(客觀的 歸屬理論)이란 인간의 행태를 통하여 초래된 불법한 결과는 그 행위자의 행위에 객관적으로 귀속되어야 기수책임을 물을 수 있다는 이론이다(결과 → 행위 : 행위의 탓으로 일어난 결과, 법적·규범적 문제).

3. 적용영역 - 결과범

결과범(실질범)에서만 문제되며, 거동범(형식범)에 있어서는 이를 거론할 필요가 없다. 형법 제17조에서도 "'어떤 행위라도' 죄의 요소되는 위험발생에 연결되지 아니하는 때에는 '그 결과'로 인하여 벌하지 아니한다."고 규정함으로써, '행위'가 있고 '결과'가 있을 때에만 인과관계의 요소가 문제됨을 밝혀주고 있다.

4. 인과관계의 유형

(1) 기본적 인과관계

> 예 甲이 乙을 고의로 살해한 경우 乙의 죽음이 甲의 행위로 인한 점을 인식하기에 다른 장애요소가 전혀 없는 경우

(2) 가설적 인과관계

> 예 甲은 사무실 안에 있는 丙을 밖으로 불러내어 사살했으나, 그렇지 않더라도 丙은 乙이 미리 설치해 놓은 시한폭탄에 의해 같은 시각에 사망했을 것이 틀림없는 경우 → 乙의 예비적 원인과 丙의 사망 간에는 형법상 인과관계 ×

(3) 이중적 인과관계(택일적 인과관계)

단독으로도 동일한 결과를 발생시키기에 충분한 여러 개의 조건들이 결합하여 결과를 발생시킨 경우를 말한다. 즉 각 행위가 각각 대안이 될 수 있는 경우로서,[12] 모든 행위가 원인이 되었다고 판명되면 모두 인과관계를 인정받을 수도 있다.

> 예 甲과 乙이 독립하여 丙이 먹는 음식에 각각 치사량의 독약을 넣어 丙을 살해한 경우, 특히 乙의 독약이 조금 더 먼저 작용하여 丙의 사망의 원인이 되었음이 재판에서 입증되었다고 할 때 乙의 행위와 丙의 사망 간의 인과관계는 -상식적으로(합법칙적 조건설 내지 상당인과관계설의 관점에서 보면)- 인정되는데, 이러한 인과관계를 택일적 인과관계 또는 이중적 인과관계라고 하는 것이다.

(4) 중첩적 인과관계(누적적 인과관계)

각각 독자적으로는 결과를 발생시킬 수 없는 여러 조건들이 공동으로 작용함으로써 결과가 발생한 경우를 말한다. 이 경우 조건설에 의한 인과관계는 인정되나 객관적 귀속은 부정되어 결국 각각 미수가 된다.

> 예 甲과 乙이 단독으로는 치사량이 되지 못하는 독약을 丙에게 먹였는데, 전체량이 치사량에 미쳐 丙이 독살된 경우

(5) 추월적 인과관계

후의 조건이 기존의 조건을 추월하여 결과를 야기시킨 경우, 후의 조건과 발생된 결과 사이의 인과관계를 말한다. 이 경우 선행조건과 결과발생 간의 인과관계는 부정되고, 후행조건과 결과발생 간의 인과관계는 -합법칙적 조건설 내지 상당인과관계설에 의할 때- 인정되게 된다.

---

12 참고로, 이러한 택일적 원인들이 동시에 경합하는 경우를 **경합적** 인과관계라고 부를 수도 있다.

예 사형수가 처형받기 직전에 사형집행관을 밀어젖히고 사형집행기구의 단추를 눌러 사형수를 숨지게 한 경우 → 조건설에 의하면 인과관계 ×(이 부분에 대하여 조건설에 대한 비판이 있음), 합법칙적 조건설에 의하면 인과관계 ○

(6) 단절적 인과관계

제3의 독립행위가 개입하여 본래 진행 중인 제1의 원인행위를 단절시키고 그 효력이 나타나기 전에 결과를 발생시킨 경우를 말한다.

예 甲이 乙에게 독약을 먹였으나, 약효가 일어나기 전에 丙이 乙을 사살한 경우(甲의 행위와 乙의 사망 간의 인과관계) → 추월적 인과관계에 있어서 추월당한 원인과 결과의 인과관계라고 생각하면 된다. 단절적 인과관계 내지 인과관계의 단절이론은 인과관계가 없다는 의미이다.

(7) 비유형적 인과관계

① 의의 : 일정한 행위가 결과에 대하여 원인이 되지만, 그 결과에 이르는 과정에 다른 원인이 기여하였거나, 피해자의 잘못 또는 특이체질이 결합한 경우를 말한다.

예 甲이 乙을 살해하려고 권총을 발사하였으나 가벼운 상처만 입혔는데, 乙이 특이체질(혈우병) 환자였기 때문에 사망한 경우(판례 : 인과관계 ○), 병원으로 가는 도중에 교통사고로 사망한 경우(인과관계 ×), 병원에서 의사의 과실로 사망한 경우(인과관계 ○), 병원에서 회복 중에 피해자 자신의 과식에 의한 합병증으로 사망한 경우(인과관계 ○) → 비유형성의 정도에 따라서 인과관계 여부 내지 객관적 귀속 여부를 판단하면 된다.

② 학 설

㉠ 상당인과관계설(판례) [경찰채용 11 2차] : 비유형성의 정도에 따라 '상당성'판단이 이루어지고 그 결과에 의한 결과에 대한 미수·기수책임의 판단까지 행해진다. 따라서 행위자 또는 일반인이 인식할 수 없었던 사정에 의해 결과가 발생하였다면, (주관적 또는 절충적 상당인과관계설에 의하여) 인과관계를 부정하게 된다.

㉡ 조건설 내지 수정적(합법칙적) 조건설(다수설) : 일단 인과관계가 인정된다고 보게 된다.[13] [국가9급 08] 발생한 결과와 실제 구체적으로 관련되며 결과에 대하여 자연과학적으로 하나의 원인으로 작용하였음은 부정될 수 없기 때문이다.

---

02 **인과관계에 대한 학설** [국가7급 09]

1. 조건설

(1) 내 용

조건설(條件說)에 의하면, 만일 행위(조건)가 없었더라면 그러한 결과도 없었으리라고 생각되는 경우에 그러한 모든 조건(등가설)을 결과발생의 원인으로 본다. 이를 절대적 제약관계(conditio sine qua non)라 한다. [국가9급 08] 조건설에 의하면 인과관계의 인정범위를 상당히 폭넓게 보게 된다.

---

13 수험을 위한 정리 : 비유형적 인과관계에 대해서는, (합법칙적) 조건설에 의하면 인과관계가 인정되고, 상당인과관계설에 의하면 인과관계가 부정된다고 정리하는 것이 보통 객관식 문제해결의 요령이다. 이는 조건설과 상당인과관계설의 차이점을 비교하는 지문으로 보면 된다. 다만, 실제에서는 상당인과관계설을 취하더라도 인과관계가 인정되는 경우도 있다. 여하튼, 다수설의 입장(합법칙적 조건설+객관적 귀속이론)과 소수설·판례의 입장(상당인과관계설)은 인과관계의 의미를 바라보는 관점 자체가 서로 다른 것이다.

(2) 문제점

조건설에 의하면 인과관계가 너무 확대된다는 문제가 있다. [국가7급 11] 예를 들어, 甲이 살인의 고의로 총을 乙에게 쏘아 乙이 사망하였다면 甲에게 인과관계(내지 객관적 귀속)가 인정되어 살인기수가 된다는 것은 당연하며, 이를 소위 기본적 인과관계라고 한다. 그런데 **전통적 조건설에 의하면**, 甲의 어머니가 甲을 출산한 행위가 없었더라면 乙도 사망하지 않았을 것이라는 관계가 인정된다는 점에서 역시 **甲의 어머니의 출산행위와 乙의 사망 간에도 인과관계를** 인정하게 된다.

2. 원인설

조건설의 조건 중에서 특별히 결과발생에 중요한 영향을 준 원인과 단순한 조건을 구별하고, 원인에 해당하는 조건만이 결과발생에 대해 인과관계가 있다고 하는 학설이다.

> **예** 甲, 乙, 丙이 각각 2g, 4g, 3g을 차례로 丁에게 먹여 丁이 사망한 경우 → 최종조건설에 의하면 丙만 살인기수, 甲과 乙은 살인미수이다. 그리고 최유력조건설 내지 결정적 조건설에 의하면 乙만 살인기수, 甲과 丙은 살인미수가 된다.

3. 인과관계중단론 및 소급금지론

인과관계중단론이란 인과관계진행 중에 타인의 행위나 예기치 못한 우연한 사실이 개입한 경우 행위와 결과 간의 인과관계를 사후적으로 부정하는 이론을 말한다. **소급금지이론**도 이와 유사한 내용을 가지고 있다.

4. 상당인과관계설

(1) 의의 · 내용

① **의의** : 상당인과관계설(相當因果關係說)이란 **사회생활상의 일반적인 생활경험 내지 경험법칙에 비추어 그러한 행위로부터 그러한 결과가 발생하는 것이 상당하다고 인정될 때 그 행위와 결과 사이의 인과관계를** 인정하는 견해이나(소수설 · 판례).

② **비판** : 상당인과관계설은 대법원 판례가 전통적으로 고수하는 입장이지만, ㉠ 상당성의 개념 자체가 모호하다는 비판이 제기된다. 예컨대, 피해자의 두개골이 비정상적으로 얇고 뇌수종을 앓고 있어서 사망한 사례에서는 상당인과관계를 부정한 **판례**(대법원 1978.11.28, 78도1961) [국가9급 07] 가 있는가 하면, 피해자의 고혈압이나 심장질환, 의사의 수술지연, 잘못된 치료, 지병 등의 경우에는 상당인과관계를 인정하고 있기도 하다. 이외에도 ㉡ 인과관계와 객관적 귀속의 문제를 혼동한다는 비판도 있다.
[국가9급 08]

(2) 상당성판단의 기준

① **주관적 상당인과관계설** : 행위 당시에 행위자가 인식하였거나 인식할 수 있었던 사정을 기초로 하여 상당성을 판단하는 견해이다. 인과관계가 너무 협소하게 된다는 비판이 있다.

② **객관적 상당인과관계설** : 행위 당시에 존재했던 모든 객관적 사정과 행위 당시에 일반적으로 예측할 수 있었던 모든 사정을 기초로 하여 상당성을 판단하는 견해이다. 인과관계의 인정범위가 지나치게 넓어진다는 비판이 있다.

③ **절충적 상당인과관계설**(종전의 다수설 및 현재까지의 판례) : 행위 당시에 평균적인 일반인이 인식할 수 있었던 사정 및 일반인이 인식할 수 없었던 사정이라도 행위자가 특히 인식하고 있었던 사정을

기초로 하여 상당성을 판단하는 견해이다. 행위자의 인식사정을 고려하면 인과관계가 너무 좁아진다는 비판이 있다.

(3) 상당인과관계설에 의한 판례 정리[14]

> **판례연구** **상당인과관계가 인정된 판례**
>
> 대법원 1994.3.22, 93도3612
> 자상(刺傷)피해자의 음식물(김밥·콜라)섭취에 의한 합병증(인정) : 살인기수죄
> 살인의 실행행위가 피해자의 사망이라는 결과를 발생하게 한 유일한 원인이거나 직접적인 원인이어야만 되는 것은 아니므로, 살인의 실행행위와 피해자의 사망 사이에 다른 사실이 개재되어 그 사실이 치사의 직접적인 원인이 되었다고 하더라도, 그와 같은 사실이 통상 예견할 수 있는 것에 지나지 않는다면 인과관계가 있는 것으로 보아야 한다. [경찰채용 11·18 2차 / 경찰간부 12·22 / 경찰승진 14 / 국가7급 13 / 법원9급 13 / 법원행시 08·11 / 사시 15 / 변호사 시험 18]

> **판례연구** **상당인과관계가 부정된 판례**
>
> 대법원 2007.10.26, 2005도8822
> 선행 교통사고와 후행 교통사고 중 인과관계가 판명되지 않은 경우
> 선행 교통사고와 후행 교통사고 중 어느 쪽이 원인이 되어 피해자가 사망에 이르게 되었는지 밝혀지지 않은 경우 후행 교통사고를 일으킨 사람의 과실과 피해자의 사망 사이에 인과관계가 인정되기 위해서는 후행 교통사고를 일으킨 사람이 주의의무를 게을리하지 않았다면 피해자가 사망에 이르지 않았을 것이라는 사실이 증명되어야 하고, 그 증명책임은 검사에게 있다. [경찰승진 13·14 / 법원9급 15 / 법원행시 08]

5. 중요설

중요설(重要說)은 자연과학적 인과성과 법적 책임의 문제를 구별하여 인과적 관련성을 규명할 때에는 조건설에 의하고, 결과귀속에 있어서는 개개의 중요성에 따라 판단한다는 견해이다.

6. 합법칙적 조건설

(1) 의 의

합법칙적 조건설(合法則的 條件說)은 등가설적 조건설을 수정하여 행위와 합법칙적 연관이 있는 결과만이 인과관계가 있다고 보는 견해이다(다수설).

(2) 비 판

합법칙적 조건설에 대해서는 자연적 경험법칙적 연관성이라는 개념 자체도 역시 모호한 것이 아닌가라는 비판이 —주로 상당인과관계설에 의해— 제기되고 있다.

(3) 객관적 귀속이론과의 결합

(합법칙적) 조건설에 의할 때, 인과관계의 문제는 자연과학적·사실적 관점에서 행위로부터 결과가 발생하였는가를 판단하는 데 불과하므로, 이는 결과를 행위의 탓으로 돌리는 것이 옳은가라는 법적·규범적 문제인 객관적 귀속의 판단을 위한 전제에 불과하다.

---

14 여기서는 고의범 및 과실범의 상당인과관계 판례들을 정리한다. 결과적 가중범의 상당인과관계에 대한 판례 정리는 제7장 범죄의 특수한 출현형태론 중 결과적 가중범 부분에서 이루어질 것이다.

03 객관적 귀속이론

1. 서설

(1) 개념

자연과학적 인과관계가 인정되는 결과를 행위자의 행위에 객관적으로 귀속시킬 수 있는가를 확정하는 이론이다. 예를 들어 합법칙적 조건설(합법칙적 조건 × → 결과 ×, 인과관계 ○)에 의하여 인과관계가 인정된 **결과를 행위자의 행위의 탓으로 볼 수 있는가**를 심사하여 구체적인 결과책임(기수)을 인정할 수 있는가(결과 → 행위의 탓)를 정하는 이론을 말한다(따라서 상당인과관계설에서는 객관적 귀속론을 굳이 필요로 하지 않게 된다). [경찰채용 11 2차] 보다 실천적으로는 객관적 귀속론은 객관적 구성요건단계에서 행위자에의 법적인 결과귀속을 부인할 수 있는 근거를 도출해내는 데 목표가 있다. [국가9급 08]

(2) 성격

객관적 귀속이란 인과관계가 있는가라는 존재론적 문제가 아니라, 그 결과가 정당한 처벌이라는 관점에서 행위자에게 객관적으로 귀속될 수 있느냐라는 **법적·규범적 문제**에 속한다. 실체적으로 객관적 귀속관계가 존재하는 경우에는 기수가 되며, 객관적 귀속관계가 부존재하는 경우에는 무죄 또는 미수가 된다.

(3) 객관적 귀속의 기준(척도)

어느 행위가 객관적 귀속이 가능하기 위해서는 우선 구성요건상의 보호법익에 대한 위험을 창출하였어야 하며, 이러한 위험이 구성요건적 결과로서 실현되었어야 한다. 그러므로 객관적 귀속의 척도는 위험의 창출과 위험의 실현으로 나누어 볼 수 있다.

2. 위험의 창출

(1) 구성요건적 결과의 객관적 지배가능성(회피가능성)의 원칙

행위자가 객관적으로 지배가능한 위험 또는 회피가능한 위험만이 객관적으로 귀속된다.

> 예 고용주가 피고용인을 뇌우시에 밖에서 일하게 하여 피고용인이 고용인의 바람대로 낙뢰로 사망한 경우 → 무죄

(2) 위험감소의 원칙

위험의 정도를 감소시킨 위험의 감소는 객관적 귀속이 부정된다. [사시 12]

> 예 타인의 머리 위에 치명적인 타격이 가해지는 급박한 순간 그를 밀쳐서 치명상은 면하게 했으나 어깨에 부상을 입게 한 경우 → 무죄(∵ 아예 상해행위로도 볼 수 없기 때문)

(3) 위험증대설

행위자의 행태가 위험의 증대를 야기한 경우에는, 그 결과가 비록 합법적인(결함 없는) 행태하에서 불가피하게 발생했을 것이라고 예상하는 경우라 할지라도 그 결과는 행위에 객관적으로 귀속된다는 견해이다.

3. 위험의 실현

(1) 위험의 상당한 실현의 원칙

① 피해자의 특이체질로 인하여 결과가 발생한 경우 : 위험이 상당히 실현된 것으로 보아 객관적 귀속이 인정된다.

> 예 심장질환자를 '심하게 폭행'하여 사망 → 폭행치사죄

② 폭행의 정도가 객관적으로 사망의 결과를 예견할 수 없는 때 : 객관적 예견가능성이 없는 결과이기 때문에 귀속되지 아니한다.

> **예** 고혈압환자인 줄 모르고 '경미한 폭행'을 하여 상해에 이른 경우 → 폭행죄(폭행치상죄 ×)

(2) 규범의 보호목적관련성

위험이 행위자가 주의의무를 위반한 결과에서 초래되어야 하고, 또한 위험실현의 결과가 침해된 당해 규범의 보호목적범위 내에 해당하여야 한다는 것을 말한다. 규범의 보호목적관련성에서 제시되는 귀속척도 는 ① 고의적인 자손행위의 관여, ② 양해 있는 피해자에 대한 가해행위, ③ 타인의 책임영역에 속하는 행위(이러한 경우들에는 규범의 보호목적관련성 부정)로 정리될 수 있다.

> **예** 살인미수로 부상당한 자가 병원에 옮겨져 치료를 받던 중 다른 병에 걸려 사망한 경우 → 그 사망의 결과가 행위를 통하여 침해되는 규범(살인죄)의 보호영역 밖에서 발생된 것이므로 객관적 귀속이 부정된다.

(3) 주의의무위반관련성(적법한 대체행위)

주의의무를 다하여 행동하였더라도(합법적 대체행위가 있었더라도) 법익침해의 결과가 발생하였으리라고 예상될 때에는 주의의무위반관련성이 없다고 보아서 객관적 귀속이 부정된다는 객관적 귀속의 이론이다('의심스러운 때에는 피고인의 이익으로', in dubio pro reo).

예컨대, 중앙선 일부침범이 사고발생과 상당인과관계가 있는가에 대하여 판례는(한편 다수설은 주의의무위반관련성이 있는가를 심사할 것임), "피고인이 중앙선 위를 달리지 아니하고 정상차선으로 달렸다 하더라도"(주의의무위반이 없었다 하더라도 ; 적법한 행위로 대체된다 하더라도) 사고는 피할 수 없다 할 것이므로, 피고인이 트럭의 왼쪽 바퀴를 중앙선 위에 올려놓은 상태에서 운전한 것만으로는 사고의 직접적인 원인이 되었다고 할 수 없다고 판시하고 있다(대법원 1991.2.26, 90도2856).

04 형법 제17조의 해석

1. 어떤 행위라도 죄의 요소되는 위험발생에 연결되지 아니한 때에는

객관적 귀속이 부정된다면(판례 : 일반인의 경험칙상 상당인과관계가 부정된다면)

2. 어떤 행위라도 … 그 결과로 인하여

(합법칙적 조건설 내지 수정된 조건설에 의한) 인과관계가 인정된다고 하여도(판례 : 결과가 발생한 경우)

3. 벌하지 아니한다

(기수범의) 객관적 구성요건해당성이 조각된다(미수 내지 무죄). 구체적으로 ① 살인죄·상해죄와 같은 고의·기수범에 있어서는 고의·미수범이 되고, [국가7급 11] ② 업무상 과실치사상죄와 같은 과실범에 있어서는 −과실범의 미수는 있을 수 없으므로− 무죄가 되며, [경찰승진 10·13 / 국가7급 11] ③ 상해치사죄·강간치사상죄와 같은 결과적 가중범에 있어서는 상해죄·강간죄와 같은 고의의 기본범죄만 성립하게 되는 것이다.

제4절 고 의

제13조 【고 의】 죄의 성립요소인 사실을 인식하지 못한 행위는 벌하지 아니한다. 다만, 법률에 특별한 규정이 있는 경우에는 예외로 한다. 〈개정 2020.12.8.〉

01 고의의 의의

고의(故意)라 함은 객관적 구성요건요소에 관한 인식(구성요건실현에 관한 인식)과 구성요건실현을 위한 의사(의욕)를 의미한다[형법 제13조의 제명은 '범의'였으나 2020.12.8. 우리말 순화 개정으로 '고의'로 변경되었음, 이러한 제13조는 '인식'이라고만 규정하고 있는데 이는 '인식과 의사(의욕)'의 의미로 새겨야 함. 고의에 관한 규정은 형법 제13조 및 제15조 제1항 참조]. 고의가 인정되지 않은 경우 원칙적으로 처벌되지 않으며 형법 제13조 단서에 의하여 과실범 처벌규정이 있는 경우 예외적으로 과실범으로 처벌될 수 있을 뿐이다.

→ 형법은 고의책임을 원칙, 과실책임을 예외로 한다.

02 고의의 체계적 지위

표정리 고의의 체계적 지위에 관한 학설의 비교

책임요소설	고전적 범죄체계에 의하면, 구성요건은 철저히 형식적·가치중립적·객관적인 것이므로, 객관적인 것은 구성요건에서, 주관적(심리적)인 것은 책임에서 다루게 되어, 구성요건에서는 결과의 발생 및 과실과 결과 간의 인과관계만 따지고, 고의는 다른 주관적 요소들과 함께 철저히 책임요소(책임형식 내지 책임조건)로 파악되었다. [경찰승진 11]
구성요건요소설	목적적 행위론의 행위반가치론에 의하면, 고의범의 본질은 결과가 아니라 바로 고의로 범죄를 행하였다는 행위의 방식에 있고, 행위자의 의무위반이 불법의 핵심요소라는 인적 불법론에 의해 고의는 불법요소 즉, 구성요건의 중심요소가 된다고 본다. 고의가 구성요건요소라는 것은 일단 타당하며 이는 목적적 범죄체계론의 공적이다.
이중기능설	고의개념의 이중기능을 인정하는 것이 통설이다. 즉 고의는, '구성요건(내지 불법)'의 단계에서는 행위의 방향을 정하는 요소로서 행위자가 의무를 위반하여 범행을 한다는 의사를 가졌다는 '행위반가치' 및 인적 불법의 심사대상이 되고(구성요건적 고의), '책임'의 단계에서는 행위자에 대한 비난가능성을 정하는 요소로서 비난받을 만한 의사를 결정하였다는 '심정반가치'의 심사대상이 된다(책임고의).[15]

---

15 보충 : 심정반가치로서의 책임고의에 대해서는 후술하는 제4장 책임론 중 제4절 법률의 착오의 위법성조각사유의 전제사실에 관한 착오에 대한 해결에 있어서 법효과제한적 책임설 참조.

03 고의의 본질

1. 인식설

인식설은 고의는 구성요건에 해당하는 객관적 사실에 대한 심리적 인식만 있으면 성립하고, 구성요건적 결과발생을 희망·의욕할 필요가 없다는 견해로서, 가능성설이나 개연성설이 여기에 속한다[고의의 지적(知的) 요소 강조].

> 비판 인식 있는 과실이 고의에 포함된다. → 고의의 범위가 부당하게 확대

2. 의사설

의사설은 고의는 객관적 구성요건요소에 대한 인식만으로는 부족하고, 구성요건적 결과발생을 희망·의욕하는 의지적 요소가 있어야 한다는 견해이다[고의의 의지적(意志的) 요소 강조].

> 비판 결과발생을 의욕하지 아니한 미필적 고의를 고의의 범위에서 제외한다. → 고의의 범위가 부당하게 축소

3. 절충설

고의가 인정되기 위해서는 객관적 구성요건요소에 대한 '인식'이 있어야 한다. 따라서 '인식' 자체가 없다면 고의는 인정될 수 없다. 다만 인식만으로는 부족하다는 점에서 인식설을 따를 수 없고, 그렇다고 의욕이나 희망까지 요구되는 것은 아니라는 점에서 의사설을 취할 수도 없다. 따라서 행위자가 객관적 구성요건요소에 대한 인식을 가지고 있다는 전제에서, **결과가 발생해도 괜찮다고 받아들이는 인용**(내지 할 수 없다고 생각하는 '감수'나 '무관심')이 있었던 경우에는 고의가 인정되고, 이것이 없는 경우에는 고의가 부정되어 과실에 불과하게 된다는 (인식설과 의사설의 중간 정도의) **절충설**이 등장하게 된다(통설·판례). [경찰채용 16 1차/국가9급 11] 결론적으로 고의는 **지적 요소와 의지적 요소의 통합**으로 보아야 한다는 점에서 절충설이 타당하다.

판례연구 **절충설(인용설)을 취한 판례**

대법원 1987.2.10, 86도2338 등
미필적 고의라 함은 결과의 발생이 불확실한 경우, 즉 행위자에 있어서 결과발생에 대한 확실한 예견은 없으나 그 가능성은 인정하는 것으로서, 이러한 미필적 고의가 있었다고 하려면 **결과발생의 가능성에 대한 인식**이 있음은 물론 나아가 **결과발생을 용인하는 내심의 의사**가 있음을 요한다. [국가7급 07]

---

04 고의의 대상

구성요건적 고의의 대상은 **객관적 구성요건요소**이다. 그러므로 객관적 구성요건요소(죄를 구성하는 사실)가 아닌 것은 고의의 대상이 아니다.

표정리 고의의 인식대상 여부

고의의 대상인 것	고의의 대상이 아닌 것

• 행위의 주체(신분범의 신분, [경찰간부 12] 수뢰죄의 공무원 [사시 13]) [국가7급 12]
• 행위의 객체(살인죄의 사람, [사시 10] 절도죄의 타인의 재물 [사시 11])
• 행위의 방법(사기죄의 기망, 공갈죄의 공갈)
• 행위의 상황(집합명령위반죄에서 다중의 집합)
• 결과범에 있어서의 결과(살인죄의 사망, 상해죄의 상해)와 인과관계 : 다만 인과관계(인과과정)에 대한 인식은 세부적 과정을 인식하는 것까지 요하지 않는다.
• 구체적 위험범에 있어서 위험의 발생 [국가7급 12]
• 가중적·감경적 구성요건요소(존속살해죄의 존속, [국가9급 10/사시 13] 영아살해죄의 영아) [법원행시 05]
• 규범적 구성요건요소(존속살해죄의 직계존속, 절도죄의 재물의 타인성[16])
	• 주관적 구성요건요소(고의, 목적범의 목적) [사시 13]
	• 책임의 요소(책임능력, [사시 13] 기대가능성)
	• 처벌조건
	  – 객관적 처벌조건(사전수뢰죄의 공무원·중재인이 된 사실) [국가7급 12/법원행시 05]
	  – 인적 처벌조각사유(친족상도례의 친족) [경찰간부 12/법원행시 05/사시 10·12·13]
	• 소추조건(친고죄의 고소, 반의사불벌죄의 피해사의 처벌을 원하지 않는 의사)
	• 결과적 가중범의 무거운 결과(단, 부진정결과적 가중범 : 과실 or 고의 ○) [경찰간부 12/법원행시 05]
	• 추상적 위험범에 있어서 위험
	• 상습도박죄의 상습성(책임구성요건요소) [경찰간부 12]
	• 위법성의 인식(책임설 : 통설)

05 고의의 종류

1. 확정적 고의와 불확정적 고의

(1) 확정적 고의

구성요건적 결과에 대한 인식·인용이 확정적인 경우를 말한다. 목적(제1급의 직접고의, 의도적 고의)과 직접고의(제2급의 직접고의, 지정고의)가 여기에 속한다.

(2) 불확정적 고의

불확정적 고의는 구성요건적 결과에 대한 인식·인용이 불명확한 경우로서, 미필적 고의, 택일적 고의, 개괄적 고의 등이 여기에 속한다.

사례연구 고의의 종류 : 확정적 고의와 불확정적 고의

甲은 자신의 유일한 혈육인 큰아버지 乙을 살해하여 乙의 막대한 재산을 상속받기로 결심하였다. 그리하여 새벽에 乙의 승용차에 폭탄을 장치하여 시동이 걸리는 순간 폭파되도록 조치해 놓았다. 그런데 乙의 승용차는 그의 자가용 운전사인 丙이 운전하게 되어 있었다. 또한 乙이 출근할 때에는 그와 동거 중인 丁(여)이 2~3일에

---

16 **보충** : 규범적 구성요건요소에 대한 인식과 착오 예를 들어, 절도죄의 '재물의 타인성'(재물이 타인의 소유에 속할 것)은 민법적 평가를 받아야 하는 규범적 구성요건요소이다. 이 또한 객관적 구성요건요소이니만큼 고의의 인식대상인 것은 분명하다. 따라서 재물이 타인의 소유임을 인식하지 못하고 자기의 소유로 오인하여 이를 가져왔다면 절도죄의 고의가 없는 것으로서 무죄가 된다. 그런데 위와 같이 규범적 구성요건요소의 대상을 잘못 생각한 것이 아니라, 규범적 구성요건요소의 개념을 잘못 생각하거나 평가한 경우에는 그 착오의 성격이 달라지게 된다. 예를 들어, 타인의 토지 위에 권원 없이 감나무를 심은 식재자가 감을 수확해오면서 '타인의 토지 위에 심은 감나무에 열린 감의 소유권은 나에게 있으므로 이는 절도죄로 포섭되지 않을 것'이라고 생각하였다면 이는 소위 **포섭의 착오**로서 법률의 착오에 해당하게 된다. 따라서 그 오인에 정당한 이유가 없다면 책임비난을 면할 수 없어 절도죄가 성립하게 되는 것이다. 따라서 규범적 구성요건요소에 대한 착오는 사실의 착오로 단정해서는 안 되며 법률의 착오로 보아야 하는 경우도 있다는 것을 주의해야 한다.

한 번꼴로 전송을 나온다. 이러한 사실을 甲은 모두 계산에 넣고 있었다. 폭탄은 예정대로 시동이 걸리는 순간 터졌고 乙과 丙과 丁은 모두 사망하였다. 甲의 형사책임은?

> 해결 乙은 甲의 범행의 목표이다. 따라서 고의의 지적 요소로서는 그것이 확실성이건 개연성이건 혹은 진지한 가능성이건 가리지 않지만 적어도 고의의 의적(의욕적) 요소만큼은 최강도의 의욕적 의사를 내용으로 삼고 있음이 인정된다(목적, 제1급의 직접고의). 乙에게는 甲의 (제1급의 직접고의에 의한) 고의의 살인죄가 인정된다.
> 丙에 대해서는 甲이 목표로 삼은 자는 아니지만 범행수행에 있어서 그 결과발생의 가능성을 甲이 확실히 인식하고 있었다는 점이 인정된다. 즉, 고의의 의적 요소로서 그것이 의욕적 의사이건 단순의사이건 감수의사이건 불문하지만 적어도 고의의 지적 요소만큼은 최고도의 인식단계인 확실성을 내용으로 하는 **직접고의**가 인정된다(지정고의, 제2급의 직접고의). 따라서 **丙에게는 甲의 (제2급의 직접고의에 의한) 고의의 살인죄**가 인정된다.
> 丁에 대해서는 구성요건적 결과발생의 가능성은 낮게 인식하였을 것이다. 여기서 중요한 것이 인용을 했는가인데, 丁의 사망의 결과를 甲이 인용 내지 감수하고 있었다면(예 '죽어도 할 수 없다.'고 생각한 경우) 미필적 고의에 의한 살인죄가 인정된다. 반면, 丁의 사망의 결과를 甲이 인용 내지 감수하지 않았다면(예 '설마 죽지 않겠지'라고 생각한 경우) 미필적 고의가 인정되지 않고 **인식 있는 과실에 의한 과실치사죄**가 인정될 뿐이다.

2. 미필적 고의

미필적(未必的) 고의란 행위자가 구성요건적 결과의 발생을 확신하지는 않았지만, 그 가능성을 믿은 경우에 인정되는 고의를 말한다.

형법에서 가장 구별의 실익이 큰 것은 고의와 과실의 경계선에 위치하는 미필적 고의와 인식 있는 과실을 어떻게 구별할 것인가의 문제이다. 양자의 구별에 대해서는 개연성설, [사시 15] 가능성설, 인용설(용인설), 무관심설, 회피설, 위험설, 위험차단설, 감수설(묵인설) 등이 국내외에 걸쳐 제시되고 있다. 우리 학계는 대체로 인용설이나 감수설을 지지하는 경향이다.

인용설(認容說, 다수설·판례)이라 함은, 미필적 고의와 인식 있는 과실이 구성요건적 결과발생의 가능성을 인식하였다는 점에서는 일치하지만, 고의의 의욕적 측면에서는 차이가 있다고 보는 입장이다. 즉, 결과발생의 가능성을 인식하고 동시에 이러한 결과발생을 내심으로 받아들이거나 수긍하는 용인(容認) 혹은 승낙(承諾)이 있을 경우에는 미필적 고의가 인정되지만, 이것이 없을 경우에는 인식 있는 과실에 불과하다는 것이다. [경찰채용 16 1차 / 경찰채용 14 2차 / 국가9급 11 / 법원9급 08 / 변호사시험 18]

판례연구 미필적 고의를 인정한 판례

대법원 1982.11.23, 82도2024
인용설에 의한 판례 : 미성년자 유괴 후 부작위에 의한 살인 사례
피고인이 (유인하고 감금하여 탈진상태에 이른 미성년자인) 피해자의 얼굴에 모포를 덮어씌워 놓고 그냥 나오면서 피해자를 그대로 두면 죽을 것 같다는 생각이 들었다면, **결과발생의 가능성**을 인정하고 있으면서도 사경에 이른 피해자를 그대로 방치한 소위에는 피해자가 사망하는 결과에 이르더라도 용인할 수밖에 없다는 내심의 의사, 즉 살인의 미필적 고의가 있었다고 할 것이다.[17] [경찰채용 11 2차 / 국가9급 10 / 국가7급 11 / 법원행시 07]

---

17 **보충** : 위 판례의 또 다른 논점 사경에 처한 피해자를 병원에 데려가지 아니하는 부작위가 과연 살해와 동가치하다고 볼 수 있는가의 **부진정부작위범의 동치성**(구성요건해당성)이 문제되는데, 판례는 "자기 행위로 인하여 위험발생의 원인을 야기하였음에도 그 위험발생을 방지하지 아니한 피고인의 행위는 살인죄의 구성요건적 행위를 충족하는 부작위라고 평가하기에 충분하다."고 판시하여 이를 긍정하고 있다. 부작위범의 동치성은 범죄의 특수한 출현형태론 중 부진정부작위범의 특유한 구성요건에서 후술한다.

대법원 2004.12.10, 2004도6480
무면허운전에 의한 도로교통법 위반죄에 있어서 범의를 부정한 예
도로교통법상 무면허운전죄는 고의범이므로, 정기적성검사 미필로 기존 운전면허가 취소된 상태에서 자동차를
운전하였더라도 운전자가 면허취소사실을 인식하지 못한 이상 이를 무면허운전죄에 해당한다고 볼 수 없고,
관할 경찰당국이 운전면허취소처분의 통지에 갈음하는 적법한 공고를 거쳤다 하더라도, 그것만으로 운전자가
면허가 취소된 사실을 알게 되었다고 단정할 수는 없다. [경찰채용 13 2차 / 국가7급 07 / 법원행시 07·14]

3. 택일적 고의

택일적 고의라 함은 누구라도 상관없다고 생각하고 여러 사람의 추격자를 향해서 사격을 한 경우처럼
다수의 행위객체에 대하여 고의를 가지는 경우로서 고의가 인정된다.

> **예** 甲이 총알 1발이 들어 있는 권총을 가지고 있는데 눈앞에 2명의 원수 X와 Y가 나타난 경우 누구든지 맞아도
> 좋다는 생각으로(인용 내지 묵인이 있었다) 총을 쏘았는데 Y가 맞아 사망한 경우 甲에게는 (X에 대한 살인미수
> 와) Y에 대한 살인기수(의 상상적 경합)가 인정되는데, 이때의 고의를 택일적 고의라 하는 것이다.

4. 개괄적 고의 [국가9급 14 / 국가7급 08·11]

(1) 의 의

개괄적 고의란 행위자가 제1행위에 의하여 이미 결과가 발생했다고 믿었으나, 그의 생각과는 달리
실제로는 연속된 제2행위에 의해 결과가 야기된 경우를 말한다. 인과관계의 착오의 유형 중 가장 중요한
경우이다.

> **예** 행위자가 피해자를 돌로 쳐 졸도하자, 죽은 줄 알고 시체(屍體)를 은닉하기 위해 모래 속에 파묻었는데, 실은
> 피해자는 모래 속에서 질식사 한 경우

(2) 학설·판례

① **개괄적 고의설**(판례) [사시 14] : **판례**는 중요하지 않은 인과과정상의 차이는 최초의 고의에 포함된다고
보아 '개괄적' 고의의 경우로 보자는 입장이다. 즉 개괄적 고의설은 2개의 행위를 결국 하나의 단일한
행위로 보아 그 행위 전체에 하나의 개괄적 고의가 미친다고 보는 것이다. 개괄적 고의설에 대해서는,
'개괄적' 고의의 개념을 인정하면 고의가 지나치게 확장되고, 서로 다른 두 개의 행위를 하나의
행위로 보는 것은 타당하지 않다는 비판이 있다.

② **미수설**(소수설) [사시 14] : 고의는 어디까지나 특정한 행위시에 있는 것만 인정되므로, '제1행위의 미수와
제2행위의 과실범의 실체적 경합'만 인정될 뿐이라는 입장이다. 이에 대해서는 고의가 범행시에
존재해야 한다는 것은 결과발생시가 아니라 범행착수시를 의미하며, 객관적 귀속이 가능한 결과까지
미수범에 불과하다는 것은 타당하지 않다는 비판이 있다.

③ **인과관계착오설**(다수설) [사시 14] : 행위자가 인식한 인과관계와 발생한 인과관계가 서로 일치하지
않는 경우이므로 '인과관계의 착오'로 보아 문제를 해결하자는 입장이다. 이 경우 인식한 인과관계
와 발생한 인과관계 사이에 일반적인 생활경험법칙에 비추어 예견가능한 정도의 차이 정도만 존재
하는 경우에는 '인과관계의 착오가 비본질적인 경우'로 보아 발생한 인과관계에 대한 고의를 인정할
수 있다는 것이다. 이에 대해서는 생활경험법칙상 예견가능한 정도의 개념이 모호하다는 비판도
있다.

대법원 1988.6.28, 88도650

살해의도 구타행위에 이은 죄적인멸 매장행위 : 개괄적 고의 인정 사례

(피고인 측은 제1행위 부분은 살인미수이고 제2행위는 사체은닉의 불능미수와 과실치사의 상상적 경합에 해당한다고 주장하나) 사실관계가 위와 같이 피해자가 피고인들이 살해의 의도로 행한 구타행위에 의하여 직접 사망한 것이 아니라 죄적을 인멸할 목적으로 행한 매장행위에 의하여 사망하게 되었다 하더라도 **전과정을 개괄적으로 보면 피해자의 살해라는 처음에 예견된 사실이 결국은 실현된 것으로서 피고인들은 살인죄의 죄책을 면할 수 없다 할 것이므로** … 원심은 정당하다. [경찰채용 18 3차 / 경찰승진 22 / 국가9급 12 · 14 · 18 / 법원승진 12 / 사시 12 / 변호사시험 13]

5. 사전고의와 사후고의

고의는 언제나 구성요건요소에 대한 행위 당시의 인식을 전제로 하기 때문에 양자는 모두 형법적인 의미를 갖는 고의가 아니다. [국가7급 07]

(1) 사전고의

사전고의(事前故意)는 행위자가 행위 이전에 실현의사를 가지고 있었으나 행위시에는 인식하지 못한 경우이다.

> 예 • 甲이 사냥의 기회에 그의 처 乙을 사고를 가장하여 사살하기로 결의하였으나, 전날 밤에 총을 정비하다가 오발로 乙을 사망케 한 경우 : 과실치사죄만 성립
> • 甲이 乙을 살해하기 위해 총을 구입하여 손질하다가 오발사고로 乙이 사망한 경우 : 살인예비죄와 과실치사죄

(2) 사후고의

사후고의(事後故意)는 구성요건적 결과가 발생한 이후에 행위자가 비로소 사실에 대한 인식을 갖게 된 경우를 말한다.

> 예 실수로 항아리를 깼는데, 욕을 듣자 잘 깼다고 생각한 경우

제5절 구성요건적 착오

제13조【고 의】 죄의 성립요소인 사실을 인식하지 못한 행위는 벌하지 아니한다. 다만, 법률에 특별한 규정이 있는 경우에는 예외로 한다. 〈개정 2020.12.8.〉

제15조【사실의 착오】 ① 특별히 무거운 죄가 되는 사실을 인식하지 못한 행위는 무거운 죄로 벌하지 아니한다. 〈개정 2020.12.8.〉 [사시 11]

1. 의 의

(1) 개 념

행위자가 '주관적으로 인식·인용한 범죄사실과 현실적으로 발생한 객관적인 범죄사실이 일치하지 아니하는 경우', 즉 관념과 사실의 불일치를 말한다. 예를 들어, 甲이 乙의 개를 죽이려고 총을 쏘았는데 빗나가 그 뒤에 미처 甲이 인식하지 못했던 乙이 그 총알을 맞아 사망하였다면, 甲이 인식한 사실은 乙의 개에 대한 재물손괴이고 발생한 사실은 乙에 대한 살인이어서 인식한 사실과 발생한 사실 사이에 불일치가 발생하게 된다. 이를 바로 사실의 착오 내지 구성요건의 착오라고 하는 것이다. 따라서 구성요건(사실)의 착오에 있어서는 과연 행위자에게 발생한 사실에 대한 고의를 인정할 수 있는가가 문제의 핵심이 된다.

(2) 구성요건적 착오와 금지착오의 구별

① 구성요건적 착오 : 구성요건의 객관적 표지에 대한 착오로 고의가 조각된다(과실).
② 금지착오 : 위법성에 대한 착오로서 그 오인에 정당한 이유가 있으면 책임이 조각된다(제16조).

(3) 구성요건적 착오의 대상(=고의의 대상)

① 객관적 구성요건요소 : 인식의 대상인 객관적 구성요건요소는 착오의 대상이다.
② 객관적 구성요건요소가 아닌 사실 : 이에 대한 착오는 구성요건적 착오가 아니다.
　　예 형벌의 종류, 가벌성, 처벌조건, 소추조건, 책임능력, 범행동기

2. 구성요건적 착오의 효과

고의는 모든 객관적 구성요건요소에 대한 인식을 요구한다. 따라서 기본적 구성요건요소에 속하는 사실뿐만 아니라 가중적 구성요건과 감경적 구성요건에 관한 요소에 대한 인식도 당연히 필요로 하게 된다.

(1) 기본적 구성요건의 착오

기본적 구성요건요소인 객관적 사실을 인식하지 못한 착오를 말한다. 이 경우 고의가 조각된다(제13조 본문). 다만, 과실범의 처벌규정이 있는 경우 과실범으로 처벌된다(제13조 단서).
　　예 멧돼지로 알고 총을 쏘았는데 사람이 맞아 죽은 경우 → 과실치사죄
그러나 과실범 처벌규정도 없다면 무죄가 될 뿐이다(대법원 1983.9.13, 83도1762).

(2) 가중적 구성요건의 착오

형을 가중하는 사유를 인식하지 못한 경우를 말한다. 예컨대, 직계존속임을 인식하지 못하고 살인을 한 때에는 특별히 무거운 죄가 된다는 사실을 인식하지 못한 경우가 여기에 속하는데, 이 경우 형법 제15조 제1항에 의하여 보통살인죄에 해당한다(대법원 1960.10.31, 4293형상494). [경찰간부 17 / 국가9급 12·16 / 국가7급 10]

(3) 감경적 구성요건의 착오

행위자가 형을 감경하는 사유가 있는 것으로 오인한 경우이다. 역시 무거운 죄가 되는 사실에 대한 고의가 없으므로 감경적 구성요건으로 처벌된다(제15조 제1항).
　　예 촉탁살인 고의로 보통살인죄를 범한 때 → 촉탁살인죄

02 구성요건적 착오의 종류

1. 구체적 사실의 착오

(1) 의 의

인식·인용한 사실과 발생한 사실의 내용이 구체적으로는 일치하지 아니하지만, 양 사실이 동일한 구성요건에 해당하는 경우의 착오를 말한다.

(2) 종 류

① 객체의 착오 : 객체의 동일성의 착오(혼동)를 말한다(목적의 착오). [경찰채용 16·21 1차/국가9급 12·16/국가7급 09]

    예 甲이라고 생각하고 사살하였는데, 실은 乙이었던 경우

② 방법(타격)의 착오 : 행위의 수단·방법이 잘못되어 의도한 객체 이외의 객체에 대하여 결과가 발생한 경우이다. [경찰채용 16·21 1차/국가9급 09/국가7급 09]

    예 甲을 향하여 총을 발사하였는데, 옆에 있던 乙에게 명중한 경우

2. 추상적 사실의 착오

(1) 의 의

인식·인용한 사실과 발생한 사실이 **상이한 구성요건**에 해당하는 경우의 착오를 말한다.

(2) 종 류

① 객체의 착오(甲의 개라고 오신하고 甲에게 투석하여 甲이 부상을 입은 경우)

② 방법의 착오(甲의 개를 향하여 발사하였는데, 옆에 있던 甲에게 명중한 경우) [경찰간부 17]

03 구성요건적 착오와 고의의 성부

1. 구체적 부합설 [사시 10]

(1) 내 용

행위자가 인식한 사실과 현실적으로 발생한 사실이 구체적으로 부합하는 경우에만 발생사실에 대해 고의·기수범이 성립하고 그 외의 경우에는 고의가 조각된다는 견해이다(다수설).

구 분	객체의 착오	방법의 착오
구체적 사실의 착오	발생사실에 대한 '고의·기수' [사시 11·12]	
추상적 사실의 착오	인식사실에 대한 '미수'와 발생사실에 대한 '과실'의 상상적 경합 [국가9급 10·16/사시 11·12]	

(2) 비 판

이론적으로는 우수하나, 고의의 인정범위가 협소하다는 비판이 제기된다.

2. 법정적 부합설 [사시 10]

(1) 내 용

행위자가 인식한 사실(범죄)과 현실적으로 발생한 사실(범죄)이 법률이 정한 범위 내에서 부합하면(즉 동일한 구성요건 또는 죄질에 속한 경우) 발생사실에 대한 고의·기수범이 성립하고 그 외의 경우에는 고의가 조각된다는 견해이다(소수설·판례). 예를 들어, 甲이 X를 죽이려고 총을 쏘았는데 총알이 빗나가 甲이 미처 인식하지 못했던 Y에게 맞아 Y가 사망한 경우에 있어서도 甲은 살인을 의도하였고 발생한 사실도 사람의 사망이었다는 점에서 법률이 정한 범위에서 동일범위 안에 존재하므로 甲에게 Y에 대한 살인기수가 인정된다는 입장이다. [경찰채용 21 1차 / 국가7급 09]

판례도 "소위 타격의 착오가 있는 경우라 할지라도 행위자의 살인의 범의 성립에 방해가 되지 아니한다." (대법원 1984.1.24, 83도2813)고 보아 법정적 부합설을 취하고 있다. [경찰채용 14 1차 / 경찰채용 11·18 2차 / 경찰채용 18 3차 / 국가9급 09·16 / 국가7급 10 / 법원9급 14 / 법원행시 05·07]

구 분	객체의 착오	방법의 착오
구체적 사실의 착오	발생사실에 대한 '고의·기수' [법원9급 10 / 사시 11·12]	
추상적 사실의 착오	인식사실에 대한 '미수'와 발생사실에 대한 '과실'의 상상적 경합 [법원9급 10 / 사시 11·12]	

(2) 법정적 부합설 내의 구성요건부합설과 죄질부합설

① **구성요건부합설** : 행위자가 인식한 사실과 발생한 사실이 같은 구성요건에 속하는 경우에만 발생한 사실에 대한 고의를 인정하는 견해이다.

② **죄질부합설** : 상이한 구성요건 사이에서도 양자 사이에 구성요건이 동일한 경우에는 물론이고 심지어 죄질(罪質)이 동일한 경우에도 고의의 성립을 인정하는 견해로서 전통적인 법정적 부합설의 입장이다.[18] 여기에서 죄질이 부합한다는 것은 구성요건은 서로 다르다 하더라도 보호법익이 동일하다는 것까지 포함하는 의미이다.

③ **구성요건부합설과 죄질부합설의 비교** : 예를 들어, 甲이 사실은 乙이 소유히고 현재 乙이 점유 중인 **재물을 점유이탈물로 잘못 알고 가져간 경우**, ⊙ **구성요건부합설**에 의하면 점유이탈물횡령죄와 절도죄는 동일한 구성요건은 아니기 때문에 인식사실의 미수와 발생사실의 과실의 상상적 경합으로 보아 '점유이탈물횡령미수와 과실절도의 상상적 경합'에 불과하다고 보게 된다. 그런데 형법에서는 둘 다 처벌규정이 없기 때문에 결국 '무죄'가 될 것이다. 그런데 ⓛ **죄질부합설**에 의하면 양죄 사이에 죄질의 동일성이 있는 부분이 점유이탈물횡령죄의 범위이기 때문에 이 범위 내에서 고의·기수책임을 인정하여 '점유이탈물횡령기수와 과실절도의 상상적 경합'으로서 결국 '점유이탈물횡령기수죄'로 보게 된다.

(3) 병발사례의 해결

① **의의** : 구성요건적 착오에 있어서 한 개의 행위가 한 개의 결과를 일으킨 데에서 그치지 않고, 행위자의 예상을 뛰어 넘어 두 개 이상의 결과를 발생시킨 경우를 소위 **병발(併發)사례**라고 부른다. 병발사례에 대해서는 특히 법정적 부합설에 의한 해결이 문제된다.

② **병발사례의 해결**

⊙ 甲이 A를 살해하려고 총을 쏘았는데 A가 사망하고 그 총알이 그대로 관통하여 옆에 있던 B도 **사망한 경우** : 구체적 부합설과 법정적 부합설 모두 살인죄와 과실치사죄의 상상적 경합을 인정한다.

---

18 이재상, §13-17; 임웅, 162면; 정성근/박광민, 185면.

A의 사망에 대하여 甲의 고의가 이미 실현된 것이 되어 A에 대한 살인죄가 성립하는 외에는, −심지어 법정적 부합설에 의하더라도− 옆에 있는 B에 대해서는 고의가 인정될 수 없으므로 과실치사죄에만 해당될 뿐이기 때문이다.

ⓛ 甲이 A를 살해하려고 총을 쏘았는데 A는 사망하고 그 총알이 그대로 관통하여 옆에 있던 B는 **상해를 입은 경우** : 구체적 부합설과 법정적 부합설 모두 살인죄와 과실치상죄의 상상적 경합을 인정한다.

ⓒ 甲이 A를 살해하려고 총을 쏘았는데 A에게 상해를 입히고 그 총알이 그대로 관통하여 옆에 있던 **B를 사망케 한 경우** : 구체적 부합설에 의하면 A에 대한 살인미수와 B에 대한 과실치사의 상상적 경합이 된다. 그러나 **법정적 부합설**에 의할 경우 견해의 대립이 있다. 크게 보면, ⓐ A에 대한 살인미수와 B에 대한 살인기수의 상상적 경합이 된다는 견해, ⓑ A에 대한 살인미수와 B에 대한 과실치사의 상상적 경합이 된다는 견해 그리고 ⓒ A에 대한 살인미수는 B에 대한 살인기수죄에 흡수되어 B에 대한 살인기수죄만 성립한다는 견해(법정적 부합설 내에서는 다수견해)의 대립이 그것이다.

(4) 비 판

법정적 부합설에 대하여는 구성요건실현의 가능성에 관한 인식뿐 아니라 구성요건실현에 대한 인용까지 요구되는 고의의 본질 내지 법리에 반한다는 비판이 있다.

3. 추상적 부합설 [사시 10]

(1) 내 용

행위자의 범죄의사에 기하여 범죄가 발생한 이상 인식사실과 발생사실이 추상적으로 일치하는 범위 내에서 고의·기수범을 인정한다는 입장이다. 즉 무거운 사실이 발생한다면 그러한 무거운 사실 내에 가벼운 사실의 발생도 있었다고 보는 것이고, 무거운 사실을 인식하였다면 그러한 무거운 사실의 인식 내에 가벼운 사실에 대한 인식도 있었다고 인정하는 입장이다.

예컨대, 甲이 X의 재물을 손괴하기 위하여 총을 쏘았는데 그 총알이 빗나가 甲이 미처 인식하지 못했던 X에게 명중하여 X가 사망한 경우에, X의 사망 내에는 X의 재물에 대한 손괴의 결과도 추상적으로 내재되어 있다고 보아 손괴기수와 과실치사죄의 상상적 경합을 인정하게 되며, 만일 甲이 X를 살해하려고 총을 쏘았는데 총알이 빗나가 X의 재물이 손괴된 경우에는 X에 대한 살인의 고의 내에 손괴의 고의도 들어 있었다고 인정하여 甲에 대하여 X에 대한 살인미수죄와 손괴기수죄의 상상적 경합을 인정하게 된다(다만 이 경우 가벼운 죄는 무거운 죄에 흡수되기 때문에 무거운 범죄의 미수인 살인미수죄만 성립).

구 분	객체의 착오	방법의 착오
구체적 사실의 착오	발생사실에 대한 '고의·기수'	
추상적 사실의 착오	• 輕한 인식으로 重한 결과 발생의 경우 : 인식사실 '고의·기수'와 발생사실 '과실'의 상상적 경합 • 重한 인식으로 輕한 결과 발생의 경우 : 인식사실 '미수'와 발생사실 '고의·기수'의 상상적 경합(다만 무거운 죄의 미수로 흡수될 수 있음)	

(2) 비 판

추상적 부합설에 대해서는 도대체 구성요건적 정형성에 부합될 수 없다는 비판이 제기된다.

4. 학설 정리

표정리 구성요건적 착오의 해결 [경찰승진 12·13 / 국가9급 08 / 국가7급 10·11]

유형 학설	구체적 사실의 착오		추상적 사실의 착오	
	객체의 착오	방법의 착오	객체의 착오	방법의 착오
구체적 부합설			인식사실의 미수+발생사실의 과실 (상상적 경합)	
법정적 부합설(판례)				
추상적 부합설	발생사실에 대한 고의기수		① 경죄 고의 – 중한 결과 발생 → 경죄 기수+과실(결과)(상·경) ② 중죄 고의 – 경한 결과 발생 → 중죄 미수+경죄 기수(상·경) : 중죄미수로 흡수	

04 인과관계의 착오

인과관계의 착오라 함은 행위자가 행위와 결과 사이의 인과경과를 인식하지 못한 경우, 즉 인식한 사실과 발생한 사실은 일치하지만 그 결과에 이르는 인과과정이 행위자가 인식했던 인과과정과 다른 경우를 말한다. 인과관계의 착오 중에서 주로 문제가 되는 것은 행위자는 제1행위로 결과가 발생하였다고 생각했으나 사실은 제2행위로 인하여 결과가 발생한 경우로서, 기술한 **개괄적 고의**의 경우이다.

MEMO

목 차		난 도	출제율	대표지문
제1절 위법성의 일반이론	01 위법성의 의의	下	★	• 위법성이 조각되기 위해서는 객관적 정당화상황과 더불어 주관적 정당화요소가 필요하다는 견해에 의하면 우연방위는 위법성이 조 각되지 않는다. (○) • 순수한 결과반가치론에 의하면 위법성이 조각되기 위해서는 객관 적 정당화상황만 있으면 족하고 주관적 정당화요소는 불필요하다 고 보기 때문에 우연방위는 위법성이 조각된다. (○)
	02 위법성의 본질	中	★★	
	03 위법성의 평가방법	中	★★	
	04 위법성조각사유	下	★	
	05 주관적 정당화요소	中	★★★	
제2절 정당방위	01 서 설	下	★	• 고의에 의한 방위행위가 위법성이 조각되기 위해서는 정당방위상 황뿐 아니라 행위자에게 방위의사도 인정되어야 한다. (○) • 부작위나 과실에 의한 침해에도 정당방위가 가능하다. (○) • 위법성조각설에서는 생명과 생명의 법익이 충돌하는 경우와 같이 이익형량이 불가능한 경우의 불처벌 근거를 적법행위에 대한 기대 불가능성에서 찾는다. (○)
	02 성립요건	中	★★★	
	03 정당방위의(사회윤리적) 제한	中	★★	
	04 과잉방위와 오상방위	中	★★	
제3절 긴급피난	01 서 설	中	★	• 정당방위는 부당한 침해에 대한 방어행위인 데 반해 긴급피난은 부당한 침해가 아닌 위난에 대해서도 가능하다. (○) • 임신의 지속이 모체의 건강을 해칠 우려가 현저할 뿐더러 기형아 내지 불구아를 출산할 가능성마저도 없지 않다는 판단하에 부득이 취하게 된 산부인과 의사의 낙태수술행위는 긴급피난에 해당한다. (○) • 위난을 피하지 못할 책임 있는 자에 대한 긴급피난의 제한은 절대적 인 것이 아니라 직무수행상 의무적으로 감수해야 할 범위 내에서 긴급피난을 인정하지 않는 것이다. (○)
	02 성립요건	中	★★★	
	03 긴급피난의 제한의 특칙	下	★	
	04 과잉피난과 면책적 과잉피난	下	★	
	05 의무의 충돌	中	★★	
제4절 자구행위	01 서 설	下	★	• 자구행위의 본질은 부정(不正) 대 정(正)의 관계에 있다는 점에서 정당방위와 동일하다. (○) • 길에서 우연히 만난 아내의 채무자를 붙잡아 집으로 데려온 행위는 자구행위에 해당한다. (×)
	02 성립요건	中	★★	
	03 과잉자구행위	中	★★	
제5절 피해자의 승낙	01 양해와 피해자의 승낙 및 추정적 승낙의 의의	下	★	• 형법 제24조는 '처분할 수 있는 자의 승낙에 의하여 그 법익을 훼손한 행위는 법률에 특별한 규정이 있는 경우에 한하여 벌하지 아니한다.'라고 규정하고 있다. (×) • 형법상 승낙은 명시적으로 외부로 표시될 것을 요하며 묵시적 승낙은 유효한 승낙이 될 수 없다. (×)
	02 승낙과 양해의 구별	下	★	
	03 양 해	中	★★	
	04 피해자의 승낙	中	★★	
	05 추정적 승낙	中	★★	
제6절 정당행위	01 서 설	下	★	• 직장의 상사가 범법행위를 하는 데 가담한 부하에게 직무상 지휘 ·복종관계에 있다 하여 범법행위에 가담하지 않을 기대가능성이 없다고 할 수 없다. (○)
	02 정당행위의 내용	中	★★★	

구 분	경찰채용						경찰간부						경찰승진					
	17	18	19	20	21	22	17	18	19	20	21	22	17	18	19	20	21	22
제1절 위법성의 일반이론		2		3	1			2										
제2절 정당방위											1		1	1	1		1	
제3절 긴급피난		1																
제4절 자구행위																	1	
제5절 피해자의 승낙					1		1	1	1	1		1		1	1			
제6절 정당행위			1		1	1	1			1	1		1		1			1
출제빈도	11/220						11/240						10/240					

CHAPTER 03

위법성론

국가9급						법원9급						법원행시						변호사시험					
17	18	19	20	21	22	16	17	18	19	20	21	17	18	19	20	21	22	17	18	19	20	21	22
	2	2						1						1	2					1			
	1									1						1	1	1			1		1
					1																		
		1	1		1									1	1							1	
		1	1			1	1				1			1									
11/120						5/150						7/240						5/140					

CHAPTER 03 위법성론

제1절 위법성의 일반이론

01 위법성의 의의

위법성(違法性)이라 함은 어떤 행위가 우리 사회의 전체적 법질서에 위반하는 것을 말한다.

표정리 위법성과 불법(Unrecht)

구 분	위법성	불 법
개 념	행위가 법질서 전체의 명령(금지규범)에 충돌함 [관계개념, 형식적 개념]	구성요건에 해당하고 위법한 행위 그 자체 [실체개념, 실질적 개념]
성 질	• 보편성(전체 법질서영역과 관련) • 단일성·동일성	• 특수성(형법적 불법, 민법적 불법 등 세분화) • 양적·질적 상이성

02 위법성의 본질

1. 형식적 위법성론 [사시 10]

형식적 위법성론은 위법성 평가의 기준을 형식적인 **법률의 규정**(실정법) 그 자체에 두고, 이에 위반하면 위법이라고 하는 견해이다.

2. 실질적 위법성론 [사시 10]

실질적 위법성론은 위법성 평가의 기준을 형식적인 법률의 바탕에 자리잡은 **실질적 기준**에 두고, 이에 위반하면 위법이라고 하는 견해이다. 현행형법 제20조의 사회상규(社會常規)도 실질적 위법성론의 표현으로 이해된다.

03 위법성의 평가방법

1. 객관적 위법성론 [사시 10]

객관적 위법성론은 법규범을 그것에 의하여 행위의 위법성을 측정하는 평가규범으로 보고, 평가규범에 위반하는 것이 위법이라고 하는 견해이다(통설). 따라서 **책임무능력자의 행위도 위법이라고 평가되는** 한 위법성이 인정된다고 설명한다. → 이에 대하여 정당방위 가능 [사시 12]

2. 주관적 위법성론 [사시 10]

주관적 위법성론은 위법성은 개인의 의사에 직접 영향을 미치기 위한 명령의 형태로 나타나는 의사결정규범에 대한 위반을 의미한다는 견해이다. 이 견해는 **책임무능력자는 규범의 수명자가 될 수 없어 위법하게 행위할 수 없다고** 주장한다. → 이에 대하여 정당방위 불가 [사시 12], 긴급피난 가능[19]

3. 검토 및 소결

위법성은 행위(행위·결과)에 대한 반가치판단이고, 책임은 행위자에 대한 반가치판단으로(위법성은 객관적으로,[20] 책임은 주관적으로) 파악해야 한다. 따라서 객관적 위법성론이 옳다.

04 위법성조각사유

1. 종류

위법성조각사유는 형법상 총칙·각칙뿐만 아니라, 기타 형사소송법, 민법, 민사집행법 등에서 그 예를 찾을 수 있다.

표정리 위법성조각사유의 예

형법상의 위법성조각사유	총 칙	정당방위, 긴급피난, 자구행위, 피해자의 승낙, 정당행위
	각 칙	도박죄의 일시오락의 정도(제246조 제1항), 명예훼손죄에서 사실의 증명(제310조)
기타의 위법성조각사유	형사소송법	긴급체포권(제200조의3), 현행범체포행위(제212조)
	민 법	정당방위·긴급피난(제761조), 점유권자의 자력구제(제209조)
	민사집행법	집행관의 강제집행권(제43조)
	모자보건법	인공임신중절수술(제14조)

---

19 주의 : 책임무능력자의 침해에 대한 정당방위의 사회윤리적 제한 다만 책임무능력자의 침해에 대한 정당방위행위는 **사회윤리적 제한**이 가해진다. 이는 **정당방위(권)의 (사회윤리적) 제한**에서 후술한다.

20 참고 : '위법성은 객관적으로'의 의미 주관적 불법요소의 발견과 구성요건적 고의의 개념이 보편화됨에 따라 객관적 위법성론도 변화하게 된다(행위반가치와 결과반가치 부분 참조). 예컨대 이제는 위법성조각을 위해서는 주관적 정당화요소도 필요하다는 것이 보편적 인식이다. 따라서 '위법성은 객관적으로, 책임은 주관적으로'라는 원칙은 제한적으로 이해되어야 할 것이다. 즉 이는 위법성평가의 대상 내지 내용에 대한 원칙이라기보다는 위법성의 평가방법에 대한 원칙으로 고려되어야 하는 것이다. 여하튼 위법성은 객관적으로 판단하라는 명제는 아직도 유효하다. 위법성판단은 행위자 개개인의 주관인 처지나 입장이 아니라 전체적·객관적 판단을 통하여 내려져야 하기 때문이다. 결국 위법성은 객관적이지만 그 위법성판단의 대상에는 주관적 요소도 포함되는 것으로 이해하면 된다.

2. 위법성조각사유의 일반원리

위법성조각사유를 관통하는 기본근거를 하나의 원리인 **일원론**으로써 논하는 것은 타당하지 않다는 전제 아래, ① 피해자의 승낙·추정적 승낙에 의한 행위에 있어서는 이익흠결의 원칙이, ② 법익침해에 대해서는 우월적 이익의 원칙과 정당한 목적의 원칙이 기본적으로 타당한 위법성조각사유의 원리이고, 이러한 원리는 개개의 위법성조각사유에 대해서 개별적으로 작용하는 것이 아니고 상호 다양하게 결합되어 작용하게 된다는 **다원론**(개별설)이 통설이다.

05 주관적 정당화요소

1. 의의 및 내용

(1) 의의 및 요부

① **의의** : 주관적 정당화요소라 함은 객관적 정당화상황이 존재한다는 것과 이에 근거하여 행위한다는 행위자의 인식을 말한다.

> **예** 정당방위의 '방위하기 위한' 방위의사, 긴급피난의 '피하기 위한' 피난의사, 정당행위의 '행위의 동기나 목적의 정당성' 등

② **요부** : 구성요건에 해당하는 행위가 위법성이 조각되려면 위법성조각사유의 객관적 상황이 있는 것만으로는 부족하고 위법성조각상황을 인식할 것이 요구되는데, 이는 **2원적·인적 불법론**(통설)을 취하는 전제하에서는 논리적 귀결이다. [국가9급 12 / 국가7급 08] 행위자의 행위불법을 조각시키기 위해서는 위법성이 조각되는 상황에 대한 행위자의 의사적 요소가 존재해야 하기 때문이다. **판례**도 "정당행위를 인정하려면 첫째, 그 행위의 **동기나 목적**의 정당성 … 등의 요건을 갖추어야 한다."(대법원 2000.4.25, 98도2389)고 판시하고 있다. 하여 그 **필요성을 긍정**하고 있다. [국가7급 11]

(2) 내 용

주관적 정당화요소가 인정되기 위해서는 인식적 요소뿐만 아니라 의사적 요소도 구비되어야 한다는 견해가 다수설·**판례**이다(대법원 1997.4.17, 96도3376; 1980.5.20, 80도306). [국가7급 09]

2. 주관적 정당화요소를 결한 경우의 효과 [국가7급 14]

객관적 정당화상황은 있으나 주관적 정당화요소가 없는 경우를 소위 **우연적 방위, 우연적 피난, 우연적 자구행위**라고 부른다. 그 법적 해결에 대해서는 아래와 같은 학설 대립이 있다.

> **예** • 우연적 방위의 예 : 상어파 보스 甲이 고래파 보스 乙을 죽이려고 총을 겨누고 있었는데 乙이 甲을 습격하여 甲을 살해한 경우 → 乙에게는 객관적으로는 정당방위의 상황이 있으나 정당방위의 의사가 없다.
> • 우연적 피난의 예 : 야간에 A의 집에 LP가스가 새어나와 실내에 가스가 가득 차 식구들 모두가 위험에 빠졌지만 절도범 甲이 베란다 문을 열고 침입하는 바람에 환기가 된 경우 → 甲에게는 긴급피난의 객관적 상황이 있으나 긴급피난의 의사가 없다.

표정리 주관적 정당화요소를 결한 경우의 효과

학 설	내 용
위법성조각설	결과반가치만 있으면 불법이 충족된다고 이해하므로 결과불법만 조각되어도 불법이 부정된다는 점에서(주관적 정당화요소불요설, 순수한 결과반가치론), 객관적으로 존재하는 정당화상황을 행위자가 인식하지 못하고 행위한 경우에도 위법성이 조각된다는 견해이다. [경찰채용 20 2차 / 경찰간부 17 / 경찰승진 12 / 국가9급 12 / 국가7급 09 / 사시 12·14]

기수범설	행위의 위법성이 인정되고 구성요건적 결과까지도 발생했으므로 결과반가치를 부정할 수 없다는 점에서 기수범이 된다는 견해이다.[21] [사시 12 / 사시 14]
불능미수범설	(주관적 정당화요소가 없으므로) 행위반가치는 있으나 (객관적 정당화상황은 존재하므로) 결과반가치가 없는 경우이기 때문에 불능미수[22] 규정을 유추적용하자는 입장이다(다수설). [경찰간부 17 / 경찰승진 12 / 국가9급 12 / 국가7급 09 / 사시 14] 객관적 정당화상황이 존재하지 않는 상황에서 행해진 행위와는 그 결과불법적 측면에서 구별되어야 한다는 점과 기수범설보다는 피고인에게 유리하다는 점에서 이 설이 타당하다.

제2절 정당방위

01 서 설

제21조【정당방위】 ① 현재의 부당한 침해로부터 자기 또는 타인의 법익(法益)을 방위하기 위하여 한 행위는 상당한 이유가 있는 경우에는 벌하지 아니한다. 〈우리말 순화 개정 2020.12.8.〉 [법원9급 07(상)]

정당방위(正當防衛)는 부당한 침해를 방어하기 위한 행위이므로 '不正 대 正'의 관계에 있다. [경찰승진 13] 정당방위의 이론적 근거로서는 '자기보호의 원리'와 '법수호의 원리'가 자리잡고 있다.

02 성립요건

정당방위가 인정되기 위해서는 자기 또는 타인의 법익에 대한 현재의 부당한 침해가 우선 존재해야 하며, 이를 정당방위의 객관적 전제조건 또는 객관적 정당화상황이라고 한다. 또한 이러한 부당한 침해에 대하여 방위하고자 하는 의사인 **주관적 정당화요소**와 이에 기한 행위가 있어야 한다. [변호사시험 12] 그리고 이러한 상황과 방위의사에 기한 행위라 하더라도 **상당한 이유**가 있어야 한다. [법원9급 06]

1. 자기 또는 타인의 법익에 대한 현재의 부당한 침해

– 정당방위상황(정당방위의 객관적 전제조건, 객관적 정당화상황)

(1) 자기 또는 타인의 법익

① 법익의 범위 – 개인적 법익 : 법에 의하여 보호되는 모든 개인적 이익을 말한다.

---

21 보충 : 한편, 순수한 **행위반가치론**(일원적·인적 불법론)을 취하면 주관적 정당화요소가 결여된 경우에는 행위반가치가 있고, 행위반가치만 있으면 불법이 충족되므로 역시 **기수**가 된다고 본다.

22 보충 : 불능미수와 우연방위 불능미수라 함은 행위자는 불법이 충족되리라 믿고 행위를 하였으나 결과발생이 불가능한 경우를 말한다. 우연적 방위도 행위자는 기수가 될 것이라고 믿고 행위를 하였으나 객관적 정당화상황이 존재하므로 처음부터 불법이 충족될 수 없었던 경우라는 점에서, 양자는 유사성이 있다. [국가7급 09]

② **국가적 법익** : 국가의 재산권과 같은 개인적 법익에 대한 침해가 있는 때에는 정당방위가 가능하지만 (통설), '국가의 전체적 법질서를 보호하기 위한 정당방위가 가능한가'에 대해서는 제한적 인정설과 부정설이 대립하고 판례는 명시적인 입장이 없으나, 원칙적으로는 인정되지 않는다는 점에서는 일치한다.

③ **사회적 법익** : 사회적 법익에 대한 침해를 방위하기 위한 정당방위는 인정될 수 없다.

> **예** 포르노영화를 상영하는 극장에 최루탄을 던진 행위 내지 무면허운전자나 무허가노점상의 영업을 방해하는 행위는 정당방위일 수 없다. 사회의 건전한 성풍속이나 안전한 도로교통 및 건전한 영업질서와 같은 사회질서는 정당방위의 보호대상인 법익이 아닌 사회적 법익으로 보아야 하기 때문이다.

④ **타인의 법익** : 자기의 법익뿐 아니라 **타인의 법익**에 대한 현재의 부당한 침해를 방위하기 위한 행위도 상당한 이유가 있으면 정당방위에 해당하여 위법성이 조각된다(대법원 2017.3.15, 2013도2168 : 위법체포에 항의한 변호사 사건).

(2) 침해 – 인간에 의해 행해지는 법익에 대한 침해

① **사람의 침해**

㉠ **행위로서의 성질** : 사람의 침해행위라면 고의적인 침해행위임이 보통이지만 과실에 의한 침해행위에 대해서도 정당방위가 가능하다. [국가7급 11 / 법원9급 07(하) / 법원9급 08]

㉡ **동물·물건에 의한 침해 제외**

ⓐ 인간의 침해일 것이 요구되므로 동물의 공격이나 자연현상 등은 본조의 침해가 아니다.

ⓑ 다만, 동물을 이용·사주한 사람의 침해에 대해서는 정당방위가 가능하다. [국가9급 07] 또한 사육주의 과실에 의한 동물의 공격에 대해서도 정당방위가 가능하다.

② **침해의 종류 및 부작위에 의한 침해**

㉠ **침해의 종류** : 작위·부작위 모두 가능하다. [경찰간부 11 / 국가7급 11]

㉡ **부작위에 의한 침해의 성립요건** [국가7급 08]

ⓐ 부작위자가 행위를 해야 할 법적 의무가 있어야 한다.

ⓑ 그 의무의 불이행이 가벌적이어야 한다. 따라서 단순한 채무불이행은 여기에 속하지 않는다. [경찰승진 11]

> **예** • 외판원 甲은 乙의 집에 허락을 빌고 들어가 乙에게 상품을 소개하였는데 설명을 듣고 난 乙은 구입하지 않겠다고 하여 甲에게 퇴거를 요구하였으나 계속하여 甲은 이를 무시하고 가만히 있었다. 이에 乙은 甲의 팔을 붙잡아 문 밖으로 끌고 나가 대문을 잠갔다. → 정당방위이므로 체포죄 불성립
> • 임대차계약기간만료 이후 가옥을 명도하지 않은 임차인을 임대인이 집 밖으로 끌고 나갔다. → 단순한 채무불이행에 지나지 않으므로 정당방위의 (부작위의) 침해라고는 볼 수 없다. 정당방위가 인정되지 않아 체포죄 성립

(3) 침해의 현재성 – 정당방위의 시간적 한계

① **의의** : '침해의 현재성'이라 함은 법익에 대한 침해가 급박한 상태 내지 발생 직후 또는 아직 계속되고 있는 것을 말한다. 이러한 현재의 침해에 대해서만 정당방위가 가능하다.

② **범위**

㉠ **과거의 침해** : 정당방위는 불가하나 자구행위는 가능하다. [국가7급 08]

> **예** 휴대폰을 절도당한 다음 날 그 휴대폰을 가지고 있는 자를 만나 이를 강제로 탈환한 경우 → 자구행위

㉡ **장래의 침해**

ⓐ **원칙** : 침해행위의 실행의 착수 이전에도 **예방적 정당방위**가 가능한가의 문제이다. 이 경우 현재의 침해를 인정할 수 없으므로 원칙적으로 정당방위가 인정되지 않는다.

　　　　　예 甲이 乙을 일주일 후 암살하려고 한다는 정보를 입수하고 乙이 甲을 살해한 행위 → 정당방위가
　　　　　아니라 살인죄가 성립한다.

　　　ⓑ 예외 : ㉮ **판례** 중에는 방어를 지체함으로써 법익보호가 어려워지는 때에는 침해의 현재성을
　　　　　인정하는 예가 존재한다(대법원 1992.12.22, 92도2540 : 소위 김모양 의붓아버지 살해 사례). [사시 12]
　　　　　이는 과거로부터 계속되어 온 의붓아버지의 성폭력이 장래에도 계속될 것이 확실시되는 매우
　　　　　제한적 상황에서 그 침해의 현재성을 인정한 것으로 평가된다. ㉯ 또한, 폭력행위 등 처벌에
　　　　　관한 법률에서는 "이 법에 규정된 죄를 범한 사람이 흉기나 그 밖의 위험한 물건 등으로
　　　　　사람에게 위해(危害)를 가하거나 가하려 할 때 이를 예방하거나 방위(防衛)하기 위하여 한 행위는
　　　　　벌하지 아니한다(동법 제8조 제1항)."는 명문의 규정을 두어 예방적 정당방위를 인정하고 있다.

　　ⓒ **침해행위의 기수 이후** : 계속범의 경우에는 침해가 아직 계속 중인 한 현재성이 인정되므로 정당방
　　　위가 가능하며, 절취물을 가지고 눈앞에서 도망 중인 자에 대해서도 현재성이 인정된다(통설).
　　　[국가9급 07]

　　ⓓ **장래의 침해에 대비하여 설치해 둔 자동보안장치** : 장래의 침해에 대한 예방적 조치이기는 하나,
　　　침해와 동시에 작동되므로 침해의 현재성이 인정된다. [국가7급 14 / 사시 15] 다만, 단순한 방문객이
　　　사고를 당한 경우 위법성이 조각되지 않으며, 생명을 침해할 위험성이 있는 장치는 허용되지
　　　않는다.

　　　　예 절도를 방지하기 위해 담벽 안에 도랑을 파두었는데 절도범이 담을 넘고 뛰어내리다가 도랑에 빠져
　　　　다리를 다친 경우 → 정당방위 성립이 가능하다. 다만, 이 경우에도 절도범이 죽었다거나 치명적인
　　　　상해를 입은 경우에는 정당방위는 성립하지 않고 과잉방위(제21조 제2항)가 문제될 뿐이다.

③ **현재성이 없는 방어행위**

　㉠ 정당방위의 객관적 전제조건이 흠결되어 정당방위가 성립할 수 없다. → 다만, 현재성이 있다고
　　오신한 경우에는 **오상방위**로서 책임고의가 조각되어 고의범이 성립되지 아니한다(다수설 : 법효과
　　제한적 책임설).

　㉡ 반면에 엄격책임설(일부 판례)에 의하면 위법성의 인식에 대한 오인에 정당한 이유가 있었는가를
　　검토한다(책임론, 법률의 착오에서 후술).

(4) 침해의 부당 – 위법

① **의의** : '침해의 부당'이라 함은 침해행위가 객관적으로 법질서와 모순되는 성질(위법성)을 말한다(통설).
　즉, 정당방위상황은 위법한 침해가 있을 것을 요하는바, 위법하기만 하면 되고 고의·과실·작위
　·부작위 및 구성요건해당성 여부를 가리지 아니한다.

② **적법한 침해**

　㉠ 적법한 침해에 대해서는 정당방위를 할 수 없다. 즉, **정당방위·긴급피난에 대한 정당방위는
　　불가능**하다. [국가9급 08 / 국가7급 12]

　㉡ 그러나 **정당방위·긴급피난에 대한 긴급피난은 가능**하다. [국가9급 08] 정당방위는 원인되는 침해가
　　위법할 것을 요하나(不正 대 正), 긴급피난은 원인되는 위난이 위법할 것을 요하지 않기 때문이다(正
　　대 正, 不正 대 正).

③ **싸움의 경우**

　㉠ **원칙** : 정당방위 불가(판례) → 상호의 공격을 도발하고 공격과 방어가 교차되기 때문에 부정
　　대 정의 관계가 아니다. [법원9급 06·08·14]

　㉡ **예외** : 당연히 예상되는 정도를 초과한 과격한 침해행위에 대해서는 정당방위성립이 가능하다
　　(판례).

　　　예 싸움 중에 갑자기 흉기로 공격하는 경우, 싸움이 중지된 후 갑자기 도발해오는 경우

④ 유책성은 불필요 : 위법성의 평가는 객관적 위법성론에 의하므로, 명정자, 정신병자, 유아의 침해, 강요된 행위(제12조)에 대해서도 정당방위 성립이 가능하다. [경찰승진(경사) 11 / 국가9급 08] 다만 이 경우에도 정당방위의 상당성판단에서 사회윤리적 제한은 심사해야 한다.

판례연구 **위법한 침해임을 인정하여 정당방위를 인정한 판례**

대법원 2011.5.26, 2011도3682; 2002.5.10, 2001도300
현행범인이 경찰관의 불법한 체포를 면하려고 반항하는 과정에서 경찰관에게 상해를 가한 사례
피고인이 경찰관의 불심검문을 받아 운전면허증을 교부한 후 경찰관에게 큰 소리로 욕설을 하였는데, 경찰관이 모욕죄의 현행범으로 체포하겠다고 고지한 후 피고인의 오른쪽 어깨를 붙잡자 반항하면서 경찰관에게 상해를 가한 경우, (현행범체포의 요건이 구비되지 못한 경우이므로) 경찰관이 피고인을 체포한 행위는 적법한 공무집행이라고 볼 수 없고, 피고인이 체포를 면하려고 반항하는 과정에서 상해를 가한 것은 정당방위에 해당한다. [경찰채용 12·16 1차 / 경찰채용 16·18 2차 / 경찰간부 13·16 / 경찰승진 15 / 국가9급 13·15·18 / 국가7급 12·14·18 / 법원9급 13]

---

2. 방위하기 위한 의사에 기한 행위

(1) 주관적 정당화요소

정당방위가 성립하기 위하여는 그 주관적 정당화요소로서 방위의사가 필요하다(통설·판례). [변호사시험 12] 만약 객관적 정당방위상황은 존재하나 주관적 정당방위의사가 존재하지 않는 경우라면 우연적 방위가 된다(다수설 : 불능미수).

판례연구 **방위의사를 인정하지 않은 판례**

대법원 1996.4.9, 96도241
침해행위에서 벗어난 후에 분을 풀려는 목적에서 나온 공격행위(빠루=배척 사례)
피해자의 침해행위에 대하여 자기의 권리를 방위하기 위한 부득이한 행위가 아니고, 그 침해행위에서 벗어난 후 분을 풀려는 목적에서 나온 공격행위는 정당방위에 해당한다고 할 수 없다. [경찰채용 12 1차 / 경찰채용 12·15 3차 / 경찰승진 11 / 사시 10]

---

(2) 방위행위

방위의사에 기한 방위행위란 급박한 침해를 사전에 방지하거나, 현재 계속중인 침해를 배제하기 위한 행위로서 수비적 방어(보호방위)뿐만 아니라 적극적인 반격방어(공격방위)도 포함되지만(대법원 1992.12.22, 92도2540),[23] [경찰채용 15 1차 / 경찰간부 16 / 경찰승진 12 / 법원9급 20 / 사시 12 / 변호사시험 12] 침해자를 상대방으로 한 방위행위만이 정당방위에 의하여 정당화된다. [국가7급 12]

3. 상당한 이유 – 필요성(적합성)·요구성(사회윤리적 제한)

정당방위가 성립하기 위해서는 방위행위에 상당(相當)한 이유(상당성)가 있어야 한다. 즉, 방위행위는 방위행위가 필요하고 적절한 경우에는 허용되며(필요성), 다만 일정한 경우에는 방위행위가 요구되는 범위 내로 제한된다(요구성).

---

23 **수험을 위한 정리** : 판례는 '소극적 방어행위'의 경우를 '사회상규에 위배되지 아니하는 정당행위'로 판시하고 있으며, 경우에 따라서는 '정당방위 또는 정당행위'라는 판단을 내리기도 한다. 이렇듯 판례의 입장은 그리 명확하지는 못하다. 따라서 판례의 입장을 정리하고자 하는 독자들은 "정당방위에는 반격방어뿐만 아니라 수비적 방어도 포함된다."고 정리하는 동시에, "소극적 방어행위의 경우에는 사회상규에 위배되지 않는 정당행위에 해당된다."고도 정리해두어야 한다.

(1) 필요성

① **의의** : 방위행위가 법익을 방위하기 위하여 **필요한** 행위이어야 함을 말한다.

② **적합성** : 방위행위는 침해를 방어하기에 **적합하여야** 한다. 이는 침해를 제거하는 여러 수단 가운데 공격자에 대해 침해의 위험성이 가장 적은 방법을 방위행위로 택하여야 함을 의미한다(소위 수단제한의 원칙 내지 상대적 최소방위의 원칙).

사례연구 **의붓아버지 살해 사례**

甲(여)은 12살 때부터 의붓아버지 乙에게 강간당한 이후 계속적으로 성관계를 강요받아왔다. 17세가 된 甲이 남자친구인 丙에게 위 사실을 이야기하자, 甲과 丙은 공모하여 강도로 위장하기로 하고 乙을 살해하기로 하였다. 乙이 잠든 틈에 甲이 열어 준 문을 통하여 乙의 집에 들어간 丙은 乙의 머리맡에서 식칼을 한손에 들어 乙을 겨누고 양 무릎으로 乙의 양팔을 눌러 꼼짝 못하게 한 후 乙을 깨워 乙이 제대로 반항할 수 없는 상태에서 더 이상 甲을 괴롭히지 말라는 몇 마디 말을 하다가 들고 있던 식칼로 乙의 심장을 1회 찔러 그 자리에서 乙을 살해하였다. 이후 丙은 도망을 가고 甲은 미리 계획했던 대로 경찰관서에 강도가 들었다고 허위신고하였다. 甲과 丙의 형사책임은?

> **해결** 판례는 乙의 甲에 대한 신체나 자유 등에 대한 현재의 부당한 침해상태가 있었다고 볼 여지가 없는 것은 아니라고 보고 있다(현재성 인정). 그러나 정당방위가 성립하려면 침해행위에 의하여 침해되는 법익의 종류·정도, 침해의 방법, 침해행위의 완급과 방위행위에 의하여 침해될 법익의 종류·정도 등 일체의 구체적 사정들을 참작하여 방위행위가 사회적으로 상당한 것이었다고 인정할 수 있는 것이어야 한다. 위 행위는 법익을 보호하기 위해 적합한 수단이 될 수 없다는 점에서 정당방위가 될 수 없는 것이다(**상당성 부정**)(대법원 1992.12.22, 92도2540). [국가9급 07 / 법원9급 06 / 법원행시 11 / 사시 12]
> → 살인죄의 위법성이 조각되지 아니한다. 더불어 판례는 과잉방위(제21조 제2항)도 부정하였다.

(2) 보충성과 균형성은 불요

① **보충성 불요** : 법은 불법에 양보할 필요가 없으므로, 정당방위의 상당성요건에 있어서 방위행위가 침해행위를 격퇴시키는 유일한 최후의 수단이어야 한다는 요건은 필요하지 않다. 따라서 —긴급피난에서 요구되는— 보충성원칙은 정당방위의 성립에 있어서 요구되지 않는다(통설·판례, 대법원 1966.3.5, 66도63).

② **균형성 불요** : 방위행위로 인하여 침해된 법익이 방위행위에 의하여 보호하려고 한 법익보다 다소 우월하다 하여도 그것이 부당한 방위행위라고 평가해서는 안 된다. 이러한 의미에서 —위법성조각사유로서 긴급피난에서 요구되는— 이익균형의 원칙(우월한 이익보호의 원칙)은 정당방위의 성립에서 문제삼을 필요가 없다(통설).

판례연구 **혀 절단 사건 : 엄격한 균형성은 필요 없다는 사례**

대법원 1989.8.8, 89도358
甲과 乙이 공동으로 인적이 드문 심야에 혼자 귀가 중인 丙(女)에게 뒤에서 느닷없이 달려들어 양팔을 붙잡고 어두운 골목길로 끌고 들어가 담벽에 쓰러뜨린 후 甲이 음부를 만지며 반항하는 丙(女)의 옆구리를 무릎으로 차고 억지로 키스를 하므로, 丙(女)이 **정조와 신체를 지키려는** 일념에서 엉겁결에 甲의 혀를 깨물어 설(혀)절단상을 입혔다면 丙의 범행은 자기의 신체에 대한 현재의 부당한 침해에서 벗어나려고 한 행위로서 그 행위에 이르게 된 경위와 그 목적 및 수단, 행위자의 의사 등 제반 사정에 비추어 위법성이 결여된 행위이다. [경찰채용 12 3차 / 경찰승진 15 / 법원9급 13 / 법원행시 11]

---

(3) 요구성

정당방위의 필요성이 인정된다 하더라도 사회윤리적 측면(법질서 전체의 입장)에서 보아 용인되지 않는 행위는 정당방위로서 요구성이 결여되므로 제한 내지 금지되어야 한다.

03 정당방위의 (사회윤리적) 제한

1. 정당방위권 제한의 의의

(1) 의 의

정당방위는 자기수호의 원리에 근거하지만, 한편 "법은 불법에 양보할 필요 없다."는 법수호의 원리에도 근거하는 것이므로, 공동체이익을 현저히 훼손하지 않는 범위의 행위일 것이 요구된다.

(2) 근 거

민법상 권리남용금지의 원칙(민법 제2조 제2항)에서 찾을 수도 있고 정당방위의 원리인 **자기보호의 원칙** 또는 법질서수호의 원칙에서 찾을 수 있다.

2. 정당방위권 제한이 문제되는 상황

(1) 행위불법이나 책임이 결여·감소된 침해행위

과실범이나 책임능력결함자의 침해를 받은 자의 경우, 자기보호의 이익은 물론 인정되겠지만 사회공동체의 이익을 추구하는 차원에서는 정당방위의 범위가 줄어들 수밖에 없으므로, 방어적·수비적 방법에 의한 정당방위만 허용된다.

> **예** 어린아이, 정신병자, 만취자 등 책임능력이 결여된 자로부터 공격을 받았거나 과실범의 공격을 받을 경우
> → 방어행위로서의 살해나 중상해행위는 정당방위가 성립되지 않는다.

(2) 침해법익과 보호법익 간의 현저한 불균형

정당방위가 되기 위해서 긴급피난과 같은 정도의 보호법익과 침해법익 간의 균형성은 요구되지 않지만, 현저한 불균형이 발생하지 않는 정도의 행위일 것이 요구된다.

> **예** 단순절도범을 흉기로 찔러 도품을 회수하는 경우 → 정당방위가 인정되지 않는다.

> **판례연구** **침해법익과 보호법익 간의 현저한 불균형이 있는 사례**
>
> 대법원 1984.9.25, 84도1611
> 위법한 법익침해 행위가 있더라도 긴박성 또는 방위행위의 상당성이 결여된 경우
> 피고인은 자기 소유의 밤나무 단지에서 피해자 L이 밤 18개를 푸대에 주워 담는 것을 보고 푸대를 뺏으려다가 반항하는 그녀의 뺨과 팔목을 때려 상처를 입혔다는 것이므로, 피고인의 행위가 절취행위를 방지하기 위한 것이더라도 긴박성과 상당성을 결여하여 정당방위라고 볼 수 없다. [국가9급 09 / 사시 11]

(3) 방위행위자에게 상반된 보호의무가 인정되는 경우

일반인으로부터 침해를 받았다면 상당성이 인정되는 방위행위라 하더라도, 부부관계나 가까운 친족으로부터 동일한 침해를 받은 경우에는 제한될 방위행위일 것이 요구된다.

> **예** 부부가 말다툼을 하다가 아내가 프라이팬으로 때리려하자 남편이 아내를 둔기로 때려 다치게 한 행위는 이와 같은 이유로 정당화될 수 없다. 이 경우 남편에게는 수비적인 범위 내의 방위행위일 것이 요구된다.

(4) 도발행위

① 의도적인 도발의 경우

㉠ 원칙 : 상대방을 해치기 위해 의도적으로 도발하고 상대방의 반격을 유발하고 이에 대응하는 것처럼 행한 침해행위는 **정당방위로 인정될 수 없다**(의도적 도발 내지 목적에 의한 도발). [국가7급 08] 싸움이 대표적인 예에 해당한다.

ⓛ 예외 : 싸움 중이라 하더라도 ⓐ 맨손으로 격투 중에 당연히 예상할 수 있는 정도를 초과하여
흉기 등을 소지하고 갑자기 공격을 해오는 경우라든지(대법원 1968.5.7, 68도370 : 후술하는 빈 칼빈소총
사례) [경찰채용 12 1차] 또는 ⓑ 싸움이 중지된 경우 갑자기 다시 도발해오는 경우(대법원 1957.3.8,
4290형상18), ⓒ 외관상은 싸움(격투)으로 보일지 모르지만 실제로는 일방적으로 공격을 받고 이에
대항하는 경우 [사시 10] 에는 그 행위가 새로운 적극적 공격이라고 평가되지 아니하는 한 정당방위가
인정될 수 있다.

사례연구 외관상 격투라 하더라도 정당방위(또는 정당행위)의 성립을 인정한 사례

A(54세, 여)가 남편인 B(59세, 남)와 함께 1998년 5월 19일 10:00 피고인 甲(66세, 여)이 묵을 만드는 외딴
집에 찾아와 피고인이 A가 첩의 자식이라는 헛소문을 퍼뜨렸다며, 먼저 피고인의 멱살을 잡고 밀어 넘어뜨리고
배 위에 올라타 주먹으로 팔, 얼굴 등을 폭행하였다. 이에 B도 가세하여 피고인 甲의 얼굴에 침을 뱉으며 발로
밟아 폭행을 한 사실, 이에 연로한 탓에 힘에 부쳐 달리 피할 방법이 없던 피고인 甲은 이를 방어하기 위하여
A·B의 폭행에 대항하여 A의 팔을 잡아 비틀고, 다리를 무는 등으로 하여 A에게 오른쪽 팔목과 대퇴부 뒤쪽에
멍이 들게 하여 약 2주간의 치료를 요하는 상해를 가하였다. 甲의 죄책은?

  [해결] 서로 격투를 하는 자 상호간에는 공격행위와 방어행위가 연속적으로 교차되고 방어행위는 동시에 공격행
위가 되는 양면적 성격을 띠는 것이므로 어느 한쪽 당사자의 행위만을 가려내어 방어를 위한 정당행위라
거나 또는 정당방위에 해당한다고 보기 어려운 것이 보통이나, 외관상 서로 격투를 하는 것처럼 보이는
경우라고 할지라도 실지로는 한쪽 당사자가 일방적으로 불법한 공격을 가하고 상대방은 이러한 불법한
공격으로부터 자신을 보호하고 이를 벗어나기 위한 저항수단으로 유형력을 행사한 경우라면, 그 행위가
적극적인 반격이 아니라 소극적인 방어의 한도를 벗어나지 않는 한 그 행위에 이르게 된 경위와 그
목적·수단 및 행위자의 의사 등 제반 사정에 비추어 볼 때 사회통념상 허용될 만한 상당성이 있는 행위로
서 위법성이 조각된다고 보아야 할 것이다(대법원 1999.10.12, 99도3377). [국가7급 13 / 법원9급 20 / 사시 10]

  [보충] **소극적 방어행위에 대한 법적용의 혼란** 위 판례는 그 적용법조에서 제20조의 정당행위와 제21조의
정당방위를 모두 적시함으로써 정당행위도 될 수 있고 정당방위도 될 수 있다고 판시하고 있다. 특히 '소극적
방어행위'의 경우에는 판례가 우선 정당행위 중 '사회상규에 위배되지 않는 행위'로 보고 있으며 경우에
따라 정당방위까지 덤으로 적용될 수도 있다는 식의 입장인 것이다.

② **과실행위나 미필적 고의로 정당방위상황을 초래한 경우**(유책한 도발) : 유책한 도발행위라는 원인을
제공한 이상 방위행위는 가능한 한 방어적 행위만을 하는 보호방위일 것이 요구된다. 다만 사회윤리적
제한을 받는 '유책한 도발'은 법적으로 위법한 도발행위로 한정되고, 단지 사회윤리적으로 반가치적인
행위는 여기에 포함되지 않는다(방위행위의 사회윤리적 제한 없음).

04 과잉방위와 오상방위

제21조【정당방위】② 방위행위가 그 정도를 초과한 경우에는 정황(情況)에 따라 그 형을 감경하거나 면제할 수 있다.〈개정 2020.12.8.〉[경찰채용 10 1차/법원9급 07(상)/법원9급 07(하)]

③ 제2항의 경우에 야간이나 그 밖의 불안한 상태에서 공포를 느끼거나 경악(驚愕)하거나 흥분하거나 당황하였기 때문에 그 행위를 하였을 때에는 벌하지 아니한다.〈개정 2020.12.8.〉[경찰간부 17/국가9급 12/법원행시 16]

1. 과잉방위

(1) 개 념

과잉방위(過剩防衛)라 함은 정당방위상황은 존재하나 침해행위에 대한 방위행위의 균형성이 상실되고 방어방법의 상당성이 결여된 경우를 의미한다.

> 예 · 자신의 아들의 장난감을 절취하는 자를 살해한 행위
> · 자신의 아내를 성적으로 희롱하는 자를 살해한 행위 등

(2) 법적 취급

① 제2항 : 책임감소·소멸사유라는 것이 다수설이다(임의적 감면). 따라서 과잉방위에 대해서도 무죄판결이 가능하게 된다.

→ 이에 비하여 후술하는 중지미수(제26조)의 경우에는 책임감소 내지 인적 처벌조각사유로 파악되므로 무죄판결이 불가능하다.

판례연구 **과잉방위에 해당하는 경우**

대법원 1985.9.10, 85도1370
곡괭이 자루 사례
집단구타에 대한 반격행위로서 곡괭이 자루를 마구 휘둘러 사상의 결과를 일으킨 것은 과잉방어에 해당한다.
[경찰채용 11 1차/국가7급 08]

---

② 제3항(과잉방위의 원인이 방위행위자의 열악함에서 비롯됨) : 소위 **면책적 과잉방위**로서, 적법행위(상당성을 준수한 정당방위)의 기대가능성이 없기 때문에 **책임이 조각된다.** [사시 14]

사례연구 **돌로 자신의 처를 때리려는 자를 발로 배를 차 사망에 이르게 한 사례**

甲은 야간에 그의 처 乙(31세)과 함께 극장구경을 마치고 귀가하는 도중에 丙(19세)이 甲의 질녀 丁(14세)에게 음경을 내놓고 키스를 하자고 달려들자, 甲은 술에 취했으니 집에 돌아가라고 타일렀다. 그러나 丙은 도리어 돌을 들어 구타하려고 따라오므로 甲이 피하자, 丙은 甲의 처 乙을 땅에 넘어뜨려 깔고 앉아서 구타하였다. 이에 甲이 다시 丙을 제지하였지만 듣지 아니하고 돌로써 乙을 때리려는 순간 甲은 발로 丙의 복부를 한 차례 차서 그로 하여금 장파열로 사망에 이르게 하였다. 甲의 죄책은?

> 해결 피고인의 행위가 형법 제21조 제2항 소정의 과잉방위에 해당한다 할지라도 위 행위가 당시 야간에 술에 취한 피해자의 불의의 행패와 폭행으로 인한 **불안스러운 상태에서의 공포, 경악, 흥분 또는 당황에 기인된** 것이라면 형법 제21조 제3항이 적용되어 피고인은 무죄이다(대법원 1974.2.26, 73도2380).

---

2. 오상방위

(1) 의 의

오상방위(誤想防衛)라 함은 객관적으로 정당방위의 요건이 구비되지 않았음에도 불구하고 이것이 있는 것으로 오신하고 방위행위를 한 경우를 말한다(위법성조각사유의 전제조건에 관한 착오 내지 허용구성요건의 착오).

예 • 우체부를 도둑으로 오인하고 몽둥이로 가격한 행위
 • 아파트 주차장에서 뒤따라오는 이웃을 강간범으로 오인하여 가스총을 발사한 행위 등

사례연구 빈 칼빈소총 사례 : 오상방위와 엄격책임설

甲(상병)이 乙(상병)과 교대시간이 늦었다는 이유로 언쟁을 하다가 甲이 乙을 구타하자 乙이 소지하고 있던 칼빈소총으로 甲의 등 뒤를 겨누며 실탄을 장전하는 등 발사할 듯이 위협을 하자, 甲은 乙을 사살하지 않으면 위험하다고 느끼고 뒤로 돌아서면서 소지하고 있던 칼빈소총으로 乙의 복부를 향하여 발사하여 乙이 사망하였다. 甲의 형사책임은?

해결 ① 싸움을 함에 있어서 격투를 하는 자 중의 한 사람의 공격이 그 격투에서 당연히 예상할 수 있는 정도를 초과하여 살인의 흉기 등을 사용하여 온 경우에는 이를 '부당한 침해'라고 아니할 수 없으므로 이에 대하여는 정당방위를 허용하여야 한다. 즉 싸움을 하는 중이라도 싸움 중에 가해지는 공격이 당초의 예상을 벗어나는 경우 정당방위가 성립할 여지가 있다. 또한 ② 피해자에게 피고인을 살해할 의사가 없고 객관적으로 급박하고 부당한 침해가 없었다고 가정하더라도, 피고인으로서는 현재의 급박하고도 부당한 침해가 있을 것이라고 오인하는 데 대한 정당한 사유가 있는 경우에 해당한다(대법원 1968.5.7, 68도370). [경찰채용 12 1차/국가9급 12] 즉 대법원은 정당방위 내지 오상방위로서 무죄가 된다고 본 것이다.

(2) 법적 취급

법효과제한적 책임설(다수설)에 의하면 구성요건적 고의는 인정하되 책임고의는 조각된다고 보아 고의범은 성립되지 않지만, 과실범 처벌규정이 있는 경우 이에 따라 처벌하며, 고의범의 불법은 인정되므로 공범성립도 가능하다고 보게 된다(자세한 것은 책임론, 법률의 착오에서 후술).

3. 오상과잉방위

오상과잉방위(誤想過剩防衛)라 함은 현재의 부당한 침해가 없음에도 불구하고 있다고 잘못 생각하여 방위행위를 하였는데(오상방위), 방위행위의 정도가 상당성을 상실한 경우(과잉방위)를 말한다. 예를 들어, 지하철에서 甲의 뒤에 乙이 다가왔는데 甲은 乙이 자기의 지갑을 훔치고 있다고 오인하고 다짜고짜 乙의 얼굴을 주먹으로 가격하여 乙의 코뼈가 부러진 경우를 말하는바, 이에 대해서는 ① 과잉방위로 보자는 견해와 ② 오상방위의 해결처럼 처리하자는 견해(다수설) 등이 제시되어 있다. [국가7급 08]

표정리 위법성조각사유의 요소와 결여시 효과(정당방위를 예로 듦)

객관적 정당화상황	주관적 정당화요소	상당성	해 결
○	○	×	과잉방위 → 임의적 감면(책임감소·소멸사유)
○	×	○	우연적 방위 → 불능미수(다수설)
×	○	○	오상방위 → 엄격책임설, 제한적 책임설(다수설)

표정리 정당방위의 성립요건 개관(긴급피난·자구행위도 동일목차로 구성 가능)

구 분	객관적 전제조건							주관적 정당화요소	상당한 이유
	자기 또는 타인의	법익에 대한	현재의 (과거)	현재의 (현재)	현재의 (장래)	부당한	침해	방위하기 위한 의사	• 필요성·적합성 • 사회윤리적 제한
요 건			과거	현재	장래				
내 용	• 긴급피난과 동일 • 자구행위 : 자기	개인적 법익	× 현재 계속 중이면 정당방위	○	× 목전에 임박하면 정당행위	위법, 정당방위 또는 긴급피난에 대한 정당방위 : ×	• 인간의 침해 • 동물·자연현상 : × • 부작위 : ○	필요설(통설) 없으면 우연적 방위 : 불능미수(또는 기수)	• 사회윤리적 제한 — 책임이 현저히 감소 내지 없는 자 — 상호보호의무 — 법익 간의 현저한 불균형 — 도발행위
과잉방위 (제21조 제2항)	○							○	×
우연적 방위	○							×	○
오상방위	× (○ : 오인)							○	○
오상 과잉방위	× (○ : 오인)							○	×

긴급피난

01 서 설

제22조 【긴급피난】 ① 자기 또는 타인의 법익에 대한 현재의 위난을 피하기 위한 행위는 상당한 이유가 있는 때에는 벌하지 아니한다. [법원9급 07(상)]

1. 의 의

긴급피난(緊急避難)이라 함은 자기 또는 타인의 법익에 대한 현재의 위난을 피하기 위한 상당한 이유 있는 행위를 말한다(제22조 제1항).

예 • 홍수로 밀려드는 강물을 피하려고 고지대의 타인의 주거로 침입한 행위 : 주거침입죄의 구성요건에 해당하나 긴급피난으로서 위법성이 조각되어 무죄
  • 자신을 쫓아오는 강도를 피하려고 인근의 구멍가게로 들어가려다가 구멍가게의 출입문을 부순 행위 : 손괴죄의 구성요건에 해당하나 긴급피난으로서 위법성이 조각되어 무죄

표정리 정당방위와 긴급피난의 비교

구 분	정당방위	긴급피난
본질적 차이	不正 對 正	正 對 正(or 不正 對 正)

위법성조각 가능한 법익의 범위	개인적 법익	개인적 법익·국가적 법익·사회적 법익
피난행위로 인정 근거	자기보호의 원리·법수호의 원리	이익교량의 원칙·목적설
상당성 최소침해성	○	○
상당성 보충성	×	○
상당성 균형성	×	○
상당성 적합성	○	○
침해의 원인	사람의 행위	행위성 不要
피난행위의 대상	침해자	제3자(예외 : 침해자)
피난주체의 제한	無	有(제22조 제2항)
손해배상 유무(참고)	×(손해배상책임 없음)	민법상 손해배상책임을 지는 경우 있음
효 과	위법성조각	통설은 위법성조각, 소수설은 이분설(二分說)

2. 본질(법적 성질)

(1) 일원설

① **책임조각사유설** : 긴급피난은 위난과는 무관한 제3자의 이익을 침해하는 행위이므로 그 위법성은 인정되고, 다만 적법행위의 기대가능성이 없으므로 책임이 조각된다는 입장이다. 책임조각사유설에 의하면 긴급피난에 대한 정당방위도 가능하게 된다. 이 설에 대해서는 형법 제22조 제1항에 의하면 타인을 위한 긴급피난도 가능한데 이는 기대가능성과는 무관하다는 비판이 있다.

② **위법성조각사유설** : 피난행위로 인하여 보호받는 이익과 침해된 이익을 형량하여 **보호받는 이익의 우월성이 인정되는 경우**에는 당해 피난행위는 위법성이 조각된다는 견해이다(다수설·판례, 대법원 1987.1.20, 87도221). 위법성조각사유설에 의할 때, 긴급피난에 대한 정당방위는 불가하고, 소위 면책적 긴급피난의 경우는 초법규적 책임조각사유로 보게 된다.

(2) 이원설 – 위법성조각사유 및 책임조각사유설

이원설은 독일 형법에서 긴급피난을 제34조의 정당화적 긴급피난과 제35조의 면책적 긴급피난으로 나누는 것처럼, 우리 형법 제22조 제1항의 긴급피난도 이익형량을 하여 우월적 이익을 보호하기 위한 피난행위는 위법성조각적 긴급피난으로, 양 법익이 동가치이면 면책적 긴급피난으로 이분해서 파악하자는 견해이다. [국가7급 17]

02 성립요건

1. 자기 또는 타인의 법익에 대한 현재의 위난

(1) 자기 또는 타인의 법익 [경찰간부 11 / 경찰승진(경장) 11 / 경찰승진 15]

① 법률에 의하여 보호되는 모든 이익을 말한다.
② 모든 개인적 법익(생명, 신체, 자유, 명예, 재산 등), **사회적 법익, 국가적 법익**이 포함된다.

(2) 현재의 위난

위난(危難)이란 법익에 대한 침해의 위험이 있는 상황 내지 상태를 말하며 계속적 위난도 포함된다. 따라서 '현재의 위난'에 관하여 긴급피난의 위난의 현재성은 정당방위의 침해의 현재성보다 보다 넓은 개념으로 파악된다(다수설).

- ① 위난의 원인
  - ㉠ 행위성 불요 : 사람의 행위에 의한 것임을 요하지 않는다. [국가9급 08]
    - 예 자연현상, 동물도 모두 포함
  - ㉡ 위법성 불요 : 적법한 긴급피난에 대한 긴급피난도 가능하다. [경찰간부 11 / 국가9급 13 / 사시 15]
- ② 자초위난
  - ㉠ 위난이 유책한 사유로 발생한 자초위난의 경우 : 상당성이 인정되는 한 긴급피난은 가능하다(통설). 후술하는 '피조개양식장' 판례(대법원 1987.1.20, 85도221)도 유책한 자초위난의 경우 긴급피난이 성립한 예로 볼 수 있다. [변호사시험 14]
    - 예 실수로 타인의 개의 꼬리를 밟아 개가 덤벼들자, 개를 사살한 경우 → 긴급피난 ○
  - ㉡ 목적 또는 고의에 의한 자초위난에 대하여 : 긴급피난이 허용되지 아니한다.
    - 예 타인의 개를 죽일 목적으로 개를 놀려, 덤벼드는 것을 사살한 경우 → 긴급피난 ×

판례연구 **강간범에 대한 자초위난 사례 : 강간치상죄 성립**

대법원 1995.1.12, 94도2781
<u>스스로 야기한 강간범행의 외중에서 피해자가 피고인의 손가락을 깨물며 반항하자, 물린 손가락을 비틀며 잡아뽑다가 피해자에게 치아결손의 상해를 입힌 경우를 가리켜 법에 의하여 용인되는 피난행위라 할 수 없다.</u> [경찰채용 18 3차 / 경찰승진 15 / 국가9급 10 · 13 / 국가7급 12 · 14 / 법원9급 15]

---

2. 위난을 피하기 위한 의사에 의한 행위

피난의사가 요구된다(이원적·인적 불법론). 즉 피난의사가 있는 피난행위만 정당화되는데, 이러한 피난행위는 위난의 원인을 야기한 자에 대한 **방어적 긴급피난**과 위난과는 무관한 제3자의 법익을 희생시키는 **공격적 긴급피난**(보통의 긴급피난)으로 나눌 수 있다. 긴급피난의 상황은 있었으나 막상 피난의사가 없었다면 이는 **우연적 피난**에 불과하게 된다(기술한 주관적 정당화요소 부분 참조).

3. 상당한 이유

피난행위에 상당한 이유가 인정되기 위해서는 보충성, 균형성, 적합성 및 상대적 최소피난성이 인정되어야 한다.

(1) 보충성 - 최후수단성의 원칙 [국가9급 13]

긴급피난이 아니더라도 달리 피할 방법이 있는 상황에서는 상당성이 인정되지 않는다.

판례연구 **긴급피난에 해당되지 않는 판례**

대법원 1990.8.14, 90도870
신고된 대학교에서의 집회가 경찰관들에 의하여 저지되자, 신고 없이 타 대학교로 옮겨 집회를 한 사례
집회장소 사용 승낙을 하지 않은 甲대학교 측의 집회 저지 협조요청에 따라 경찰관들이 甲대학교 출입문에서

신고된 甲대학교에서의 집회에 참가하려는 자의 출입을 저지한 것은 경찰관직무집행법 제6조의 주거침입행위에 대한 사전 제지조치로 볼 수 있고, 그 때문에 소정의 신고 없이 乙대학교로 장소를 옮겨서 집회를 한 행위는 긴급피난에 해당한다고도 할 수 없다. [경찰승진 15·16·22 / 국가9급 10 / 법원9급 14 / 사시 11]

(2) 균형성 – 이익형량의 원칙(우월한 이익의 보호)

긴급피난은 우리 형법상 위법성조각사유로서 보다 큰 이익을 보호하기 위해 작은 이익을 희생시키는 행위만이 정당화된다.

① **우월한 이익 보호의 원칙** : 보다 큰 이익이란 형법적으로 보호해야 할 가치가 더 큰 이익을 말하며, 보통 형법에 규정된 법정형이 그 기준이 된다. 예컨대, 생명을 보호하기 위해 타인의 신체를 침해하는 행위 또는 신체나 자유를 보호하기 위해 타인의 재산을 침해하는 행위는 상당성을 갖추고 있다. 다만 법정형 외의 요소도 고려되는 것은 당연하다.

사례연구　**피조개양식장 사례 : 긴급피난 인정**

甲이 乙의 피조개양식장 앞의 해상에 허가 없이 甲(선장)의 선박을 정박시켜 놓은바, 乙은 위 선박을 이동시키도록 요구하였다. 그런데 갑자기 태풍이 내습하게 되자, 甲은 당시 7, 8명의 선원이 승선해 있었던 자신의 선박이 전복되는 것을 막기 위하여 닻줄을 늘여 놓았다. 심한 풍랑이 이는 과정에서 위 선박의 늘어진 닻줄이 乙의 양식장 바다밑을 휩쓸고 지나가면서 피조개양식장에 중대한 피해가 발생하였다. 甲의 형사책임은?

해결　선박의 이동에도 새로운 공유수면점용허가가 있어야 하고 휴지선을 이동하는 데는 예인선이 따로 필요한 관계로 비용이 많이 들어 다른 해상으로 이동을 하지 못하고 있는 사이(이 점이 유책한 자초위난에 해당될 수 있음 – 필자 주)에 태풍을 만나게 되고 그와 같은 위급한 상황에서 선박과 선원들의 안전을 위하여 사회통념상 가장 적절하고 필요불가결하다고 인정되는 조치를 취하였다면 형법상 긴급피난으로서 위법성이 조각된다고 보아야 하고, 미리 선박을 이동시켜 놓아야 할 책임을 다하지 아니함으로써 위와 같은 긴급한 위난을 당하였다는 점만으로는 긴급피난을 인정하는 데 아무런 방해가 되지 아니한다(대법원 1987.1.20, 85도221). [경찰간부 17 / 경찰승진 16 / 국가9급 20 / 국가7급 12 / 변호사시험 14]

---

② **동등한 법익 간에 긴급피난이 인정되는가** : 동등한 법익에 대한 동등한 침해 정도의 경우에는 상당성이 결여되므로 위법성조각사유인 긴급피난이 인정될 수 없다. 다만 이 경우에는 소위 **면책적 긴급피난**으로서 초법규적 책임조각사유가 적용될 수 있을 뿐이다.

③ **법익의 가치**

　㉠ **생명에 관하여** : 생명은 교량할 수 있는 법익이 아니므로 아무리 자기 또는 타인의 생명을 보호하려 했다 하여도 긴급피난에 의해 사람을 살해하는 것은 우월한 이익을 보호한 것으로 볼 수 없으므로 위법성이 조각되지 않는다(절대적 생명보호의 원칙).

　㉡ **태아의 생명** : 임부의 생명이나 신체의 위험을 보호하기 위한 낙태는 긴급피난이 인정된다(대법원 1976.7.13, 75도1205). [경찰간부 17 / 경찰승진 12·16 / 국가9급 10]

사례연구　**긴급피난의 균형성 : 사람의 생명 > 태아의 생명**

산부인과 전문의 甲은 임신의 지속이 모체의 건강을 해칠 우려가 현저할 뿐더러 기형아 내지는 불구아를 출산할 가능성마저도 없지 않다고 판단하여 임부 乙녀의 승낙을 받아 부득이 낙태수술을 하였다. 甲의 죄책은?

해결　임신의 지속이 '모체의 건강을 해칠 우려'가 현저할 뿐더러 '기형아 내지 불구아를 출산할 가능성'마저도 없지 않다는 판단하에 부득이 취하게 된 산부인과 의사의 낙태수술행위는 정당행위 내지 긴급피난에 해당되어 위법성이 없는 경우에 해당된다(대법원 1976.7.13, 75도1205). [국가9급 10 / 국가7급 12 / 법원9급 14 / 법원행시 06]

---

(3) 적합성 및 상대적 최소피난의 원칙

　① 긴급피난의 적합성원칙은 정당한 목적을 위한 '상당한 수단' 즉, 사회상규에 어긋나지 않는 적합한 수단이어야 한다는 원칙으로서, 정당방위의 적합성보다 엄격한 의미의 것이다. 따라서 아무리 타인의 생명을 보호하기 위한 경우라 하더라도, 또 다른 타인에 대한 **고문**이나 **강제채혈** 그리고 **강제적 장기적출 · 이식행위**는 긴급피난이 될 수 없다. 이는 인격의 존엄성을 현저히 훼손하는 것이므로 적합한 피난수단으로 평가될 수 없기 때문이다. 또한 ② 긴급피난에는 상대적 최소피난원칙을 준수해야 하므로, 행위자가 부득이 피난을 하는 경우에도 여러 방법이 가능하다면 가장 경미한 피해를 주는 것을 선택하여야 한다.

03 긴급피난의 제한의 특칙

> **제22조【긴급피난】** ② 위난을 피하지 못할 책임이 있는 자에 대하여는 전항의 규정을 적용하지 아니한다. [법원9급 07(상)]

　군인, 경찰관, 소방관, 의사 등과 같이 직무를 수행하는 과정에서 직무내용의 속성상 일정한 위험을 감수하여야 할 의무가 있는 자를 말한다. 이러한 자들에게는 긴급피난이 **제한**된다. 다만, 완전히 금지되는 것은 아니다. [경찰간부 11]

04 과잉피난과 면책적 과잉피난

> **제22조【긴급피난】** ③ 전조 제2항과 제3항의 규정은 본조에 준용한다.

1. 과잉피난

　과잉피난(過剩避難)은 과잉방위(제21조 제2항)처럼 **책임감소 · 소멸사유**이다(다수설).

2. 면책적 과잉피난

　적법행위로의 기대가능성이 없는 경우를 규정한 것으로서 (제21조 제3항처럼) **책임조각사유**이다.

05 의무의 충돌

1. 서 설

(1) 의의 및 법적 성질

　① 의의 : 의무의 충돌이란 의무자에게 동시에 이행하여야 할 둘 또는 그 이상의 법적 의무가 서로 충돌하여 의무자가 그중 어느 한 의무를 이행하고 다른 의무를 이행하지 못한 것이 형벌법규에

저촉되는 경우를 말한다. 예를 들어, 아버지 甲이 자신의 두 어린 아들 A와 B를 데리고 바닷가에 해수욕을 갔는데 A와 B가 동시에 익사의 위험에 처하여 甲이 두 아들 중 한 아들을 구조하면 나머지 한 아들은 구할 수 없는 경우, 甲이 A를 구하고 B를 구하지 못하여 B가 사망하였다면, 甲의 행위는 (살인의 고의가 있음을 전제할 때 이는 부작위에 의한) 살인죄(제250조 제1항)의 구성요건에 해당되지만(부작위범의 구성요건에 해당하는 경우), 그 위법성조각사유로서 정당방위(현재의 부당한 침해가 없음)나 긴급피난(우월한 이익보호의 원칙에 어긋남)에는 해당될 수 없게 된다. 이때 甲의 행위의 위법성을 조각시키는 사유로서 문제되는 것이 바로 의무의 충돌인 것이다.

② **법적 성질** : 의무충돌은 경우에 따라 위법성조각사유로서 기능하는 경우와 책임조각사유로서 기능하는 경우로 나누어 볼 수 있다(책임조각사유가 되는 의무의 충돌의 경우라 함은 의무충돌상황에서 불가피하게 낮은 가치의 의무를 이행하는 경우를 말하는데 이때에는 초법규적 책임조각사유로 이해하는 것이 다수설이다). 위법성조각사유로서의 의무충돌과 관련하여 그 위법성조각의 근거에 대해 ㉠ **긴급피난의 일종 내지 특수한 경우**이므로 위법성이 조각된다는 학설(다수설), ㉡ 사회상규에 위배되지 않는 정당행위로 보는 학설 등이 대립하고 있다.

(2) 성립범위

① **부작위의무와 부작위의무의 충돌**(작위범과 작위범 사이의 의무충돌) : 둘 이상의 부작위의무를 동시에 이행할 수 있으므로(소위 실질적 충돌이 결여되어), 의무의 충돌이라고 할 수 없다. 예를 들어, 甲의 눈앞에 그의 원수 A와 B가 동시에 나타났다고 하자. 이 경우 甲은 A도 살해해서는 안 되며(부작위의무) B도 살해해서는 안 된다(부작위의무). 그런데 이때에는 살해행위를 하지 않음으로써(부작위로써) 2개의 의무를 모두 이행할 수 있다. 따라서 이는 의무의 충돌의 경우가 아닌 것이다.

② **작위의무와 부작위의무의 충돌**(부작위범과 작위범 사이의 의무충돌)

  ㉠ **인정설** : 법적 의무인 한, 작위의무에 국한시킬 필요가 없다고 보는 입장이다(소수설).

  ㉡ **부정설** : 긴급피난의 한 형태에 불과하므로 의무충돌에서는 제외된다는 입장이다(다수설). 다수설은 의무의 충돌은 어디까지나 긴급피난의 '특수한' 경우에 불과하므로 긴급피난으로 설명될 수 있는 경우에는 의무충돌이 인정되어서는 안 된다는 것을 논거로 삼고 있다.

사례연구　　**혼수상태의 아들을 살리기 위한 교통법규위반 사례**

甲은 고열로 인해 혼수상태에 빠진 자기 아들을 병원으로 데려가기 위해 교통신호를 무시하고 과속으로 차를 몰았다. 甲의 행위와 관련되는 것은?

　解決　의무의 충돌이 문제되는 경우는 작위의무가 충돌하는 경우 어느 하나의 작위의무를 이행하지 아니한 부작위가 구성요건에 해당될 때 그 부작위범의 위법성조각사유로서 문제가 된다. 위 사례의 경우에는 아들의 생명·신체에 대한 중대한 위험을 피하기 위하여 **도로교통에 대한 사회적 법익을 침해한 '작위'가 이익형량의 심사대상이 되므로, 의무의 충돌이 아니라 '긴급피난'이 인정될 수 있다**(후술하는 긴급피난과 의무의 충돌의 비교 참조).

---

③ **작위의무와 작위의무의 충돌**(부작위범과 부작위범 사이의 의무충돌) : 의무의 충돌의 중점은 작위의무와 작위의무가 충돌하는 경우에 있기 때문에 이러한 유형만이 의무의 충돌이라고 보아야 한다.

  例 자신의 두 아들 乙과 丙이 물에 빠져 있는데 아버지 甲은 한 아이밖에 구할 수 없는 상황이다. 다른 구조방법은 없다. 이 경우의 아버지 甲의 乙에 대한 구조의무와 丙에 대한 구조의무 간의 의무의 충돌 → 동일한 가치의 의무가 충돌하는 경우 법질서는 의무자에게 한 의무 또는 다른 의무 중 어느 하나를 선택하도록 강요한다는 점에서 이는 위법성조각사유가 된다(다수설). 따라서 이 경우에 있어서 乙과 丙 중 어느 한 아들을 구조하거나 구조하고자 하였다면 위법성이 조각될 것이다. 그러나 두 아들 모두에 대하여 구조조치를 하지 않았다면 이는 부작위범의 문제가 제기되어 결국 2개의 살인죄의 상상적 경합범이 성립하게 될 것이다.

2. 성립요건 – 위법성조각(정당화적 의무충돌)의 요건

(1) 둘 이상의 법적 의무가 충돌해야 하며, 의무의 **동시이행이 불가능**해야 한다(실질적 충돌).

(2) 행위자는 **고가치 또는 동가치의 의무 중 어느 하나를 이행**해야 한다(상당한 이유). 동가치의 의무충돌상황에서도 위법성조각적 의무충돌이 가능하다는 점에서 의무충돌의 법적 성질을 긴급피난의 특수한 경우로 보는 것이 다수설이다.[24]

(3) 의무의 충돌상황과 고가치 내지 동가치의 의무의 이행을 인식하여야 한다(주관적 정당화요소).

사례연구   의사의 생명보호의무와 환자의 자기결정권존중의무의 충돌 : 여호와의 증인 수혈 거부 사건

여호와의 증인 신도인 환자의 명시적인 수혈 거부 의사가 존재하여 수혈하지 아니함을 전제로 환자의 승낙(동의)을 받아 수술하였는데 수술 과정에서 수혈을 하지 않으면 생명에 위험이 발생할 수 있는 응급상태에 이른 경우에, 환자의 자기결정권을 존중한 의사에게는 업무상 과실치사죄의 성립이 부정될 수 있는가?

  해결   (의사로서 환자의 생명을 보호할 의무와 환자의 자기결정권을 존중할 의무가 충돌할 경우 원칙적으로 생명보호의무가 우월하나, 다만) 환자의 생명과 자기결정권을 비교형량하기 어려운 특별한 사정이 있다고 인정되는 경우에 의사가 자신의 직업적 양심에 따라 환자의 양립할 수 없는 두 개의 가치 중 어느 하나를 존중하는 방향으로 행위하였다면, 이러한 행위는 처벌할 수 없다(대법원 2014.6.26, 2009도14407).
[경찰채용 20 2차 / 법원행시 16]

  정답   부정될 수 있다.

---

3. 긴급피난과 의무의 충돌의 비교

의무의 충돌은 긴급피난의 특수한 경우로 파악되므로 긴급피난의 법리가 상당 부분 적용되어야 하는 것은 불가피하다. 그러나 의무의 충돌은 긴급피난과는 여러 가지 점에서 차이가 있는 것도 사실이다. 양자의 차이를 정리해보면 다음과 같다.

  ① 긴급피난의 행위태양은 '작위'인데 비해서, 의무의 충돌의 행위태양은 **부작위**이다. [국가7급 09] 왜냐하면 의무의 충돌에 있어서 의무 불이행은 항상 부작위로 이루어지기 때문이다(부작위범의 구성요건에 해당).[25]

  ② 긴급피난은 '행위강제가 없다.' [국가7급 09] 위난상황을 행위자가 피난행위 없이 감수해버릴 수 있기 때문이다. 반면 의무충돌상황에서는 의무이행이 강제되므로 행위자는 의무불이행상황을 감수할 수는 없고 행위를 해야 한다(행위강제 있음).

  ③ 긴급피난과는 달리 의무의 충돌에서는 수단의 적합성원칙이 적용되지 아니한다. [국가7급 09] 의무충돌상황에 처한 행위자에게는 적합한 수단을 선택할 수 있는 재량권이 없으며, 충돌하는 의무 중 **고가치 또는 동가치의 의무**를 이행해야만 비로소 그 의무이행에 상당한 이유가 인정되기 때문이다.

---

24 **낮은 가치의 의무를 이행한 경우의 해결** : 고가치의 의무를 이행하지 않고 저가치의 의무를 이행한 경우에는 정당화적 의무충돌이 될 수 없으므로 위법하다. 다만 ① 의무의 법적 서열에 관하여 착오를 일으켜 고가치의 의무를 이행하고 있다고 오인한 경우에는 행위의 위법성을 인식하지 못한 법률의 착오(금지착오)에 속하므로 제16조의 정당한 이유를 심사하여 책임조각 여부를 판단해야 한다. 또한 ② 낮은 가치의 의무임을 인식하였으나 행위의 부수적 사정들을 고려할 때 불가피하게 낮은 가치의 의무를 이행한 경우라면 적법행위의 기대가능성이 없으므로 소위 면책적 의무충돌에 해당되어 책임이 조각되게 된다.

25 **관련 기출문제 검토** : 한편 2009.7.25. 검찰7급 형법시험에서 "피난행위는 작위이지만, 의무의 이행행위는 작위이든 부작위이든 문제되지 않는다."는 지문이 출제되었는데, 이는 틀린 것이다. 의무의 충돌의 행위태양은 **부작위**이지만(부작위범의 구성요건에 해당), 의무의 이행행위는 작위에 의하기 때문이다.

④ 긴급피난의 대상법익은 '자기 또는 타인의 법익'인 데 비해, 의무충돌의 의무는 작위의무자 **자신의 의무**이다. [국가7급 09] 즉 긴급피난은 타인의 법익을 위해서도 할 수 있는 반면 의무충돌은 자기의 의무를 이행하는 것이다.

표정리 긴급피난과 의무의 충돌의 비교 [검찰7급 09]

구 분	긴급피난	의무의 충돌
의 의	정당한 이익의 충돌(이익교량)	의무 간의 충돌(의무교량)
위난의 원인(☆)	불문	법적 의무의 충돌
위험·손해의 감수(☆)	可	不可
이익·의무의 주체	타인을 위한 긴급피난 可	타인의 의무는 不可
행위태양(☆)	작위(作爲)	부작위(不作爲)
상대적 최소피난의 원칙 (비례성)	적용 (피난자에게 선택가능성 존재)	부적용 (의무자가 손해를 적게 할 여지가 없음)
적합성의 원칙	적용	부적용
이익·의무의 형량(☆)	우월적 이익의 원칙	동가치도 위법성조각
현재의 위난 여부	要	不要
주관적 정당화사유	要	要

제4절 자구행위

01 서 설

제23조【자구행위】① 법률에서 정한 절차에 따라서는 청구권을 보전(保全)할 수 없는 경우에 그 청구권의 실행이 불가능해지거나 현저히 곤란해지는 상황을 피하기 위하여 한 행위는 상당한 이유가 있는 때에는 벌하지 아니한다. 〈우리말 순화 개정 2020.12.8.〉 [법원9급 07(상)]

1. 의 의

자구행위(自救行爲)라 함은 국가기관의 법률에서 정한 절차에 따라서는 권리보전을 할 수 없는 경우, 자력에 의하여 그 권리를 구제·실현하는 행위를 말한다.

2. 법적 성질

국가권력의 행사를 기대할 수 없는 상황에서는 개인에 의한 직접적인 보호조치를 인정한다는 점(국가권력의 **보충적·예외적 대행**)을 근거로 하는 긴급상태하의 위법성조각사유이다(통설). 또한 자구행위는 과거의 청구권 침해에 대한 '사후적 보전행위'라는 점에서 현재의 침해나 현재의 위난에 대한 정당방위·긴급피난과는 다르다. [국가9급 07] 그리고 자구행위는 불법한 청구권 침해인 부정에 대한 정의 관계에서 행해진다는 점에서(不正 대 正) 정당방위의 구조와는 서로 같지만 긴급피난의 구조(正 대 正, 不正 대 正)와는 서로 다르다. [국가9급 07]

02 성립요건

1. 청구권 침해 / 법정절차에 의한 청구권 보전불가능

(1) 청구권

① **청구권의 범위** : 청구권은 채권적 청구권이든 물권적 청구권이든 가리지 않는다. 또한 재산적 청구권일 것을 요하지 않고, 지적재산권과 같은 무체재산권 및 인지청구권이나 동거청구권 등의 친족권이나 상속권과 같은 절대권도 포함된다(통설).

② **보전가능할 것** : 자구행위의 법조문상 "… 청구권의 보전이 불가능 …"하다고 규정되어 있는 점을 고려할 때, 이때의 청구권은 '보전가능한' 청구권이어야 한다. 통설은 이를 원상회복이 가능한 청구권이어야 한다고 보고 있으므로, 생명·신체·자유·명예·신용 등과 같은 보전불가능한 권리는 제외된다 (통설). [경찰승진(경장) 11 / 사시 15]

> **판례연구** **청구권 : 원상회복 가능성 要**
>
> 대법원 1969.12.30, 69도2138
> 명예훼손(다른 친구들 앞에서 자신의 전과사실을 폭로하는 행위)에 대한 폭행행위는 자구행위가 아니다.

③ **자기의 청구권** : 청구권은 자기의 청구권이어야 한다. 예컨대, 친족이나 친구를 위한 자구행위처럼 타인의 청구권을 위한 자구행위는 인정되지 않는다. [국가9급 09 / 국가7급 08] 다만, 청구권자로부터 자구행위의 실행을 위임받은 경우에 있어서는 자구행위가 가능하다. [국가9급 07]

   예 호텔 주인이 사환을 시켜 숙박비를 내지 않고 도주하는 투숙객을 붙잡아 돈을 받는 경우

(2) 청구권에 대한 불법한 침해

① **불법한 침해**

   ㉠ 침해의 불법성 : 적법한 행위에 대해서는 자구행위가 불가하다(不正 대 正).

   ㉡ 침해에 대한 자구행위의 사후성 : 침해는 침해행위가 아니라 과거의 불법한 침해상태를 의미한다 (자구행위는 사후적 구제행위이기 때문). 현재의 침해에 대해서는 정당방위만 가능하다.

② **정당방위와의 구별**

   ㉠ 절도피해자의 재물탈환행위

   ⓐ 절도범을 현장에서 추격하여 재물을 탈환하는 경우 : 법익침해가 현장에서 계속되는 상태에 있으면 현재의 침해이므로, 재물탈환과정에서의 행위는 정당방위가 성립한다.

   ⓑ 상당한 시일의 경과 후에 재물을 탈환하는 경우 : 과거의 침해이므로 자구행위가 된다.

   ㉡ 퇴거불응자에 대한 강제퇴거행위 : 현재 계속 중인 부당한 법익침해로 보아 정당방위가 성립한다. 따라서 이 경우 자구행위는 성립하지 않는다.

(3) 법정절차에 의한 청구권보전의 불가능

① **법정절차** : 국가기관에 의한 권리구제절차로서 보통 민사집행법상의 가압류·가처분과 같은 청구권 보전절차(제276조 이하) 등을 의미하나, 경찰이나 기타 국가기관 등에 의한 공권력을 통한 구제수단 등도 포함된다.

② **청구권보전의 불가능**(자구행위의 보충성) : 법정절차에 따른 권리구제가 불가능하고, 나중에 공적 구제수단에 의하더라도 그 실효성을 거둘 수 없는 긴급한 사정이 있는 경우를 말한다. 예를 들어, 채무자가

채무를 이행하지 않고 외국으로 도망가는 경우에는 자구행위가 가능하다. 반면, 이러한 자구행위의 보충성이 인정되지 않아 자구행위가 인정되지 않는 경우는 다음과 같다.

- ㉠ 토지인도나 가옥명도를 위한 자구행위 [국가9급 09]
- ㉡ 점유사용권의 회복을 위한 자구행위 [국가9급 09]
- ㉢ 대금지급청구권의 강제추심을 위한 자구행위
- ㉣ 채권자가 가옥명도 강제집행에 의해 적법하게 점유를 이전받아 점유하고 있는 방실에 채무자가 무단으로 침입하는 행위(대법원 1962.8.25, 62도93)
- ㉤ 암장된 분묘라 하더라도 당국의 허가 없이 이를 발굴하여 개장하는 행위(대법원 1976.10.29, 76도2828)
- ㉥ 채무자가 유일한 재산인 가옥을 방매하고 부산 방면으로 떠나려는 급박한 순간이라 하더라도 채무자가 그 가옥대금을 받는 현장에서 채권자가 자기의 채권을 추심한 행위(대법원 1966.7.26, 66도469)
- ㉦ 자기의 권리의 실현을 위한 행위라 하더라도 타인을 위협하는 폭행·협박·기망을 통하여 행한 타인의 재산에 대한 갈취·강취·편취행위 [국가9급 09] (자구행위로는 설명될 수 없고, 후술하는 정당행위 중 사회상규에 위배되지 않는 행위만 문제되며, 이때 소위 권리남용 여부가 그 판단기준이 될 것임)

> **판례연구** **법정절차에 의하여 청구권 보전이 불가능하지 않아 자구행위가 부정된 사례**
>
> 대법원 1984.12.26, 84도2582
> 대금지급청구권의 강제적 채권추심 : 화랑의 석고납품대금 사례
> 피고인은 피해자에게 금 16만 원 상당의 석고를 납품하였으나 피해자가 그 대금의 지급을 지체하여 오다가 판시 화랑을 폐쇄하고 도주한 사실이 엿보이고 피고인은 판시와 같은 야간에 폐쇄된 화랑의 베니어 합판문을 미리 준비한 드라이버로 뜯어내고 판시와 같은 물건을 몰래 가지고 나왔다는 것인데(특수절도, 제331조 제1항), 위와 같은 피고인의 강제적 채권추심 내지 이를 목적으로 하는 물품의 취거행위는 형법 제23조 소정의 자구행위의 요건에 해당하는 경우라고 볼 수 없다. [사시 11]

2. 청구권의 실행불능 또는 현저한 실행곤란을 피하기 위한 행위

(1) 청구권의 실행이 불가능해지거나 현저히 곤란해지는 상황

자구행위는 자구행위를 하지 않으면 청구권의 실행이 불가능해지거나 현저히 곤란해지는 긴급한 사정을 피하기 위한 긴급행위이다(청구권의 실행이 불가능하게 되는 경우에만 자구행위를 할 수 있는 것은 아니고, 청구권의 실행이 현저히 곤란해지는 경우에도 가능). 따라서 채무자로부터 미리 설정된 충분한 인적·물적 담보가 있는 경우에는 −자구행위를 하지 않아도 청구권의 실행불능·현저곤란과 같은 사정은 없을 것이기 때문에− 자구행위는 인정되지 않는다.

> **예** 보증인·신원보증인이 있는 채권·손해배상청구권, 저당권이 설정되어 있는 채권 : 자구행위 ×

(2) 피하기 위한 행위

① 수단 : 물건의 취거, 채권자의 체포, 체포현장에서의 추심·파괴 등이 가능할 뿐 아니라, 청구권보전을 위한 부수적 행위로서 일시적 감금·강요행위, 주거침입 등이 인정된다.

② 범위 : 피하기 위한 행위이므로, 자구행위는 **청구권의 보전수단**이지 충족수단 또는 권리실행수단은 아니므로 재산을 임의처분하거나 스스로 변제·충당하는 행위는 불가능하다. 예를 들어, 금전소비대차 관계에서 채무자가 채무를 불이행하는 경우 **채권자가 채무자의 돈이나 재산을 임의로 가져와 자신의 채권을 만족시키는 행위**는 자구행위의 범위를 일탈한 것이다. [국가9급 09]

자구행위는 '피하기 위한 행위' : 권리보전행위

甲은 乙에게 10만 원 상당의 채권이 있었으나 받지 못하고 있던 중, 어느 날 甲은 친구 丙과 함께 길을 가다가 우연히 乙을 만나자 丙과 함께 乙의 팔을 붙잡고 乙의 주머니를 뒤져 7만 원을 빼앗았다. 甲의 죄책은?

> 해결 자구행위는 청구권의 이행을 직접 추구하는 권리실행수단이 아니라 청구권의 보전수단에 불과하므로, 청구권 보전의 범위를 벗어나 재산을 임의처분하거나 스스로 변제충당하는 행위는 허용될 수 없다. 甲의 행위는 자구행위에 해당하지 않아 특수강도죄(제334조 제2항)가 성립한다.

(3) 자구의사

자구의사란 자구행위의 주관적 정당화요소이다. 즉 행위자는 자구행위의 객관적 정당화상황(불법한 청구권 침해가 있고 법정절차에 의해서는 청구권의 보전이 불가능한 상황)을 인식하고 자신의 청구권의 실행불능 또는 현저한 실행곤란을 피하기 위한 의사로 행위할 때에만 위법성이 조각될 수 있다. 따라서 단지 장차 소송에서 입증의 곤란을 피하기 위한 의사에 기한 자구행위는 인정될 수 없다.

3. 상당한 이유

보충성·균형성·적합성·최소침해성 등의 상당성요건이 제시되지만 자구행위의 요건 내에서 설명되고 있다. 또한 균형성과 관련해서는, 자구행위는 부정(불법한 청구권 침해) 대 정(자구행위)의 관계에서 행해진다는 점에서 긴급피난과 같은 '엄격한 균형성은 요구되지 않는다'.

03 과잉자구행위

제23조 【자구행위】 ② 제1항의 행위가 그 정도를 초과한 경우에는 정황에 따라 그 형을 감경하거나 면제할 수 있다.
[경찰채용 10 1차 / 법원9급 07(상)]

과잉자구행위는 과잉방위나 과잉피난과 동일하다(제23조 제2항). 다만, 형법 **제21조 제3항**(야간이나 그 밖의 불안한 상태에서 공포를 느끼거나 경악하거나 흥분하거나 당황하였기 때문에 한 과잉방위행위는 벌하지 않음)은 **과잉자구행위에는 적용되지 아니한다.** [국가9급 07·08 / 국가7급 11 / 사시 11·12 / 변호사시험 12] 자구행위는 과거의 청구권 침해에 대하여 이를 사후적으로 보전하는 행위에 지나지 않으므로 제21조 제3항은 자구행위에는 어울리지 않기 때문이다.

표정리 정당방위·긴급피난·자구행위의 비교

구 분	정당방위	긴급피난	자구행위
보호법익의 범위	자기 또는 타인의 법익 (국가적 법익 포함 여부 논란됨)	자기 또는 타인의 모든 법익 (법익에 제한 없음)	과거에 침해된 자기의 청구권에 한정됨 (타인 청구권 ×)
근 거	• 자기보호의 원리 • 법 수호의 원리	• 이익교량의 원칙 • 목적설	국가권력의 대행
주체의 제한	제한 ×	제한 ○ (제22조 제2항)	청구권의 소유자 또는 위임받은 자
시 기	사전적 긴급행위 (현재성 요구)	사전적 긴급행위 (현재성 요구)	사후적 긴급행위 (이미 발생)

	정당방위	긴급피난	자구행위
성 질	• 긴급행위 • 위법성조각사유	긴급행위 ┌ 위법성조각설(다수설) ├ 책임조각설 └ 이분설	• 긴급행위 • 위법성조각사유
침해요인	• 불법한 공격행위 • 사람의 행위 • 不正 대 正	• 현재의 위난 • 사람의 행위, 자연현상 등 불문 • 正 대 正(내지 不正 대 正)	• 이중의 긴급성(국가공권력의 도움을 즉시 얻을 수 없는 긴급성과 청구권의 실행불능 또는 현저한 실행곤란의 긴급성) • 사람의 행위 • 不正 대 正
행위대상	침해자	제3자(예외 : 위난야기자)	침해자
상당한 이유	• 필요성(적합성·최소침해) • 사회윤리적 제한 → 보충성·균형성 不要	• 수단의 보충성 • 법익의 균형성 → 보충성·균형성 要 • 적합성·최소침해성	• 보충성 • 균형성 • 적합성(보전행위 한정)·최소침해성
상당성의 결여	• 과잉방위(제21조 제2항) → 임의적 감면 • 필요적 면제(제21조 제3항) → 책임조각사유	정당방위 규정 준용 (제21조 제2항·제3항)	• 과잉자구행위(제21조 제2항) → 임의적 감면 • 제21조 제3항이 준용되지 않음
주관적 정당화 요소	방위의사	피난의사	자구의사(청구권 실행불능·현재 실행곤란 要) ∴ 인적·물적 담보시 : 자구행위 ×
제외되는 예	• 제한되는 경우 ┌ 행위불법·책임이 결여·감소된 침해 ├ 침해법익과 보호법익의 현저한 불균형 ├ 특별한 의무관계 └ 과실에 의한 침해 • 부인되는 경우 ┌ 의도적 도발행위 └ 싸움	• 제한되는 경우 : 위난을 피하지 못할 책임 있는 자 예 군인, 경찰관, 소방관, 의사 • 의무의 충돌 : 긴급피난의 특수한 경우(多), 작위의무 대 작위의무의 충돌, 긴급피난과의 비교, 정당화적 의무충돌의 요건, 의무충돌의 상당성에는 균형성만 요구됨	제외되는 경우 : 강제적 채권추심 내지 이를 목적하는 물품취거행위

제5절 피해자의 승낙

01 양해와 피해자의 승낙 및 추정적 승낙의 의의

법익의 주체가 타인에게 자기의 법익에 대한 침해를 허용하는 행위는 구성요건을 조각하는 경우와 위법성을 조각하는 경우가 있다. 전자를 **양해**(諒解)라고 하며(다수설), 후자를 피해자의 **승낙**(承諾)이라고

한다. 또한 현실적인 승낙이 없었다 하더라도 행위 당시의 객관적 사정에 비추어 승낙이 예상되는 경우가 있으며, 이를 추정적(推定的) 승낙이라고 한다.

02 승낙과 양해의 구별

피해자의 **승낙**은 일단 구성요건에 해당하는 행위의 위법성을 조각시키고, (구성요건적) **양해**는 구성요건해당성을 조각시킨다고 하여 양자를 구별하는 것이 다수설이다.

따라서 **양해**는 개별적인 구성요건의 성격에 따라서 피해자의 동의 그 자체로도 아예 구성요건해당성이 배제되는 범죄(절도죄 등의 재산죄, 주거침입죄 등)에 있어서의 피해자의 동의 내지 허락을 말하고, **피해자의 승낙**은 피해자의 동의가 있더라도 일단은 구성요건에 해당될 정도로 형법적으로 일정한 중요도가 인정되는 범죄(상해죄, 폭행죄, 명예훼손죄, 업무방해죄 등)에 있어서 일정한 법률정책적 관점 내지 이익포기적 관점에서 볼 때 그 위법성을 조각시켜줄 수 있는 피해자의 의사를 말한다.

03 양 해

1. 의 의

개별적인 구성요건에 따라서 피해자의 동의가 있으면 그 행위가 위법성조각 여부를 따지기 이전에 구성요건해당성이 조각되는 경우가 있는데, 이 경우의 피해자의 동의를 양해라고 한다.

> **예** 거주자의 동의를 얻고 들어갔다면 애초에 제319조 제1항의 '주거침입'에 해당하지 않는다.

2. 법적 성격

양해는 **구성요건해당성조각사유**이므로, 양해의 요건은 개별적인 구성요건의 내용과 기능 등에 의하여 좌우되는 구성요건요소의 해석문제이다(개별구성요건설 – 다수설). 따라서 양해를 할 수 있는 능력, 양해의 표시 여부 및 표시 정도는 구성요건에 따라 개별적으로 검토된다.

3. 유효요건

(1) 양해능력

① 감금죄나 강간죄와 같은 개인의 자유에 대한 죄 및 절도죄 : 양해는 자연적 의사능력이 있으면 충분하고 특별한 판단능력까지 요하는 것은 아니므로, 설사 하자 있는 의사표시(기망·강박에 의한 의사표시)라 하더라도 양해로서 인정된다.

사례연구 **밍크 45마리 사례**

甲은 乙에게 밍크 45마리에 대한 권리가 자신에게 있음을 주장하면서 이를 가져갔는데, 이때 乙은 甲이 가져가는 행위에 묵시적으로 동의해 주었다. 그러나 그 후 甲이 권리가 있다고 주장하는 근거는 허위임이 밝혀졌다. 甲의 형사책임은?

해결 甲이 乙에게 위 사건 밍크 45마리에 관하여 자기에게 권리가 있다고 주장하면서 이를 가져간 데 대하여 乙의 묵시적 동의가 있었다면, 甲의 주장이 후에 허위임이 밝혀졌다 하더라도 甲의 행위는 절도죄의 절취행위에는 해당하지 않는다(대법원 1990.8.10, 90도1211). [경찰승진(경위) 10 / 법원행시 10]

② **주거침입죄** : 자연적 의사능력뿐만 아니라 행위능력·판단능력이 있어야 양해가 유효하므로, 하자 있는 의사표시는 양해가 될 수 없다(예 절도의 고의를 가지고 택배가 왔다고 거주자를 기망하여 문을 열어주자 들어간 경우에는 주거침입죄가 성립함). **판례**도 강간의 의도로 공중화장실의 용변 칸 문을 노크하자 남편으로 오인한 피해자가 화장실 문을 열어주자 들어간 행위도 주거침입죄를 구성한다고 보고 있다(대법원 2003.5.30, 2003도1256). [국가9급 09 / 국가7급 16 / 사시 11·13]

(2) 양해의 표시 여부 및 표시 정도

① **절도죄** : 명시적으로 표시될 필요는 없고 '묵시의 동의'로도 족하다(대법원 1985.11.28, 85도1487). [국가9급 16] 다만 단순한 방치나 수동적 인내는 양해가 될 수 없다.

② **배임죄** : 배임행위로 인하여 피해자에게 재산상 손해가 일어난다는 점에 대한 양해가 있기 위해서는 피해자의 명시적 표시를 요한다.

(3) 양해의 표시시기

최소한 행위의 초기에 있어야 한다(사전적 양해). 양해는 사후양해로서는 인정될 수 없기 때문이다(이 점은 승낙과 추정적 승낙도 마찬가지임).

4. 착 오

양해는 구성요건해당성조각사유이므로, ① 양해가 없는데 있다고 오인한 경우에는 구성요건요소에 대한 인식이 없으므로 구성요건적 고의가 조각되어 **과실범**만 문제되고, ② 양해가 있는데 없다고 오인한 경우에는 반전된 구성요건착오로서 **불능미수**가 문제된다.

04 피해자의 승낙

제24조 【피해자의 승낙】 처분할 수 있는 자의 승낙에 의하여 그 법익을 훼손한 행위는 법률에 특별한 규정이 없는 한 벌하지 아니한다. [경찰승진 14 / 국가7급 14 / 사시 11]

1. 의 의

피해자의 승낙이라 함은 법익의 주체가 타인에 대하여 자기의 법익을 침해할 것을 허용한 경우 일정한 요건하에서 구성요건해당적 행위의 위법성을 조각시키는 것을 말한다(제24조).

2. 위법성조각의 근거 – 법률정책설

피해자의 승낙에 의한 행위가 위법성이 조각되는 근거에 대해서는 견해의 대립이 있으나 다수설은 법률정책설에 의하는데, 법률정책설은 법익의 보호에 대한 사회적 이익과 개인의 자유로운 처분권을 비교하여 개인의 처분권이 우월한 가치를 가지는 경우에는 법률정책적으로 위법성이 조각된다고 본다.

3. 성립요건

(1) 승낙의 주체 – 법익주체의 승낙

개인적 법익의 주체의 승낙이어야 함을 의미한다. 다만, 미성년자의 법정대리인의 승낙처럼 대리승낙도 예외적으로 가능한 경우도 있다.

(2) 승낙의 대상 – 처분가능한 개인적 법익

① 개인적 법익 중 처분할 수 있는 법익 : '법익'은 개인적 법익에 한정되며 국가적·사회적 법익은 포함되지 않는다. [국가9급 09] 개인적 법익의 경우에도 피해자가 **처분할 수 있는 법익**이어야 한다.

> **예** 승낙무고의 경우 무고죄(제156조)의 보호법익은 국가의 기능이므로, 피해자의 승낙에 의하여 위법성조각이 될 수 없다. [국가7급 16 / 법원행시 06]

② 사람·태아의 생명에 대한 처분 : 생명은 처분할 수 있는 법익이 아니다. 따라서 타인의 허락을 받고 그를 살해한 경우 **촉탁·승낙에 의한 살인죄**(제252조 제1항)나 **자살교사·방조죄**(동조 제2항)가 성립한다. 이는 태아의 생명에 있어서도 마찬가지로 적용된다. 즉 임부(姙婦)의 허락을 받고 가벌적인 낙태를 한 경우 –긴급피난이나 모자보건법상 정당행위의 요건이 구비되지 않은 경우라면– (업무상) **촉탁·승낙낙태죄**(제269조 제2항 및 제270조 제1항)가 성립하게 된다.

③ 상해와 관련된 신체에 대한 처분권 행사 : 원칙적으로 피해자의 승낙에 의한 신체침해행위는 그 위법성이 조각된다. 다만, **사회상규나 윤리적 기준에 의한 제약**을 받기 때문에 이 범위를 벗어난다면 위법성이 조각될 수 없다.

(3) 승낙의 유효성 – 승낙능력자의 유효한 승낙의 의사표시

① 승낙능력

㉠ 의의 : 승낙자가 자기의 승낙이 무엇을 의미하는가(승낙에 의한 법익침해의 의미와 내용)를 알 수 있는 능력을 말한다. 이러한 승낙능력은 민법상의 행위능력(재산상 거래행위를 독자적으로 행할 수 있는 능력)과는 차원이 다른 문제이다. [사시 16]

> **예** • 미성년자의제강간·의제강제추행죄(제305조)는 13세 또는 16세 [국가9급 09]
> • 아동혹사죄(제274조)는 16세
> • 미성년자약취·유인죄(제287조)는 미성년(19세)

㉡ 대리승낙 : 법익주체가 승낙능력이 없는 때 법정대리인에 의한 대리승낙도 허용된다. 그러나 장기이식과 같이 법익의 성질상 대리할 수 없는 승낙도 있다.

② 유효한 승낙

㉠ 자유롭고 진지한 의사에 의한 승낙 : 유효한 승낙은 '자유로운 의사'에 기한 것이어야 하므로, 협박·강박 및 기망·착오에 의한 승낙은 유효한 승낙이 아니다(양해와의 차이점). **판례**도 미성년자유인죄(제287조)에 관하여 피해자가 하자 있는 의사로 승낙하였다 하더라도 본죄의 성립에 영향을 주지 않는다고 보고 있다(대법원 1976.9.14, 76도2072). 또한 피해자의 '진지한 의사표시'가 있는 경우에 승낙이 있다고 볼 수 있으므로, 진의가 아닌 의사표시 즉, 농담이나 말다툼 중에 격한 감정으로 내뱉은 말은 승낙에 해당되지 않는다.

㉡ 설명이 전제되어야 하는 승낙 : 전문가 대 비전문가의 관계에 있어서 전문가의 설명을 듣고 비전문가가 자신의 법익침해 여부를 결정하는 경우, 전문가의 설명은 충분하고 정확한 것이어야 한다. 따라서 **부정확·불충분한 설명**을 듣고 한 승낙은 유효한 승낙이 될 수 없다. [국가7급 08]

(4) 승낙의 표시방법 및 시기 – 사전적 승낙

① 승낙의 표시방법 : 어떤 형식이든 의사가 외부에서 인식할 수 있는 상태이면 충분하다(절충설 –
통설). 그러므로 명시적 승낙뿐만 아니라 묵시의 승낙도 가능하게 된다(통설). [국가9급 11]

② 승낙의 시기 : 승낙은 법익침해 이전에 이루어져야 하며(사전적 승낙), 사후적인 승낙은 위법성을
조각하지 않는다. [법원9급 09 / 사시 12·16] 또한 사전적 승낙이 있었다 하더라도 행위 이전에 피해자는
언제든지 자유롭게 승낙을 철회할 수 있으며(대법원 2006.4.27, 2005도8074), 승낙을 철회한 경우에는
승낙은 더 이상 존재하지 않게 된다. [국가7급 08] 즉 승낙은 행위시까지 존재하고 있어야 하는 것이다.
다만 철회 이전의 행위는 위법성이 조각된다.

4. 주관적 정당화요소 – 착오의 문제

(1) 의 의

행위자에게는 위와 같은 '피해자의 승낙사실을 인식하고 이에 기하여 행위한다는 의사'가 요구된다.
만약 이에 관하여 착오의 문제가 있다면 피해자의 승낙이 위법성조각사유로 적용되는 경우와 피해자의
승낙이 형이 경한 죄에 해당되는 경우로 나누어 검토해야 한다.

(2) 피해자의 승낙에 의하여 위법성이 조각되는 경우

예컨대 사회상규에 반하지 않는 정도의 상해행위(상해죄는 승낙에 의하여 위법성조각 가능)를 하면서 상대방의
승낙 유무에 대하여 착오를 일으킨 경우이다.

① 승낙이 없는데 있다고 오인한 경우 : '위법성조각사유의 전제사실에 대한 착오'로서 법효과제한적
책임설(다수설)에 의하면 구성요건적 고의는 인정하나 책임고의는 조각된다고 보아 고의범이 성립하지
않으므로 과실범(과실치상죄)이 성립하게 된다.

② 승낙이 있는데 없다고 오인한 경우 : 객관적 정당화상황은 있는데 주관적 정당화요소는 없는 경우로서
기술한 우연적 방위와 유사한 '우연적 승낙행위'가 된다. 다수설에 의하면 행위반가치는 있으나
결과반가치는 조각되므로 불능미수가 된다고 본다.

(3) 피해자의 승낙에 의하여 형이 가벼운 구성요건에 해당되는 경우

예컨대 피해자를 살해하면서 상대방의 승낙 유무에 대하여 착오를 일으킨 경우이다. 이 경우 피해자의
승낙이 있으면 보통살인죄보다 가벼운 승낙살인죄(제252조 제1항)가 적용된다.

① 승낙이 없는데 있다고 오인한 경우 : 특별히 무거운 죄가 되는 사실을 인식하지 못한 소위 '감경적
구성요건의 착오의 경우로서 제15조 제1항'에 의하여 승낙살인죄만 성립한다.

② 승낙이 있는데 없다고 오인한 경우 : 특별히 무거운 죄가 된다고 오인한 경우로서 (이론적으로는
소위 '반전된 제15조 제1항의 착오'라고 하여 학설의 대립이 있으나) 보통은 불법감경사유가 없다고 보아
보통살인기수로 보는 것이 다수설이다.

5. 승낙에 의한 행위의 상당성 – 사회상규에 위배되지 않아야 함

피해자의 승낙에 의한 행위는 윤리적·도덕적으로 사회상규에 반하는 것이 아니어야 한다(대법원 1985.12.10, 85도1892). [국가7급 10 / 법원9급 09 / 법원승진 14 / 법원행시 10 / 사시 13·16 / 변호사시험 12] 다만 정당방위, 긴급피난, 자구행위 등과는 달리 형법 제24조에서는 사회상규에 위배되지 않아야 한다는 명문의 규정을 두고 있지 않다. [경찰승진(경장) 11 / 국가9급 08] 통설·판례는 상해죄뿐만 아니라 다른 범죄에 있어서도 피해자의 승낙에 의한 행위는 사회상규에 반하는 것이 아니어야 한다고 본다.

사례연구 **피해자의 승낙은 사회상규의 제한을 받는다 : 잡귀 사례**

甲은 乙에 대하여 몸속에 있는 잡귀 때문에 乙에게 병이 있다고 하자 乙은 잡귀를 물리쳐 줄 것을 부탁하였다. 이에 甲은 乙의 집에 찾아와 잡귀를 물리친다면서 乙의 뺨 등을 때리며 팔과 다리를 붙잡고 배와 가슴을 손과 무릎으로 힘껏 누르고 밟는 등 하여 乙로 하여금 내출혈로 사망에 이르게 하였다. 甲의 죄책은?

[해결] 폭행에 의하여 사람을 사망에 이르게 하는 따위의 일에 있어서 피해자의 승낙은 범죄성립에 아무런 장애가 될 수 없으며, 또한 윤리적·도덕적으로 허용될 수 없는, 즉 사회상규에 반하는 것이라고 할 것이므로 피고인들의 행위가 피해자의 승낙에 의하여 위법성이 조각된다는 상고논지는 받아들일 수가 없다(대법원 1985.12.10, 85도1892). → 폭행치사죄 성립

---

6. 법률에 특별한 규정이 없을 것

이상에서 검토한 피해자의 승낙의 요건을 모두 갖추었다 하더라도 이를 처벌하는 "법률에 특별한 규정이 없어야(제24조)" 위법성이 조각된다. [경찰채용 16 1차 / 국가9급 11] 예컨대, 촉탁·승낙에 의한 살인죄(제252조)나 근무기피목적의 신체상해(군형법 제41조 제1항)와 같은 규정이 없어야 한다. 또한 장기 등 이식에 관한 법률에 위배되는 장기적출행위도 그 위법성이 조각될 수 없다.

표정리 **피해자의 승낙이 미치는 형법상 효과**

유 형	근 거	해당 구성요건
구성요건적 양해	재물의 사실상 지배관계, 의사결정의 자유, 사생활의 평온 및 비밀에 관하여는 피해자의 동의가 해당 범죄의 구성요건해당성을 조각시킴	• 체포·감금죄(제276조) • 강간죄 등(제297조~제298조) • 주거침입죄(제319조) • 절도죄, 횡령죄, 손괴죄 등
피해자의 승낙	피해자의 동의가 법률정책 내지 이익포기의 이념에 입각하여 위법성을 조각시키는 경우로서, 주로 신체침해와 관련된 범죄가 여기에 속함	• 상해죄, 폭행(치상)죄 • (업무상) 과실치상죄 • 명예훼손죄(通) • 업무방해죄(判) • 문서위조죄(判, 양해인 판례도 있음)
피해자의 동의가 범죄성립에 무관한 경우	성적 자기결정권에 관한 범죄는 원칙적으로 강간과 같이 강제의 행위임. 다만 피해자의 동의가 있는 '간음'이라도 피해자의 동의가 유효한 양해가 되지 못하는 구성요건이 있음	• 준강간죄(제299조) • 미성년자·심신미약자 위계·위력 간음·추행죄(제302조) 　[경찰채용 21 1차] • 업무상 위력에 의한 간음죄 및 피구금자간음죄(제303조) • 미성년자의제강간·강제추행죄(제305조) [국가7급 16]
피해자의 동의가 형이 輕한 구성요건에 해당되는 경우	피해자의 동의에 의하여 형이 重한 보통의 구성요건이 아니라 감경적 구성요건에 해당되는 경우를 말함	• 살인죄 → 촉탁·승낙살인죄(제252조 제1항) [국가9급 15] • 부동의낙태죄 → (업무상) 촉탁·승낙낙태죄(제269조 제2항, 제270조 제1항) • 현주건조물 및 타인소유일반건조물방화죄 → 자기소유일반건조물방화죄(제166조 제2항) • 타인소유일반물건방화죄 → 자기소유일반물건방화죄(제167조 제2항)

05 추정적 승낙

1. 의 의

추정적 승낙이란 피해자가 현재는 승낙을 할 수 있는 상황이 아니지만, 그러한 상황에 있었다면 유효한 승낙을 하였으리라고 기대되므로 행위의 위법성이 조각되는 경우를 말한다. [법원9급 09 / 변호사시험 12]

2. 법적 성질

추정적 승낙의 법적 성격에 대해서는 피해자의 승낙에 의한 행위로 보는 입장(승낙대체설), 사회상규에 위배되지 않는 정당행위로 보는 견해(정당행위설)가 있으나, 다수설은 긴급피난과 피해자의 승낙의 중간에 위치하는 독자적 구조를 가진 위법성조각사유로 이해하고 있다. 독자적 위법성조각사유설에 의하더라도 ─현행형법상 초법규적 위법성조각사유는 존재하지 않는다는 점을 고려할 때─ 추정적 승낙의 경우는 결국 형법 제20조의 '사회상규에 위배되지 않는 행위'의 규정이 적용된다.

3. 유 형

(1) 피해자의 이익을 위해 승낙이 추정되는 경우

피해자의 이익에 위험이 발생하였으나 이에 관한 피해자의 결단이 적시에 내려질 수 없기 때문에 구성요건에 해당하는 침해에 의하여 이 위험이 해결될 수밖에 없는 경우를 말한다.

> 예 • 교통사고로 의식불명인 환자에 대한 동의 없는 의사의 수술행위
> • 부재중인 이웃집의 불을 끄기 위해 창문을 부수고 들어가는 경우
> • 처가 중대한 일과 관련된 남편의 편지를 우선 개봉하는 경우

(2) 자기나 제3자의 이익을 위해 승낙이 추정되는 경우

피해자가 손상되는 이익이 경미하거나 행위자와의 신뢰관계 때문에 자기의 이익을 포기한 것으로 볼 수 있는 경우로서, 피해자의 이익이 크게 침해되지 않는 한 위법성이 조각된다.

> 예 • 폭우를 피하기 위해 남의 집에 잠깐 들어간 경우
> • 가정부가 주인이 입지 않는 옷을 집 밖에 내놓아 가져가게 하는 경우
> • 기차를 놓치지 않기 위하여 허락 없이 친한 친구의 오토바이를 타고 가는 경우
> • 손님이 응접실 탁자 위의 주인의 담배를 피우는 경우

4. 요 건

(1) 피해자의 승낙과 공통되는 성립요건

침해하는 법익이 처분가능한 개인적 법익일 것(단 판례는 사문서위조죄에도 적용함), 행위 당시에 승낙이 추정될 것(사전적 승낙 추정), 이를 처벌하는 특별한 규정이 없을 것, 그리고 사회상규에 위배되지 않는 행위이어야 할 것 등의 요건은 피해자의 승낙에 의한 행위와 공통되는 요건이다.

(2) 추정적 승낙의 특유의 성립요건

① 현실적 승낙을 받을 수 없을 것(보충성) : 극복할 수 없는 장애로 행위시에 피해자의 승낙을 받는 것이 불가능한 경우이어야 한다. [사시 10] 따라서 승낙을 받지 못할 불가피한 사정이 없으면 추정적 승낙이 인정될 수 없다(대법원 1997.11.28, 97도1741).

② 객관적으로 승낙이 추정될 것

　　㉠ 의의 : 모든 사정을 객관적으로 추정하여 피해자가 승낙을 할 것이 확실히 기대될 수 있어야한다. [사시 16] 따라서 **건물의 소유권 분쟁이 계속되는 중 점유자의 의사에 반하여 건물에 들어가는행위에는 추정적 승낙이 있다고 할 수 없다**(대법원 1989.9.12, 89도889). [국가7급 10]

　　㉡ 피해자의 명시적 반대의사가 있는 경우 : 승낙의 추정이 불가능하다(다수설). 예컨대, 피해자가사전에 자신에게 불의의 사고가 발생하여 식물인간상태나 뇌사상태에 빠졌다 하더라도 절대로자신의 장기를 적출해서는 안 된다는 명시적인 의사표시를 해놓았음에도 장기를 적출하였다면추정적 승낙에 의한 위법성조각이 될 수 없다.

③ 주관적 정당화요소 : 행위자는 추정적 승낙의 객관적 정당화상황을 인식하는 것뿐만 아니라 '승낙이추정된다는 점을 진지하게 고려·검토'하고 행위해야 한다. 특히 이를 양심적 심사라고 표현한다(통설).

사례연구　　**사문서위조와 추정적 승낙(또는 추정적 양해) 사례**

甲의 명의로 소유권이전등기가 된 전남 강진군의 임야에 대하여 丁이 甲을 상대로 소유권이전등기말소청구소송을 제기하여 그 소유권에 관하여 다툼이 있게 되자, 甲은 그 소송을 자신에게 유리하게 이끌기 위하여, 1990년 4월 30일 행사할 목적으로 백지에 검정색 볼펜으로 甲을 회장으로 하고 甲의 동생인 乙을 부회장, 丙을 임원으로하는 광주이씨십운과공파종친회를 구성하고, 乙과 丙의 승낙을 얻어 "이 사건 임야 등은 甲의 장남인 A의 소유로서 이를 위 종친회에 증여한다."라는 내용의 결의서를 작성하여 위 종친회 임원 A·B·C(甲의 아들들), D(乙의아들), E·F(丙의 아들들)의 명의를 기재하고 미리 조각하여 소지하고 있던 위 A·B·C·D·E·F의 6명의 인장을그 이름 옆에 임의로 압날하여 결의서 1매를 작성하였다. 나아가 甲은 같은 해 7월 27일 전남 강진군청의 공무원戊에게 이를 제출하였다. 甲의 형사책임은?

　해결　통상 종친회의 모든 의안을 위 3형제만의 의결로 집행하여온 것으로 짐작되고, 만일 甲이 종친회의통상관례에 따라 결정된 사항을 집행하기 위하여 이에 필요한 종친회원들 명의의 서류를 임의로 작성한것이라면 비록 사전에 그들의 현실적인 승낙이 없었다고 하더라도 甲은 그들이 위와 같은 사정을 알았다면 당연히 승낙하였을 것이라고 믿고 한 행위일 수 있는 것이므로, 원심으로서는 이 점을 살펴서 과연피고인에게 사문서위조의 죄책을 인정할 수 있을 것인지 살펴보아야 할 것이다. … 추정적 승낙을 인정할여지가 있다고 할 것이다(대법원 1993.3.9, 92도3101). [국가9급 09·16 / 법원승진 14 / 법원행시 10 / 사시 10·13]

제6절　정당행위

01　서 설

제20조 【정당행위】 법령에 의한 행위 또는 업무로 인한 행위 기타 사회상규에 위배되지 아니하는 행위는 벌하지아니한다. [법원9급 07(상)]

　정당행위(正當行爲)란 법령에 의한 행위, 업무로 인한 행위 기타 사회상규에 위배되지 아니하는 행위로서형법 제20조에 의해 위법성이 조각되는 행위를 말한다. 법령에 의한 행위와 업무로 인한 행위는 사회상규에위배되지 아니하는 행위의 예시에 불과하다(통설). 사회상규에 위배되지 않는 행위는 포괄적 위법성조각사유이자 보충적 위법성조각사유로서의 기능을 수행하고 있다. [국가9급 08]

1. 법령에 의한 행위

법령에 의한 행위가 정당화되는 것은 법질서의 통일성에서 비롯된다. 다른 법령에 의해서 허용되는 행위가 형법에 의해서 위법한 평가를 받아서는 안 되기 때문이다.

(1) 공무원의 직무집행행위

① **법령에 의한 행위** : 공무원이 법령에 의해 직무를 수행하는 행위는 정당행위로 위법성이 조각된다. 공무원의 직무집행행위가 위법성이 조각되려면 당해 행위가 공무원의 직무범위 안에 속하고 정규의 절차에 따라 행해져야 한다.

> 예 집행관의 민사상의 강제처분(민사집행법 제42조 이하), 교도관의 사형집행행위(형법 제66조), 법무부장관의 사형집행명령(형사소송법 제463조), 검사 또는 사법경찰관의 긴급체포(형사소송법 제200조의3) 및 체포·구속·압수·수색·검증·감정처분(동법 제215조), 전기통신의 감청(소위 통신제한조치, 통신비밀보호법 제5조 이하) 등의 강제처분, 국세징수법에 의한 체납처분(동법 제24조) 등

사례연구   **집행관의 강제집행 사례**

집행관 甲과 집행관 乙은 구상금청구사건의 집행력 있는 판결정본에 기하여 채무자인 丙의 유체동산을 압류하고자 丙의 집을 방문하였다. 丙의 아들인 丁(당시 16세 8개월, 고등학교 1학년 학생)이 현관문을 열어주어 현관에 들어간 甲과 乙은 위 채무명의에 기한 강제집행을 하려고 하였는데, 丁이 판결정본과 신분증을 확인하고서도 집에 어른이 없다고 하면서 甲과 乙이 집안으로 들어가지 못하게 문밖으로 밀어내고 문을 닫으려 하였다. 이에 甲과 乙은 丁이 문을 닫지 못하게 하려고 문을 잡은 채 서로 밀고 당기면서 몸싸움을 하던 도중 丁을 밀어 출입문에 우측 이마 등이 부딪히게 되었다. 丁은 약 2주간의 가료를 요하는 두부타박상을 입었다. 甲과 乙의 형사책임은?

> 해결 위 채무자의 아들이 적법한 집행을 방해하는 등 저항하므로 이를 배제하고 채무자의 주거에 들어가기 위하여 동인을 떠민 것은 집행관으로서의 정당한 직무범위 내(현 민사집행법 제42조)에 속하는 위력의 행사라고 할 것이고, 이로 인하여 동인에게 원심판시의 상해를 가하였다 하더라도 그 행위의 ① 동기·목적의 정당성, ② 수단·방법의 상당성, ③ 보호법익과 침해법익과의 법익균형성, ④ 긴급성 및 행위의 **보충성** 등에 비추어 통상의 사회통념상 허용될 수 있는 상당성이 있는 행위로서 형법 제20조에 의하여 위법성이 조각된다(대법원 1993.10.12, 93도875). [경찰승진 10·12 / 사시 15]
> → 甲과 乙의 행위는 폭행치상죄 내지 상해죄의 구성요건에 해당하나, 법령에 의한 행위(제20조)로서 위법성이 조각된다.

② **상관의 명령에 의한 행위**

    ㉠ **적법한 명령을 따른 행위** : 법령상 근거에 의하여 적법하게 내려진 상관의 명령에 복종한 행위로서, 법령에 의한 행위가 되어 위법성이 조각된다.

사례연구   **여우고개에 나간 당번병 사례**

소속 중대장의 당번병인 甲은 근무시간 후에도 밤늦게까지 수시로 영외에 있는 중대장 乙의 관사에 머물면서 일을 해오다가 모월 모일 밤에도 乙의 지시에 따라 관사를 지키고 있던 중, 乙과 함께 외출을 나간 그 처 丙으로부터 같은 날 24:00경 비가 오고 밤이 늦어 혼자서는 도저히 여우고개를 넘어 귀가할 수 없으니 관사로부터 1.5km 가량 떨어진 여우고개까지 우산을 들고 마중을 나오라는 연락을 받고, 당번병으로 당연히 해야 할 일이라고 생각하면서 여우고개까지 나가 丙을 마중하여 그 다음날 01:00경 귀가하였다. 甲의 형사책임은?

판례는 이와 같은 피고인의 관사이탈행위가 중대장의 직접적인 허가를 받지 아니하였다 하더라도 피고인은 당번병으로서 그 임무범위 내에 속하는 일로 오인한 행위로서 그 오인에 정당한 이유가 있으므로 위법성이 없다고 하여 무죄를 선고하였다(대법원 1986.10.28, 86도1406). [경찰채용 20 1차]

ⓛ **위법한 명령을 따른 행위** : 위법한 상관의 명령을 따른 부하의 행위는 법령에 의한 행위가 될 수 없으므로 위법하다. 단, (절대적) **구속력 있는 위법한 명령**에 복종하는 경우에는 기대불가능성에 의하여 책임이 조각된다(초법규적 책임조각사유설 : 다수설). 다만 상관의 명령이 위법하지만 절대적 구속력이 있었던 경우를 찾기는 쉽지 않다.

판례연구 **절대적 구속력 없는 위법한 상관의 명령을 따른 사례**

대법원 1988.2.23, 87도2358
故 박종철군 고문치사사건
공무원이 그 직무를 수행함에 있어 상관은 하관에 대하여 범죄행위 등 위법한 행위를 하도록 명령할 직권이 없는 것이고, 하관은 소속 상관의 적법한 명령에 복종할 의무는 있으나 그 명령이 참고인으로 소환된 사람에게 가혹행위를 가하라는 등과 같이 명백한 위법 내지 불법한 명령인 때에는 이는 벌써 직무상의 지시명령이라 할 수 없으므로 이에 따라야 할 의무는 없다. 설령 대공수사단 직원은 상관의 명령에 절대 복종하여야 한다는 것이 불문율로 되어 있다 할지라도, 국민의 기본권인 신체의 자유를 침해하는 고문행위 등이 금지되어 있는 우리의 국법질서에 비추어 볼 때 고문치사와 같이 중대하고도 명백한 위법명령에 따른 행위가 정당한 행위에 해당하거나 강요된 행위로서 적법행위에 대한 기대가능성이 없는 경우에 해당하게 되는 것이라고 볼 수 없다.
[경찰승진 15 / 법원9급 09]

---

(2) 징계행위 – 징계권자의 징계행위

① **친권자의 징계행위** : 친권자는 子를 보호하고 교양할 권리·의무가 있다(민법 제913조). 나아가 종래 민법은 친권자는 그 子를 보호 또는 교양하기 위해 필요한 징계를 할 수 있다는 규정을 두었으나(구 민법 제915조), 이는 아동학대 가해자인 친권자의 항변사유로 이용되는 등 아동학대를 정당화하는 데 악용될 소지가 있다는 지적에 따라 2021.1.26. 민법 개정으로 삭제되었다. 따라서 친권자의 징계행위는 더 이상 법령에 의한 행위로 분류될 수 없다. 다만, 교육적 목적에 따라 행해지는 경미한 징계행위는 사회상규에 위배되지 아니하는 행위에 포함될 수 있다.

② **학교장의 징계행위** : 학교장의 징계행위로서 법령상 징계권의 적정한 행사로 간주되는 행위는 정당행위로서 위법성이 조각된다.[26] 즉, ㉠ 객관적으로 징계사유가 있고 교육상 불가피한 경우이어야 하며 ㉡ 주관적으로 교육적 목적에 의하여 행하여져야 하고 ㉢ 그 범위는 징계목적을 달성하는 데 필요한 범위 이내에서 제한되어야 한다. 특히 **체벌(體罰)**에 대해서 판례는 경미한 범위 내에서만 허용되며 그 범위를 벗어나는 행위에 대하여는 형사책임을 져야 한다는 입장이다(제한적 허용설 : 다수설·판례).[27] 또한 **판례**는 교사(敎師)에 대해서도 교육법령에 따라 학교장의 위임을 받아 교육상 필요하다고 인정할 때에는 징계를 할 수 있다고 하여(대법원 2004.6.10, 2001도5380), 교사의 징계행위도 법령에 의한 행위로 파악하고 있다. [국가9급 11]

---

26 **초·중등교육법 제18조** ① 學校의 長은 교육상 필요한 때에는 법령 및 학칙이 정하는 바에 의하여 학생을 징계(懲戒)하거나 기타의 방법으로 지도(指導)할 수 있다.
27 **보충** : 다만 초중등교육법 시행령 제31조 제8항에 의하면 "학교의 장은 법 제18조 제1항 본문에 따라 지도를 할 때에는 학칙으로 정하는 바에 따라 훈육·훈계 등의 방법으로 하되, 도구, 신체 등을 이용하여 학생의 신체에 고통을 가하는 방법을 사용해서는 아니 된다."고 규정하고 있다.

대법원 2004.6.10, 2001도5380

교사의 징계행위의 한계 : 정당행위 부정

교사가 학생을 징계 아닌 방법으로 지도하는 경우에도 징계하는 경우와 마찬가지로 교육상의 필요가 있어야될 뿐만 아니라 특히 학생에게 신체적, 정신적 고통을 가하는 체벌, 비하(卑下)하는 말 등의 언행은 교육상불가피한 때에만 허용되는 것이다. [국가9급 07 · 11 / 법원행시 08]

> 보충 여중 체육교사에게 폭행죄와 모욕죄의 성립을 인정한 판례이다('사회상규에 위배되지 않는 행위' 참조).

(3) 사인의 현행범인체포행위

현행범인은 누구든지 영장 없이 체포할 수 있으므로(형사소송법 제212조) 사인의 현행범인체포는 법령에의한 행위로서 위법성이 조각된다고 할 것인데, 그 요건으로서는 행위의 가벌성, 범죄의 현행성, 시간적접착성, 범인 · 범죄의 명백성 외에 체포의 필요성, 즉 도망 또는 증거인멸의 염려가 있을 것을 요한다.다만, 현행범인의 체포로 인하여 위법성이 조각되는 것은 '적정한 한계 내에서 이루어진 체포에 필요한행위'에 한정된다. 따라서 현행범에 대한 살인 · 상해, 무기사용 또는 현행범인을 체포하기 위하여 타인의주거에 침입하는 행위 내지 장시간 감금하는 행위는 위법성이 조각되지 아니한다. [국가9급 07]

대법원 1999.1.26, 98도3029

적정한 한계를 벗어나는 현행범인체포행위는 법령에 의한 행위로 될 수 없다고 할 것이나, 적정한 한계를 벗어나는 행위인가 여부는 결국 정당행위의 일반적 요건을 갖추었는지 여부에 따라 결정되어야 할 것이지, 그 행위가소극적인 방어행위인가 적극적인 공격행위인가에 따라 결정되어야 하는 것은 아니다. … **피고인의 車를 손괴하고도망하려는 피해자를 도망하지 못하게 멱살을 잡고 흔들어 피해자에게 전치 14일의 흉부찰과상을 가한 경우,정당행위에 해당한다.** [경찰승진(경장) 11 / 경찰승진(경위) 11 / 경찰승진 16 / 국가9급 11 · 16 / 법원9급 13 / 법원행시 07 · 08 / 사시 11]

(4) 노동쟁의행위

① 의의 : 근로자는 자주적인 단결권, 단체교섭권 및 단체행동권을 보장받으므로(헌법 제33조, 노동조합및 노동관계조정법−이하 노조법− 제3조), 동맹파업, 태업 등 쟁의행위도 인정된다. 다만, 적법한 노동쟁의행위가 되기 위해서는 동법이 규정한 법적 요건을 갖추어야 한다.

② 요 건

㉠ 주체의 적격성 : 단체교섭의 주체인 노동조합이어야 쟁의행위를 할 수 있다.

㉡ 목적의 정당성 : 목적이 근로조건의 유지 · 개선을 위한 노사 간의 자치적 교섭을 조성하는 데에있어야 한다. 만일 쟁의행위에서 추구되는 목적이 여러 가지이고 그중 부당한 요구사항을 뺐더라면쟁의행위를 하지 않았을 것이라고 인정되는 경우에는 그 쟁의행위 전체가 정당성을 가지지 못한다(대법원 2002.2.26, 99도5380 등). [법원행시 08] 또한, 쟁의행위가 정당행위로 위법성이 조각되는 것은사용자에 대한 관계에서 인정되는 것이므로, **제3자의 법익을 침해한 경우**에는 원칙적으로 정당성이 인정되지 않는다. 다만, 사용자가 당해 사업과 관계없는 자를 쟁의행위로 중단된 업무의 수행을위하여 채용 또는 대체하는 경우, 쟁의행위에 참가한 근로자들이 **위법한 대체근로를 저지하기**위하여 상당한 정도의 실력을 행사하는 것은 정당행위로서 위법성이 조각된다.

판례연구 **목적의 정당성이 인정되지 않는 쟁의행위의 사례**

대법원 2002.2.26, 99도5380; 2003.11.13, 2003도687; 2003.12.26, 2001도3380; 2011.1.27, 2010도11030
노동조합이 실질적으로 구조조정 실시 자체를 반대할 목적으로 쟁의행위에 나아간 사례
정리해고나 사업조직의 통폐합 등 기업의 구조조정의 실시 여부는 고도의 경영상 결단에 속하는 사항으로서
원칙적으로 단체교섭의 대상이 될 수 없고, 긴박한 경영상의 필요나 합리적인 이유 없이 불순한 의도로 추진되는
등의 특별한 사정이 없는 한, 노동조합이 실질적으로 그 실시 자체를 반대하기 위하여 쟁의행위에 나아간다면,
비록 그 실시로 인하여 근로자들의 지위나 근로조건의 변경이 필연적으로 수반된다 하더라도 그 쟁의행위는
목적의 정당성을 인정할 수 없다. [국가9급 20 / 법원행시 08 / 사시 13]

ⓒ 절차의 합법성 : 법규에 규정된 절차를 준수해야 하고 민주적 의사결정절차를 거쳐 결정된 쟁의행
위이어야 한다.

판례연구 **합법적 절차를 준수하지 않은 쟁의행위의 사례**

대법원 2001.10.25, 99도4837 전원합의체
조합원의 찬반투표를 거치지 아니한 쟁의행위의 정당성(소극)
절차에 관하여 조합원의 직접·비밀·무기명 투표에 의한 찬성결정이라는 절차를 거쳐야 한다는 노조법의 규정은
노동조합의 자주적이고 민주적인 운영을 도모함과 아울러 쟁의행위에 참가한 근로자들이 사후에 그 쟁의행위의
정당성 유무와 관련하여 어떠한 불이익을 당하지 않도록 그 개시에 관한 조합의사의 결정에 더욱 신중을 기하기
위하여 마련된 규정이므로, 위의 절차를 위반한 쟁의행위는 그 절차를 따를 수 없는 객관적인 사정이 인정되지
않는 한 정당성을 인정받을 수 없다 할 것이다. … 이와 견해를 달리한 대법원 2000.5.26, 99도4836은 이와
저촉되는 한도 내에서 변경하기로 한다. [경찰채용 15 3차 / 경찰승진(경위) 11 / 법원행시 11·13]

ⓓ 수단의 상당성

ⓐ 수단의 상당성이 인정되는 경우 : 근로조건의 개선을 목적으로 하고 절차를 준수한 노동조합의
쟁의행위가 수단의 상당성을 갖추었다면 정당행위로서 위법성이 조각된다. 예컨대, 업무개시
전이나 점심시간에 현관에서 시위를 한 데 불과하거나(대법원 1992.12.8, 92도1645) 근무시간
중에 노동조합 임시총회를 개최하였으나 약 3시간 정도 투표를 실시하고 1시간의 여흥시간을
갖고 총회를 끝낸 경우(대법원 1994.2.22, 93도613)에는 정당행위로서 위법성이 조각된다. [경찰채용
16 2차 / 경찰승진 16 / 법원9급 13]

판례연구 **수단의 상당성을 벗어나지 않은 쟁의행위의 사례**

대법원 2007.12.28, 2007도5204
사업장시설의 부분적·병존적 점거행위는 정당행위
피고인들의 이 사건 회의실 점거행위는 협회의 사업장시설을 전면적, 배타적으로 점거한 것이라고 보기 어렵고
오히려 그 점거의 범위가 협회의 사업장시설의 일부분이고 사용자 측의 출입이나 관리지배를 배제하지 않는
부분적·병존적 점거에 지나지 않으며 그 수단과 방법이 사용자의 재산권과 조화를 이루면서 폭력의 행사에
해당하지 아니하는 것으로 봄이 상당하다.

ⓑ 수단의 상당성이 인정되지 않는 경우 : 노동쟁의행위는 근로조건을 개선하기 위한다는 목적의
정당성이 인정되는 경우이더라도 폭력이나 파괴행위를 할 수 없고, 사업장 등의 안전보호시설의
정상적인 유지 및 운영을 정지, 폐지 또는 방해하는 행위는 할 수 없으며(동법 제42조), 제3자의
권익을 침해하는 행위도 허용될 수 없다.[28]

---

28 **노조법 제42조(폭력행위 등의 금지)** ① 쟁의행위는 폭력이나 파괴행위 또는 생산 기타 주요업무에 관련되는 시설과 이에 준하는
시설로서 대통령령이 정하는 시설을 점거하는 형태로 이를 행할 수 없다.

┌───┐
│ **판례연구** **수단의 상당성을 벗어나는 쟁의행위의 사례**

대법원 1991.6.11. 91도383

전면적·배타적 점거행위 사례

구체적으로 직장 또는 사업장 시설의 점거는 적극적인 쟁의행위의 한 형태로서 ① 그 점거의 범위가 직장·사업장시설의 일부분이고 사용자 측의 출입이나 관리지배를 배제하지 않는 병존적인 점거에 지나지 않을 때에는 정당한 쟁의행위로 볼 수 있으나, [법원행시 13] ② 직장·사업장시설을 전면적·배타적으로 점거하여 조합원 이외의 자의 출입을 저지하거나 사용자 측의 관리지배를 배제하여 업무의 중단·혼란을 야기케 하는 행위는 이미 정당성의 한계를 벗어난 것이라고 볼 수밖에 없다. [국가9급 20]
└───┘

③ **효과** : 위와 같은 정당행위의 요건을 갖추고 있는 한 동맹파업의 정당성도 인정된다. 쟁의행위는 근로자가 소극적으로 노무제공을 거부하거나 정지하는 행위만이 아니라 적극적으로 그 주장을 관철하기 위하여 업무의 정상적인 운영을 저해하는 행위까지 포함하는 것이므로, 쟁의행위의 본질상 사용자의 정상업무가 저해되는 경우가 있음은 부득이한 것으로서 사용자는 이를 수인할 의무가 있는 것이다. 그러나 이러한 근로자의 쟁의행위가 정당성의 한계를 벗어날 때에는 근로자는 **업무방해죄** 등 형사상 책임을 면할 수 없다(대법원 1996.2.27. 95도2970).

(5) 감염병예방법에 의한 의사의 질병신고행위

의사 등이 환자의 병명을 타인에게 누설한 경우에는 업무상 비밀누설죄로 처벌받는다(형법 제317조 제1항). 그러나 감염병예방법에 규정된 법정감염병에 대하여는, 의사, 치과의사 또는 한의사는 감염병환자등을 진단하거나 그 사체를 검안(檢案)한 경우 등의 사실이 있으면 소속 의료기관의 장에게 보고하여야 하고, 보고를 받은 의료기관의 장 등은 법정기간 내에 질병관리청장 또는 관할 보건소장에게 신고하여야 한다(감염병예방법 제11조). 이 경우 의사의 신고행위는 '법령에 의한 정당행위'로서 위법성이 조각된다.

(6) 복권법령에 의한 복권발행행위

법령에 의하지 않은 복표를 발매한 행위는 복표발매죄에 의해 처벌된다(형법 제248조 제1항). 그러나 각종 복권법령이나 마사회법 등에 복권발행의 근거가 있는 때에는 법령에 의한 정당행위로서 위법성이 조각된다.

(7) 장기이식법에 의한 뇌사자의 장기적출행위

생명의 유지를 위하여 장기이식이 필요한 환자를 위해 장기를 적출·이식하는 행위는 상해죄(제257조 제1항) 또는 중상해죄(제258조 제1항·제2항) 나아가 살인죄(제250조 제1항)의 구성요건에 해당되지만, 장기등 이식에 관한 법률 제22조 등에 정한 요건에 해당한다면 법령에 의한 정당행위로서 위법성이 조각된다. 동법 제정 전에는 뇌사자의 장기적출행위는 사회상규에 위배되지 않는 행위로 평가되었으나, 동법 제정 후에는 법령에 그 근거를 갖게 된 것이다.

(8) 법령상 허용된 도박행위

형법상 도박죄 및 상습도박죄(제246조 제1항 및 제2항)를 처벌하고 있으나, 폐광지역 개발지원에 관한 특별법에 의하여 일정 지역에 있는 카지노(강원도 정선)에서의 도박행위는 법령에 의한 행위로 위법성이 조각된다. [법원행시 05·07 / 사시 11] 다만, 도박죄를 처벌하지 않는 외국의 카지노라 하더라도 한국인이 도박한 행위는 일시오락의 정도를 벗어나는 경우(형법 제246조 제1항 단서 참조)에는 형법상 속인주의원칙에 의해 처벌됨은 당연하다(대법원 2004.4.23. 2002도2518). [경찰간부 14 / 법원행시 05·09·12 / 사시 11]

---

② 사업장의 안전보호시설에 대하여 정상적인 유지·운영을 정지·폐지 또는 방해하는 행위는 쟁의행위로서 이를 행할 수 없다.

(9) 경찰관의 무기(총기) 사용행위

경찰관은 범인의 체포·도주의 방지, 자기 또는 타인의 생명·신체에 대한 방호, 공무집행에 대한 항거의 억제를 위하여 필요하다고 인정되는 상당한 이유가 있을 때에는 그 사태를 합리적으로 판단하여 필요한 한도 내에서 무기를 사용할 수 있다. 다만, 형법에 규정한 정당방위와 긴급피난에 해당하는 때 또는 경찰관직무집행법 제10조의4 제1항의 단서 등에 해당하는 때(중죄·영장·무기·간첩)를 제외하고는 사람에게 위해를 주어서는 안 된다. 따라서 경찰관의 총기나 도검과 같은 무기의 사용에 의해 상해죄나 업무상 과실치사죄 등의 구성요건에 해당하는 행위가 있는 경우, 정당행위 또는 긴급피난의 요건에 해당하지 않는 경우에도 경찰관직무집행법의 요건을 신중하게 살펴 이에 해당된다면 법령에 의한 정당행위가 될 수 있는 것이다.

(10) 이혼한 모(母)의 면접교섭권 행사행위

이혼 후 자녀를 직접 양육하지 아니하는 부모 중 일방은 자녀와 직접 면접·서신교환 또는 접촉하는 권리인 면접교섭권을 가진다(민법 제837조의2 제1항).

> **판례연구** 이혼 후 자녀를 직접 양육하지 아니하는 모(母)의 면접교섭권 행사 : 주거침입죄 ✕
>
> 대법원 2003.11.28, 2003도5931
> 이혼 후 자녀를 양육하지 아니하는 모(母)가 부(父)의 허락 없이 주거에 들어간 경우에는 자녀들의 양육실태, 피고인이 자녀들의 양육에 관여한 정도, 양육에 관한 자녀들의 태도, 이혼 후 피고인의 자녀들에 대한 면접교섭권이 제한·배제된 적이 있는지 등을 좀 더 자세히 심리한 후에 피고인의 행위가 주거침입죄에 해당하는지 여부를 판단하여야 한다.

(11) 기 타

이외에도 우리나라의 법제에는 정신건강복지법에 의한 정신질환자의 감금(동법 제43조), 경찰관직무집행법상 경찰관의 정신착란자 등에 대한 보호유치(동법 제4조), 민법상 점유자의 자력구제(제209조 제1항, 제2항[29] : 민법상 자력구제는 형법적으로는 정당방위로 해석됨), 법원의 감정인 지정결정 또는 감정촉탁을 받아 감정평가업자 아닌 사람이 토지 등에 대한 감정평가를 한 행위(민사소송법 제335조, 제341조 세1항, 대법원 2021.10.14, 2017도10634) 등을 비롯하여 법령에 근거를 두고 있는 정당행위들이 다수 있다. 반면, 최근 대법원에서는 **감정평가업자가 아닌 공인회계사의 토지 감정평가행위**에 대하여 정당행위로 볼 수 없다는 판시도 내린 바 있다(대법원 2015.11.27, 2014도191).

2. 업무로 인한 행위

업무란 사람이 사회생활관계에서 직업 또는 사회생활상의 지위에 기하여 계속적·반복적 의사로 행하는 사무를 말하며, 특히 법령에 정당화규정이 없는 업무만을 의미한다(통설). 업무로 인한 행위가 위법성조각사유가 되는 근거는, 사회의 일정한 업무자들은 그들의 업무를 원활하게 수행하기 위하여 정당하다고 인정해 주어야 할 일정한 영역과 윤리적 규범이 있다는 데에 근거한다. 물론 이러한 업무가 사회상규와 조화될 수 있어야 함은 두말할 필요도 없다.

---

29 **민법 제209조(자력구제)** ① 점유자는 그 점유를 부정히 침탈 또는 방해하는 행위에 대하여 자력으로써 이를 방위할 수 있다. ② 점유물이 침탈되었을 경우에 부동산일 때에는 점유자는 침탈 후 즉시 가해자를 배제하여 이를 탈환할 수 있고 동산일 때에는 점유자는 현장에서 또는 추적하여 가해자로부터 이를 탈환할 수 있다.

(1) 의사의 치료행위

판례는 대체로 주관적 치료목적과 객관적 의술법칙에 맞는 이상, 업무로 인한 정당행위로서 위법성이 조각된다고 보는 입장이다. 예컨대, "의사가 정상적인 진찰행위의 일환으로서 검사용으로 임부의 태반에서 육편을 떼어 냈다고 하면 (이러한) 행위가 '정당행위'인지의 여부를 심리 … 하였어야 할 것"(대법원 1974.4.23, 74도714)이라고 판시한 바도 있다.[30]

(2) 안락사(安樂死)

돌이킬 수 없는 사경(死境)에 몰려 극심한 고통을 겪고 있는 불치병의 환자 내지 식물인간상태 등 의식불명 상태에서 고통을 느끼지 못하는 환자와 같은 자를 편안하게 죽음에 이르게 하는 행위를 안락사라 한다. 여기에서는 적극적 안락사와 소극적 안락사에 대해서만 설명하기로 하겠다.[31]

① **적극적 안락사** : 의사 甲이 간암 말기의 중환자와 같은 불치의 환자 乙이 사망을 목전에 두고 극심한 고통에 괴로워하며 자신을 편안하게 죽게 해달라고 수회 요청하자, 甲이 이에 응하여 乙에게 다량의 모르핀을 주사하여 사망케 한 행위와 같이, 적극적 작위(처치)에 의한 안락사를 적극적 안락사(내지 직접적 안락사)라고 한다. 적극적 안락사에 대하여는 "생명에 대한 절대적 보호와 그 존엄성 및 안락사 허용시 남용의 위험성을 이유로 **위법하다.**"는 것이 통설이다.

② **소극적 안락사** : 사기가 임박한 단계의 회복불가능한 불치의 환자에 대하여 의사가 추가적인 생명연장적 치료를 더 이상 하지 않거나 기존의 인공생명유지장치를 제거함으로써 치료를 중단하는 행위를 소극적 안락사(내지 부작위에 의한 안락사)라고 한다. 소극적 안락사의 핵심은 곧 '(연명)치료중단'이라 볼 수 있다. 소극적 안락사에 대해서는 환자의 인간의 존엄을 위한 생명자기결정권 및 진료거부권 및 의사의 치료의무의 소멸 등을 이유로 **일정한 요건하에 위법성이 조각된다**는 것이 통설·판례이다(대법원 2009.5.21, 2009다17417 전원합의체).

(3) 변호인·성직자의 행위

① **변호인의 변론** : 변호사가 법정에서 변호활동을 하면서 변론의 필요상 타인의 명예를 훼손하는 사실을 적시하거나(제307조 제1항) 변론의 필요상 업무처리 중 알게 된 타인의 비밀을 누설하였다 하여도(제317조 제1항) 이는 업무로 인한 정당행위가 되어 위법성이 조각되지만, 변호인이 피고인을 위해 공판정에서 타인의 명예를 훼손하는 허위의 사실을 주장하는 것은 형법 제307조 제2항의 명예훼손죄에 해당되고 위법성이 조각되지 않아 범죄가 성립하게 된다. 또한 국가의 사법기능에 위협을 주는 새로운 구성요건 (범인은닉·도피, 위증 또는 증거인멸 교사)을 실현한 경우에도 위법성이 조각되지 아니한다.

② **성직자의 업무행위** : 성직자의 경우 고해성사를 받은 신부가 이 사실을 수사기관에 알리지 않더라도 불고지죄(국가보안법 제10조)나 범인은닉죄(제151조 제1항)를 범한 것은 아니다. 그러나 성직자라 하여도 '적극적인 범인은닉'행위는 업무의 범위를 초과한 것이라는 것이 **판례**의 입장이다(대법원 1983.3.8, 82도3248). 따라서 이러한 경우에는 범인은닉·도피죄가 성립하게 된다.

(4) 운동경기행위

① **직업적 운동경기 또는 숙련된 아마추어 운동경기** : 이 경우 운동선수가 상대방을 상해·사망에 이르게 하는 경우가 없지 않다. 태권도, 유도, 권투 등의 투기운동경기나 최근 유행하는 각종 격투기경기,

---

30 참고 : 의사의 치료행위를 업무로 인한 정당행위로 보는 이 입장에 대해서는, 환자의 의사(자기신체결정권)가 무시되고 환자를 의사의 치료행위의 단순한 객체로 전락시킬 소지가 있다는 비판이 있다. 의사의 치료행위에 대해서는 이외에도, 피해자의 승낙에 의한 행위로 보는 견해, 환자의 건강을 개선하는 행위로서 상해죄의 구성요건에조차 해당되지 않는다는 구성요건해당성조각사유설 등이 제시되고 있다.

31 주의 : 안락사는 업무로 인한 행위 아님 안락사는 업무로 인한 행위가 아니고, 단지 사회상규에 위배되지 아니하는 행위로 볼 수 있는가만 검토된다. 본서에서는 의사의 치료행위와 밀접한 관련이 있다고 보아 여기에서 설명하는 것에 불과하다.

축구나 야구 등의 구기운동경기에서도 경기규칙에 따라 경기에 임하였음에도 상대방을 사상에 이르게 하는 경우가 있다. 이러한 경우 '업무로 인한 정당행위'로서 위법성이 조각된다고 설명될 수 있다(구성요건해당성조각사유설, 피해자의 승낙에 의한 행위설, 사회상규에 위배되지 않는 정당행위설도 있음).

② 동호인이나 초보자 수준의 비직업적 운동경기 : 피해자의 승낙에 의한 행위라든가 사회상규에 위배되지 않는 행위로 설명될 수 있다. 판례는 '사회상규에 위배되지 않는 행위'로 보는 입장이다(대법원 2008.10.23, 2008도6940).

(5) 기자의 취재 · 보도행위

① 기자의 기사작성을 위한 취재 및 법령에 저촉되지 않는 범위 내에서의 보도행위 : 신문은 헌법상 보장되는 언론자유의 하나로서 정보원에 대하여 자유로이 접근할 권리와 취재한 정보를 자유로이 공표할 자유를 가지므로(신문 등의 진흥에 관한 법률 제3조 제2항), 종사자인 신문기자가 **기사 작성을 위한 자료를 수집하기 위해 취재활동을 하면서 취재원에게 취재에 응해줄 것을 요청하고 취재한 내용을 '관계 법령에 저촉되지 않는 범위 내'에서 보도하는 것은 '신문기자의 일상적 업무 범위에 속하는 것'으로서, 특별한 사정이 없는 한 사회통념상 용인되는 행위라고 보아야 한다(대법원 2011.7.14, 2011도639).** [경찰채용 18 1차 / 경찰채용 13 · 15 2차 / 경찰간부 12 / 경찰승진 16 / 법원행시 14 / 사시 12 · 14]

② 불법 감청 · 녹음 등에 관여하지 아니한 언론기관이 보도하여 공개하는 행위 : 소위 안기부 X파일 MBC기자 보도 사건에 대해 **대법원 판례**는, 불법 감청 · 녹음 등에 관여하지 아니한 언론기관이 그 통신 또는 대화의 내용이 불법 감청 · 녹음 등에 의하여 수집된 것이라는 사정을 알면서도 이를 보도하여 공개하는 행위가 정당행위로서 위법성이 조각된다고 하기 위해서는 '일정한 요건'을 갖추어야 하는데, 그 요건은 ㉠ 보도의 불가피성 내지 현저한 공익성, ㉡ 자료 입수 방법의 적법 · 정당성, ㉢ 최소침해성, ㉣ 보도 이익의 우월성이라고 판시한 바 있다(대법원 2011.3.17, 2006도8839 전원합의체). [국가9급 16 / 국가7급 11 / 법원행시 14 / 사시 14]

③ 관련문제 – 불법 감청 · 녹음 등에 의하여 수집된 통신 · 대화 내용을 언론인 아닌 사람이 공개하는 행위 : 판례에 의하면, 위 ②의 위법성조각의 요건은 공개행위의 주체가 비언론인인 경우에도 그대로 적용된다(대법원 2011.5.13, 2009도14442 : 안기부 X파일 국회의원 공개 사건). [경찰채용 18 1차 / 경찰채용 15 2차]

3. 사회상규에 위배되지 아니하는 행위

사회상규(社會常規)란 법질서 전체의 정신에 비추어 볼 때 인정되는 우리 사회의 건전한 사회윤리 내지 사회통념이라고 볼 수 있다(대법원 2002.1.25, 2000도1696). 이렇듯 사회상규란 불명확한 개념으로서 해석에 의지할 수밖에 없는 추상적 개념이다. 이러한 개념의 추상성 · 포괄성을 고려할 때, 사회상규에 위배되지 않는 행위는 다른 위법성조각사유(정당방위 · 긴급피난 · 의무충돌 · 자구행위 등)가 적용되지 않을 때에만 **보충적**으로 적용되는 것으로 이해되어야 한다. 사회상규 적합성을 이유로 한 위법성조각이란 소위 초법규적 위법성조각사유를 법률상의 위법성조각사유로 성문화시킨 것이다.

(1) 소극적 방어행위

① 의의 : 소극적 방어행위라 함은 상대방의 도발이나 폭행, 강제연행 등을 피하기 위한 소극적인 저항으로 사회통념상 허용될 만한 정도의 상당성이 있는 행위를 말한다.

② 판례의 소극적 방어행위 이론 : 판례는 "강제연행을 모면하기 위하여 팔꿈치로 뿌리치면서 가슴을 잡고 벽에 밀어붙인 행위(대법원 1982.2.23, 81도2958)"라든가 "더 이상 맞지 않기 위하여 피해자의

손을 잡아 뿌리치고 목 부분을 1회 밀어버림으로써 피해자가 땅에 넘어지게 된 행위(대법원 1990.3.27, 90도292)"는 소극적 방어행위 내지 소극적 저항행위로서 사회상규에 위배되지 않는 행위로 보고 있다. 판례는 상대방의 공격으로부터 벗어나거나 이를 피하기 위한 저항행위는 인간의 본능적 반응에 속하기 때문에 '사회상규에 위배되지 않는' 정도로 취급하자는 취지이다.

판례연구   **소극적 방어행위 사례**

대법원 1996.5.28, 96도979
피해자가 양손으로 피고인의 넥타이를 잡고 늘어져 후경부피하출혈상을 입을 정도로 목이 졸리게 된 피고인이 피해자를 떼어 놓기 위해 왼손으로 자신의 목 부근 넥타이를 잡은 상태에서 오른손으로 피해자의 손을 잡아 비틀면서 서로 밀고 당겼다면, 피고인의 그와 같은 행위는 목이 졸린 상태에서 벗어나기 위한 소극적인 저항행위에 불과하여 정당행위에 해당하여 죄가 되지 아니한다. [국가7급 10 / 법원9급 16]

---

(2) (법령상 명시적인 징계권 없는 자의) 징계행위

① **의의** : 법령상의 징계권은 없는 자이지만 사회상규에 위반되지 않는 범위 내에서 징계권을 행사할 수 있는 자의 징계행위를 말한다. 여기에는 ㉠ 자기 또는 타인의 자녀에 대한 징계행위나 ㉡ 교사의 징계행위(통설. 단 판례는 교사의 징계행위를 법령에 의한 행위로 봄), 그리고 ㉢ 군인의 징계행위를 그 예로 들 수 있다. 이 경우에도 객관적으로 징계사유가 존재하고 교육상 불가피한 경우이어야 하며 주관적으로 교육의 목적으로 행하고 그 범위는 경미한 선에서 그쳐야 함은 물론이다.

② **자기 또는 타인의 자녀에 대한 징계행위** : 자기의 자녀에 대한 징계행위를 정한 민법 제915조가 삭제되었음은 기술한 바와 같다. 따라서 자기의 자녀에 대한 징계행위도 사회상규에 위배되지 아니하는 행위로 검토될 수 있을 뿐이다. 한편, 타인의 자녀에 대한 징계행위의 법적 근거는 원래 없다. 따라서 이 역시 사회상규에 위배되는가의 관점에서 검토될 뿐이다.

    ㉠ **허용되는 징계행위** : 수십 회에 걸친 일련의 폭행행위 중에 친권자로서의 징계행위에 속하여 위법성이 조각되는 부분이 있다면 그 부분을 따로 떼어 무죄판결을 할 수 있다(대법원 1986.7.8, 84도2922).

    ㉡ **허용될 수 없는 징계행위** : 경미한 수준을 벗어나는 체벌, 상해, 성욕을 만족시키고자 행하는 징계는 허용될 수 없다.

판례연구   **허용될 수 없는 친권자의 징계행위**

대법원 2002.2.8, 2001도6468
친권자가 스스로의 감정을 이기지 못하고 야구방망이로 때릴 듯이 피해자(친권자의 子)에게 "죽여 버린다"고 말하여 협박하는 것은 그 자체로 피해자의 인격 성장에 장해를 가져올 우려가 커서 이를 교양권의 행사라고 보기도 어렵다.

---

③ **교사의 징계행위** : 체벌(體罰)에 대해서도 학교장의 징계행위의 법리가 그대로 적용되어야 할 것이므로 제한적 범위에서만 허용될 뿐이다(제한적 허용설 : 다수설·판례). 따라서 교사가 피해자인 학생이 욕설을 하였는지를 확인도 하지 못할 정도로 침착성과 냉정성을 잃은 상태에서 욕설을 하지도 아니한 학생을 오인하여 구타하였다면 그 교사가 비록 **교육상 학생을 훈계하기 위하여 한 것이라고 하더라도 이는 징계권의 범위를 일탈한 위법한 폭력행위이다**(대법원 1980.9.9, 80도762). [국가9급 10] 특히 '상해의 결과'를 발생시켰다든가, '불가피한 경우가 아니었다면' 해당 징계행위는 위법성이 조각될 수 없다.

> **판례연구** **교사의 징계행위의 한계**
>
> 대법원 1991.5.14, 91도513
> 교사가 학생을 엎드리게 한 후 몽둥이와 당구큐대로 그의 둔부를 때려 3주간의 치료를 요하는 우둔부심부혈종좌
> 이부좌상을 입혔다면 비록 학생주임을 맡고 있는 교사로서 제자를 훈계하기 위한 것이었다 하더라도 이는 징계의
> 범위를 넘는 것으로서 형법 제20조의 정당행위에는 해당하지 아니한다.

④ **군인의 징계행위** : 군인의 체벌(體罰)의 경우에는 법령에 정당화 근거가 없으므로 사회상규에 위배되
지 않는지 여부를 따져볼 수 있을 따름이다.

> **판례연구** **군인의 징계행위로 볼 수 없어 위법한 행위 사례**
>
> 대법원 2006.4.27, 2003도4151
> 위법한 얼차려 사례 : 강요죄 성립
> 상사 계급의 군인이 그의 잦은 폭력으로 신체에 위해를 느끼고 겁을 먹은 상태에 있던 부대원들에게 청소 불량
> 등을 이유로 40~50분간 머리박아(속칭 '원산폭격')를 시키거나 양손을 깍지 낀 상태에서 약 2시간 동안 팔굽혀펴
> 기를 50~60회 정도 하게 한 행위는 정당행위로 볼 수 없다. [경찰간부 13 / 국가9급 09 / 국가7급 13]

(3) 자기 또는 타인의 권리를 실행하기 위한 행위

① **의의** : 권리자가 자신의 권리실행을 위해 상대방을 기망하거나, 상대방에 대하여 의무를 이행하지
않으면 고소하겠다거나 구속시키겠다고 고지함으로써 상대방에게 공포심을 일으켰다면, 주로 사기
·협박·강요·공갈·업무방해죄 등의 구성요건에 해당되게 되는데, 이것이 자기 또는 타인의 권리를
실행하기 위한 행위로서 사회상규에 위배되지 않는다고 볼 수 있는 경우에는 위법성이 조각될 수
있다.

② **판단기준** : '권리남용 여부'가 사회상규에 위배되지 아니하는 행위의 판단기준이 된다.[32] 즉 행위자의
권리실행행위가 ㉠ 목적과 관계없는 수단을 사용하거나 사회통념상 허용되는 범위를 넘는 위법한
수단을 사용한 경우에는 실질적 권리남용으로 보아 위법하게 되고, ㉡ 목적과 관련된 적법한 수단을
사용한 경우에는 권리남용의 정도에 이르지 못한 것으로 보아 사회상규에 위배되지 아니하는 행위가
되어 위법성이 조각된다.[33] 구체적으로 정당행위가 되려면, 법률상 허용되는 정당한 절차에 의한
것이어야 하며, 또한 채무자의 자발적 이행을 촉구하기 위해 필요한 범위 안에서 상당한 방법으로
그 권리가 행사되어야 한다(대법원 2011.5.26, 2011도2412). [경찰채용 20 2차]

> **판례연구** **자기 또는 타인의 권리를 실행하기 위한 행위로 인정되는 경우**
>
> 대법원 1980.11.25, 79도2565
> 권리행사를 위한 폭행·협박 : 비료회사 사례
> 피고인이 비료를 매수하여 시비한 결과 딸기묘목 또는 사과나무묘목이 고사하자, 비료를 생산한 회사에게 손해배
> 상을 요구하면서 사장 이하 간부들에게 욕설을 하거나 응접탁자 등을 들었다 놓았다 하거나 현수막을 들어
> 보이면서 시위를 할 듯한 태도를 보이는 등 하였다 하여도 이는 손해배상청구권에 기한 것으로서 그 방법이
> **사회통념상 인용된 범위를 일탈한 것이라고 단정하기 어려우므로 공갈 및 공갈미수의 죄책을 인정할 수 없다.**

---

32 **민법 제2조(신의성실)** ② 권리는 남용하지 못한다.
33 **참고** : 공갈죄와 권리실행을 위한 협박 권리를 실행하기 위해 협박한 행위를 판단하는 다수설과 판례의 입장은 차이가 있다. 다수설은
청구권이 있다는 점에서 불법영득의사를 부정하여 공갈죄의 구성요건에 해당하지 않아 협박죄만 성립한다는 입장이요(협박죄설),
판례는 일단 공갈죄의 구성요건에 해당하는 것은 인정하고 위법성단계에서 해당 행위가 권리남용이 아니라고 볼 수 있을 때에는
정당행위로서 위법성이 조각된다는 입장이다(무죄설). 각론 재산죄 중 공갈죄 부분에서 후술함.

(4) 경미한 불법

경미한 불법 내지 경미한 법익침해행위라 함은 구성요건해당성이 있는 법익침해행위이기는 하나 그
법익침해의 정도가 아주 경미하여 사회생활상 허용해 줄 수 있는 경우를 말한다. 예컨대 함께 강의를
수강하는 대학생 甲이 바로 옆 자리 학생 乙이 자동판매기에서 뽑아온 커피를 몰래 한 모금 마신 행위는
절도죄의 구성요건에 해당하지만, 그 법익침해의 경미성을 고려할 때 사회상규에 위배되지 않는다고
보아 위법성을 부정하는 경우이다. 참고로 일본에서는 **가벌적 위법성론**도 주장된다.[34]

표정리   **정당행위의 종류 정리**(다수설·판례)

법령에 의한 행위						
공무원의 직무행위	법령에 의한 행위	• 민사집행법 → 집행관의 강제집행 • 형사소송법 → 검사·사법경찰관의 체포·구속·압수·수색·검증행위 • 통신비밀보호법 → 검사·사법경찰관의 통신제한조치				
	명령수행	적법명령	정당행위			
		위법명령	절대적 구속력	×	위법·유책	
				○	초법규적 기대가능성 × → 무죄	
징계행위	학교장 교사	교육기본법 및 초·중등교육법	사회상규에 의한 제한			
사인의 현행범체포	한계를 넘는 경우(형사소송법) ├ 체포시 상해·살인·제3자의 주거침입 └ 체포 후 장시간 감금					
노동쟁의	• 한계(노동조합 및 노동관계조정법) • 근로조건의 개선목적 필요 • 민주적·합법적 절차 • 비폭력적인 행위					
기 타	• 업무상 비밀누설죄 → 감염병예방법 • (정신병자) 감금죄 → 정신건강복지법, 경찰관직무집행법 등 • 복표발매죄 → 주택건설촉진법, 한국마사회법 등 • 상해죄·중상해죄 → 뇌사자의 장기적출행위(장기이식법) • 도박죄·상습도박죄 → 강원도 정선 카지노(폐광지역개발지원특별법) • 상해죄·업무상 과실치사죄 → 경찰관의 총기사용(경찰관직무집행법) • 주거침입죄 → 모(母)의 면접교섭권(민법)					

---

34 일본의 가벌적 위법성론 : 구성요건에 해당하더라도 당해 구성요건이 예정하는 정도의 '실질적 위법성'이 없는 행위에 대하여서는
그 구성요건해당성 또는 위법성을 부정하는 이론이다. 다만, 우리 형법상으로는 제20조에서 포괄적인 위법성조각사유(사회상규)를
규정하고 있으므로, 경미한 불법은 사회상규에 위배되지 않는 정당행위로 인정하면 충분하고, 일본의 가벌적 위법성론을 수입할
필요는 없다.

업무로 인한 행위

의사의 치료	• 업무로 인한 정당행위설(다수설·일부판례) • 피해자의 승낙에 의한 행위설(소수설·일부판례)		
안락사	적극적 안락사	위법 ○(다수설)	
	소극적 안락사	위법 ×(통설·판례)	
변호인의 변론	업무행위(위법 ×)	• 명예훼손 • 업무상 비밀누설	
	위법 ○(한계일탈)	• 범인은닉 • 위증교사 • 증거인멸	
성직자의 업무행위	업무행위(위법 ×)	국가보안법상 불고지죄(무죄)	
	위법 ○(한계일탈)	범인은닉죄(유죄)	
기자의 취재·보도	일상적 업무범위	업무로 인한 행위	
	불법도청자료 보도	일정한 요건하에 정당행위 인정(X파일 사건 : 유죄)	
운동경기	프로·아마선수	업무로 인한 행위	
	일상적 운동경기	사회상규에 위배되지 않는 행위(중대한 위반 : 유죄)	

기타 사회상규에 위배되지 아니하는 행위

소극적 방어행위	(주로) 뿌리치는 행위(판례이론)	적극적 방어	정당방위
		소극적 방어	정당행위
징계권 없는 자의 징계행위	교사(판례 : 법령)	법령상 징계권 ×	사회상규 제한
	자기·타인의 자녀		
	군인	체벌·가혹행위는 위법	
권리실행 행위	채권자가 채무자에게 가하는 일정한 행위가 사기·협박·강요·공갈·업무방해 등 죄의 구성요건에 해당되어도 위법성은 조각		
경미한 불법	• 연필 1자루를 훔치는 행위 • 일본의 소위 가벌적 위법성론(우리나라에서는 불요)		

MEMO

✔ 아웃라인

목 차		난 도	출제율	대표지문
제1절 책임이론	01 책임의 의의	下	★	• 도의적 책임론은 형사책임의 근거를 행위자의 자유의사에서 찾으며, 가벌성 판단에서 행위보다 행위자에 중점을 두는 주관주의 책임론의 입장이다. (×) • 심리적 책임론은 행위자에게 고의는 있으나 기대불가능성을 이유로 책임이 조각되는 경우를 이론적으로 설명하기 어렵다. (○)
	02 책임의 근거	中	★★	
	03 책임의 본질	中	★★	
제2절 책임능력	01 책임능력의 의의·본질·평가방법	下	★	• 형법 제10조 제1항의 책임무능력은 생물학적 방법과 심리학적 방법을 혼합하여 판단한다. (○) • 우리 형법은 독일 형법과 달리 '원인에 있어서 자유로운 행위'에 관해 명문의 규정을 두고 있다. (○) • 원인설정행위에서 책임의 근거를 찾는 견해에 대해 '행위-책임 동시존재의 원칙'에 대한 예외를 인정한다는 비판이 있다. (×)
	02 형사미성년자	下	★★	
	03 심신상실자	下	★	
	04 한정책임능력자	下	★	
	05 원인에 있어서 자유로운 행위	中	★★	
제3절 위법성의 인식	01 의 의	下	★	• 범죄의 성립에서 위법성에 대한 인식은 범죄사실이 사회정의와 조리에 어긋난다는 것을 인식하는 것뿐만 아니라 구체적인 해당 법조문까지 인식하여야 한다. (×)
	02 체계적 지위	下	★★	
제4절 법률의 착오	01 의 의	下	★	• 행위자가 자기의 행위와 관련된 금지규범을 알지 못한 경우도 그 부지에 정당한 이유가 있는 경우에는 벌하지 않는다. (×) • 남편이 부인을 구타하면서 징계권이 있다고 오인한 경우는 위법성 조각사유의 한계에 대한 착오가 법률의 착오에 해당한다. (×)
	02 유 형	下	★★★	
	03 형법 제16조의 해석	中	★★★	
제5절 책임조각사유 : 기대불가능성	01 서 설	下	★	• '기대불가능성' 내지 '기대가능성의 감소'를 이유로 한 형법상 책임 감경 또는 책임감면의 규정에 오상피난이 있다. (×) • 저항할 수 없는 폭력에는 절대적 폭력 외에 강제적 폭력 내지 심리적 폭력도 포함된다. (×)
	02 책임론에서의 체계적 지위	下	★	
	03 기대가능성의 판단기준	中	★★	
	04 기대불가능성으로 인한 책임조각사유	中	★★	
	05 강요된 행위	中	★★	

✔ 출제경향

구 분	경찰채용						경찰간부						경찰승진					
	17	18	19	20	21	22	17	18	19	20	21	22	17	18	19	20	21	22
제1절 책임이론																		
제2절 책임능력		1	2	1	1		1		1	1		1	1		2	1	1	
제3절 위법성의 인식																		
제4절 법률의 착오	1		1	1		1	1	1	1	1	1	3	1	1	1	1	1	1
제5절 책임조각사유 : 기대불 가능성				1		1					2						1	1
출제빈도	11/220						14/240						13/240					

CHAPTER 04

책임론

국가9급						법원9급						법원행시						변호사시험					
17	18	19	20	21	22	16	17	18	19	20	21	17	18	19	20	21	22	17	18	19	20	21	22
	1																					1	1
1			1	1	1		1		1	1	1	1			1						1	1	
		1																				1	
					1		1							1	1		1	1					
1		1																1					
9/120						5/150						5/240						7/140					

CHAPTER 04 책임론

제1절 책임이론

01 책임의 의의

1. 개 념

범죄가 성립하려면, 일정한 행위(사회적으로 중요한 행위 : 통설인 사회적 행위론)가 −죄형법정주의원칙에 의할 때− 범죄를 구성하는 정형적인 명문의 규정(불법구성요건)에 해당해야 하고, 이렇게 구성요건에 해당하는 행위는 위법성(전체적 가치질서에 위반되는 성질)이 추정(구성요건은 위법성의 인식근거 : 통설)되므로 위법성단계에서는 예외적으로 위법성을 없앨 수 있는 사유(형법 및 기타 특별법에 규정되어 있는 위법성조각사유)에 해당되지만 않으면 위법하다고 평가되게 된다. 이러한 판단이 내려지면 '어떠한 행위가 불법하다.'는 구체적 판단을 내릴 수 있게 된다.

그렇다면 범죄의 성립조건을 따짐에 있어 마지막 남은 요소는 '행위자'에 대한 판단인 책임의 문제이다. 책임(責任)이란 위법한 행위에 대하여 행위자를 개인적으로 비난할 수 있는가, 즉 **비난가능성**이다.

2. 책임주의

책임주의(責任主義)는 책임이 없으면 형벌도 없다(nulla poena sine culpa)는 원칙이다. 즉 책임이 없으면 범죄가 성립하지 않고, 형량도 책임의 대소에 따라서 결정하여야 한다는 원칙이므로, 책임은 모든 처벌의 전제가 되며, 양형의 기초가 되고, 불법과 상응하여야 한다.

책임주의원칙은 "형사책임을 지기 위해서는 행위자에게 최소한 과실은 있어야 한다."라든가 "결과적 가중범의 성립에는 그 결과에 관하여 적어도 예견가능성이 있어야 한다."는 등으로 구현되고 있다.

02 책임의 근거

1. 도의적 책임론

(1) 의 의

책임은 자유의사를 가진 자가 그 의사에 의하여 적법한 행위를 할 수 있었음에도 불구하고 위법한 행위를 선택하였으므로 이에 대해 윤리적 비난을 가하는 것이라는 견해를 말한다.

(2) 내 용

① 책임 : 도덕적·윤리적 비난가능성
② 책임의 근거 – 자유의사
    ㉠ **의사책임론** : 결정되어 있지 않은 자유의사가 책임의 기초가 된다(비결정론). [변호사시험 13]
    ㉡ **행위책임론** : 구체적으로 나타난 개개의 행위로부터 책임의 근거를 구한다. [변호사시험 13]
③ 형벌과 보안처분의 관계
    ㉠ **책임능력**(＝범죄능력) : 책임무능력자는 자유의사가 없으므로 범죄능력이 없다. [경찰채용 14 2차]
    ㉡ **이원론** : 과거에 저지른 행위에 대한 의사책임·행위책임에 근거한 형벌과 장래의 재범의 위험성에 근거한 보안처분의 질적 차이를 인정한다.
④ 이론적 배경 : 고전학파(구파, 객관주의, 응보형주의)

(3) 비 판

인간행위에 대한 소질·환경의 영향을 간과하였다는 비판이 있다.

2. 사회적 책임론

(1) 의 의

범죄는 소질과 환경에 의해서 필연적으로 결정된 행위자의 성격의 소산이므로, 책임의 근거는 사회적으로 위험한 행위자의 반사회적 성격에 있다는 견해를 말한다.

(2) 내 용

① 책임 : 사회적 비난가능성(사회방위처분을 받아야 할 필요성)
② 책임의 근거 – 반사회성
    ㉠ **성격책임론** [국가9급 13]
        ⓐ 행위는 행위자의 반사회적 성격의 징표에 불과한 것이므로 반사회성이 책임의 근거이다. [변호사시험 13]
        ⓑ 자유의사는 부정되고, 범죄는 행위자의 소질과 환경에 의하여 필연적으로 유발된다(결정론).
    ㉡ **행위자책임론** [변호사시험 13] : 행위에 표현된 전체로서의 행위자의 인격이 책임비난의 대상이다.
③ 형벌과 보안처분의 관계
    ㉠ **책임능력**(＝형벌능력 [변호사시험 13]) : 책임무능력자도 반사회적 성격을 갖고 반사회적 행위를 하는 이상 사회방위를 위하여 보안처분이 필요하다. [경찰채용 14 2차/변호사시험 13]
    ㉡ **일원론** : 사회방위처분이라는 점에서 형벌과 보안처분은 성질상 동일하다.
      ➡ 양적 차이가 있을 뿐이다.
④ 이론적 배경 : 근대학파(신파, 주관주의, 목적형주의)

(3) 비 판

인간에게는 어느 정도 자유의사가 존재한다는 것을 부정할 수 없다.

3. 인격적 책임론

(1) 의 의

소질과 환경의 영향을 받으면서도 어느 정도 상대적 자유의사를 가진 인간상을 전제로 하여, 책임의 근거를 행위자의 배후에 있는 인격에서 찾으려는 견해를 말한다.

(2) 내 용

① 책임 : 인격형성과정에 대해서 과해지는 비난가능성이다.

② 책임의 근거(인격) : 현실적으로 나타난 1회적인 불법행위 이외에 하나 하나의 인격형성과정까지 책임비난의 대상으로 한다(인격형성책임).

(3) 비 판

① 행위자의 어쩔 수 없는 인격형성이 책임에 포함된다.

② 현행 형사소송법상 인격형성과정의 파악이 불가능하다.

4. 소 결

형법 제10조의 심신장애인의 규정을 보면, "사물을 변별할 능력이 없거나 의사를 결정할 능력이 없으면 벌하지 아니한다."고 하고 있는데, 이는 인간의 자유로운 의사에 기초하여 자신의 의사로 범죄를 범하는 것으로 결정하고 행위하였다는 점을 고려한 것이다. 따라서 형법은 기본적으로 **도의적 책임론**의 입장을 반영하고 있다. 다만, 형법각칙에 여러 상습범 처벌규정들이 존재하며, 형사미성년자에 대해서도 소년법에 의한 보호처분이 가능하고, 심신상실자에 대해서도 치료감호법에 의한 치료감호 등을 내릴 수 있다는 점을 고려한다면 행위자의 반사회적 성격에 기초한 범죄(재범)의 위험성도 형사제재가 필요한 근거가 됨을 부인할 수 없다. 따라서 우리 형사법의 체계는 도의적 책임론을 원칙으로 하되 사회적 책임론도 고려하고 있다고 볼 수 있다.

표정리 책임의 근거 : 도의적 책임론 · 사회적 책임론 · 인격적 책임론

구 분	도의적 책임론	사회적 책임론	인격적 책임론
자유의사 여부	비결정론(자유의사 긍정)	결정론(자유의사 부정)	–
비난의 근거	의사책임론 (자유의사)	성격책임론 (성격 · 소질 · 환경)	생활영위 · 결정책임
비난의 대상	행위책임론	행위자책임론 (사회적으로 위험한 성격을 가진 행위자에 대한 비난)	행위자책임론 (인격적 비난가능성, 상습범가중 근거)
책임능력	범죄능력	형벌적응능력	인격적 책임능력
보안처분과의 관계	이원론	일원론	–
형법학	(고전학파) 객관주의 · 응보형주의	(근대학파) 주관주의 · 목적형주의	–

03 책임의 본질

1. 심리적 책임론

(1) 의 의

객관적 요소는 위법성에 속하고 주관적 요소는 책임에 해당한다고 이해한 고전적 범죄체계론(인과적 행위론)에 의하면, 책임은 범죄행위에 대한 범죄인의 심리적 관계로 파악되므로, 책임이라 함은 책임능력

(책임조건)과 고의·과실(책임형식)로 구성된다는 심리적 책임개념으로 받아들였다. [변호사시험 13] 그러나 심리적 책임론에 의할 때 인식 없는 과실에 의한 행위의 책임을 부정해야 하고, 심리적 책임론은 심각한 비판에 직면하게 된다.

(2) 책임의 구성요소

① 책임능력, ② 고의(위법성의 인식 포함)·과실

(3) 비 판

심리적 책임론에 의하면 ① 전혀 인식 없는 과실이 어찌하여 책임이 인정되어 과실범의 죄책이 인정되는가를 설명하기 어려울 뿐더러, ② 적법행위의 기대가능성이 없는 고의·과실행위의 책임은 인정해야 한다는 점에서 예컨대 강요된 행위(제12조)에 있어서 고의를 가지고 행위하는 피강요자의 책임조각의 이유도 설명하기 어렵다. [사시 11]

2. 규범적 책임론

(1) 의 의

기대가능성을 책임개념의 중심에 위치시키고 책임은 '비난가능' 판단이라는 개념을 확립한 입장이다. 즉, 행위자가 그러한 상황에서 적법행위를 할 수 있었음에도 불구하고 불법행위로 나아갔다는 점에 대한 규범적 비난(행위자의 의사형성에 대한 비난가능성)이 책임이라고 하는 견해이다. 다만 당시의 규범적 책임론은 소위 '복합적 책임개념'을 채택하여 책임단계 내에 심리적 요소인 고의·과실과 규범적 요소인 기대불가능성(책임조각사유)의 부존재가 혼합되어 있다는 입장을 취하였다. 또한 당시의 규범적 책임론에서는 위법성의 인식은 고의의 한 내용에 불과하였다(위법성의 인식의 체계적 지위에 관한 고의설의 입장).

(2) 책임의 구성요소

① 책임능력, ② 고의(위법성의 인식 포함)·과실, ③ 기대가능성(책임조각사유의 부존재)

(3) 비 판

복합적 책임개념을 제시한 규범적 책임론에 대해서는 평가의 대상(고의·과실)과 대상의 평가(비난가능성)를 혼동하였다는 비판이 목적적 범죄체계론자들로부터 제기되었다.

3. 순수한 규범적 책임론

(1) 의 의

목적적 범죄체계론자들은 고의·과실과 같은 평가의 대상이 구성요건요소이고 책임은 단지 의사에 대한 평가(비난가능성)라는 순수한 규범적 책임론을 제시하였다. [변호사시험 13] 이에 의하면 행위의 심적 구성부분인 고의가 책임으로부터 배제되어 일반적·주관적 구성요건요소로 인정되고, 위법성인식이 고의로부터 분리되어 독자적 책임요소로 인정됨으로써 일체의 심리적 관계(고의·과실)가 배제된 책임개념이 형성되게 되었다(목적적 행위론, 순수한 규범적 책임개념, 위법성조각사유의 객관적 전제조건에 관한 착오에 대한 엄격책임설). 즉, 목적적 범죄체계론자들은 평가의 대상(고의·과실)과 대상의 평가(의사형성에 대한 비난가능성)를 엄격히 구분하고자 한 것이다.

(2) 책임의 구성요소

① 책임능력, ② 위법성의 인식(고의와는 분리된 독자적 책임요소), ③ 기대가능성

(3) 비 판

순수한 규범적 책임론은 책임을 단순히 평가(비난가능성) 그 자체만으로 파악하기 때문에 규범적 평가의 대상은 책임단계에는 존재하지 않고 불법단계에만 있게 되어 책임개념이 공허하게 된다(책임개념의 공허화)는 비판을 받게 된다.[35] [경찰 09 2차]

4. 합일태적 책임론 −고의·과실의 이중기능−

(1) 의 의

오늘날에는 목적적 범죄론의 공적에 근거를 두면서도, 고의·과실이 더 이상 구성요건요소만으로 파악되는 것이 아니라 동시에 책임의 요소로도 인정된다는 고의·과실의 이중지위(이중기능)를 받아들이는 합일태적 책임개념이 다수설의 지위를 차지하고 있다. 합일태적 범죄론체계(신고전적·목적적 범죄론체계)의 책임개념인 합일태적 책임개념에 의하면 책임은 책임능력, 위법성의 인식, 책임요소로서의 고의·과실, 기대불가능성(책임조각사유)의 부존재로 구성된다.

(2) 책임의 구성요소

① 책임능력

② 위법성의 인식

③ 책임형식으로서의 (행위자의 심정적 무가치에 상응하는) 고의 및 과실 : 구성요건고의가 '~을 알고 의욕한다.'의 문제라면 책임고의는 '~을 알고 의욕한 데 대한 자책감 내지 가책(심정반가치)'의 문제이다. 구성요건적 고의가 인정되면 책임형식으로서의 고의도 있을 것임이 어느 정도 추정된다는 점에서 구성요건고의는 책임고의의 징표이다. 다만 구성요건적 과실(객관적 주의의무위반)과 책임과실(주관적 주의의무위반)은 서로 분리된 개념이라는 점에서, 고의의 이중기능과 과실의 이중기능의 의미는 다소 차이가 있다.

④ 기대가능성(책임조각사유의 부존재)

5. 예방적 책임론

합목적적(기능적) 범죄체계론에서 주장되는 책임개념으로서, 책임에서 특별예방 혹은 일반예방적 관점에서 형벌이 가지는 예방적 필요성까지도 인정되어야 한다고 보는 입장이다(Roxin의 답책성론, Jakobs의 기능적 책임론). [사시 10/변호사시험 13] 이를 기능적 책임론이라고도 한다. 록신은 책임의 개념을 유지하면서도 행위자에 대한 답책성[答責性 또는 벌책성(罰責性). 처벌할 만한가의 의미]이 있다면 책임이 인정될 수도 있고 답책성이 부정된다면 책임이 부정될 수도 있다는 이론을 제시하고 있으며, 야콥스는 적극적 일반예방의 유무 및 그 정도에 따라 책임의 유무 및 그 정도도 정해진다는 이론을 제시하고 있다.

이러한 예방적 책임론에 대해서는 책임주의에 반할 수 있다는 비판이 제기된다.

---

35 2009.7.25. 경찰공무원(순경) 채용시험에서도 "순수한 규범적 책임론에 대해서는, 평가의 대상과 대상의 평가를 엄격히 구분하려 한 나머지 규범적 평가의 대상을 결하여 책임개념의 공허화를 초래한다는 비판이 제기된다."는 지문이 출제된 바 있다. 위와 같은 이유로 이 지문은 맞는 것이다.

구 분	고전적 범죄체계	신고전적 범죄체계	목적적 범죄체계	합일태적 범죄체계(통설)
구성 요건	甲 ──'총'──→ 乙 살인 객관적 · 형식적 · 몰가치적 · 기술적 가치중립적	주관적 요소 〈목적〉 규범적 구성요건요소 예 명예	= 목적적 책임론 Welzel 고의 · 과실	구성요건적 고의 · 과실 (행위반가치)
		책 임 능 력		
책 임	고의 · 과실 ↓ 심리적 책임론	고의 · 과실 기대가능성 ↓ 규범적 책임론 적법행위의 기대가능성 × ∴ 무죄 고의 위법성인식	기대가능성 위법성의 인식 (독자적 책임요소로 파악) 순수한 규범적 책임론	책임고의 · 과실 (심정반가치) 위법성의 인식 기대가능성 합일태적 책임론 고의 · 과실의 이중기능

제2절 책임능력

01 책임능력의 의의 · 본질 · 평가방법

1. 의의 및 본질

책임능력이란 행위자가 법규범의 의미내용을 이해하고 이에 따라 행위할 수 있는 능력(불법통찰능력)을 말한다. 행위자에게 이 능력이 없으면 위법한 행위를 한 데 대한 비난가능성도 인정할 수 없다. 즉 책임은 책임능력을 논리적 전제로 하는 것이다.

책임능력의 본질에 대해서는 범죄능력으로 보는 입장(도의적 책임론)과 형벌능력으로 보는 입장(사회적 책임론)이 있으나, 원칙적으로 **자유의사에 기하여 범죄를 범할 수 있는 범죄능력**을 의미한다고 이해할 수 있다.

2. 평가방법 : 생물학적 방법 및 혼합적 방법

형법은 책임능력의 평가방법에 있어서, ① 제9조의 형사미성년자에서는 **생물학적 방법**을, ② 제10조의 심신장애인에서는 생물학적 방법과 심리적 방법의 **혼합적 방법**을 채택하고 있다. [국가9급 15·21 / 사시 11] 혼합적 방법이란 행위자의 비정상적인 상태는 생물학적 방법으로 규정하고, 이러한 생물학적 요인이 시비변별력과 의사결정력에 미치는 영향은 심리적 · 규범적 방법에 의하도록 규정하여 책임능력을 판단하는 방법으로서, 형법 제10조에 규정된 심신장애는 생물학적 요소로서 정신병, 정신박약 또는 비정상적 정신상태와 같은 정신적 장애가 있는 외에 심리학적 요소로서 이와 같은 정신적 장애로 말미암아 사물에 대한 판별능력과 그에 따른 행위통제능력이 결여되거나 감소되었음을 요하는 것이다. 따라서 ① 형사미성년 자의 경우 책임능력은 분리가 불가능하지만, ② **심신장애인에게 있어서는** 어떤 행위에 대하여는 책임능력이 있지만 또 다른 행위에 대하여는 책임능력이 없는 상태에서 범할 수도 있기 때문에 **책임능력은 분리가 가능한 개념**이 된다.

형법은 이와 같이 책임능력을 연령(생물학적 방법) 또는 정신능력(혼합적 방법)으로 규정하는 등으로 그 표준을 정하고 있다. 따라서 ① 책임능력은 **일반적·표준적**인 것인 데 비하여, 후술하는 ② 적법행위의 기대가능성 또는 위법행위를 한 데 대한 비난가능성은 개별적인 상황에 따라 판단을 달리하게 되는 **구체적** 성질의 것이다. 또한 책임능력이 없다 하더라도 사회적 위험성까지 배제되는 것은 아니므로 -구성요 건해당성과 위법성을 갖춘 행위가 있다는 전제에서는- 형벌을 받지는 않더라도 **보안처분**은 내릴 수 있다.

02 형사미성년자

제9조【형사미성년자】 14세 되지 아니한 자의 행위는 벌하지 아니한다. [법원9급 07(상)]

1. 의 의

철저한 생물학적 기준에 의하므로, 만 14세 미만의 자는 **절대적 책임무능력자**가 되어, 개인의 지적 ·도덕적·성격적 발육상태를 고려하지 않고 책임능력이 없다고 확정된다. [경찰채용 12 1차 / 경찰간부 17 / 국가9급 08 / 국가7급 08 / 사시 13] 14세가 되지 아니한 자의 판단기준은 **사실문제**이므로, 출생신고가 절대적 기준이 아니고, 다른 증거에 의한 실제 연령의 입증이 가능하다.

2. 효 과

(1) 원 칙

책임이 조각되어 범죄가 성립하지 아니하므로 '벌하지 아니한다'(제9조).

(2) 예 외

① **소년법에 의한 특별취급** : 14세 이상의 자라 하더라도 19세 미만인 경우에는 '소년'으로서 소년법상 특별한 취급을 받는다(소년법 제2조). [국가7급 08] 여기서 소년이란 심판시, 즉 사실심판결 선고시를 기준으로 19세 미만인 사람을 말한다. [경찰채용 10 1차 / 경찰승진 14 / 국가9급 09 / 국가7급 08 / 사시 14 / 변호사시험 14] 따라서 범행시 소년이어도 재판시 성인이 된 경우에는 통상의 형을 선고할 수밖에 없다. 또한 10세 이상의 소년에 대해서는 소년법상 보호처분을 내릴 수 있다.[36] [경찰승진(경사) 10]

---

36 소년법 제32조(보호처분의 결정) ① 소년부 판사는 심리 결과 보호처분을 할 필요가 있다고 인정하면 결정으로써 다음 각 호의 어느 하나에 해당하는 처분을 하여야 한다.
  1. 보호자 또는 보호자를 대신하여 소년을 보호할 수 있는 자에게 감호 위탁(6개월, 1회 연장 가능)
  2. 수강명령(100시간 이내, 12세 이상)
  3. 사회봉사명령(200시간 이내, 14세 이상)
  4. 보호관찰관의 단기 보호관찰(1년)
  5. 보호관찰관의 장기 보호관찰(2년, 1년의 범위에서 1회 연장 가능)
  6. 아동복지법에 따른 아동복지시설이나 그 밖의 소년보호시설에 감호 위탁(6개월, 1회 연장 가능)

　　　　㉠ 상대적 부정기형(14세 이상 19세 미만)

　　　　　　ⓐ 부정기형을 선고할 수 있는 경우 : 소년이 법정형으로 장기 2년 이상의 유기형(有期刑)에 해당하는 죄를 범한 경우에는 그 형의 범위에서 장기와 단기를 정하여 선고한다(동법 제60조 제1항).

　　　　　　ⓑ 부정기형의 장기와 단기 : 장기는 10년, 단기는 5년을 초과하지 못한다(동 단서). 다만 부정기형을 선고할 때에는 장기와 단기의 폭에 대하여 법정한 바가 없다.

　　　　　　ⓒ 형의 감경 : 소년의 특성에 비추어 상당하다고 인정되는 때에는 그 형을 감경할 수 있다(동조 제2항).

　　　　　　ⓓ 부정기형의 배제 : 형의 집행유예나 선고유예를 선고할 때에는 부정기형을 선고하지 않고 정기형을 선고한다(동조 제60조 제3항). 또한 법정형 중 무기징역형을 선택하여 정상참작감경한 경우에는 부정기형이 아니라 정기형을 선고해야 한다(대법원 1990.10.23, 90도2083; 1991.4.9, 91도357). [국가7급 08]

　　　㉡ 14세 이상 18세 미만의 소년의 경우

　　　　　　ⓐ 사형 또는 무기형은 유기형으로 : '죄를 범할 당시 18세 미만'인 소년에 대하여 사형 또는 무기형으로 처할 경우에는 15년의 유기징역으로 한다(동법 제59조). [경찰채용 11 1차 / 국가7급 08]

　　　　　　ⓑ 환형유치선고의 금지 : 18세 미만인 소년에게는 형법 제70조에 따른 유치선고를 하지 못한다. 다만, 판결선고 전 구속되었거나 제18조 제1항 제3호의 시설위탁조치가 있었을 때에는 그 구속 또는 위탁의 기간에 해당하는 기간은 노역장(勞役場)에 유치된 것으로 보아 형법 제57조를 적용할 수 있다(동법 제62조).

　　　　　　ⓒ 보호처분

　　　㉢ 10세 이상 14세 미만의 소년의 경우 : 형사미성년자이므로 형벌을 과할 수는 없으나, 소년법상 보호처분은 가능하다. [법원행시 14] 즉, 보호처분에 관한 규정들을 종합하자면 10세 이상 19세 미만의 소년에 대하여는 형벌 대신에 보안처분의 일종인 보호처분을 부과할 수 있으며(소년법 제32조 참조), 보호처분을 받은 사실도 상습범 인정의 자료로 삼을 수 있고(대법원 1990.6.26, 90도887), [법원행시 07] 이 경우 14세 이상의 소년에게는 사회봉사명령을 명할 수 있으며(동조 제3항), 12세 이상의 소년에게는 수강명령과 장기 소년원 송치가 가능하다(동조 제4항).

　　　㉣ 10세 미만의 자의 경우 : 형벌과 보안처분 등 일체의 형사제재의 대상이 되지 않는다.

　　② 형법 제9조의 적용배제 : 담배사업법(형법 제9조, 제10조 제2항, 제11조 등의 배제, 동법 제31조)[37]

[표정리] 형사미성년자와 소년법 개관

구 분		연 령	위법행위에 대한 제재
형사미성년자 (형사책임 무능력자)	절대적 형사미성년자	10세 미만	일체의 책임면제
	우범소년	촉법소년	10세~14세 미만	보호처분
형사책임 능력자		범죄소년	14세~19세 미만	• 형벌과 보안처분 • 보호처분

---

7. 병원, 요양소 또는 보호소년 등의 처우에 관한 법률에 따른 소년의료보호시설에 위탁
8. 1개월 이내의 소년원 송치
9. 단기 소년원 송치(6개월 이내)
10. 장기 소년원 송치(2년 이내, 12세 이상)
(각 호의 괄호 안의 기간 및 연령은 본조 제3항·제4항 및 제33조의 규정의 내용임)

37 보충 : 담배사업법 제31조(「형법」의 적용 제한) 이 법에서 정한 죄를 저지른 자에 대해서는 「형법」 제9조, 제10조 제2항, 제11조, 제16조, 제32조 제2항, 제38조 제1항 제2호 중 벌금 경합에 관한 제한가중규정과 같은 법 제53조는 적용하지 아니한다. 다만, 징역형에 처할 경우 또는 징역형과 벌금형을 병과할 경우의 징역형에 대해서는 그러하지 아니하다.

형사책임 능력자	우범소년	범죄소년	14세~19세 미만	• 소년법상 특칙 적용 ┌ 부정기형(법정형이 장기 2년 이상 유기형 │ → 장기 10년, 단기 5년) ├ 임의적 감경 ├ 18세 미만자에 대한 환형처분 금지 └ 18세 미만자(범행 당시)에 대한 사형·무기형의 완화 → 15년의 유기징역 [국가7급 08]
	성 년		19세 이상	형벌과 보안처분

03 심신상실자

제10조【심신장애인.[38]】 ① 심신장애로 인하여 사물을 변별할 능력이 없거나 의사를 결정할 능력이 없는 자의 행위는 벌하지 아니한다. 〈제목개정 2014.12.30.〉 [국가9급 21 / 법원9급 07(상)]

1. 의 의

심신상실자라 함은 심신장애로 인하여 사물변별·의사결정능력이 없는 자를 말한다. 즉 정신병 등의 원인에 의하여 심신장애를 일으켜 사물의 시비를 변별할 능력이 없거나 −시비를 변별할 능력이 있다 하더라도− 시비의 변별에 따라 자신의 의사를 결정하고 행동할 능력이 없는 상태의 자를 의미한다.

2. 요 건

(1) 생물학적 요소 − 심신장애

심신장애의 해석에 있어서는 다음과 같은 유형적 설명을 하는 것이 일반적이다.

① **병적 정신장애**(정신병) : 정신병학상의 정신병과 일치하는 개념으로서 일정한 신체적 질병의 과정을 거치는 정신질환이다. 예를 들어, 평소 **간질병** 증세가 있었더라도 '범행 당시'에는 간질병이 발작하지 아니하였다면 이는 책임감면사유인 심신장애 내지 심신미약의 경우에 해당하지 아니하지만(대법원 1983.10.11, 83도1897), [경찰채용 11 2차 / 국가9급 09·15 / 국가7급 10 / 법원9급 13 / 사시 15] 사소한 주의만 받아도 간질환자 와 같은 증상을 보이는 등 사정이 인정된다면 그 심신장애 여부를 심리하여야 할 것이다(대법원 1983.7.26, 83도1239).

> 예 정신분열증(편집형 정신분열증에 대해서는 대법원 1980.5.27, 80도656, 만성형 정신분열증에 대해서는 대 법원 1991.5.28, 91도636), 조울증, 간질(전간, 대법원 1969.8.26, 69도1121)(이상은 내인성 정신병), 노인성치 매, 창상성뇌손상, 알코올 등 약물중독, 기타 감염성 정신질환(이상은 외인성 정신병)

② **심한 의식장애** : 자아의식 또는 외부에 대한 의식에 심한 손상·단절이 있는 경우이다. 예컨대 음주에 의한 명정은 의식장애 내지 병적 정신장애와 관련되어 책임능력결함요소가 될 수 있다.

> 예 최면적 혼미상태, 심한 흥분·충격, 심한 과로상태, '음주에 의한 명정' 등

---

38 **보충** : 2014년 12월 개정형법 장애인에 대한 사회적 인식 개선을 위하여 "심신장애자"라는 용어를 "심신장애인"으로 순화한 것이다 (2014.12.30. 개정, 법률 제12898호).

③ **정신박약** : 선천적 지능박약을 의미한다.

> 예 백치, 치우, 노둔 등

④ **심한 정신변성** : 선천적 이상상태가 지속되는 경우로서 감정이나 의사 또는 성격의 장애를 의미한다.

> 예 정신병질, 심한 신경쇠약, 다중성격장애, 충동조절장애, 소아기호증, 성주물성애증 등

(2) 심리적 요소 – 사물변별·의사결정능력의 부존재

심신장애라는 생물학적 기초가 존재하여야 하고 이와 같은 생물학적 기초로 인하여 사물변별능력이나 의사결정능력이 없다는 심리적·규범적 요소가 있어야 한다(혼합적 방법).

① **사물변별능력** : 주위의 사물의 보편적 성질을 판별하는 능력을 말한다. 구체적으로 말하자면, 어떠한 행위를 해서는 안 되고 어떠한 행위는 해도 된다는 법질서에 위반되는지 여부에 관한 소박한 판단을 할 수 있는 능력을 말한다. 사물변별능력은 행위자의 기억능력과 일치하는 것은 아니다(대법원 1985.5.28, 85도361). [국가9급 07 / 법원9급 13 / 사시 15]

② **의사결정능력** : 사물의 변별에 따라 행위를 조종할 수 있는 능력을 말한다.

③ **판단방법** : 심신상실 여부를 판단하는 것은 현실적으로 전문가의 감정이 고려되어야 하나, **궁극적으로 이는 법률문제로서 그 임무는 법관에게 부여되어 있다**(규범적 문제 : 대법원 1968.4.30, 68도400). [경찰채용 15 1차 / 경찰간부 17 / 국가9급 07·09·15·21 / 국가7급 07·10] 따라서 법관은 **전문가의 감정을 거치지 않고 행위의 전후사정이나 목격자의 증언 등을 참작하여 심신장애를 판단하더라도 원칙적으로 위법한 것이라고 할 수는 없다.** [경찰채용 11·14 2차 / 경찰승진(경사) 10 / 사시 11·13]

3. 효 과

(1) 원 칙

책임능력이 없어 책임이 조각되므로 '벌하지 아니한다'(제10조 제1항). [국가9급 08]

(2) 예 외

① **형법 제10조 제3항** : 원인에 있어서 자유로운 행위가 되면 본조가 배제된다. [국가9급 08]

② **보안처분** : 심신장애로 인하여 형법 제10조 제1항의 규정에 의하여 벌할 수 없는 자가 심신장애로 인하여 금고 이상의 형에 해당하는 죄를 범하고 재범의 위험성(대법원 1982.6.22, 82감도142)이 있다고 인정되는 때에는 치료감호에 처한다(치료감호법 제2조 제1항 제1호).

③ **성폭력범죄에 있어서의 배제** : 음주 또는 약물로 인한 심신장애 상태에서 성폭력범죄를 범한 때에는 형법 제10조 제1항·제2항 및 제11조를 적용하지 아니할 수 있다(성폭법 제20조). [국가7급 11]

그림정리 형법 제10조 개관

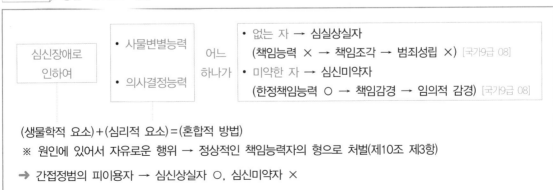

(생물학적 요소)+(심리적 요소)=(혼합적 방법)

※ 원인에 있어서 자유로운 행위 → 정상적인 책임능력자의 형으로 처벌(제10조 제3항)

➔ 간접정범의 피이용자 → 심신상실자 ○, 심신미약자 ✕

1. 심신미약자

> **제10조【심신장애인】** ② 심신장애로 인하여 전항의 능력이 미약한 자의 행위는 형을 감경할 수 있다. 〈개정 2018.12.18.〉
> [경찰채용 16 1차 / 경찰채용 14 2차 / 경찰간부 17 / 법원9급 20]

(1) 의 의

심신미약자란 심신장애로 인해 사물변별·의사결정능력이 미약한 자를 말한다(제10조 제2항).

(2) 요 건

① **생물학적 요소** : 심신장애는 심신상실(제10조 제1항)에서의 심신장애와 그 의미는 동일하지만, 그 정도가 심신상실보다는 가벼운 것을 내용으로 한다. 한정책임능력을 인정할 수 있는 심신장애에는 정신박약과 정신병질의 가벼운 경우, 노이로제(신경쇠약) 또는 충동장애의 경우가 포함되는데, **정신분열증의 경우에도 심신상실로 단정할 수는 없고 심신미약에 해당되는 경우도 있다**(판례). [국가9급 10 / 국가7급 08]

② **심리적 요소** : 사물변별·의사결정능력이 미약하여야 한다. 즉, 정신적 장애가 있는 외에 심리학적 요소로서 사물에 대한 변별능력과 그에 따른 행위통제능력이 '감소'되었음을 요한다. 따라서 **정신적 장애가 있는 자라고 하여도 '범행 당시' 정상적인 사물변별능력이나 행위통제능력이 있었다면 심신 장애로 볼 수 없다**(대법원 2007.2.8, 2006도7900). [경찰채용 15·16 1차 / 경찰간부 17 / 경찰승진 22 / 국가9급 10·18·20 / 국가7급 07·11·13 / 법원행시 10·14·18 / 사시 11·13·14]

③ **판단방법**(혼합적 판단방법) : 전문가의 감정이 중요한 역할을 하지만, 결국 법관이 판단할 사항이라는 점에 있어서 심신상실자의 경우와 다를 바 없다(규범적 문제).

판례연구 **심신미약 관련판례**

대법원 2002.5.24, 2002도1541; 2006.10.13, 2006도5360; 1999.4.27, 99도693·99감도17
충동조절장애와 같은 성격적 결함(생리기간 중 충동 – 필자 주)을 심신장애로 볼 수 있는가의 사례
자신의 충동을 억제하지 못하여 범죄를 저지르게 되는 현상은 정상인에게서도 얼마든지 찾아볼 수 있는 일로서, 특단의 사정이 없는 한 성격적 결함을 가진 자에 대하여 자신의 충동을 억제하고 법을 준수하도록 요구하는 것이 기대할 수 없는 행위를 요구하는 것이라고는 할 수 없으므로, ① 원칙적으로 충동조절장애와 같은 성격적 결함은 형의 감면사유인 심신장애에 해당하지 아니한다고 봄이 상당하지만, ② 그 이상으로 사물을 변별할 수 있는 능력에 장애를 가져오는 원래의 의미의 정신병이 도벽의 원인이라거나 혹은 도벽의 원인이 충동조절장애 와 같은 성격적 결함이라 할지라도 그것이 매우 심각하여 원래의 의미의 정신병을 가진 사람과 동등하다고 평가할 수 있는 경우에는 그로 인한 절도범행은 **심신장애로 인한 범행으로 보아야 한다.** [경찰채용 11 2차 / 경찰간부 11·17·20 / 경찰승진(경사) 10 / 경찰승진(경위) 11 / 경찰승진 14 / 국가9급 07·09·10·13·15 / 국가7급 10·11 / 법원9급 13 / 법원행시 08 ·10·14 / 사시 13 / 변호사시험 21]

---

(3) 효 과

① **원칙** : 책임이 감경될 수 있으므로 '형을 감경할 수 있다'(제10조 제2항, 2018.12.18. 개정). [경찰승진(경감) 10 / 경찰승진 14 / 국가9급 08] 따라서 **한정책임능력자에게도 사형선고가 가능하다.** [국가9급 08] 다만 **한정책임능력자는 책임능력자이므로 간접정범의 피이용자가 될 수는 없다.**

② 예 외

　㉠ 형법 제10조 제3항 : 원인에 있어서 자유로운 행위가 인정되면 형을 감경할 수 없다. [국가9급 08]

　㉡ 보안처분 : 치료감호(치료감호법 제7조 제1호)를 내릴 수 있다. 다만 이 경우 형벌과 치료감호가 함께 선고되면, 그 집행에 있어서는 치료감호를 먼저 받고 그 집행기간은 형기에 산입하게 되는데(동법 제18조), 이는 대체주의의 표현이다.

　㉢ 형법 제10조 제2항의 적용배제 : 담배사업법(제31조)

2. 청각 및 언어 장애인

제11조【청각 및 언어 장애인】 듣거나 말하는 데 모두 장애가 있는 사람의 행위에 대해서는 형을 감경한다. 〈우리말 순화 개정 2020.12.8.〉 [경찰채용 10 2차 / 경찰간부 17 / 경찰승진 14 / 법원9급 07(상) / 법원9급 07(하) / 법원9급 12 · 13 / 사시 13]

(1) 의 의

청각과 발음기능에 이상이 있는 자(선천적·후천적 불문)를 말한다. 즉 청각 및 언어 장애인(구법상 '농아자')은 청각 장애인이면서 언어 장애인인 자를 의미한다. [경찰승진(경사) 10 / 법원행시 07]

(2) 효 과

① 원칙 : 책임이 감경되므로 '형을 감경한다'(제11조). [경찰승진(경사) 10 / 법원9급 20]

② 예외 : 성폭법·담배사업법의 배제규정(성폭법 제20조, 담배사업법 제31조)이 적용된다.

05 원인에 있어서 자유로운 행위

제10조【심신장애인】 ③ 위험의 발생을 예견하고 자의로 심신장애를 야기한 자의 행위에는 전2항의 규정을 적용하지 아니한다. [경찰채용 14 2차 / 경찰간부 16]

사례연구　　고의에 의한 원인에 있어서 자유로운 행위

甲은 乙을 살해할 고의로 용기를 얻기 위해 술을 마시고 만취한 상태(심신상실)가 되어 乙을 살해하였다. 甲의 죄책은?

[해결] 甲은 심신상실상태하에서 乙을 살해하였으나 고의에 의한 원인에 있어서 자유로운 행위(제10조 제3항)가 인정되어 제10조 제1항이 배제되어 정상적인 책임능력자의 형으로 처벌된다.

사례연구　　과실에 의한 원인에 있어서 자유로운 행위

甲은 부부싸움 후 우울한 마음을 달래기 위해 차를 운전하고 한강변에 나왔다가 포장마차를 발견하고 그 옆에 주차한 후 술을 마시고 만취한 상태(심신미약)가 되어 운전을 하다가 행인 乙을 치어 사망에 이르게 하였다. 甲의 죄책은?

[해결] 甲은 심신상실상태하에서 업무상 과실로 乙을 사망에 이르게 하였으나, 과실에 의한 원인에 있어서 자유로운 행위(제10조 제3항)가 인정되어 제10조 제2항이 배제되어 정상적인 책임능력자의 형으로 처벌된다.

사례연구 | 원인에 있어서 자유로운 행위 복합사례

A는 B에게 C를 죽이고 C의 집을 태워버리라고 교사하였다. 이를 승낙한 B는 술을 마시고 만취상태(심신상실)에서 C의 집에 들어가 C를 죽였다. 그런데 취중에 B는 C의 손목시계를 자신의 호주머니에 넣고 그 집을 나왔다. 너무나 만취한 상태였던 B는 방화는 깜빡 잊고 하지 못했다. B와 A의 죄책은?

해결 B는 살인죄와 방화예비·음모죄의 실체적 경합, A는 살인교사죄와 방화예비·음모죄의 실체적 경합(내지 상상적 경합)이 성립한다.

1. 의 의

원인에 있어서 자유로운 행위(actio libera in causa)라 함은 행위자가 고의(위험발생의 예견) 또는 과실(위험발생의 예견가능성)에 의하여 자기를 심신장애의 상태에 빠지게 한 후, 이러한 상태를 이용하여 범죄를 실행하는 것을 말한다. (독일에서는 관습법상 원칙이나) 우리나라에서는 제10조 제3항의 명문의 규정을 두어 **입법으로 해결**하고 있다. [경찰승진(경장) 10 / 국가7급 11]

2. 가벌성의 근거

(1) 원인설정행위에서 찾는 견해

① 내용 : 원인이 자유로운 행위는 자신을 도구로 이용한 점에서 타인을 도구로 이용한 간접정범과 이론구성을 같이하므로 —간접정범의 이용행위처럼— 원인설정행위에 가벌성의 근거가 있다는 입장으로서(간접정범과의 구조적 유사성설; 간접정범유사설), 원인행위 자체를 구성요건적 실행행위로 파악하기 때문에(원인행위=구성요건) **구성요건모델**이라고도 한다. [사시 12 / 변호사시험 14]

② 평가 · 비판 : 이 견해는 논리적으로 간접정범에서 **이용행위시에** 실행의 착수가 인정되듯이 **원인에 있어서** 자유로운 행위에 있어서도 원인행위시에 실행의 착수가 있다고 보게 된다(음주행위만으로도 살인미수죄 인정). 이 설은 실행행위와 책임능력의 동시존재의 원칙과는 일치하나(일치설), **구성요건적 정형성**을 깨뜨릴 수 있다는 점에서 비판의 대상이 된다. [경찰간부 12 · 16 / 경찰승진(경장) 10 / 국가9급 08 / 국가7급 16 / 변호사시험 14]

(2) 원인행위와 실행행위 간의 불가분적 연관성설

① 내용 : 원인에 있어서 자유로운 행위는 실행행위시에는 책임능력에 결함이 있으나, 책임능력 있는 상태에서의 원인행위가 바로 이러한 책임능력결함상태를 야기시켰고, 책임능력결함상태하에서의 실행행위가 원인행위와 **불가분적 관련성**이 있다는 점에서 그 가벌성을 인정할 수 있다는 입장이다(현재의 다수설). [경찰승진(경감) 11 / 사시 12 / 변호사시험 14]

② 평가 · 비판 : ㉠ 불가분적 관련성설은 원인행위(내지 불가분적 관련성)에서 **책임능력**을 찾고(원인행위=책임 : 책임모델) 실행행위는 구성요건 실현행위에서 찾는다(실행행위=행위)는 점에서, **행위와 책임의 동시존재원칙과 일치하지 않는다**는 비판이 제기된다(예외설).[39] [경찰간부 11 / 경찰승진(경장) 10 / 경찰승진(경감) 11] 다만 ㉡ 불가분적 관련성설의 장점은 구성요건적 정형성을 준수하여 죄형법정주의의 보장적 기능을 충실히 하는 데 있다. 결국 살인의 의도로 음주한 행위만으로는 실행의 착수를 인정할 수 없고(경우에 따라 살인예비죄만 성립), 심신장애의 상태에서 법익에 대한 직접적 위험을 발생시킬 수

---

39 보충 : 이러한 책임주의와의 충돌이 있다는 비판에 대하여, 불가분적 연관성설은 오히려 불가분적 관련성이 인정되는 경우에 한하여 원인에 있어서 자유로운 행위의 가벌성을 인정한다는 점에서 책임주의와의 조화를 기할 수 있다는 반론을 제시한다.

있는 구성요건 실현행위(예 칼을 들고 피해자에게 접근하는 행위)를 해야만 실행의 착수를 인정하는 것이다. [경찰채용 20 1차 / 국가9급 08]

(3) 범죄실행행위에서 찾는 견해(소수설)

① 내용 : 현대 심리학상 행위는 일종의 반(半)무의식상태에서 이루어지는 것으로 본다면 원인에 있어서 자유로운 행위의 원인행위는 예비단계에 불과한 것이므로 결국 무의식상태에서 행한 실행행위에 가벌성의 근거를 인정하는 입장이다(유기천). [변호사시험 14]

② 비판 : 반무의식상태하에서의 행위라는 개념을 인정하면 대부분의 경우에 책임능력이 인정되어 법적 안정성을 해하는 결과를 초래할 수 있다. [변호사시험 14] 또한 과학적으로 공인되지 못한 심층심리학에 근거한 주장을 법률해석에 있어서 받아들이기는 어렵다.

3. 유 형

원인에 있어서 자유로운 행위는 고의에 의한 원인에 있어서 자유로운 행위뿐만 아니라 과실에 의한 경우까지 포함된다(다수설·판례). 또한 작위와 부작위를 불문한다. [경찰승진(경감) 11 / 국가7급 11]

(1) 고의에 의한 원인에 있어서 자유로운 행위

행위자가 자의로 자신의 책임능력결함상태를 야기시키고 이 상태하에서 의도했던 구성요건해당적 행위를 범하는 경우를 말한다. 이때 고의에는 미필적 고의도 포함된다. 형법 제10조 제3항에서 규정된 '위험의 발생을 예견'한 경우가 바로 여기에 적용된다. 고의범이 되기 위해서는, 명정에 의한 심신상실 중에 행한 행위에 대해 고의책임을 묻기 위해서는 심신상실에 빠지기 전에 자신을 심신상실에 빠지게 한다는 것과 그 이후의 범죄사실의 발생을 인식·인용하였음을 필요로 한다(예 특정인을 살해하려고 음주한 후 취중에 이를 행한 경우, 전철수가 열차를 충돌시킬 의도로 음주하고 잠든 경우 등).[40]

사례연구　대마초 흡연과 원인에 있어서 자유로운 행위

甲은 상습적으로 대마초를 흡연하는 자인데, 乙을 살해하기로 결심한 후 대마초를 흡연하고 심신미약상태에서 乙을 잔인한 방법으로 살해하였다. 甲의 죄책은?

해결　대마초 흡연시에 이미 범행을 예견하고도 자의로 심신장애를 야기한 경우에는 형법 제10조 제3항에 의하여 제10조 제2항의 심신장애로 인한 감경을 할 수 없다(대법원 1996.6.11, 96도857).

(2) 과실에 의한 원인에 있어서 자유로운 행위

행위자가 책임능력결함상태에서 행한 행위를 예견할 수 있었음에도 불구하고 부주의로 예견하지 못하고 자신을 책임능력결함상태에 빠뜨린 경우를 말한다. 구체적으로는 책임능력결여상태(책임무능력·한정책임능력)를 야기하는 원인행위시에는 고의 또는 과실이 있었으나, 책임능력흠결상태에서 구성요건적 실행행위를 할 당시에는 고의가 없고 과실만 존재하는 경우를 말한다. 예컨대, 甲은 자신이 술에 취하면 난폭해지고 남을 폭행하는 습관이 있다는 것을 알면서도 회사 회식자리에서 술을 마시고 만취하여 자신의 상관 乙을 폭행하여 상해를 입혔다면, 이는 乙을 폭행·상해하려는 고의를 가지고 음주한 것은 아니므로 고의에

40　보충 : 이 경우 고의의 대상은 '심신장애상태의 야기'와 '심신장애상태하에서 실현될 구성요건적 실행행위'의 양자를 대상으로 한다는 점에서 '고의의 이중적 관련' 내지 '이중의 고의'가 요구된다는 것이 다수설이므로, 본서는 다수설에 따라 서술하고 있다. 다수설에 의하면, 반면 음주하면 타인을 구타할 것을 잘 알면서 '부주의하게' 적량을 초과·음주하여 타인을 구타하게 된 경우에는 고의에 의한 것이 아니라 과실에 의한 원인에 있어서 자유로운 행위에 불과하게 된다. 이외 소수설들이 있지만 본서의 특성상 설명을 생략한다.

의한 것이 아니라 −따라서 폭행치상죄나 상해죄는 성립하지 않고− 과실에 의한 원인에 있어서 자유로운 행위로서 과실치상죄만 성립될 뿐이다. 또한 모친이 수면 중 부주의하게 자신의 가슴으로 영아를 질식사시킨 경우에도 과실에 의한 원인에 있어서 자유로운 행위에 해당된다.

제10조 제3항은 위험발생을 예견한 경우로 규정하고 있으나 다수설은 여기의 '예견'에는 예견한 경우뿐만 아니라 '예견할 수 있었던 경우'(예견가능)도 포함된다고 보고 있다. [국가9급 11] **판례**도 형법 제10조 제3항은 "위험의 발생을 예견하고 자의로 심신장애를 야기한 자의 행위에는 전2항의 규정을 적용하지 아니한다."고 규정하고 있는바, 이 규정은 고의에 의한 원인에 있어서의 자유로운 행위만이 아니라 과실에 의한 원인에 있어서의 자유로운 행위까지도 포함하는 것으로서 위험의 발생을 예견할 수 있었는데도 자의로 심신장애를 야기한 경우도 그 적용 대상이 된다(음주운전 사고, 대법원 1992.7.28, 92도999)고 보고 있다. [경찰채용 16 1차 / 경찰채용 18 2차 / 경찰채용 15 3차 / 경찰간부 12·16·18·20 / 경찰승진(경장) 10 / 경찰승진(경위) 11 / 경찰승진(경감) 11 / 경찰승진 13·15 / 국가9급 08·11 / 국가7급 11 / 법원행시 08 / 사시 12]

표정리 원인에 있어서 자유로운 행위의 유형 정리

구 분	사 례	원인행위	실행행위	법적 처리
제1유형 (고의 – 고의) ('이중'고의)	• 甲은 술기운을 이용하여 강도를 실행하였다(작위). • 전철수 甲은 열차를 충돌시켜 사람(승객)들을 사상시키기 위하여 술을 마시고 만취하고 잠을 자버려 철도변경을 하지 않았다(부작위).	甲의 고의 음주행위	• 甲의 고의의 강취행위 • 甲의 고의의 살인 내지 상해행위	고의범(강도죄 내지 살인·상해죄)
제2유형 (고의 – 과실)	• 甲이 음주시에 교통사고의 위험성을 예견(가능)하였는데도 자의로 음주 후 인사교통사고를 일으킨 경우(92도999) • 전철수 甲이 사고가 예견가능함에도 술을 마셔 심신미약상태에 빠져 철로변경을 하지 않아 기차가 충돌하여 사람이 사상한 경우		甲의 과실행위 (업무상 과실치사상죄)	과실범(업무상 과실치사상죄) : 심신미약으로 인한 감경을 할 수 없음
제3유형 (과실 – 고의)	甲이 乙을 살해하기 위해 대기 중 부주의하게 술을 마시고 명정 상태에 빠져 乙을 살해한 경우	甲의 부주의한 음주행위	甲의 乙에 대한 (예견하였던) 살해행위	과실범(과실치사죄−감경 안됨) : 행위·책임 동시존재원칙의 예외이어서 엄격 해석하여야 하므로 고의범설 배척
제4유형 (과실 – 과실)	야간당직의사(甲)가 부주의하게 음주하고 응급환자를 진료하다 한 의료과실행위		甲의 의료과실행위 (업무상 과실치사상죄)	과실범(업무상 과실치사상죄−감경 인정) : 원인행위의 과실과 실행행위의 과실이 불가분적으로 연관되어 있으므로 통상의 과실범이라고 보아도 무방함(견해대립 있음)

4. 실행의 착수시기

(1) 고의에 의한 원인에 있어서 자유로운 행위

① 원인행위시설(주관설, 간접정범유사설)

㉠ 내용 : 간접정범과 구조적 유사성이 있기 때문에 원인행위시에 실행의 착수가 있다는 견해이다(과거의 다수설). 행위와 책임의 동시존재원칙에 부합되는 입장이다. [국가9급 11]

ⓛ 비판 : 살인을 하려고 술을 많이 마셨으나 너무 취하여 술자리에 그대로 쓰러진 채 잠들어 버린 경우를 살인미수로 본다는 것은 무리이다. 도대체 살인행위가 시작되었다고 보기 어렵다는 점에서 주관설은 **구성요건의 정형성을 무시한다**는 문제가 있다.
　② **절충설** : 객관설은 실행의 착수시기가 지나치게 늦어지므로 원인설정행위 후 책임능력결함상태에서 실행행위를 위한 진행행위 개시시에 실행의 착수가 있다는 입장이다(김일수).
　③ **실행행위시설**(객관설, 불가분적 관련성설 [사시 11]) : 불가분적 관련성설에 의하여, 책임능력결함상태하에서의 구성요건적 실행행위 개시시에 실행의 착수가 있다는 학설이다(다수설). 원인설정행위와 실행행위 간의 불가분적 연관성에 가벌성의 근거가 있다는 의미는 책임의 근거만 원인행위로 앞당기는 것이고, 실행의 착수시기는 구성요건적 정형성에 근거하여 실행행위시에 인정해야 하기 때문이다.

(2) 과실에 의한 원인에 있어서 자유로운 행위

　　논리적으로는 고의에 의한 경우와 마찬가지로 실행행위시에 실행의 착수가 있다고 보아야 하지만, 과실범의 미수란 도대체 형법상 처벌할 수 없기 때문에 그 실행착수시기를 논하는 것은 무의미하다.

표정리 실행의 착수시기에 관한 학설의 비교

원인행위시설(주관설)	간접정범과 구조적 유사성이 있기 때문에 원인행위시에 실행의 착수가 있다.
절충설	원인설정행위 후 책임능력결함상태에서 실행행위를 위한 진행행위 개시시에 실행의 착수가 있다.
실행행위시설(객관설)	실행의 착수시기의 확정문제는 객관적인 구성요건의 정형성을 떠나서는 정하기 어렵기 때문에 책임능력결함상태하에서의 구성요건적 실행행위 개시시에 실행의 착수가 있다(현재의 다수설).

5. 형법 제10조 제3항의 요건과 효과

(1) 위험발생의 예견과 예견가능성 그리고 원인행위시의 책임능력 구비

　　형법은 위험발생을 예견한 경우만을 규정하고 있다(제10조 제3항 참조). 그러나 여기에는 구성요건실현에 대한 예견(고의)뿐만 아니라 구성요건실현에 대한 예견가능성(과실)도 포함된다. 그리고 원인에 있어서 자유로운 행위가 성립하려면 **최소한 그 원인행위시에는 책임능력이 있을 것**을 요한다. 이는 책임주의의 당연한 요청이다. 따라서 원인에 있어서 자유로운 행위에 있어서 행위자를 처벌할 때 행위자의 책임능력 유무는 범죄실행행위시가 아니라 '원인설정행위시'를 그 기준으로 결정하여야 한다.

(2) 자의에 의한 심신장애의 야기

　　'자의'란 구성요건적 고의뿐 아니라 과실도 포함된다(다수설·판례).

(3) 심신장애상태

　　심신상실(제10조 제1항)과 심신미약(제10조 제2항)을 포함한다. [국가9급 08]

(4) 효 과

　　책임무능력상태의 행위일지라도 면책되지 않고, 한정책임능력상태하의 행위일지라도 형이 감경되지 않는다. [경찰간부 12·16/국가7급 11] 즉 정상적인 책임능력자의 형으로 처벌한다.

표정리 원인에 있어 자유로운 행위의 학설 핵심정리

가벌성의 근거	원인행위설	
학 설	간접정범과의 구조적 유사성설	원인행위와 실행행위의 불가분적 연관성설
실행의 착수시기	원인행위시설(주관설 : ~미수)	실행행위시설(객관설 : ~예비)

행위와 책임의 동시존재원칙	○ (일치설, 구성요건모델) (원인행위 자체＝구성요건행위)	× (예외설, 책임모델) (책임－원인행위≠실행－실행행위)
구성요건적 정형성	× (죄형법정주의, 보장적 기능에 反)	○

제3절 위법성의 인식

01 의 의

위법성의 인식은 자신의 행위가 실질적으로 위법하다는 행위자의 의식이다(제16조). 이를 불법의식이라고도 한다. 위법성의 인식이란 해당 범죄사실이 '사회정의와 조리'에 어긋난다는 것을 인식하는 것으로서 족하고 해당 법조문의 내용까지 인식할 것을 요하지 않는다(대법원 1987.3.24, 86도2673). [경찰승진 16 / 국가9급 15 / 국가7급 12·14 / 사시 13] 따라서 확정적 인식을 요하지 않고 미필적으로 족하다(미필적 불법의식). 또한 확신범이나 양심범이라 하더라도 위법성의 인식이 있으므로 책임비난이 가능하게 된다. 그리고 위법성의 인식은 수개의 범행 중 일부에 대하여 존재하는 동시에 다른 일부에 대하여 존재하지 않을 수도 있다는 점에서 분리가능한 개념이다.

02 체계적 지위

위법성의 인식이 책임론 구조에서 어떤 지위를 가지느냐에 대하여 견해가 대립된다. 크게 고의설과 책임설로 나뉘는데, 고의설은 엄격고의설과 제한적 고의설로 다시 나뉘며, 책임설은 엄격책임설과 제한적 책임설로 다시 나뉜다.

1. 고의설

(1) 의 의

① 고의를 책임요소로 이해하고, 그 내용으로서 구성요건에 해당하는 객관적 사실의 인식 이외에 위법성의 인식(또는 그 인식의 가능성)이 필요하다는 견해이다(인과적 행위론).

② 위법성의 인식이 없으면 고의가 조각되며, 과실이 있는 경우 과실범 처벌규정의 존재를 전제로 과실범으로 처벌된다. [국가9급 07] **판례**는 종래 고의설의 입장을 판시해왔다. 다만 오상방위에 대해서는 엄격책임설의 입장도 판시한 바 있으므로 그 입장이 명확하지는 않다.

(2) 종 류

① **엄격고의설** [사시 12·13 / 변호사시험 12]

㉠ 내용 : 고의가 성립하기 위해서는 구성요건에 해당하는 객관적 사실의 인식 이외에 다시 **현실적인 위법성의 인식**이 필요하다는 입장이다(고의＝구성요건적 사실의 인식＋현실적인 위법성의 인식).

ⓛ 비 판

ⓐ 위법성의 인식 없이 행위한 자는 고의범이 되지 아니하므로 과실범 처벌규정이 없는 경우 행위자를 처벌할 수 없다는 형사정책적 결함이 있다. [경찰승진 11]

ⓑ 법무관심적 태도를 가진 자, 도의심이 박약한 자, 상습범·확신범·격정범 등에게는 고의가 인정되지 아니하는 문제가 있다. [사시 10]

ⓒ 엄격고의설에 의하면 위법성의 인식이 없는 법률의 착오의 경우에도 고의가 조각된다고 보게 되므로, 사실의 착오와 법률의 착오를 구별할 수 없게 된다. [국가9급 07]

② 제한적 고의설(위법성의 인식가능성설) [국가7급 17/사시 13]

㉠ 내용 : 고의가 성립하기 위해서는 구성요건에 해당하는 객관적 사실의 인식 이외에 **위법성의 인식가능성**만 있으면 충분하고, 현실적인 위법성인식은 불필요하다는 입장이다(고의＝구성요건적 사실의 인식＋위법성의 인식가능성).

ⓛ 비 판

ⓐ 엄격고의설의 형사정책적 결함이 제거되지 아니한다.

ⓑ 과실로 구성요건적 사실을 인식하지 못한 경우에는 과실범의 효과를 인정하면서, 과실로 위법성을 인식하지 못한 경우에는 고의범의 효과를 인정하는 것은 균형에 맞지 않는다. [사시 10]

ⓒ 고의설로서의 이론적 출발점을 포기해야만 성립될 수 있는 이론이다.

2. 책임설

(1) 의 의

위법성의 인식 및 인식의 가능성은 고의와는 **독립된 책임요소**로 이해하는 입장이다(목적적 행위론에서 주장된 이래 현재까지 통설). 위법성인식이 독자적 책임요소라는 책임설은 지금도 통설이며, 위법성인식 여부의 문제는 행위자에 대한 비난가능성 유무의 문제로 직결된다는 점에서 책임설은 설득력을 가지고 있다. 따라서 책임설에 의하면 위법성의 인식이 없는 금지착오의 경우에도 고의는 인정하게 되고, 현실적으로 위법한 행위를 하면서도 위법성의 인식 또는 그 인식가능성이 없는 경우에는 **금지착오**(제16조)의 문제로 되어 그 오인에 정당한 이유가 있는지에 따라 책임조각 여부가 결정되게 된다.

(2) 종 류

① **엄격책임설** [국가7급 17/사시 12/변호사시험 12]

㉠ 내용 : 위법성에 관한 모든 착오를 법률의 착오라고 하는 견해(목적적 행위론)이다. 따라서 오상방위와 같은 위법성조각사유의 전제사실에 대한 착오도 금지착오라고 보아 그 착오의 정당한 사유의 존부에 의하여 책임조각만을 판단한다(제16조의 적용).

ⓛ 비 판

ⓐ 위법성조각사유의 전제사실에 관한 착오에 빠진 자를 ―과실범으로 인정할 수 있는 이론적 가능성은 배제하고― 고의범으로 처벌하는 것은 법감정에 반할 수 있다. [사시 10]

ⓑ 위법성조각사유의 전제사실에 대한 착오의 경우 법률의 착오로 보게 됨에 따라 제한적 책임설 중 법효과제한적 책임설의 입장을 수용할 수 없게 된다.

② **제한적 책임설** [변호사시험 12] : 보통의 위법성에 관한 착오와 위법성조각사유의 존재 내지 한계에 관한 착오는 금지착오로 보지만, 위법성조각사유의 전제사실에 관한 착오는 **사실의 착오**의 성질을 가진다는 점을 중시하여 고의범의 성립을 부정한다는 입장이다. 고의가 조각된다면 제13조가 적용되어 과실범이 성립하는가를 따져보게 된다.

학 설		내 용
위법성인식 불요설		고의의 성립에는 위법성의 인식이 필요하지 않으며, 법률의 착오는 고의를 조각하지 않는다는 입장이다(예 "법률의 부지는 변명되지 않는다.", "법률의 부지는 용서받지 못한다.").
고의설		위법성의 인식이 없으면 고의가 조각되며, 이때 회피가능성이 있는 경우 과실범의 처벌규정이 있으면 과실범으로 처벌될 뿐이다(인과적 행위론).
	엄격고의설	책임요소로서 고의가 성립하기 위해서는 범죄사실의 인식 이외에 현실적인 위법성의 인식이 필요 하다는 견해이다. ※ 비판 : 도의심이 박약한 자를 유리하게 취급한다(예 연쇄살인범).
	제한적 고의설	• 적어도 위법성의 인식은 필요하므로 위법성의 인식가능성이 없으면 고의를 부정하는 입장이다. • 종류 : 위법성의 인식가능성설, 법과실준고의설
책임설(통설)		위법성의 인식을 고의와 독립된 책임요소로 보는 견해이다(목적적 행위론 이후).
엄격책임설		모든 위법성조각사유에 관한 착오를 금지착오(법률의 착오)로 본다.
제한적 책임설		• 위법성조각사유의 존재 그 자체나 허용한계에 관한 착오 → 금지착오로 본다. • 위법성조각사유의 전제사실에 관한 착오(예 오상방위) → 구성요건적 착오(사실의 착오)와의 구조적 유사성을 근거로 고의는 조각되고, 과실범의 처벌규정이 있는 때에만 과실범으로 처벌 된다.

제4절 법률의 착오

01 의 의

> 제16조 【법률의 착오】 지기의 행위가 법령에 의하여 죄가 되지 아니하는 것으로 오인한 행위는 그 오인에 정당한
> 이유가 있는 때에 한하여 벌하지 아니한다. [경찰채용 15 2차 / 경찰승진(경위) 10 / 경찰승진 11·13·14·16 / 국가7급 12 / 법원9급
> 07(해)]

법률의 착오라 함은 위법한 행위를 하면서도 자기의 행위가 위법함을 착오로 인하여 인식하지 못한 경우를 말한다(위법성의 착오, 금지착오, 위법성의 소극적 착오). 구성요건에서 설명한 사실의 착오는 고의의 성부와 관련되지만, 위법성의 착오는 −책임설에 의할 때 위법성의 인식은 고의와 다른 독자적 요소이므로 일단 구성요건적 고의는 인정된다는 전제하에− 오직 책임(비난가능성)과 관련된다.

02 유 형

1. 적극적 착오와 소극적 착오

(1) 적극적 착오

위법성의 적극적 착오란 처벌되지 않는 행위를 처벌된다고 오인한 경우로서 **환각범**(환상범) 내지 **반전된**

금지착오라고 부른다. [경찰채용 15 1차 / 경찰채용 20 2차 / 경찰간부 12 / 사시 11] 예컨대, 중환자를 모른 체 해도 유기죄에 해당된다고 믿고 구호행위를 하지 않은 경우나(제271조 제1항을 참조할 것. 이 경우에는 법률·계약상 보호의무가 없으므로 불가벌임), 동네사람의 집이 불타고 있는데 이를 방관하면서 −사실은 소화의무가 없음에도 불구하고− (부작위에 의한) 방화죄가 성립한다고 오인하면서 걱정하는 경우가 여기에 속한다.[41]

환상범은 애초부터 이를 처벌하는 법질서가 존재하지 않기 때문에 **불가벌**이 된다.

> **예** • 동성애도 범죄가 된다고 오인하고 동성인 자와 성관계를 가진 경우
> • 형사피고인이 허위진술하면서 위증죄가 된다고 오인한 경우
> • 자살도 죄가 된다고 오인하고 이를 시도하다 미수에 그친 경우
> • 16세 이상의 사람과 합의하에 성관계를 가지면 처벌된다고 오인한 경우
> • 행인이 익사위험에 처한 자를 구조하지 않으면 처벌된다고 오인한 경우

(2) 소극적 착오

위법성의 소극적 착오란 위법한 행위를 위법하지 않다고 오인한 경우로서 **일반적인 법률의 착오 내지 금지착오**의 경우이다. 형법 제16조에 의하여 정당한 이유 여부로 처리된다.

2. 직접적 위법성의 착오와 간접적 위법성의 착오

(1) 직접적 (위법성의) 착오

① 의의 : 행위자가 자기의 행위에 직접적으로 적용되는 금지규범 그 자체(**예** 살인죄의 제250조 제1항이나 상해죄의 제257조 제1항 등의 규정)를 인식하지 못하고 자기의 행위가 허용된다고 오인한 경우를 말한다. 직접적 위법성의 착오 내지 (직접적) 금지규범에 관한 착오라고도 부른다.

② 종 류

  ㉠ **법률의 부지**

   ⓐ 의의 : 법률의 부지(不知)라 함은 행위자가 자기의 행위를 금지하는 법규 그 자체의 존재를 인식하지 못한 경우를 말하며, 금지착오 여부에 대해서는 견해가 대립한다.

   ⓑ 판례 − 부정설 : '단순한 법률의 부지는 용서받지 못한다(ignorantia legis neminem excusat).'라고 보아 금지착오 자체에 해당되지 않으므로 그대로 고의범이 성립한다는 입장이다. 즉, **판례**는 법률의 착오란 **단순한 법률의 부지**의 경우를 말하는 것이 아니고 일반적으로 범죄가 되는 행위이지만 자기의 특수한 경우에는 법령에 의하여 허용된 행위로서 죄가 되지 아니한다고 그릇 인식하고 그와 같이 인식함에 있어 정당한 이유가 있는 경우라고 보고 있다(대법원 1991.10.11, 91도1566 등). [경찰승진 13·16 / 국가9급 07·08 / 국가7급 07·12 / 법원행시 07·09 / 사시 11·12]

> **판례연구** **법률의 부지이므로 법률의 착오가 아니라고 한 사례**
>
> **대법원 1985.4.9, 85도25**
> 구 미성년자보호법(현 청소년보호법)에 대한 부지 : 천지창조 사례
> 형법 제16조에 자기의 행위가 법령에 의하여 죄가 되지 아니한 것으로 오인한 행위는 그 오인에 정당한 이유가 있는 때에 한하여 벌하지 아니한다고 규정하고 있는 것은 ① 단순한 **법률의 부지**의 경우를 말하는 것이 아니고, ② 일반적으로 범죄가 되는 행위이지만 자기의 특수한 경우에는 법령에 의하여 허용된 행위로서 죄가 되지 아니한다고 그릇 인식하고 그와 같이 그릇 인식함에 있어서 정당한 이유가 있는 경우에는 벌하지 아니한다는

---

41 참고 : 환상범과 반전된 금지착오의 차이 **환상범은 반전된 금지착오보다는 넓은 개념이다.** 왜냐하면 환상범은 '처벌되지 않는 행위를 처벌된다고 믿는 모든 경우'를 말하지만, 반전된 금지착오는 '위법하지 않은 행위를 하면서 위법하다고 오인한 경우'만을 의미할 것이기 때문이다. 예를 들어, 자기 아버지의 재물을 절취하면서 처벌된다고 믿은 아들의 경우에는 환상범이기는 하지만 반전된 금지착오의 경우는 아니다.

ⓒ **통설 – 긍정설** : 금지착오의 경우로 본다. 위법성의 인식이 결여되었다는 점에서 다른 착오와 규범적 차이가 존재하지 않는 경우이므로 제16조가 적용된다는 점에서 그 착오에 정당한 이유 유무를 심사해 보아야 한다고 보고 있다.

ⓛ **효력의 착오** : 행위자가 일반적 구속력이 있는 법규정을 잘못 판단하여 그 규정이 무효라고 오인한 경우를 말한다. [사시 11] 예를 들어, 존속살해죄를 범하면서 이 법규정은 헌법에 위반되므로 무효라고 생각한 경우가 여기에 속한다.

> **예** 형법규정이 위헌이기 때문에 무효라고 생각한 경우

ⓒ **포섭의 착오** : 원래는 금지되어 있는 행위라는 사실은 인식하고 있었으나 행위자가 그 금지규범을 너무 좁게 해석하여 자신의 상황에서는 자기의 행위가 허용된다고 믿었던 경우를 말한다('이러한 정도는 괜찮겠지'라고 생각함으로써 금지규범에 포섭되지 않는다고 오인한 경우). [국가9급 07 / 사시 11] 예를 들어, 국립대학교 교수에게 돈을 주어도 증뢰죄는 아닐 것이라고 생각하면서 뇌물을 공여한 경우가 여기에 속한다.

> **예** • 이 정도의 문서는 제243조의 음란문서에 해당하지 않는다고 오신하고 출판한 경우
> • 뜰에 관상용으로 양귀비를 심는 것은 무방하다고 믿고 다량의 양귀비를 재배한 경우

사례연구 **포섭의 착오 : 마약류취급면허 없이 마약판매**

마약류취급면허가 없는 甲은 모 제약회사의 乙로부터 마약이 없어 약을 제조하지 못하니 구해달라는 부탁을 받았다. 이에 甲은 제약회사에서 쓰이는 마약은 죄가 되지 않는다고 생각하고 생아편 600g 정도를 돈을 받고 구해주었다. 甲의 죄책은?(참고 : 특가법 제11조의 아편판매죄)

> **해결** 피고인이 제약회사에 근무한다는 자로부터 마약이 없어 약을 제조하지 못하니 구해달라는 거짓부탁을 받고 제약회사에서 쓰는 마약을 구해주어도 죄가 되지 아니하는 것으로 믿고 생아편을 구해주었다 하더라도 피고인들이 마약취급의 면허가 없는 이상, 위와 같이 믿었다 히여 이러한 행위가 법령에 의하여 죄가 되지 아니하는 것으로 오인하였거나, 그 오인에 정당한 이유가 있는 경우라고 볼 수 없다(대법원 1983.9.13, 83도1927). [경찰승진 11·15 / 국가7급 13]

(2) 간접적 (위법성의) 착오

① **의의** : 행위자가 자신의 행위가 금지된다는 점은 인식하였으나, 자신의 경우는 죄가 되지 않는 특별한 사정(위법성조각사유)이 있기 때문에 적법하다고 믿은 경우를 말한다. 위법성조각사유의 착오 내지 허용규범에 관한 착오라고도 한다.

② **종 류**

㉠ **위법성조각사유의 존재 내지 그 범위에 관한 착오** : 위법성조각사유가 존재하지 아니함에도 불구하고 존재하는 것으로 잘못 알았거나 그 존재범위를 잘못 알고 위법성조각이 된다고 생각한 경우를 말한다. 허용의 착오[43]라고도 부른다. 예를 들어, 의사는 환자의 동의가 없어도 (의식을

---

42 보충 : 이 판례는 소위 천지창조(유흥업소 이름) 사건이라는 판례이다. 이 사건에서 대법원은 '법률의 부지'는 법률의 착오도 아니므로 업주는 유죄판결을 면할 수 없다고 보고 있다. 나아가 판례는 청소년유해업소 출입단속대상자가 만 18세 미만자와 고등학생이라는 내용의 공문이 경찰서에 하달된 사정을 안 업소주인은, 설령 "18세 이상인 대학생은 허용되고 구 미성년자보호법의 단속대상을 18세 미만이라고 생각하였다 하더라도" 정당한 이유가 있는 착오라고 할 수 없다고 판시하고 있다.

43 허용의 착오라 하면 ㉠과 ㉡의 착오를 한꺼번에 부르는 용어로도 사용할 수 있다.

가진) 환자를 수술할 직업상 권한이 있다고 믿고 수술을 하는 경우를 들 수 있다. 이 경우도 금지착오(제16조)로 처리된다.

> 예 • 남편이 부인에 대하여 징계권이 있다고 생각하고 일정한 체벌(폭행)을 한 경우 [경찰승진 13 / 국가9급 07]
> • 타인의 편지를 뜯어보는 것은 원칙적으로 위법하다고 생각한 자(아내)가 자신의 남편에게 온 편지를 뜯어보는 것은 허용된다고 믿고 편지를 개봉한 경우 등

  ○ **위법성조각사유의 법적 한계에 관한 착오** [경찰채용 15 1차 / 국가7급 16 / 사시 11 · 16] : 위법성조각사유의 한계를 잘못 알고 자신의 행위가 정당화된다고 판단한 경우를 말한다(허용한계에 대한 착오). 역시 금지착오로 처리된다.

> 예 사인이 현행범 체포시 신체상해가 허용된다거나 타인의 주거에 침입해도 된다고 여긴 경우 [국가9급 07]

  ○ **위법성조각사유의 객관적 전제사실(전제조건)에 대한 착오** [국가7급 14 / 사시 11]

    ⓐ **의의** : 위법성이 조각되는 '객관적인 사실관계(전제사실)에 대하여 잘못 판단'하여 객관적 정당화상황이 없음에도 그것이 존재한다고 오인하고 행위를 한 경우를 말한다. **허용구성요건의 착오**라고도 부른다. 개개의 위법성조각사유와 관련하여 **오상방위, 오상피난, 오상자구행위** 등의 형태가 있다.

> 예 • 우체부를 절도범으로 오인하고 그를 상해한 경우
> • 신문기자가 타인의 명예를 훼손하는 허위사실을 진실한 사실로 오인하고 오로지 공공의 이익을 위해 공포한 경우(제310조의 객관적 전제조건에 관한 착오)[44]
> • 전시의 전쟁터에서 밤중에 다가오는 아군을 적군이라 믿고 사살한 경우
> • 甲이 乙의 담력을 시험하기 위해 장난감권총을 내밀자 乙이 생명의 위험을 느끼고 총을 쏘아 甲을 살해한 경우 등

    ⓑ **법적 처리** : 허용구성요건착오는 관점에 따라서 위법성의 착오로 볼 수도 있고 구성요건착오로 볼 수도 있다는 점에서 그 해결에 관하여 아래와 같이 다양한 학설이 대립한다. 특히 **엄격책임설**은 허용구성요건착오를 위법성의 착오로 보아 형법 제16조를 적용함으로써 고의범으로 처벌되는 경우를 인정하는 반면, **제한적 책임설**은 구성요건착오로 보아 구성요건적 고의가 조각된다거나(유추적용설) 구성요건적 고의는 존재하나 책임고의는 부정된다고 보아(법효과제한적 책임설 : 다수설) 고의범 성립을 부정함으로써 과실범이 성립할 수 있다는 해결책을 제시하고 있다.

표정리 허용구성요건착오의 해결에 관한 학설 상론(詳論) [경찰채용 11 2차]

학 설	내 용
엄격고의설 [사시 12]	위법성인식은 고의의 한 요소에 불과하므로, 위법성의 인식이 없으므로 고의가 조각되고 경우에 따라 과실범 성립 여부가 문제된다.
소극적 구성요건표지 이론	위법성조각사유는 소극적 구성요건요소이므로 위법성조각사유에 대한 착오는 곧 구성요건의 착오가 되므로 (불법)고의가 조각된다. [국가7급 14] 고의가 조각될 경우 역시 과실범 성립 여부가 검토된다(소극적 구성요건표지이론에 대한 비판은 구성요건이론 참조).
엄격책임설 [경찰채용 16 2차 / 국가9급 16 / 사시 12 · 13 / 변호사시험 12]	위법성에 관한 착오는 모두 금지착오, 즉 법률의 착오로 규율된다. 따라서 그 오인에 정당한 이유가 있다면 책임이 조각되어 무죄로 되나, 정당한 이유가 없다면 책임이 인정되어 고의범이 성립하게 된다(제16조)(결국 과실범은 성립하지 않음). [국가9급 12 / 국가7급 14] 정당한 이유가 없는 경우, 경우에 따라 책임감경은 가능하다.

---

44 정리 : '제310조의 진실성에 대한 착오'의 성격에 대한 통설과 판례의 입장 통설은 이를 위법성조각사유의 전제사실에 관한 착오로 검토하고 있다. 단, 판례는 행위자가 진실하다고 믿은 것에 객관적으로 상당한 이유가 있으면 (일종의 허용된 위험으로 보아) **위법성이 조각된다**고 하여, 단지 제310조의 위법성조각사유를 다소 확장해석함으로써 문제를 해결하고 있다. 즉 판례는 이 경우를 위법성조각사유의 해석에 관한 문제로 접근할 뿐, 허용구성요건착오로 검토하는 문제의식까지는 보여주지 않고 있는 것이다.

	이 견해에 대해서는, 사실관계에 관한 착오를 일으킨 자에 대하여 법률의 착오를 적용하는 것은 타당하지 않다는 점과 고의범으로 처벌하는 것이 법감정에 반한다는 비판이 있다.
제한적 책임설 [사시 13]	대부분의 위법성의 착오의 해결은 엄격책임설과 마찬가지로 법률의 착오로 파악하나, 허용구성요건의 착오에 대해서는 책임설을 제한하여 사실의 착오(제13조)로 본다. [국가9급 12] 제한적 책임설 내에서도 구성요건적 고의 조각인지 책임고의 조각인지에 따라 견해가 대립한다. ⓐ 구성요건착오유추적용설(소수설) : 불법고의조각설 [변호사시험 12] 　구성요건요소와 허용구성요건요소 사이에는 질적인 차이가 없고 행위자에게 구성요건적 불법을 실현하려는 결단이 없기 때문에 (불법)고의를 조각하여 행위불법을 부정한다(대표적으로 김일수). [국가7급 14] 허용구성요건착오를 일으킨 행위자는 불법고의가 조각되므로 이에 가공한 자는 협의의 공범(교사범 및 종범)이 성립할 수 없다. 이에 형사정책적 관점에서 문제라는 비판이 제기된다. ⓑ 법효과제한적 책임설(다수설) : 책임고의조각설 [사시 12 / 변호사시험 12] 　구성요건적 고의는 인정되나 책임고의(심정반가치로서의 고의, 책임형식으로서의 고의, 고의책임)45가 조각된다(고의범 불성립, 과실범 성립). [국가9급 12] 즉 고의범의 불법은 인정하되 책임은 부정되므로 법효과(형벌)는 과실범의 범위로 제한해야 한다. 이러한 법효과제한적 책임설은 합일태적 범죄론체계 이후의 통설적 태도인 고의의 이중기능을 인정하는 전제에서 출발한다. [국가7급 14] 법효과제한적 책임설에 의하면, 허용구성요건착오를 일으킨 행위자에게 가공한 자에 대하여 (의사지배적 요소가 인정된다면 간접정범이 성립하고 그렇지 않은 경우에도) 공범의 성립을 인정한다. 이 점에서 법효과제한적 책임설은 다수설의 지지를 받고 있다.

표정리 법률의 착오 개관

유 형		내 용
직접적 착오 (금지규범의 착오)	**법률의 부지**	형벌법규의 존재 자체를 알지 못하여 위법성을 인식하지 못한 경우 ┌ 판례 : 금지착오가 아니므로 범죄성립과 무관 └ 통설 : 금지착오에 해당하므로 정당한 이유 판단
	효력의 착오	형법의 어떤 규정이 위헌이므로 효력이 없다고 오인한 경우
	포섭의 착오	금지규범을 너무 좁게 해석해 자신의 행위가 법적으로 허용된다고 믿는 경우(학교장의 교육상 양귀비 식재)
간접적 착오 (허용규범의 착오, 위법성 조각사유의 착오)	**위법성조각사유의 존재에 대한 착오** (허용규범의 착오)	남편이 부인에 대한 징계권이 있는 줄 잘못 알고 부인에게 체벌을 가한 경우
	위법성조각사유의 한계에 대한 착오 (허용한계의 착오)	사인이 현행범 체포를 위해 그를 살해해도 된다고 생각하고 살해한 경우
	위법성조각사유의 전제사실에 관한 착오 (객관적 정당화상황의 착오)	오상방위·오상피난·오상자구행위 ┌ 엄격책임설 : 법률의 착오(제16조) └ 제한적 책임설 : 일종의 사실의 착오(제13조)

---

45 **보충** : 책임형식으로서의 고의의 의미 고의를 가진 데 대한 미안한 마음 내지 떳떳하지 못한 심리적 태도 또는 양심의 가책' 정도라고 할 수 있다. 가령 강도범인 줄 오인하고 상해의 고의로 폭행한 자에게는 사람의 신체에 상해를 가한다는 인식과 의사인 구성요건적 고의는 있지만 '보통 구성요건적 고의가 있으면 으레 인정되는 미안한 마음'(심정반가치)이 없기 때문에 고의범 성립이 부정된다는 것이다. 왜냐하면 상대방을 강도범이라고 오인했다면 그러한 행위자의 마음은 의연하고 당당할 것이기 때문이다.

03 형법 제16조의 해석

1. 자기의 행위가 법령에 의해 죄가 되지 아니하는 것으로 오인한 행위

판례는 법률의 부지가 포함되지 않는다고 하나, 통설은 포함된다고 본다. 또한 엄격책임설은 위법성조각 사유의 객관적 전제조건에 대한 착오가 여기에 포함된다고 보지만, 제한적 책임설은 포함되지 않는다고 본다.

2. 그 오인에 '정당한 이유'가 있는 때에 한하여

(1) 정당한 이유의 의의 : 회피가능성이 없을 것

자기의 행위가 법령에 의하여 죄가 되지 않는 것으로 오인한 행위는 그 오인에 정당한 이유가 있는 때에 한하여 벌하지 않는다(제16조). 여기에서 다수설은 그 착오를 '회피할 수 없었을 때' 바로 정당한 이유가 있다고 보고 있다.[46] 따라서 정당한 이유가 있다는 것은 회피가능성이 없다는 것이다. 판례도 종래에는 "그 오인에 과실이 없는 때" 정당한 이유가 있다고 판시해왔으나(대법원 1983.2.22, 81도2763 등), 근래에 들어서는 "자신의 지적능력을 다하여 이를 **회피**하기 위한 진지한 노력을 다하였더라면 스스로의 행위에 대하여 위법성을 인식할 수 있는 **가능성**"이 있었는가를 살피고 있다(대법원 2006.3.24, 2005도3717[47]; 2006.9.28, 2006도4666; 2008.10.23, 2008도5526; 2010.7.15, 2008도11679 등).

(2) 회피가능성의 판단기준

① 내용 : 행위자에게 자신의 지적(知的) 인식능력을 사용하여 진지하게 고려해보고 전문가에게 성실하게 문의해보고 조사해볼 것을 요구하고, 행위자가 자신의 지적 인식능력을 다하여 문의·조사의무를 이행했음에도 불구하고 그 위법성을 인식할 수 없었을 때에는 회피가능성이 없으므로 책임이 조각된다 (지적 인식능력 기준설, 다수설·판례).

② 지적 인식능력에 의한 문의의무·조사의무 이행의 정도 : "구체적인 행위정황과 행위자 개인의 인식능력 그리고 행위자가 속한 사회집단"에 따라 달리 평가되어야 한다(대법원 2006.3.24, 2005도3717). [국가7급 18/사시 13]

> **판례연구** **법률의 착오의 정당한 이유 판단방법**
>
> 대법원 2006.3.24, 2005도3717; 2008.10.23, 2008도5526; 2010.7.15, 2008도11679 등
> 형법 제16조에서 … 정당한 이유가 있는지 여부는 ① 행위자에게 자기 행위의 위법의 가능성에 대해 심사숙고하거나 조회할 수 있는 계기가 있어 ② 자신의 **지적능력**을 다하여 이를 **회피**하기 위한 진지한 노력을 다하였더라면 스스로의 행위에 대하여 위법성을 인식할 수 있는 **가능성**이 있었음에도 이를 다하지 못한 결과 자기 행위의 위법성을 인식하지 못한 것인지 여부에 따라 판단하여야 할 것이고, ③ 이러한 위법성의 인식에 필요한 노력의 정도는 구체적인 행위정황과 행위자 개인의 인식능력 그리고 행위자가 속한 사회집단에 따라 달리 평가되어야 한다. [법원행시 09/경찰채용 15 2차/사시 15]

---

46 참고 : 금지착오를 규정한 우리 형법 제16조와 독일형법 제17조는 조문의 내용 자체가 다름에도 불구하고, 해석론상 독일형법학의 영향을 강하게 받은 것으로 보이는 부분이다. 독일형법 조문을 간단히 소개한다. 독일형법 제17조 금지착오 : 행위를 할 때 행위자에게 불법을 행한다는 인식이 결여된 경우 행위자가 그 착오를 회피할 수 없었을 때에는 행위자는 책임 없이 행위한 것이다. 행위자가 그 착오를 회피할 수 있었을 때에는 제49조 제1항에 따라 그 형을 감경할 수 있다.

47 참고 : 대법원 2006.3.24, 2005도3717 판례는 법률의 착오의 정당한 이유의 판단기준을 행위자의 "지적 능력에 의한 회피가능성"에서 찾아야 한다고 구체적으로 판시한 최초의 판례로 볼 수 있다.

(3) 정당한 이유에 관한 판례 정리

판례연구 **법률의 착오에 정당한 이유가 인정되지 못한 판례**

대법원 2006.3.24, 2005도3717
낙천대상자 국회의원의 탈법방법에 의한 의정보고서 배부 사례
시민단체의 낙천운동에 의하여 낙천대상자로 선정된 국회의원이 이에 대한 반론 보도를 게재한 의정보고서를
제작·배부하면서, 그 내용 중 선거구 활동 기타 업적의 홍보에 필요한 사항 등 의정활동보고의 범위를 벗어나서
선거에 영향을 미치게 하기 위하여 특정 정당이나 후보자를 지지·추천하거나 반대하는 내용이 포함되어 있다면,
이는 공직선거법에서 금지하는 탈법방법에 의한 문서배부행위에 해당하고, 국회의원이 의정보고서를 발간하는
과정에서 선거법규에 저촉되지 않는다고 오인한 것에는 형법 제16조의 정당한 이유가 없다. [경찰간부 16 / 경찰승진
12 / 변호사시험 14]

판례연구 **법률의 착오에 정당한 이유가 인정된 판례**

대법원 2005.6.10, 2005도835
선관위 공무원의 지적에 따라 수정한 의정보고서 사례
광역시의회 의원이 선거구민들에게 의정보고서를 배부하기에 앞서 미리 관할 선거관리위원회 소속 공무원들에
게 자문을 구하고 그들의 지적에 따라 수정한 의정보고서를 배부한 경우 형법 제16조에 해당하여 벌할 수 없다.
[경찰채용 14 1차 / 경찰간부 17 / 국가9급 11·16 / 사시 13·14·15]

---

3. 벌하지 아니한다

책임이 조각된다(책임설). [사시 12] 정당한 이유가 없는 경우에는 고의범으로 처벌받게 된다. 다만 판례는
고의설에 의하여 범의가 조각된다(대법원 1974.11.12, 74도2676)고도 하고 엄격책임설에 의하여 제16조의
'정당한 이유'를 심사해야 한다고도 한다(대법원 1968.5.7, 68도370).

제5절 책임조각사유 : 기대불가능성

01 서 설

1. 의 의

(1) 개 념

행위시의 구체적인 사정으로 보아 행위자에게 적법한 행위를 기대할 가능성(기대가능성)이 없는 경우에는
책임이 조각된다. 이 경우 책임을 조각시키는 사유를 기대불가능성이라 한다. 예를 들어, 명태잡이를
하다가 기관고장과 풍랑으로 표류 중 북한괴뢰집단에 납치되어 그곳에서 한 행위는 '살기 위한 부득이한
행위로서 −후술하는 강요된 행위에 해당되므로− 기대가능성이 없어' 무죄가 된다(대법원 1967.10.4, 67도1115).
[경찰간부 17 / 국가9급 09] 따라서 책임이 인정되려면 기대불가능성이 없어야 한다(책임조각사유의 부존재).

(2) 초법규적 책임조각사유

학설의 대립이 있으나, 미비점이 적지 않은 우리 실정법과 급변하는 사회상황을 고려할 때 일정한 초법규적 책임조각사유를 인정할 수 있다(초법규적 책임조각사유 긍정설, 다수설·판례). _[국가7급 12]

2. 기대가능성론과 책임개념

기대가능성론은 규범적 책임론의 핵심개념이며, 기대가능성(기대불가능성의 부존재)은 규범적 책임론 이후 현재까지 인정되는 책임의 요소이다.

---

02   책임론에서의 체계적 지위

형법에서는 기대가능성이 조각되는 몇 가지 특수한 경우를 규정하고(형법이 규정할 수 없는 영역에 대해서는 초법규적 책임조각사유에 의하여 보충) 이러한 기대가능성이 조각되는 경우만 아니면 책임이 인정된다(책임조각사유의 '부존재' → 책임 인정). 즉 기대가능성은 오히려 기대불가능성으로서 책임의 소극적 요소로 기능하게 된다(소극적 책임요소설, 책임조각사유설, 다수설).

03   기대가능성의 판단기준

사회일반인 내지 평균인이 행위자의 입장에 있었을 경우에 적법행위의 가능성이 있었는가의 여부에 따라 기대가능성의 유무를 판단한다(평균인표준설, 다수설·판례). _[국가9급 08]

> **판례연구**   **평균인표준설을 보여주는 사례**
>
> 대법원 1966.3.22, 65도1164
> 우연히 시험문제를 알게 된 응시자 사례
> 우연한 기회에 미리 출제될 문제를 알게 된 입학시험 응시자가 그 답을 암기하여 답안지에 기재한 경우에 암기한 답을 그 입학시험 답안지에 기재하여서는 아니 된다는 것을 그 일반수험자에게 기대한다는 것은 보통의 경우 도저히 불가능하다. _[경찰간부 21 / 경찰승진(경사) 10 / 국가7급 10 / 법원9급 13]

04   기대불가능성으로 인한 책임조각사유

표정리   형법상 책임조각사유 및 책임감경사유 정리(다수설에 의함)

구 분	책임조각사유	책임감경사유	책임감소·소멸사유
의 의	기대가능성의 결여로 인한 책임조각	기대가능성의 감소를 이유로 한 책임감경	기대가능성의 결여 또는 감소로 인한 책임감경·면제 (임의적 감면)

총칙규정	• 강요된 행위(제12조) • 면책적 과잉방위 · 과잉피난 　(제21조 제3항, 제22조 제3항) ※ 자구행위가 없음에 주의!	–	• 과잉방위(제21조 제2항) • 과잉피난(제22조 제3항) • 과잉자구행위(제23조 제2항)
각칙규정	• 친족 · 동거가족 간 범인은닉 　(제151조 제2항) • 친족 · 동거가족 간 증거인멸 　(제155조 제4항) * 판례는 여기서의 친족에는 　사실혼상 배우자 배제	• 도주원조죄 > 단순도주죄 • 위조통화행사죄 > 위조통화 　취득 후 지정행사죄 • 보통살인죄 > 영아살해죄 • 보통유기죄 > 영아유기죄	–
초법규적 (법률상 규정이 없는 경우)	• 절대적 구속력 있는 상관의 위 　법한 명령 수행 • 의무의 충돌상황에서 부득이 　저가치의 의무 이행 • 생명 · 신체 이외의 법익에 대 　한 강요된 행위 • 소위 면책적 긴급피난 • 우연히 시험문제 입수 · 응시 　기타 아래 판례들 참조	(좌측의) 초법규적 책임조각사유의 경우에 적법행위의 기대가능성이 감경되는 경우, 이론적으로 인정됨	이론적으로 인정됨 (좌동)

판례연구 **기대가능성이 없어 책임이 조각된 사례**

대법원 2001.2.23, 2001도204; 2008.10.9, 2008도5984; 2015.2.12, 2014도12753 [경찰승진 22]
근로기준법 위반죄의 책임조각의 사례
사용자가 기업이 불황이라는 사유만을 이유로 하여 임금이나 퇴직금을 지급하지 않거나 체불하는 것은 근로기준법이 허용하지 않는 바이나, 사용자가 모든 성의와 노력을 다했어도 임금의 체불이나 미불을 방지할 수 없었다는 것이 사회통념상 긍정할 정도가 되어 사용자에게 더 이상의 적법행위를 기대할 수 없다거나, 사용자가 퇴직금 지급을 위하여 최선의 노력을 다하였으나 경영부진으로 인한 자금사정 등으로 도저히 지급기일 내에 퇴직금을 지급할 수 없었다는 등의 불가피한 사정이 인정되는 경우에는 근로기준법 위반범죄의 책임이 조각된다. [경찰승진 (경장) 11 / 국가9급 10 / 국가7급 20 / 사시 14]

판례연구 **기대가능성이 있어 책임이 조각되지 않아 유죄가 된 사례**

대법원 2008.10.23, 2005도10101
이미 유죄판결이 확정된 자가 공범자의 재판에서 위증한 사례
자기에게 형사상 불리한 진술을 강요당하지 아니할 권리가 결코 적극적으로 허위의 진술을 할 권리를 보장하는 취지는 아닌 점, 이미 유죄의 확정판결을 받은 경우에는 일사부재리의 원칙에 의해 다시 처벌되지 아니하므로 증언을 거부할 수 없는바, 이는 사실대로의 진술 즉 자신의 범행을 시인하는 진술을 기대할 수 있기 때문인 점 등에 비추어 보면, 이미 강도상해죄로 유죄판결이 확정된 피고인에게 사실대로의 진술을 기대할 가능성이 없다고 볼 수는 없다. [경찰채용 16 1차 / 경찰승진(경장) 11 / 경찰승진(경사) 10 / 국가7급 10 / 법원9급 09 / 법원행시 18 / 사시 13 · 15 / 변호사시험 12 · 18]

제12조【강요된 행위】저항할 수 없는 폭력이나 자기 또는 친족의 생명, 신체에 대한 위해를 방어할 방법이 없는 협박에 의하여 강요된 행위는 벌하지 아니한다. [법원9급 07(하)/법원행시 07·16]

1. 의의 및 성질

(1) 기대불가능성으로 인한 책임조각사유

강요된 행위는 적법행위가 기대불가능한 경우를 규정한 대표적인 형법상 책임조각사유이므로, [사시 10·12/변호사시험 12] 적법행위(예 정당방위·긴급피난 등)가 가능한 경우에는 인정될 수 없다(보충성).

(2) 긴급피난과의 비교 [사시 15]

표정리 긴급피난과 강요된 행위의 비교

구 분	긴급피난	강요된 행위
본 질	위법성조각사유	책임조각사유
법익의 범위	제한 없음	생명·신체
법익의 주체	자기 또는 타인	자기 또는 친족
원인의 부당성	불필요	필요(불법한 폭력·협박)
상당성	필요(보충성·균형성·적합성)	불필요 → 보충성은 필요

2. 성립요건

(1) 저항할 수 없는 폭력

① 강제적(심리적·윤리적) 폭력(예컨대, 감금)만이 본조의 폭력이다. [경찰승진 13/국가7급 08] 따라서 ② 강제로 손을 붙들려 무인을 찍는 경우처럼 **절대적 폭력**에 의한 경우에는 피강요자의 행위가 형법상의 행위로 볼 수 없으므로 본조의 폭력의 개념에서 제외된다. [경찰채용 20 2차/경찰승진(경사) 11/국가9급 08/사시 10]

> **판례연구** 형법 제12조(강요된 행위) 소정의 "저항할 수 없는 폭력"의 의미
>
> 대법원 1983.12.13, 83도2276
> 심리적인 의미에 있어서 육체적으로 어떤 행위를 절대적으로 하지 아니할 수 없게 하는 경우와 윤리적 의미에 있어서 강압된 경우를 말한다. [국가7급 08/사시 10·11]

(2) 자기 또는 친족 [경찰간부 21/경찰승진 13] 의 생명·신체에 대한 방어할 방법이 없는 협박

① **친족의 범위** : 민법에 의해서 친족범위는 결정된다. 단, 내연의 처나 혼인 외 출생자도 여기에 포함된다는 것이 다수설이다. 피고인에게 유리한 유추해석은 허용되기 때문이다.

② **생명·신체 이외의 법익에 대한 문제** : 강요된 행위가 아니라, 초법규적으로 책임이 조각되는 경우로 본다(다수설). [경찰승진(경위) 10/국가9급 08]

③ **협박** : 저항할 수 없는 폭력이나 협박에 의하지 않는 강요상태는 본조의 적용을 받지 않는다. **판례**도 "어떤 사람의 성장교육과정을 통하여 형성된 내재적인 관념 내지 확신으로 인하여 행위자 스스로의 의사결정이 사실상 강제되는 결과를 낳게 하는 경우까지 의미한다고 볼 수 없다(대법원 1990.3.27, 89도1670)." [경찰채용 22 1차/경찰승진(경사) 11/국가9급 18/국가7급 08/법원행시 17/사시 10] 고 판시한 바 있다.

④ 자초한 강제상태 : 강요된 행위의 혜택을 받을 수 없다.

> **판례연구** **자초한 강제상태의 행위는 강요된 행위가 아니다**
>
> 대법원 1973.1.30, 72도2585
> 반국가단체의 지배하에 있는 북한지역으로 탈출하는 자는 특별한 사정이 없는 한, 북한 집단구성원과의 회합이
> 있을 것이라는 사실을 예측할 수 있고 자의로 북한에 탈출한 이상 그 구성원과의 회합은 예측하였던 행위이므로
> 강요된 행위라고 인정할 수 없다. [경찰승진 13 / 국가9급 08·09]

(3) 강요된 행위

폭력·협박과 강요된 행위 간에는 인과관계가 요구된다. 만일 인과관계가 없다면 피강요자는 강요자의
범행에 대한 공동정범 내지 교사범 등 공범의 죄책을 진다. [경찰승진(경사) 11]

3. 효과 – 벌하지 아니한다

피강요자의 책임이 조각되어 범죄가 성립하지 않는다. 피강요자와의 관계에서 강요자는 간접정범이
된다(제34조)(강요죄 – 제324조 – 의 성립도 가능하며, 이 경우 상상적 경합 성립).

> **판례연구** **강요된 행위가 인정되지 않아 유죄가 된 사례**
>
> 대법원 1983.3.8, 82도2873
> 주종관계에 기한 지시에 의하여 한 뇌물공여와 기대가능성
> 비서라는 특수신분 때문에 **주종관계**에 있는 공동피고인들의 지시를 거절할 수 없어 뇌물을 공여한 것이었다
> 하더라도 뇌물공여 이외의 반대행위를 기대할 수 없는 경우였다고 볼 수 없다. [경찰간부 17 / 경찰승진(경사) 10 / 국가9급
> 10]

MEMO

	목 차	난 도	출제율	대표지문
제1절 범행의 실현단계	01 범죄의사 및 예비·음모	下	★	• 범죄의 음모 또는 예비행위가 실행의 착수에 이르지 아니한 때에는 법률에 특별한 규정이 없는 한 벌하지 아니한다. (O)
	02 미 수	下	★	
	03 기 수	下	–	
	04 종 료	下	–	
제2절 예비죄	01 서 설	中	★★	• 형법각칙상 예비죄 규정은 죄형법정주의원칙상 기본적 구성요건과는 별개의 독립된 구성요건이라고 볼 수 없다. (O) • 형법각칙상 예비죄 규정은 독립된 구성요건의 개념에 포함시킬 수 있다. (X) • 과실에 의한 예비나 과실범의 예비는 불가벌이다. (O) • 정범이 실행에 착수하지 아니하는 한 예비의 공동정범은 성립할 수 없다. (X)
	02 법적 성격	中	★	
	03 예비죄의 성립요건	中	★★	
	04 관련문제	中	★★	
제3절 미수범의 일반이론	01 서 설	中	★★	• 현행형법에는 과실범의 미수를 처벌하는 규정이 없다. (O) • 미수범은 법률에 특별한 규정이 없는 한 벌하지 않는다. (O) • 야간에 아파트에 침입하여 물건을 훔칠 의도하에 아파트의 베란다 철제난간까지 올라가 유리창문을 열려고 시도하였다면 야간주거침입절도죄의 실행에 착수한 것이다. (O)
	02 미수범 처벌의 이론적 근거	下	★	
제4절 장애미수	01 서 설	下	★	• 소를 흥정하고 있는 피해자의 뒤에 접근한 다음 소지하고 있던 가방으로 돈이 들어 있는 피해자의 하의(下依) 주머니를 스치면서 지나간 경우 절도죄의 실행의 착수를 인정할 수 있다. (X) • 간첩의 목적으로 국외 또는 북한에서 국내에 침투 또는 월남하는 경우에는 기밀탐지가 가능한 국내에 침투함으로써 간첩죄의 실행에 착수가 있다. (O)
	02 성립요건	中	★★★	
	03 특수한 경우의 실행착수시기	中	★	
	04 미수범의 처벌	下	★	
제5절 중지미수	01 서 설	下	★	• 중지미수의 자의성에 대한 주관설은 자의성의 개념을 지나치게 확대한다는 비판을 받는다. (X) • 장롱 안에 있는 옷가지에 불을 놓아 건물을 불태우려 하였으나 불길이 치솟는 것을 보고 겁이 나서 물을 부어 불을 끈 것이라면 자의에 의한 중지미수라고는 볼 수 없다. (O)
	02 성립요건	中	★★★	
	03 공범과 중지미수	中	★★	
	04 중지미수의 처벌	下	★	
제6절 불능미수	01 서 설	中	★	• 치사량 미달의 독약으로 사람을 살해하려 한 경우 살인죄의 불능미수에 해당한다. (O) • 설탕으로도 사람을 죽일 수 있다고 생각하고 설탕을 먹인 경우 주관설에 따르면 불능미수이다. (O)
	02 성립요건	中	★★★	
	03 불능미수의 처벌	下	★	

✔ 출제경향

구 분	경찰채용						경찰간부						경찰승진					
	17	18	19	20	21	22	17	18	19	20	21	22	17	18	19	20	21	22
제1절 범행의 실현단계	1	1								1	2		1	1	1	1		1
제2절 예비죄	1		1		1		1	1					1	1	1		1	
제3절 미수범의 일반이론	2	1																1
제4절 장애미수		2					1	2	1									
제5절 중지미수					1		1				1							
제6절 불능미수			1	2					1	1		1		1		1	1	1
출제빈도	14/220						14/240						14/240					

CHAPTER 05

미수론

	국가9급						법원9급						법원행시						변호사시험					
17	18	19	20	21	22	16	17	18	19	20	21	17	18	19	20	21	22	17	18	19	20	21	22
		1	1							1			1		1	1							
											1		1					1					
						1	2					1								1	1		
				1										1									1
1							1		1			1				1					1		
					1									1		1					1		
		5/120						7/150						10/240						6/140			

CHAPTER 05 미수론

제1절 범행의 실현단계

01 범죄의사 및 예비·음모

1. 범죄의사

형법은 범죄실행의 착수단계인 미수단계부터만 원칙적으로 처벌하고(제29조), 범행의 준비단계인 예비·음모는 법률에 특별한 규정이 없는 한 처벌하지 않는다(제28조). 따라서 아직 범행의 외부적 준비단계에도 이르지 못한 행위자의 내심의 의사만으로는 이를 처벌할 수 없다[어느 누구든지 사상(思想)만으로는 처벌되지 아니한다, cogitationis poenam nemo patitur].

　　예 연적을 살해하겠다는 생각이 들었다거나 이를 결심한 경우

2. 예비·음모

예비·음모란 이러한 내심상의 범죄의사에서 더욱 발전되어 범행을 준비하는 구체적 행위를 하는 단계로 나아간 것을 말한다. 그중 음모는 2인 이상이 범죄실행을 위하여 행하는 심적 형태의 준비행위이다. 즉, 2인 이상이 일정한 범죄를 하기 위하여 서로 의사를 교환하고 합의하는 것을 말한다(예 연적을 살해하기 위하여 친구와 살해계획을 모의하는 경우). 예비는 범죄를 실행하기 위한 물적 형태의 준비행위이다(예 연적을 죽이기 위해 암시장에서 권총을 구입하는 경우).

이러한 예비·음모행위도 아직 범행의 실행의 착수가 없다는 점에서 범죄행위가 시작되었다고 볼 수 없으므로 형법은 이를 원칙적으로 **처벌하지 않지만**, 그 목적하는 기본범죄행위가 특별히 중할 경우에는 **예외적으로 예비죄 처벌규정**을 두어 이를 규율하고 있다.

02 미 수

범죄란 원칙적으로 실행의 착수 이후의 개념이다. 특히 범죄의 실행에 착수하였으나 기수에 이르지 못하였거나 결과가 발생하지 않은 경우를 미수범이라 한다.

　　예 연적을 향해 총을 겨냥하였지만 발사하지 않은 경우 내지 총을 발사하였으나 연적이 죽지 않은 경우 등

미수는 실행에 착수하였다는 점과 처벌의 정도에서 예비와 구별된다. 다만 형법은 미수에 대해서도, 제29조에서 "미수범을 처벌할 죄는 각칙의 해당 죄에서 정한다(2020.12.8. 우리말 순화 개정형법 제29조)."는 규정을 두어 해당되는 범죄마다 **미수범 처벌규정**을 각칙에서 두고 있을 때에만 미수범이 성립함을 밝히고 있다.

03 기 수

기수란 형법각칙 본조에 규정된 구성요건이 충족된 경우를 말한다. 기수시점은 각 구성요건의 해석에 따라 결정될 것이므로 형법각론의 문제영역에 속한다.

예 연적을 향해 총을 쏘아 그를 살해한 경우, 방화목적물이 독립하여 연소되는 때

04 종 료

통설은 기수를 구성요건의 형식적 실현으로 이해하고(형식적 기수), 종료를 행위자의 구체적인 의도를 기준으로 사실상 범행을 마친 상태로 보고 이를 범죄의 실질적 기수라고 하여 기수 이후의 시점의 종료를 인정한다. 예를 들어, 살인죄(즉시범)는 범행이 기수(사망)에 이르면 그 즉시 위법한 상태가 종료하지만, 감금죄(계속범)의 경우 피감금자를 감금하여 어느 정도의 시간이 경과하면 감금죄는 기수가 되지만, 위법상태가 종료된 때란 피감금자가 풀려난 때를 의미한다.

 범행의 실현단계

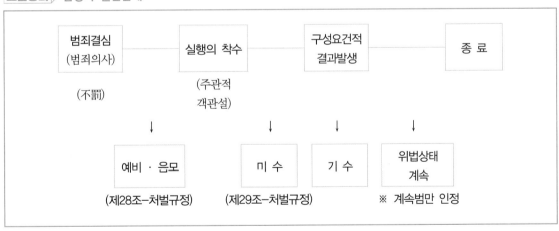

01 서 설

> 제28조 【음모, 예비】 범죄의 음모 또는 예비행위가 실행의 착수에 이르지 아니한 때에는 법률에 특별한 규정이 없는 한 벌하지 아니한다. [국가9급 07 / 법원9급 14]

1. 개 념

여기에서 예비죄란 예비·음모를 총칭하는 표현으로서 범죄실현을 위한 준비단계를 말하며 아직 실행의 착수에 이르기 전의 단계를 말한다(제28조).

2. 구별개념

(1) 예비와 미수의 구별

예비는 실행의 착수 이후의 개념인 미수와 구별된다.

(2) 예비와 음모의 구별

밀항단속법에서는 음모는 벌하지 않고 예비만 처벌하는 규정[48]을 두고 있기 때문에, **판례** 중에는 음모를 예비의 선행단계라고 본 판시도 있고(밀항의 음모는 예비와 달리 불가벌, 대법원 1986.6.24, 86도437), 이러한 점에 근거하여 예비와 음모를 구별할 필요가 있다는 견해도 있다. 그러나 예비는 물적 준비행위, 음모는 심적 준비행위로서 그 개념상 구별은 가능하나 동일한 법정형으로 처벌되고 시간적 선후관계도 없기 때문에 예비와 음모는 구별할 실익이 없다(다수설).

3. 형법적 취급

예비는 원칙적으로 처벌되지 않고 예외적으로 **특별규정이 있는 경우에만** 처벌된다(제28조). 또한 나아가 예비죄를 처벌하기 위해서는 당해 **법률규정**에서 예비·음모의 구체적인 '**형벌의 종류와 양**'을 정해 놓아야만 한다. [법원행시 09 / 변호사시험 14]

표정리 예비죄 처벌규정 정리

예비·음모·선동·선전		내란죄, 내란목적살인죄, [법원행시 12] **외환죄, 외환유치죄, 여적죄, 간첩죄**, [경찰승진(경장) 10 / 경찰승진(경사) 11 / 법원행시 08] **시설제공·시설파괴·모병·물건제공·일반이적죄**
예비·음모·선동		**폭발물사용죄** [법원행시 12]
예비·음모	국가적 법익	**외국에 대한 사전죄, 도주원조죄**, [경찰채용 12·16 2차 / 경찰승진(경장) 10 / 경찰승진 13 / 법원행시 07] **간수자도주원조죄** [경찰간부 11 / 경찰승진 13 / 법원행시 14]
	사회적 법익	**현주건조물·공용건조물·일반건조물방화죄**, [경찰채용 12·13 2차 / 법원행시 12] **폭발성물건파열죄, 가스·전기 등 방류죄, 가스·전기 등 공급방해죄, 현주건조물·공용건조물·일반건조물일수죄, 수돗물유해물혼입죄, 수도불통죄**, [경찰채용 12 2차 / 경찰간부 14 / 경찰승진(경사) 11] **먹는물유해물혼입죄, 유가증권·우표·인지위조죄**, [경찰채용 13 2차 / 경찰승진(경감) 10 / 경찰승진 13 / 법원행시 12] **자격모용유가증권작성죄, 통화위조죄**, [경찰채용 13 2차 / 경찰승진(경장) 10 / 경찰승진 13] **기차 등 교통방해죄**, [법원9급 06] **기차 등 전복죄**

---

48 **제3조(밀항·예선 등)** ③ 제1항의 죄를 범할 목적으로 예비를 한 자는 1년 이하의 징역 또는 100만 원 이하의 벌금에 처한다.

예비·음모	개인적 법익	살인죄, 존속살해죄, [법원9급 06] 위계 등에 의한 살인죄, [경찰간부 11 / 경찰승진(경장) 10] 약취·유인·인신매매죄, [경찰채용 13 2차] 강간죄(2020.5.19. 신설 제305조의3), 강도죄 [법원9급 06]

→ __ : 필요적 감면(예비죄의 자수) – **내**란·**외**환·**외**국에 대한 사전·**방**화·**폭**발물사용·**통**화위조

표정리 예비죄 처벌규정 암기요령 : 살·약·강·강 / 먹·통·방·기·폭 / 도·내

개인적 법익	사회적 법익	국가적 법익
• **살**인 • **약**취·유인·인신매매 • **강**간 • **강**도	• **먹**는물유해물혼입·수도불통 • **통**화·유가증권·우표·인지 • **방**화·일수 • **기**차·선박 • **폭**발물사용(예비·음모·선동)	• **도**주원조 • **내**란·외환(예비·음모·선동·선전), 외국에 대한 사전

→ 주의사항
1. 개인적 법익 : 살인죄의 감경적 구성요건인 영아살해죄, 촉탁·승낙에 의한 살인죄, [경찰간부 11] 자살교사·방조죄는 예비·음모 불벌, 약취·유인 및 인신매매의 죄에 관한 예비죄 처벌대상 대폭 확대, 강간·유사강간·준강간·강간상해 및 미성년자의제강간 등 죄의 예비·음모 처벌규정 신설(2020.5.19. 개정, 강제추행은 없음), 재산에 대한 죄에 있어서 강도의 죄를 제외하고 예비·음모 불벌, 기타 개인적 법익에 대한 죄에 있어서는 예비·음모가 처벌되지 않음
2. 사회적 법익 : 공안을 해하는 죄인 범죄단체조직죄, 소요죄, 다중불해산죄 등은 예비·음모 불벌, 예비·음모·선동을 벌하는 죄는 폭발물사용죄뿐임, 통화·유가증권 범죄는 유형위조(위조·변조·자격모용작성)의 예비·음모만 처벌하고, 특히 문서죄·인장죄는 예비·음모 불벌
3. 국가적 법익 : 예비·음모·선동·선전을 벌하는 죄는 국가적 법익에 대한 죄 중 내란과 외환의 죄(단, 전시군수계약불이행죄는 예비·음모 불벌), 도주원조죄는 예비·음모 처벌하나 도주죄는 없음

02 법적 성격

1. 기본범죄에 대한 관계

(1) 독립범죄설

각칙상의 예비죄 처벌규정이 독자적인 법정형을 규정하고 있는 점 등에 근거하여, 예비행위는 독자적인 불법성을 지니고 있는 기본적 범죄행위라고 보는 입장이다(소수설). 이 설에 의할 때 예비죄의 공범(교사·방조행위를 하였는데 이를 받은 피교사자·피방조자가 실행에 착수하지 않고 예비의 단계에 그친 경우의 교사자·방조자에게 교사범·방조범의 성립이 가능한가의 문제)도 성립하게 된다.[49]

(2) 발현형태설(수정형식설)

예비죄를 독립적인 범죄유형으로 보는 것이 아니라 효과적인 법익보호를 위하여 처벌범위를 확장한 수정적 구성요건형태라고 보는 견해이다(다수설·판례). [국가9급 11·14] 발현형태설에 의하면 **예비죄의 공범이 성립할 수 없게 된다**(공범종속성설과 같은 결론). 기본범죄 없는 예비죄를 생각하기 어렵고, 예비죄의 성립범위가 부당하게 확대되는 것을 방지해야 한다는 점에서 지지를 받는 입장이다.

---

49 조언 : 독자들은, 예비죄의 공범 성부에 관한 결론만 놓고 본다면, 후술하는 공범의 종속성 여부(공범이 성립하기 위해서는 먼저 정범이 성립해야 하는가의 문제)에 있어 공범독립성설과도 같은 결론이 된다는 점을 정리해두면 된다.

2. 예비죄의 실행행위성

① 독립범죄설에 의하면 예비죄의 실행행위성은 당연히 인정된다. 또한 ② 발현형태설에 의하더라도 기본범죄에 대하여만 실행행위성을 인정하는 것은 잘못이며, 예비죄의 처벌규정이 엄연히 존재하는 이상 예비행위도 수정적 '구성요건'의 성격을 가지게 되어 그 실행행위성이 인정될 수 있다는 것이 다수설이다(발현형태설에 의한 실행행위 긍정설).

03 예비죄의 성립요건

1. 주관적 요건 – 예비의 고의와 예비의 목적

(1) 예비의 고의 – 고의의 내용

① **준비행위에 대한 고의설**(소수설) : 예비행위와 기본범죄 간의 차이를 전제로 하면서 예비행위 자체에 대한 고의가 있어야 예비행위를 처벌할 수 있다는 입장이다.

에 (甲이 乙을 살해하기 위해) 낫을 구입한다는 고의

② **기본범죄에 대한 고의설**(다수설) : 미수범의 고의가 기본범죄에 대한 고의를 의미하듯이 예비죄의 고의 역시 기본범죄를 지향하는 것이어야 하고, 기본범죄의 실행행위를 염두에 두지 않은 준비행위만의 인식은 무의미하다는 것을 그 근거로 하여 예비죄의 고의는 기본범죄에 대한 고의라는 견해이다.

에 (甲이 乙을 살해하기 위해) 乙을 살해하기 위한 도구인 낫을 구입한다는 고의

→ 여하튼, 과실에 의한 예비는 불가능하다. [경찰간부 15 / 사시 13]

(2) 기본범죄를 범할 목적

예비죄는 '목적범'이므로('… 죄를 범할 목적으로') 기본범죄에 대한 고의와 기본범죄에 대한 목적까지 가지고 있어야 한다. [국가9급 08 / 법원9급 14] 목적이란 **미필적 인식**이면 족하다는 것이 판례이다(다수설은 확정적 인식설, 판례는 대법원 1992.3.31, 90도2033 전원합의체 등 [경찰승진 13]). 그럼에도 불구하고, 甲이 살해할 용도로 흉기를 준비하였으나 **살해대상자가 누구인지조차 확정되지 못한 경우**에는 −미필적 인식조차 인정되지 않으므로− 살인예비죄가 성립하지 않아 무죄가 된다(대법원 1959.7.31, 4292형상308).

2. 객관적 요건

(1) 외부적 준비행위

외부적으로 드러나는 범죄준비행위가 있어야 한다. 준비행위는 물적인 것에 한정되지 아니하며 특별한 정형이 있는 것도 아니지만, 단순히 범행의 의사 또는 범행계획만으로는 그것이 있다고 할 수 없고 객관적으로 보아서 기본범죄의 실현에 실질적으로 기여할 수 있는 외적 행위를 필요로 한다. **판례**도 강도음모죄(제343조)에 관하여 "단순히 범죄결심을 외부에 표시·전달하는 것만으로는 부족하다."고 판시한 바 있다(대법원 1999.11.12, 99도3801). [경찰간부 11·18 / 경찰승진(경위) 10 / 경찰승진 13 / 국가9급 11·14 / 국가7급 09 / 법원행시 18]

(2) 범 위

① 물적 예비와 인적 예비

㉠ 물적 예비 : 당연히 예비행위로서 인정된다. 예를 들어, 방화의 목적으로 점화재료인 휘발유를 구입하여 쌓아 둔 경우 물적 예비로서 방화예비죄가 성립한다.

예 범행도구의 구입, 범행장소의 물색·답사·잠입

ⓛ 인적 예비 : 부정설도 있으나, 알리바이 사전조작을 위한 대인접촉, 장물을 처분할 라인을 사전에 확보하는 행위 등도 예비행위에 포함된다는 긍정설이 다수설이다.

② 자기예비와 타인예비

㉠ 자기예비 : 자기의 실행행위를 위한 준비행위를 말하며, 원칙적인 예비의 유형이다.

㉡ 타인예비 : 타인예비란 타인의 범죄의 예비단계에 가공한 행위를 말한다. 이에 대해서는 타인의 범죄 실행착수 이전 단계에서 예비행위를 해 주었고 그 타인이 범죄를 실행하였다면 가공한 자는 방조범이 되는 것에 불과하므로, 타인예비는 예비의 개념에 포함될 수 없다는 부정설이 다수설이다.

(3) 실행의 착수 이전

예비행위는 실행의 착수 이전의 단계에 머물러야 하며, [국가9급 09] 실행의 착수 이후에는 예비는 미수·기수에 흡수된다(법조경합 중 묵시적 보충관계).

주관적 성립요건		객관적 성립요건				
고 의	목 적	외부적 준비행위				실행의 착수 ×
┌기본범죄고의설(다수설) └예비행위고의설 ※ 과실에 의한 예비 × [사시 13]	기본범죄를 범할 목적 ※ 예비죄＝목적범	물적 예비	인적 예비	자기 예비	타인 예비	미수와의 구별
		○	○	○	× (종범)	

04 관련문제

1. 예비죄의 공범

(1) 예비죄의 공동정범

예컨대, 甲과 乙이 X를 살해하고자 공동으로 시장에 가서 살인의 도구인 낫을 구입하였다고 할 때 甲과 乙에 대하여 살인예비죄(제255조)의 공동정범(제30조)이 성립하는가의 문제로서, **긍정설**이 다수설·**판례**이다. [법원9급 14 / 사시 13 / 변호사시험 12·14·18] 범죄실행의 준비행위가 공동형태로 이루어질 수 있다면 공동정범의 성립이 가능하다는 데 그 근거가 있다.

(2) 예비죄에 대한 공범

① 예비죄에 대한 교사범 : 교사를 받은 피교사자가 예비·음모행위는 하였으나 실행의 착수에 이르지 못한 경우를 말한다. 이 경우 교사자에게는 **교사범이 성립할 수 없다**(공범종속성설). 다만 형법 제31조 제2항에서는 교사자와 피교사자를 예비·음모에 준하여 처벌할 수 있다는 규정을 둠으로써 그 **가벌성**만큼은 인정하고 있다(효과 없는 교사).

② 예비죄에 대한 방조범 : 피방조자가 예비·음모행위는 하였으나 실행의 착수에 이르지 못한 경우를 말한다. 역시 방조자는 **방조범이 될 수 없다**(공범종속성설). [국가9급 08 / 법원행시 09 / 변호사시험 14] 나아가 형법 제32조의 종범의 규정에는 제31조 제2항과 같은 예비죄 처벌규정을 두고 있지 않기 때문에 결국 예비죄에 대한 방조범은 **가벌성도 없다**. **판례**도 같은 입장이다. [법원9급 14]

2. 예비죄의 중지 – 중지미수규정의 준용 여부 [사시 10]

(1) 의 의

행위자가 실행의 착수에 이르지 못한 예비단계에서 예비행위를 자의로 중지하거나 실행의 착수를
포기하는 경우, 예비단계에 대해서도 중지미수의 필요적 형감면규정이 준용되는가의 문제이다.

(2) 중지미수규정의 준용 여부

학설로는 중지미수와의 형의 균형에 근거한 긍정설이 다수설이나, 중지미수는 실행의 착수 이후의
개념이기 때문에 실행의 착수 이전인 예비단계에서 예비의 중지에 대해서는 준용할 수 없다는 부정설이
판례의 입장이다. [국가9급 08·09·11] 부정설에 의하면 예비의 중지는 예비죄가 적용되는 데 불과하다는
결론에 이르게 된다. [법원9급 07(하) / 법원9급 14]

> **판례연구**　**예비의 중지를 부정하는 것이 판례의 입장**
>
> 대법원 1966.4.21, 66도152; 1999.4.9, 99도424
> 중지범은 범죄의 실행에 착수한 후 자의로 그 행위를 중지한 때를 말하는 것이므로 실행의 착수가 있기 전인
> 예비·음모의 행위를 처벌하는 경우에 있어서는 중지범의 관념을 인정할 수 없다. [경찰채용 11·16 2차 / 경찰간부
> 15·16·18 / 경찰승진(경사) 11 / 경찰승진(경위) 10 / 국가9급 09·14·15 / 국가7급 09·12 / 법원9급 07(하) / 법원9급 14 / 법원행시 09·18
> / 사시 12·13 / 변호사시험 15]

제3절　미수범의 일반이론

01　서 설

1. 미수범의 의의

미수범(未遂犯)이라 함은 고의범이 범죄의 실행에 착수하여 행위를 종료하지 못하였거나, 종료했더라
도 결과가 발생하지 아니한 경우를 말한다. [국가7급 09] 따라서 과실범의 미수란 불가능하다. [경찰승진 13
/ 국가7급 12]

2. 구별개념

(1) 예비·음모

실행의 착수 이전의 단계라는 점에서 그 이후의 단계인 미수와 구별된다.

(2) 기 수

구성요건을 충족시킨 경우라는 점에서 그렇지 못한 미수와 구별된다.

3. 형법상 미수범의 체계

장애미수	의외의 장애로 범죄를 완성하지 못한 경우(제25조)	임의적 감경 [경찰승진(경감) 10]
중지미수	행위자가 자의로 범죄를 중지한 경우(제26조)	필요적 감면 [경찰승진(경감) 10]
불능미수	결과발생이 처음부터 불가능한 경우(제27조)	임의적 감면 [경찰승진(경감) 10]

4. 미수범의 처벌

형법각칙에 처벌규정이 있는 경우에 한하여 처벌된다(제29조). [국가9급 07 / 국가7급 12 / 법원행시 10]

참고하기 미수범 처벌규정 관련 중요사항 세부정리

1. **거동범(형식범)**(범죄단체조직죄, 소요죄, 다중불해산죄, 공무원자격사칭죄, 직무유기죄, [경찰채용 12 3차] 직권남용죄, 공무상 비밀누설죄, 공무집행방해죄, [경찰승진 14 / 법원9급 06] 범인은닉죄, 위증죄, 증거인멸죄, [경찰채용 10 1차] 무고죄, 변사체검시방해죄, 폭행죄, [경찰채용 11 1차 / 경찰승진 15] 존속폭행죄, 유기죄, 명예훼손죄, 모욕죄, 업무방해죄 등)은 거의 미수범 처벌규정이 없다.
2. 다만 거동범이라 하더라도 협박죄, [경찰승진(경감) 10] 주거침입죄, [경찰간부 11] 퇴거불응죄, [경찰승진 14] 집합명령위반죄는 미수범 처벌규정이 있다.
3. **진정부작위범**(다중불해산죄, 전시군수계약불이행죄, 전시공수계약불이행죄, 집합명령위반죄, 퇴거불응죄)는 거동범적 성질을 가지므로 이론적으로 미수범이 성립하기 어렵다. [경찰승진 13]
   • 다만 집합명령위반죄, 퇴거불응죄는 진정부작위범이지만, [국가7급 07] 미수범 처벌규정이 있다. [경찰승진 13 / 사시 15]
   • 이와 달리 부진정부작위범은 결과범적 성격을 가지므로 미수를 인정할 수 있다. [국가9급 07 / 국가7급 07]
4. **예비·음모죄를 처벌하는 범죄**들은 −실행착수 이전 단계부터 처벌하기 때문에− 당연히 미수범 처벌규정이 있다(대체로 살인, 약취·유인·인신매매, 강간·유사강간·준강간·미성년자의제강간, 강도, 먹는물유해물혼입과 수도불통, 통화·유가증권·우표·인지위조·변조죄와 자격모용유가증권작성죄, 방화·일수, 기차·선박등교통방해죄와 기차등전복죄, 폭발물사용죄, 도주원조, 내란·외환의 죄와 외국에 대한 사전죄는 예비·음모를 처벌하기 때문에 미수범 처벌규정도 있다).
5. **국기에 대한 죄**(국기·국장모독죄, 국기·국장비방죄)는 미수범 처벌규정이 없다.
6. **국교에 대한 죄**(외국원수폭행등죄, 외국사절폭행등죄, 외국국기·국장모독죄, 중립명령위반죄, 외교상 기밀누설죄)는 미수범 처벌규정이 없다. 단 외국에 대한 사전죄는 예비·음모도 처벌하며 따라서 미수범 처벌규정도 있다.
7. **공안을 해하는 죄**(범죄단체조직죄, 소요죄, 다중불해산죄, 전시공수계약불이행죄, 공무원자격사칭죄)는 모두 미수범 처벌규정이 없다.
8. **폭발물에 관한 죄** 중에서 폭발물사용죄와 전시폭발물사용죄는 예비·음모를 처벌하므로 미수범 처벌규정도 있다. 그러나 전시폭발물제조·소지죄는 미수범 처벌규정이 없다(따라서 예비·음모 처벌규정도 없다).
9. **공무원의 직무에 관한 죄**는 직무범죄라고 하는데 미수범 처벌규정이 거의 없다(직무유기, 직권남용, 폭행·가혹행위, 피의사실공표, 공무상 비밀누설, [경찰간부 17] 선거방해, 뇌물에 관한 죄 전부). 다만 불법체포·감금죄는 미수범 처벌규정이 있다. [경찰채용 10 1차 / 경찰채용 12 3차 / 경찰간부 12] 이는 체포·감금죄가 사람의 신체활동의 자유를 침해해야 성립한다는 침해범적 성격에 따른 것이다.
10. **공무방해에 관한 죄** 중에서 공무집행방해, [경찰채용 15 3차 / 경찰간부 17 / 법원행시 10] 위계에 의한 공무집행방해, 법정·국회회의장모욕, 인권옹호직무방해, 특수공무방해죄는 미수범 처벌규정이 없지만, 공무상 비밀표시무효(공무상 비밀침해도 포함), [경찰간부 17] 부동산강제집행효용침해, 공용서류무효와 공용물파괴, 공무상 보관물무효죄 [경찰채용 10 1차] 는 미수범 처벌규정이 있다.
11. **도주에 관한 죄**는 모두 미수범 처벌규정이 있다 [경찰간부 12] (특히 우리나라는 자기도주행위의 미수도 처벌된다). 그러나 범인은닉죄는 미수범 처벌규정이 없다.
12. **위증과 증거인멸의 죄**는 모두 미수범 처벌규정이 없다. [경찰간부 17]
13. **무고의 죄**는 미수범 처벌규정이 없다.

14. 신앙에 관한 죄 중에서 장례식등방해, 시체오욕, 변사체검시방해죄는 미수범 처벌규정이 없으나, 분묘발굴, 시체영득등죄는 미수범 처벌규정이 있다.

15. 방화죄는 거의 미수범 처벌규정이 있다. 그러나 자기소유일반건조물방화, 일반물건방화, 진화방해죄 [경찰채용 12 3차] 는 미수범 처벌규정이 없다. [경찰간부 11] 예비·음모도 이와 마찬가지이다.

16. 일수와 수리에 관한 죄도 거의 미수범 처벌규정이 있다. 그러나 자기소유일반건조물·재산일수, 방수방해, 수리방해죄는 미수범 처벌규정이 없다. 예비·음모도 마찬가지이다.

17. 교통방해죄의 죄는 모두 미수범 처벌규정이 있다.

18. 먹는물에 관한 죄 중에서는 먹는물유해물혼입, 수돗물유해물혼입죄, 수도불통죄는 미수범 처벌규정이 있다 (이 죄들은 예비·음모를 처벌하는 죄들이다). 그러나 먹는물사용방해, 수돗물사용방해죄는 미수범 처벌규정이 없다(예비·음모도 없다).

19. 아편에 관한 죄는 대체로 미수범 처벌규정이 있다. 그러나 아편·몰핀소지죄(단순소지)는 없다.

20. 공공의 신용에 대한 죄
    • 통화 : 대체로 있으나, 위조통화취득후지정행사죄 ×
    • 유가증권·우표·인지 : 대체로 있으나, 소인말소죄 ×
    • 문서 [경찰채용 15 3차 / 경찰승진(경감) 10 / 법원행시 10] : 대체로 있으나, 사문서부정행사죄 × [경찰채용 10 2차]
    • 인장 : 모두 ○ [경찰채용 10 2차 / 경찰채용 12 3차]

21. 성풍속에 관한 죄는 미수범 처벌규정이 없다.

22. 도박과 복표에 관한 죄는 미수범 처벌규정이 없다. [법원행시 15]

23. 살인의 죄는 미수범을 처벌한다. [경찰간부 15]

24. 상해, [경찰채용 15 3차 / 법원행시 10] 존속상해죄는 미수범 처벌규정이 있으나, 중상해·존속중상해는 -결과적 가중범이므로- 미수범 처벌규정이 없다. [경찰간부 15] 폭행의 죄는 거동범이므로 미수범 처벌규정이 없다.

25. 낙태의 죄는 미수범을 처벌하지 않는다.

26. 유기와 학대의 죄는 미수범을 처벌하지 않는다.

27. 체포와 감금의 죄는 미수범을 처벌한다. [경찰채용 15 3차 / 경찰간부 15]

28. 협박의 죄는 미수범을 처벌한다. [경찰간부 15 / 경찰승진(경감) 10 / 법원행시 10]

29. 약취와 유인 및 인신매매의 죄는 미수범을 처벌한다. 단 약취·유인등치사상죄와 약취·유인등 목적 모집·운송·전달죄는 없다.

30. 강간죄, 유사강간죄, 강제추행죄, 준강간·준강제추행, 미성년자의제강간·유사강간·강제추행죄는 미수범을 처벌하나, 강간상해·치상, 강간살인·치사, 미성년자·심신미약자 간음·추행, 업무상 위력등에 의한 간음, 미성년자의제강간등상해·치상·살해·치사죄는 미수범 처벌규정이 없다.

31. 명예에 관한 죄는 미수범 처벌규정이 없다.

32. 신용, 업무와 경매에 관한 죄는 미수범 처벌규정이 없다.

33. 비밀침해의 죄도 미수범 처벌규정이 없다.

34. 주거침입의 죄는 모두 미수범을 처벌한다. [경찰채용 15 3차]

35. 권리행사방해, 중권리행사방해, 강제집행면탈죄 [경찰채용 12 3차] 는 미수가 없으나, **강요죄**, 인질강요죄, 인질상해·치상, 인질살해·치사죄, 점유강취, 준점유강취죄는 미수범 처벌규정이 있다.

36. 절도와 강도의 죄는 모두 미수를 처벌한다. 강도치사상죄나 해상강도치사상죄도 미수범 처벌규정이 있다.

37. 사기와 공갈의 죄는 거의 미수를 처벌한다. 단, 부당이득죄는 미수범 처벌규정이 없다.

38. 횡령과 배임의 죄, 배임수증재죄도 미수를 처벌한다. [경찰채용 15 3차 / 경찰승진(경감) 10] 단, 점유이탈물횡령죄는 미수범 처벌규정이 없다.

39. 손괴죄는 미수를 처벌하나, [경찰채용 15 3차 / 경찰승진 14 / 법원행시 10] 경계침범죄는 미수범 처벌규정이 없다.

40. 강요죄는 미수범 처벌규정이 없다가 개정형법(1995)에서는 미수범 처벌규정이 신설되었다.

41. 과실범은 미수범 처벌규정이 없다.

42. 결과적 가중범은 거의 미수범 처벌규정이 없다. 다만, 인질치사상, 강도치사상, 해상강도치사상, 현주건조물 일수치사상죄는 미수범 처벌규정이 있다 [경찰승진 13 / 국가7급 07] (결과적 가중범의 미수에 관하여 상세한 것은 후술하는 결과적 가중범 관련문제 참조).

43. 예비·음모죄는 미수범을 처벌할 수 없다. 실행의 착수 이전 단계이기 때문이다(예비의 미수는 부정). 다만 중지미수와 관련해서는, 예비의 중지에 대해 판례는 부정설의 입장을 취하나 학설은 긍정설의 입장을 취한다.

참고하기 형법상 미수범 처벌규정이 없는 범죄 요약

1. 거동범은 대체로 없음 : 폭행죄, 존속폭행죄, 유기죄, 명예훼손죄, 모욕죄, 업무방해죄, 공무집행방해죄, [법원행시 10] 범인은닉죄, 위증죄, 증거인멸죄, 무고죄 등. 단, 협박죄, 주거침입죄, 퇴거불응죄, [법원행시 10] 집합명령위반죄는 있으므로 주의

2. 과실범 없음

3. 예비·음모죄 없음

4. 진정결과적 가중범은 대체로 없음 : 단, 인질치사상, 강도치사상, 해상강도치사상, 현주건조물일수치사죄는 있음, 부진정결과적 가중범은 없음 : 단, 현주건조물일수치상죄는 있으나 논외

5. 진정부작위범은 거동범의 성질상 대체로 없으나, 퇴거불응죄, 집합명령위반죄는 있음, 부진정부작위범은 대체로 결과범이어서 미수를 인정할 수 있음

6. 재산죄 중 미수범 처벌규정이 없는 죄 : 부당이득죄, 점유이탈물횡령죄, 장물에 관한 죄, 경계침범죄, 권리행사방해죄, 강제집행면탈죄

7. ~방해죄는 대체로 없음 : 단, 일반교통방해죄, 기차·선박등교통방해죄, 가스·전기공급방해죄는 있음

02 미수범 처벌의 이론적 근거

미수범을 처벌할 근거를 어디에서 찾느냐에 관하여, 학설은 다음과 같이 나뉘어 있다.

1. 객관설

예비·미수·기수의 모든 행위단계에 있어서 고의는 동일하기 때문에, 미수범의 처벌근거는 행위자의 의사에 있는 것이 아니라 결과발생에 대한 높은 개연성·위험성에 있다는 견해이다(객관주의 범죄이론). 순수한 객관설에 의하면 미수범 처벌규정은 형벌확장사유로 해석된다.

> **비판** 1. 미수범의 경우에 행위자의 내심의 의사 내지 계획이 보다 중요한 처벌근거가 된다는 점을 간과하고 있다.
> 2. 행위불법이 전혀 고려되지 않고 있다.
> 3. 결과발생의 가능성이 없는 불능미수는 처벌되지 않게 된다.

2. 주관설

미수범의 처벌근거는 범의에 의해 나타난 행위반가치에 있으며, 행위자가 법적대적 의사의 표현에 의하여 법적 평온을 침해한 이상 보호법익에 대하여 위험을 주지 않는 행위도 원칙적으로 처벌되어야 한다는 견해이다. 주관설에 의할 경우 미수범의 범죄의사는 기수범의 그것과 다를 바 없으므로 기수범과 동일하게 처벌해야 한다는 결론에 이르게 되고, 미수범 처벌규정은 형벌축소사유로 해석된다.

> **비판** 1. 미수의 가벌성의 범위가 지나치게 확대되어 형법이 심정형법화된다.
> 2. 미수범을 예외적으로 처벌하고 임의적 감경에 과하는 이유를 설명하기 곤란하다.
> 3. 결과발생의 가능성이 없는 불능범도 법적대적 의사는 존재하기 때문에 당연히 처벌되게 된다.

3. 인상설 – 절충설

인상설은 미수의 처벌근거는 범죄의사에 있지만, 미수의 가벌성은 법배반적 의사가 법질서의 효력과 법적 안정성에 대한 일반인의 신뢰를 깨뜨릴 때 인정된다는 견해이다(주관＋객관 : **통설**). 즉, 행위자의

범죄의사를 미수범 처벌의 근거로 인정하나(주관설), 이를 '인상(위법적인 의사의 실행)이 법질서 내지 법적 안정성에 대해 위협하는 정도(객관설)'에 의하여 제한하는 입장이다. 형법은 미수범을 임의적 감경사유(제25조 제2항)로 처벌하고 있으므로 객관설(필요적 감경)과 주관설(기수범과 동일하게 처벌)의 절충적 입장을 취하고 있다는 점에서 인상설(절충설)이 가장 적합하다.

표정리 미수범의 처벌근거에 관한 학설 관련사항의 비교

구 분	객관설	주관설	인상설(절충설)
이론적 근거	객관주의	주관주의	객관주의＋주관주의
미수범의 불법	결과반가치	행위반가치	결과반가치＋행위반가치
불능범의 처벌	불가벌	처벌	불가벌(임의적 감면)
미수범의 처벌	필요적 감경	기수범과 동일	임의적 감경

제4절 장애미수

01 서 설

> **제25조【미수범】** ① 범죄의 실행에 착수하여 행위를 종료하지 못하였거나 결과가 발생하지 아니한 때에는 미수범으로 처벌한다.
> ② 미수범의 형은 기수범보다 감경할 수 있다.

장애미수란 행위자가 의외의 장애로 인하여 범죄를 완성하지 못한 경우를 말한다(제25조 제1항). 이론적으로 미수범은 결과범에 대해서만 존재하며, 거동범에 있어서는 미수범이 성립할 수 없다. 다만 형법상 거동범의 미수범 처벌규정이 몇 군데 있다(예 협박, 주거침입·퇴거불응, 집합명령위반).

02 성립요건

1. 주관적 요건 – 기수의 고의

(1) 기수의 고의

미수범은 기수범과 마찬가지로 객관적 구성요건요소를 인식하고 그 구성요건을 실현하려고 하는 고의가 있어야 한다. 따라서 처음부터 결과발생은 일으키지 않겠다고 생각한 경우(미수의 고의)에는 미수범으로는 처벌되지 않는다.

(2) 과실범의 미수와 부진정부작위범의 미수

미수범은 기수의 고의가 있어야 하는데, 과실범은 미수범의 주관적 성립요건이 결여되므로 불가벌이다. [국가9급 07] 나아가 형법상 과실범의 미수범을 처벌하는 규정도 존재하지 않는다(과실범의 미수는 절대 불성립).

반면 부진정부작위범은 이론적으로 대체로 결과범의 성격을 가지므로 당연히 미수범의 성립이 가능하게 된다. [국가9급 07]

(3) 기타의 초과주관적 구성요건요소

목적, 불법영득의사 등도 범죄유형에 따라 요구됨은 당연하다. 예를 들어 절도미수가 되려면 불법영득의 사가 있어야 되는 것이기 때문에, 단순한 일시 사용의 의사만으로 타인 점유의 재물에 손을 대는 것으로는 무죄가 될 뿐이다. 즉 미수범의 주관적 요건은 기수범의 그것과 완전히 일치한다.

2. 객관적 요건 – 실행의 착수, 결과의 불발생

(1) 실행의 착수

① 의의 : 구성요건에 규정된 범행을 직접적으로 개시하는 것(범죄실행의 개시)을 말한다.

② 실행의 착수시기에 관한 학설

　㉠ 객관설

　　ⓐ **형식적 객관설** : 엄격한 의미에서의 구성요건에 해당하는 정형적인 행위 또는 그 일부를 개시한 때에 실행의 착수가 있다는 입장이다. **판례**가 방화죄의 착수시기를 "불을 놓은 때(점화시)"로 보는 것이 형식적 객관설의 입장이다(대법원 1960.7.22, 4293형상110; 2002.3.26, 2001도6641). [경찰채용 18 1차/경찰승진(경사) 10]

　　　예 절도죄의 실행착수시기 → 타인의 재물을 잡은 때

　　　비판 1. 실행의 착수를 인정하는 시점이 너무 늦어진다.
　　　　　　2. 행위자의 범행계획을 고려하지 않는다.

　　ⓑ **실질적 객관설** : 구성요건실현의 전(前) 단계의 행위라 하더라도 보호법익을 기준으로 하여 **법익에 대한 직접적 위험**을 발생시킨 객관적 행위가 있는 때(법익침해에 밀접한 행위시점) 실행의 착수가 있다는 입장이다. 예컨대, 甲이 소매치기를 하려고 乙의 주머니에 손을 뻗쳐 접근하거나 乙의 주머니에 손이 접촉되거나 주머니에 손을 넣은 때 절도죄의 실행의 착수가 인정된다. **판례**는 대체적으로 실질적 객관설의 입장을 취하고 있는데, 이러한 **판례**이론을 **밀접행위설**이라고 부르기도 한다.

　　　예 • 자동차 안의 밍크코트를 절취하기 위하여 차문의 손잡이에 손을 댄 때 [경찰간부 14/경찰승진 16/국가9급 09/법원행시 13]
　　　　• 라디오를 절취하려고 그 전기선에 손을 댄 때

　　　비판 1. 법익에 대한 직접적 위험이나 밀접한 행위라는 개념이 모호하다.
　　　　　　2. 행위자의 범행계획을 고려하지 않는 문제점이 있다.

　㉡ **수관설** : 범죄란 범죄적 의사의 표현이므로, 범죄의사를 명백하게 인정할 수 있는 외부적 행위가 있는 때에 실행의 착수가 있다는 입장이다. **판례**는 특히 **간첩죄**의 실행착수시기에 관하여 주관설적 입장을 취하고 있다(대법원 1984.9.11, 84도1381). [경찰간부 18]

　　→ '범의가 그 수행적 행위를 통해 확정적으로 표현될 때', '범의의 비약적 표동이 있을 때', '범의가 취소불가능한 확실성을 나타낼 때' 등의 표현을 하기도 한다. 다만, 아무리 주관설에 의하더라도, '범죄의사를 가질 때' 실행의 착수가 인정된다는 것은 잘못된 표현이다. 주관설에 의하더라도 범죄의사가 표현된 최소한의 '행위'는 존재해야 실행의 착수가 인정되는 것이다.

　　예 간첩행위를 하기 위하여 국내(남한)에 잠입한 때

　　비판 실행의 착수 여부를 행위자의 관념 여하에 따라 결정함으로써 예비단계까지 미수범 성립을 부당하게 확대할 위험성이 있다. 결과적으로 가벌성이 지나치게 확장될 수 있다.

ⓒ 주관적 객관설(절충설, 개별적 객관설) : 행위자의 관념(표상)과 행위(공격)의 직접성을 동시에 중시하는 견해로서, 행위자의 주관적인 범죄계획에 비추어(주관적 기준) 범죄의사의 분명한 표명이라고 볼 수 있는 행위가 보호법익에 대한 직접적 위험을 발생시킨 때(객관적 기준) 실행의 착수가 있다는 입장이다(통설). **판례**는 특히 사람의 **생명·신체**에 대한 범죄에 대하여 절충설의 입장을 보여주고 있다(대법원 1986.2.25, 85도2773).

> 예 피해자를 살해하기 위하여 낫을 들고 다가갔으나 주위 사람들이 만류하는 틈에 피해자는 현장을 떠난 경우 [경찰승진 13]

ⓔ 결론 : 주관적 객관설이 타당하다. **판례**의 입장은 실질적 객관설이 대부분이지만, 구체적·개별적으로 타당한 착수시기를 정하는 경향이어서 획일적이지는 않다(따라서 "대법원은 일관하여 객관설적 입장에서 실행의 착수 유무를 판단하고 있다."-사시38회-는 지문은 틀림).

표정리 실행의 착수시기에 관한 학설 정리

객관설		주관설	개별적 객관설(통설)
형식적 객관설	실질적 객관설	범죄의사의 비약적 표동시	주관+객관
실행행위의 일부 개시시 ※ 비판 : 주관 무시 → 너무 늦음	밀접하게 연관된 행위시 (밀접행위설) • 절도죄(판례) • 외환밀반출죄 ※ 비판 : 전과 동일	• 간첩죄(잠입설·판례) ※ 비판 : 객관 무시 → 너무 이름 • 예비와 미수의 구별이 어려움	살인죄(낫을 들고 다가간 때; 판례)

판례연구 실행의 착수를 인정한 사례

1 대법원 1989.9.12, 89도1153
피고인 및 원심 공동피고인이 함께 담을 넘어 피해회사 마당에 들어가 그중 1명이 그곳에 있는 구리를 찾기 위하여 담에 붙어 걸어가다가 잡힌 이 사건에 있어서 절취대상품에 대한 물색행위가 없었다고 할 수 없다.
→ 특수절도(합동절도)미수죄 성립 [경찰채용 11 1차 / 경찰간부 16 / 경찰승진(경감) 10 / 경찰승진 16 / 국가7급 13]

2 대법원 2003.10.24, 2003도4417
야간에 아파트에 침입하여 물건을 훔칠 의도하에 아파트의 베란다 철제난간까지 올라가 유리창문을 열려고 시도하였다면 야간주거침입절도죄의 실행에 착수한 것으로 보아야 한다. [경찰채용 16 1차 / 경찰채용 10 2차 / 경찰간부 16 / 경찰승진(경사) 10 / 경찰승진(경감) 10 / 경찰승진 16 / 국가9급 09 / 국가7급 10·14 / 법원행시 09·17 / 사시 10]

판례연구 실행의 착수를 인정하지 않은 사례

1 대법원 1985.4.23, 85도464
노상에 세워져 있는 자동차 안에 있는 물건을 훔칠 생각으로 자동차의 유리창을 통하여 그 내부를 손전등으로 비추어 본 것에 불과하다면 비록 유리창을 따기 위하여 손장갑을 끼고 칼을 소지하고 있었더라도 절도의 예비행위로는 볼 수 있겠으나 절취행위의 착수에 이른 것이라고 볼 수 없다. [경찰채용 15 2차 / 경찰승진(경감) 10 / 경찰승진 15 / 국가7급 13 / 법원9급 07(상) / 법원9급 06·10·14·20 / 법원행시 06·11·16 / 변호사시험 15]

2 대법원 2008.3.27, 2008도917
야간에 다세대주택에 침입하여 물건을 절취하기 위하여 가스배관을 타고 오르다가 순찰 중이던 경찰관에게 발각되어 그냥 뛰어내렸다면, 야간주거침입절도의 실행의 착수에 이르지 못한 것이다. [경찰채용 20 2차 / 경찰승진 11 / 국가7급 10·14 / 법원행시 07·09·11]

(2) 기수범의 불성립 – 범죄의 미완성

기수에 도달하지 않아야 미수가 성립하므로 구성요건적 결과는 발생하지 않아야 한다. 다만 결과가 발생한 경우에도 행위와 결과 사이에 인과관계 내지 객관적 귀속이 부정되는 경우에는 미수범이 성립하게 된다.

03 특수한 경우의 실행착수시기

특수한 경우[50]	실행의 착수시기
간접정범	• 피이용자의 실행행위시설 • 이용자의 이용행위시설(주관설 : 통설) • 피이용자가 선의의 도구인 때에는 이용자의 이용행위시, 악의의 도구인 경우에는 피이용자의 실행행위시설
공동정범·공범	• 공동정범은 공동정범자의 전체행위를 기준으로 결정한다. 즉 공동정범자 중 1인이 공동적 범죄계획에 따라 실행에 착수한 때에는 다른 공동정범자에게도 실행의 착수를 인정한다(일부실행·전부책임). 합동범도 마찬가지이다. [경찰채용 21 1차] • 교사범·종범의 경우에는 정범의 실행행위시를 기준으로 한다.

표정리 각칙상 주요 실행의 착수시기 요약

살인죄	타인의 생명을 위태롭게 하는 행위를 직접 개시시(개별적 객관설 : 낫을 들고 다가간 때)
자살교사·방조죄	자살교사·방조시(다수설)
강간죄	반항을 현저히 곤란하게 할 만한 폭행·협박 개시시 → 실제로 반항이 현저히 곤란하게 되었는가는 불문 [국가9급 10 / 법원행시 07·09·10]
주거침입죄	주거침입을 위한 구체적 행위시
절도죄	타인점유 배제행위의 개시시(물색·접근·접촉, 실질적 객관설 : 밀접행위설)
야간주거침입절도죄	야간에 절도의 목적으로 주거에 침입시 [국가9급 10]
특수절도죄	제331조 제1항 : 타인의 주거에 침입하여 건조물의 일부인 방문고리 손괴시 제331조 제2항 : 물색·접근·접촉시(밀접행위시)
강도죄	반항을 억압할 만한 폭행·협박 개시시(실제 반항 억압은 불문) → 단, 특수강도(제334조 제1항)는 견해대립
사기죄	• 보험금 사취 목적의 방화(보험사기) : 보험회사에 보험금 청구시 • 소송사기 : 원고는 법원에 소장(訴狀)제출시, 피고는 서류제출시

---

50 **참고 : 진정부작위범의 미수** 진정부작위범과 부진정부작위범의 구별기준에 관한 실질설(소수설)에 의할 때, 진정부작위범은 거동범, 부진정부작위범은 결과범으로 분류된다. 따라서 **진정부작위범**은 이론적으로 미수범이 성립할 여지가 크지 않다. 다만 진정부작위범(전시군수계약불이행죄, 다중불해산죄, 전시공수계약불이행죄, 인권옹호직무명령불준수죄, 집합명령위반죄, 퇴거불응죄) 중에서도 집합명령위반죄와 퇴거불응죄는 미수범 처벌규정이 있다.

참고 : 결과적 가중범의 미수 다수설에 의해서 정리해본다. **진정결과적 가중범**의 경우에는 이론적으로 미수범이 성립할 여지가 없으나 현행형법상 미수범 처벌규정이 몇 군데 존재한다(인질치사상죄, 강도치사상죄, 해상강도치사상죄, 현주건조물일수치사죄). 다만 결과적 가중범의 미수를 부정하는 견해에 의하면, 사실상 위와 같은 미수범 처벌규정이 적용될 여지는 없다고 한다. 또한 **부진정결과적 가중범**의 경우에는 이론적으로 미수범이 성립할 수 있으나, 형법에 처벌규정이 없다(물론 현주건조물일수치상죄의 미수범 처벌규정이 있기는 하지만 이에 대해서는 무시하는 것이 다수설의 입장이다. 반대로 이를 근거로 결과적 가중범의 미수가 가능하다는 이론을 전개하는 소수설도 있다). 따라서 부진정결과적 가중범의 경우에도 미수범은 성립할 수 없다.

배임죄	부동산이중매매 : 제2매수인으로부터 중도금 수령시 [국가9급 10·20 / 변호사시험 12]
방화죄	(매개물에) 점화한 때(판례 : 형식적 객관설)
간첩죄	잠입·입국시(판례 : 주관설)

04 미수범의 처벌

1. 예외적 처벌

미수범을 처벌하기 위해서는 해석상 미수범 성립이 가능하다는 것만 가지고 설명할 수는 없고, 반드시 형법각칙(또는 특별법)에 특별한 규정이 있는 경우에만 처벌된다(제29조).

2. 임의적 감경

미수범의 형은 감경할 수 있다(제25조 제2항). [경찰승진(경감) 10 / 경찰승진 14 / 법원행시 16] 주형에 대해서만 감경이 가능하고, 부가형(몰수·추징)·보안처분은 감경하지 못한다.

제5절 중지미수

01 서 설

제26조 【중지범】 범인이 실행에 착수한 행위를 자의(自意)로 중지하거나 그 행위로 인한 결과의 발생을 자의로 방지한 경우에는 형을 감경하거나 면제한다. 〈우리말 순화 개정 2020.12.8.〉 [경찰채용 12 1차 / 법원9급 12]

1. 의 의

중지미수란 범죄의 실행에 착수한 자가 그 범죄가 완성되기 전에 자의로 이를 중지하거나 결과의 발생을 방지한 경우를 말한다(제26조).

2. 본질 – 형의 감면근거 및 법적 성격

(1) 형사정책설 – 황금교설

① 내용 : 중지미수범에게 형의 감면을 약속하는 것은 범행을 중단하거나 결과를 방지하게끔 동기부여를 하기 위한 것이라는 견해이다(중지미수의 형의 감면은 불법의 세계에서 적법의 세계로 되돌아가게 하는 '황금의 다리').

② 비판 : 중지미수의 필요적 감면의 혜택을 일반 국민이 알고 있을 때에만 가능한 이론이다.

(2) 보상설 – 은사설

① **내용** : 행위자의 자의에 의한 범행중단에 대한 보상 내지 대가로서 혹은 은사로서 형을 감면한다는 입장이다(공적설이라고도 함).

② **비판** : 필요적 감면의 본질은 은사의 문제가 아니라 형벌의 필요성에 근거한 형법 자체 내의 문제이다.

(3) 형벌목적설

① **내용** : 중지미수에 있어서는 행위자의 위험성이 현저히 약화되므로 일반예방적이든 특별예방적이든 형벌의 목적이 흠결되어 처벌할 필요가 없다는 견해이다.

② **비판** : 실행의 착수시에 존재했던 행위자의 법적대적 의사 내지 위험성이라고 하는 것이 중지행위로 인하여 반드시 약화되는 것은 아니다.

(4) 법률설

① **내용** : 범행의 중지 및 결과의 방지로 인하여 위법성이 감소 내지 소멸되거나 책임이 감소 내지 소멸된다는 입장이다(위법성감소·소멸설, 책임감소·소멸설).

② **비판** : 형법이 중지범의 형을 일단 유죄로 인정하고 형의 감경 내지 면제를 인정하고 있다는 점에서, 무죄판결을 전제하는 위법성소멸설·책임소멸설은 타당하지 않다. [국가9급 14/사시 12] 다만 책임감소사유 (비난가능성감소사유)라는 부분은 다른 입장과 결합되어 주장되고 있다.

(5) 결합설

① **내용** : 형면제사유인 중지미수에 대해서는 형사정책설로, 형감경사유인 중지미수에 대해서는 법률설 (책임감소설)로 설명하는 입장이다. 즉 **형사정책설과 책임감소설의 결합설**로서 보통 우리나라의 다수 설이라고 한다(이외에도 다양한 결합설이 존재함). 결합설에 의하면, 현행형법상 중지미수는 형을 면제하는 경우에는 **인적 처벌조각사유**로서, 형을 감경하는 경우에는 **책임감경사유의 성격을 가지게 된다**(책임감소사유·인적처벌조각사유).

② **비판** : 중지미수라는 제도를 일관성 있게 설명하지 못한다.

02 성립요건

1. 일반적·주관적 요건

일반적인 중지미수의 주관적 요건으로서는 기수범과 마찬가지로 기수의 고의, 확정적 행위의사, 목적 등과 같은 특별한 주관적 구성요건요소가 필요하다.

2. 특별한 주관적 요건 – 자의성(自意性)의 판단기준

중지미수는 장애미수와 구별되는 개념으로서, 중지미수와 장애미수를 구분하는 데 있어서는 범죄의 미수가 자의에 의한 중지이냐 또는 어떤 장애에 의한 미수이냐가 기준이 된다. [국가9급 11]

(1) 주관설

① **윤리적 동기 여부를 기준으로 하는 주관설** : 후회·동정·연민, 양심의 가책 등 윤리적 동기에 의하여 중지한 경우에는 중지미수이고, 다른 동기에 의한 경우에는 모두 장애미수라는 입장이다. 예를

들어, 강도를 실행하다가 상대방이 불쌍해서 중지하였다면 중지미수, 보다 더 나은 기회를 잡기 위해 범행을 미룬 경우에는 장애미수라는 것이다.

② Frank의 공식 : 결과를 발생시킬 수 있지만 원하지 않아서 행위를 중단한 경우에는 자의성이 인정되나, 결과발생을 원하지만 이를 달성할 수 없어서 중단한 경우에는 자의성이 부인된다는 입장이다.

> 비판 1. 자의성의 문제가 범행수행의 가능성을 전제로 해서만이 문제된다는 점 또한 불합리하다. 즉 자의성과 행위실행의 가능성을 혼동했다는 것이다(Frank의 공식에 대한 비판).
> 2. 후회·동정·연민 등에 의한 중지가 중지미수인 것은 분명하지만 그 이외에도 합리적·계산적으로 판단하여 자율적으로 중지한 경우에도 중지미수의 자의성은 인정된다고 보아야 한다(윤리적 주관설에 대한 비판).
> [국가9급 14]

(2) 객관설

범행중지원인이 내부적 동기이면 중지미수, 외부적 사정이면 장애미수가 된다는 입장이다.

> 비판 1. 인간은 보통 의사결정을 함에 있어서 내부적 원인과 외부적 사정을 모두 고려하기 때문에, 내부적 원인과 외부적 사정의 구별이 쉽지 않다. 외부적 자극에 의해 유발되는 내부적 동기 변화의 문제에 관한 판단이 어렵기 때문이다.
> 2. 외부적 요인에 의한 경우는 중지범이 아니라고 하여 너무 협소하게 보고, 외부적 상황에 대한 내심의 착각으로 인한 중지도 중지미수라고 하여 부당하게 확장될 위험성도 있다. 즉 객관설은 지나치게 외부적 요인에 의존하고 있다.

(3) 절충설(다수설·판례)

행위자가 **범행을 마칠 수 있었음에도 불구하고 범행을 중단한 경우**에는 자율적 동기에 의한 것으로서 **중지미수**가 인정되나, 반면에 '강요된 장애사유'로 인하여 타율적으로 범행을 포기한 경우에는 자의성이 인정되지 않는다는 입장이다. 여기서 강요된 장애사유란 범행 당시의 객관적 사정과 행위자의 내부적 원인을 종합하여, 일반 사회통념상 범죄수행에 장애가 될 만한 사유를 말한다. 판례도 "자의에 의한 중지 중에서도 **일반사회통념상 장애에 의한 미수라고 보이는 경우를 제외한 것을 중지미수**(대법원 1985.11.12, 85도2002)"라고 판시한 바 있다. [경찰채용 11 2차 / 국가9급 09 / 법원9급 15 / 법원행시 12 / 사시 11]

> 비판 1. '사회통념상 장애가 될 만한 사유'라는 개념이 모호하다.
> 2. 자율적 동기를 과도하게 강조하면 자의성이 너무 좁아지게 되고, 반면 자율적 동기만 있으면 자의성이 인정된다고 하면 확고한 법적대적 의사가 있는 자가 자신의 쾌락을 위해 범행을 연기한 경우도 자의성이 인정되게 되므로 자의성이 너무 넓어진다.

판례연구 **자의성이 인정되는 사례**

대법원 1993.10.12, 93도1851
다음에 만나 친해지면 응해 주겠다는 피해자의 간곡한 부탁에 따라 강간행위의 실행을 중지한 사례
피고인이 피해자를 강간하려다가 피해자의 다음번에 만나 친해지면 응해 주겠다는 취지의 간곡한 부탁으로 인하여 그 목적을 이루지 못한 후 피해자를 자신의 차에 태워 집에까지 데려다 주었다면, 피해자의 다음에 만나 친해지면 응해 주겠다는 취지의 간곡한 부탁은 사회통념상 범죄실행에 대한 장애라고 여겨지지는 아니하므로 피고인의 행위는 중지미수에 해당한다. [경찰채용 11 1차 / 경찰간부 13·14·18 / 경찰승진(경사) 10 / 경찰승진(경감) 10 / 국가9급 12·16 / 국가7급 08 / 법원9급 07(상) / 법원9급 07(하) / 법원9급 15 / 법원행시 06·13·17 / 사시 16]

판례연구 **자의성이 부정되는 사례**

대법원 1997.6.13, 97도957
피고인이 장롱 안에 있는 옷가지에 불을 놓아 건물을 소훼하려 하였으나 불길이 치솟는 것을 보고 겁이 나서 물을 부어 불을 끈 것이라면, 치솟는 불길에 놀라거나 자신의 신체안전에 대한 위해 또는 범행발각시의 처벌

등에 두려움을 느끼는 것은 일반 사회통념상 범죄를 완수함에 장애가 되는 사정에 해당한다고 보아야 할 것이므로, 이를 자의에 의한 중지미수라고는 볼 수 없다. [경찰채용 18 1차 / 경찰채용 14 2차 / 경찰간부 13·14 / 경찰승진(경감) 10 / 국가9급 09·13·16 / 법원9급 07(상) / 법원9급 15 / 법원행시 06·10·13·17 / 사시 16]

3. 객관적 요건

(1) 실행의 착수

중지미수도 미수범이므로 실행의 착수가 있어야 함은 장애미수와 동일하다.

(2) 중지행위 – 실행의 중지 또는 결과의 방지

① 의의 : 실행에 착수한 범죄의 완성을 저지시키는 것을 말한다. 형법 제26조에서도 '실행에 착수한 행위를 자의로 중지하거나 그 행위로 인한 결과의 발생을 자의로 방지한 경우' 중지미수의 성립을 인정하고 있기 때문에, 착수미수단계(미종료미수)에서의 중지와 실행미수단계(종료미수)에서의 결과방지가 있어야 중지미수가 성립하게 된다.

② 유 형

  ㉠ 착수미수 : 행위자가 실행에 착수하였으나 실행행위를 종료하지 못한 경우이다(미종료미수).

  ㉡ 실행미수 : 행위자가 실행에 착수하여 실행행위를 종료한 경우이다(종료미수).

③ 착수미수와 실행미수의 구별기준 : 착수미수단계에서는 범행을 중지만 하면 중지미수가 되지만, 실행미수단계에서는 적극적인 결과발생방지의 노력을 해야 중지미수가 된다. 양자의 구별기준에 대해서는 학설이 대립하나,[51] 주관설에 의하면 전체범행계획이 아닌 개별행위를 기준으로 하여 착수미수는 행위자가 범죄의 완성을 위하여 필요하다고 생각되는 행위를 다하지 않은 단계를 말하고, 실행미수는 행위자의 범죄계획에 의한 모든 행위가 완결된 단계를 말한다. [사시 11]

사례연구　**착수미수와 실행미수의 구별**

甲은 乙에게 丙을 살해할 것을 교사한바, 乙은 이를 승낙하고 자기가 소지하고 있는 권총으로 2발을 쏘아 丙을 살해하려고 하였으나 제1탄이 빗나가자 제2탄을 발사하려다 중지하였다. 甲과 乙의 형사책임은?

[해결] 위 사례에서는 행위를 중지한 시점에서의 행위자의 관념을 중시하는 '주관설'에 의하든, 행위자의 의사와 행위 당시의 외부적 사정을 모두 고려하는 '절충설'에 의하든, 乙의 행위는 착수미수로 판단되므로 중지미수가 인정될 것이다(단, '객관설'에 의하면 장애미수). 따라서 乙은 살인죄의 착수미수로서 중지미수가 되고, 甲은 살인죄의 장애미수의 교사범이 성립하게 된다.

④ 착수미수의 객관적 요건

  ㉠ 실행행위의 중지 : 행위의 계속을 포기하는 부작위를 의미한다.

---

51 참고 : ① 주관설 : 행위자가 범죄의 완성을 위해 필요한 행위를 완수하지 못하였다고 생각하고 있다면 착수미수, 완수했다고 생각한다면 실행미수라고 본다. 특히 실행착수시의 행위자의 생각을 기준으로 하는 것이 아니라 범행중지시의 행위자의 생각을 기준으로 본다. 즉 중지행위 당시의 행위자의 생각을 기준으로 하자면, 지금까지 행한 행위로는 결과가 발생하지 않는다고 생각하면서도 더 이상 행위를 하지 않는 경우에는 착수미수로서 중지미수가 될 것이다.
② 객관설 : 현 시점까지 진행된 행위만으로 결과발생이 객관적으로 가능하지 못하면 착수미수, 객관적으로 가능하면 실행미수로 본다.
③ 절충설 : 행위자의 범행계획과 행위시의 객관적 사정을 종합하여 결과발생에 필요한 행위가 완료되었다고 인정되는 시점에서 실행행위는 종료된 것으로 본다. 절충설은 죄수개념을 동원하여, 현재까지 행한 행위와 앞으로 –결과발생을 위해– 실행해야 할 행위가 1개의 행위로 평가되면 착수미수이고, 별개의 행위로 평가되면 실행미수로 보고 있다.

ⓛ **범행의 종국적 포기 여부** : 중지범을 처벌하지 않는 독일형법과 달리 우리 형법은 형을 감경 또는 면제하고 있으므로, 종국적 포기를 요하지 않고 **잠정적 중지도 포함**된다(다수설).

ⓒ **결과의 불발생** : 착수미수에 있어서 행위자가 실행행위를 중지하였다 하더라도 결과가 발생하면 기수가 된다. 다만 결과가 발생하더라도 인과관계 내지 객관적 귀속이 부정되는 경우에는 중지미수가 성립할 여지는 있다. [경찰채용 11 2차]

⑤ **실행미수의 객관적 요건**

㉠ **결과발생의 방지** : 적극적 작위에 의한 방지를 요하고 소극적 부작위로는 부족하다. [국가9급 11]

㉡ **직접성**

ⓐ **원칙** : 방지행위는 행위자 자신이 직접 해야 한다.

ⓑ **예외** : 제3자에 의한 결과방지라도 범인 자신의 결과방지와 동일시될 수 있을 경우 결과방지행위로 인정된다. [경찰간부 16]

> **예** 의사의 치료행위를 요청하는 경우처럼 타인의 도움을 통해 결과발생을 방지한 경우. 그러나 방화 후 화세(불길)에 놀라 이웃에게 불을 꺼달라고 하고 도주한 경우는 자신의 결과방지와 동일시될 수 있는 진지성이 결여되어 있으므로 장애미수에 불과하다.

㉢ **인과관계** : 결과의 불발생과 인과관계의 문제로서, 방지행위와 결과의 불발생 사이에 원칙적으로 **인과관계가 있어야 한다**(통설).

㉣ **결과발생이 처음부터 불가능한 '불능미수에 대한 중지범' 성립문제** [사시 10·12] : 예컨대, 甲이 乙을 살해하고자 치사량 미달의 독약을 먹인 경우(불능미수) 독약을 먹은 乙의 고통을 보고 후회가 든 甲이 乙을 응급실로 급히 데려가 위세척을 시키고 乙이 회복된 경우, 甲에게 살인죄의 중지미수를 인정해줄 수 있는가의 문제이다.

ⓐ **소극설** : 행위자의 방지행위에 의하여 결과가 발생한 것이 아니므로(인과관계가 인정되지 않으므로) 중지범이 될 수 없다는 견해이다.

ⓑ **적극설** : 결과방지를 위한 동일한 노력과 결과의 불발생에도 불구하고 단지 인과관계 부존재를 이유로 하여 형을 감면할 수 있는 것에 불과한 불능미수를 인정하는 것은 형의 균형상 타당하지 않으므로, 중지미수의 성립을 인정해야 한다는 입장이다(통설).

㉤ **결과의 불발생** : 실행미수에 있어서 행위자가 결과발생을 진지하게 방지하였다 하더라도 '결과가 발생하였다면 기수'에 도달한다. [경찰채용 11 2차] **판례**도 '대마관리법 위반죄'의 해석과 관련하여, 본죄는 대마를 매매함으로써 성립하는 것이므로 설사 피고인이 **대마 2상자를 사가지고 돌아오다**이 장사를 다시 하게 되면 내 인생을 망치게 된다는 생각이 들어 이를 불태웠다고 하더라도, (이는 양형에 참작되는 사유는 될 수 있을지언정 이미 성립한 죄에는 아무 지장이 없어) 중지미수에 해당된다 할 수 없다고 판시한 바 있다(대법원 1983.12.27, 83도2629). [경찰승진(경사) 10 / 법원9급 07(하) / 법원행시 06]

표정리 중지미수의 성립요건 개관

주관적 성립요건					
일반적 요건	**특별한 요건**				
기수의 고의	자의성				
	객관설		주관설		절충설	
미수의 고의 : 형법상 고의 ×	외부적 사유	내부적 사유	비윤리적 동기	윤리적 동기	강요된 장애사유	강요된 장애 ×, 자율적 동기
	장애미수	중지미수	장애미수	중지미수	장애미수	중지미수

미수의 고의 : 형법상 고의 ×	〈비판〉 구별기준 모호	〈비판〉 중지미수 인정범위 협소	〈판례〉 • 불길에 놀라 … • 유혈에 놀라 … • 수술한지 얼마 안 되어 …	〈판례〉 다음 번에 만나 친해지면 … [법원행시 06]

객관적 성립요건			
	중지행위		**결과 ×**
착수미수 : 중지	실행미수 : 결과방지		–
소극적 부작위	적극적 작위		
잠정적 정지 ○	• 스스로 진지한 노력(원칙) • 제3자 도움 얻어도 무방 • 단, 제3자의 도움시에는 스스로의 노력과 상응 필요		결과발생 : 기수범

03 공범과 중지미수

1. 중지미수는 중지자에게만 효과가 있다

결과가 발생하지 않았거나 방지되었다면 중지행위를 한 개인만이 형벌감면의 혜택을 받을 수 있다. 중지미수는 '책임감소 내지 인적 처벌조각사유'에 불과하기 때문이다. 따라서 甲이 乙에게 丙을 살해할 것을 교사하였는데, 乙이 丙에 대한 살인의 실행에 착수하였으나 범행을 중지한 경우에는 乙은 살인죄의 중지미수가 되나, 甲은 살인죄의 장애미수가 된다. [국가9급 07·11]

2. 중지로 인하여 결과가 발생하지 않아야 중지미수가 된다

적극적 결과방지로 인하여 결과가 발생하지 않아야 중지미수가 성립한다. [국가9급 11] 즉, **공범자 중 1인의 중지미수가 성립하려면** 그 자신이 범의를 중지함으로써 되는 것이 아니라 **다른 공범자의 실행을 중지케 하여야만 중지미수가 성립**된다(대법원 1969.2.25, 68도1676). [경찰채용 11 2차/변호사시험 15] 따라서 다른 공범의 범행을 중지하게 하지 아니한 이상 자기만의 범의를 철회·포기하여도 중지미수로는 인정될 수 없다. [경찰간부 11/국가9급 14/법원행시 09/사시 13/변호사시험 14]

> 에 甲과 乙이 공모하여 丙을 살해하기로 하여 甲은 망을 보고 乙이 칼을 들고 丙에게 다가가는 순간(즉, 乙은 이미 실행에 착수한 시점임) 甲이 범행을 하는 것을 후회하여 도망간 후, 乙이 丙을 살해한 경우 → 甲·乙은 살인(기수)죄의 공동정범
>
> → 단, 실행착수 이전에 해당 공모관계에서 '이탈'한 경우 → 공동정범 부정(공동정범에서 후술)

04 중지미수의 처벌

중지미수의 형은 감경하거나 면제해야 한다(필요적 감면, 2020.12.8. 우리말 순화 개정형법 제26조). [경찰승진(경감) 10·14]

01 서 설

제27조 【불능범】 실행의 수단 또는 대상의 착오로 인하여 결과의 발생이 불가능하더라도 위험성이 있는 때에는 처벌한다. 단, 형을 감경 또는 면제할 수 있다. [경찰채용 20 1차/국가9급 12/법원9급 07(하)/사시 14]

1. 의 의

행위자가 범행수단이나 대상을 착오하여 **결과의 발생이 불가능한 경우**, 행위자는 자신의 생각으로는 범행의 실현가능성을 믿었고 여기에 **위험성이 인정된다면** 그 점에서 그 가벌성이 인정되는데, 이를 **불능미수**라 한다(제27조). [변호사시험 14] 불능미수는 결과발생이 불가능한 경우라는 점에서 결과발생이 가능한 장애미수와는 구별된다.

2. 구별개념

(1) 불능범

결과발생이 불가능할 뿐만 아니라 위험성이 없어서 벌할 수 없는 행위를 말한다(웹 설탕으로 사람을 살해할 수 있다고 생각하고 이를 먹인 행위 등). [법원행시 05] 형법 제27조는 위험성이 있는 경우에는 처벌된다고 하고 있으므로, 반대해석을 해보면 위험성이 없는 불능범은 불벌이 된다. [경찰간부 13/국가9급 09]

(2) 미신범

현실성의 한계를 넘어 비현실적인 수단을 이용하여 범죄를 저지르려는 행위를 말한다(웹 주술적 방법으로 살인을 하려는 경우, 꼭두각시를 만들고 거기에 침을 찌르면 피해자가 사망하리라고 여긴 경우 등). 행위불법과 결과불법이 모두 결여되므로 불가벌이다. 이에 비해, 불능미수는 미신이 아니라 과학적 방법에 의존하는 경우가 많기 때문에 양자는 구별된다.

(3) 환상범 – 금지착오의 반대형태 [국가7급 09]

'반전된 금지착오' [경찰채용 15 1차/경찰간부 12/사시 11] 로서 사실상 허용되는 행위를 금지 또는 처벌된다고 오신하고 한 경우(적극적 착오)를 말하며, 환각범이라고도 한다(웹 동성연애가 처벌된다고 생각하고 동성연애를 한 경우, 피고인이 자신이 허위진술을 하면 위증이 된다고 생각하고 법정에서 허위진술을 한 경우 등). 환상범은 이를 처벌하는 현실적 법질서가 없으므로 불가벌이라는 점에서, [국가7급 14/사시 12] 처벌가능한 개념인 불능미수(반전된 구성요건착오)와 구별된다. [경찰간부 12]

(4) 구성요건의 흠결이론 – 사실의 흠결

객관적 구성요건요소 중에서 구성요건적 결과의 흠결이 있는 경우만 가벌적 (불능)미수가 되고 나머지 요소인 주체의 흠결, 객체의 흠결, 행위수단의 흠결, 행위상황의 흠결이 있는 경우에는 처벌할 수 없는 불능범이 된다는 이론이다. 그러나 우리 형법 제27조는 실행의 수단 또는 대상의 착오(흠결)에 있어서도 위험성이 있으면 가벌적 불능미수의 성립을 인정하고 있기 때문에, 구성요건흠결이론은 받아들일 수 없다.

1. 주관적 요건

기수의 고의, 확정적 행위의사, 특수한 주관적 구성요건요소가 필요하다. 기수의 고의가 요구되므로, 행위자가 '처음부터 결과발생이 불가능하다고 생각하고(처음부터 '치사량 미달의 독약'이라는 것을 인지한 미수의 고의) 행위한 경우에는 불능미수가 되지 않는다.

2. 객관적 요건

(1) 실행의 착수

미수범의 공통적 요건이다.

(2) 결과발생의 불가능 → 만일 결과발생 가능시에는 장애미수에 불과하다. [국가7급 09]

① **수단(방법)의 착오** : 행위자가 의도하는 행위방법으로는 결과의 실현이 처음부터 불가능한 경우를 말한다(수단의 불가능성).

> 예 • 독약인 줄 알고서 감기약을 건네준 경우
> • 감기약으로 살해하려 한 경우
> • 치사량 미달의 농약을 먹여 사람을 살해하고자 한 경우 [국가9급 09 / 법원행시 05]
> • 살해하려고 총을 쏘았으나 탄창을 끼우지 않은 상태였던 경우 등

판례연구 **수단 또는 대상의 착오에 의한 결과발생의 불가능**

대법원 2019.5.16, 2019도97
불능미수란 행위자에게 범죄의사가 있고 실행의 착수라고 볼 수 있는 행위가 있더라도 실행의 수단이나 대상의 착오로 처음부터 결과발생 또는 법익침해의 가능성이 없지만 다만 그 행위의 위험성 때문에 미수범으로 처벌하는 경우를 말한다(대법원 1998.10.23, 98도2313 등). 여기에서 '결과의 발생이 불가능'하다는 것은 범죄행위의 성질상 어떠한 경우에도 구성요건의 실현이 불가능하다는 것을 의미한다(원시적 불가능).

---

② **대상(객체)의 착오** : 행위자가 목표로 삼은 행위객체가 구성요건실현의 대상이 될 수 없는 경우를 말한다(객체의 불가능성).

> 예 • 살아 있는 줄 알고서 시체에 대해 살인의 고의로 사격하는 경우
> • 타인의 물건인 줄 알고서 자기 물건을 훔친 경우
> • 타인이 가져가라고 한 물건을 절취한다고 생각한 경우
> • 범인이라고 오인하고 은닉시킨 경우 등

③ **주체의 착오** : 주체의 성질에 관한 착오(주체의 불가능성)의 경우(예 자신이 공무원이 아닌데 공무원으로 임용된 줄로 알고서 수뢰한다고 오인한 경우)에도 ㉠ 불능미수를 인정하는 긍정설도 있지만, ㉡ 주체의 착오는 불능미수에 속하지 않는다는 점에서 불가벌적인 순수한 불능범(내지 환상범)에 속한다는 것이 다수설(불능미수 부정설)이다. [국가9급 12]

④ **소위 우연적 방위의 경우** : 객관적 정당화상황은 존재하지만(결과반가치 소멸) 주관적 정당화요소는 없었던 경우(행위반가치 인정) 불능미수의 성립을 인정하는 것이 다수설이다.

(3) 위험성이 있을 것 – 불능미수와 불능범의 구별기준

① **구객관설** [사시 10]

㉠ **내용** : 결과발생의 절대적 불능은 벌할 수 없으나(불능범. 예 시체를 살아 있는 사람으로 생각하고 살인의 의도로 총을 쏘는 행위) 상대적 불능의 경우에는 처벌되는 미수(불능미수, 예 치사량 미달의

독약을 치사량에 도달하는 독약으로 오인하고 살인의 의도로 피해자에게 먹인 행위)라는 입장이다(과거의 판례). **판례**는 과거 구객관설을 많이 따랐지만(대법원 1973.4.30, 73도354; 1985.3.26, 85도206), 근래에는 추상적 위험설을 취한 **판례**들이 대부분이다.

ⓛ 비판 : 절대적 불능과 상대적 불능의 구별 자체가 모호하다.

판례연구　　**구객관설을 취한 판례의 예**

대법원 1985.3.26, 85도206
'히로뽕' 제조를 시도하였으나 약품배합 미숙으로 완제품을 제조하지 못한 경우의 죄책 : 불능미수
불능범은 범죄행위의 성질상 결과발생의 위험이 절대로 불능한 경우를 말하는 것인데 향정신성의약품인 메스암페타민(히로뽕) 제조를 위해 그 원료인 염산에페트린 및 수종의 약품을 교반하여 '히로뽕' 제조를 시도하였으나 그 약품배합 미숙으로 그 완제품을 제조하지 못하였다면, 그 성질상 결과발생의 위험성이 있다고 할 것이므로 습관성의약품제조 미수범으로 처단한 것은 정당하다. [경찰간부 13·17/경찰승진(경장) 11/경찰승진 13/국가7급 07/법원행시 05·14]

---

② 법률적·사실적 불능 : 구객관설의 프랑스 판이라 볼 수 있는 입장에 불과하다.

③ **구체적 위험설**(신객관설, 다수설) [사시 10·11]

　ⓖ 내용 : 행위 당시에 **행위자가 인식한 사정과 일반인이 인식할 수 있었던 사정**(일치하지 않을 때에는 일반인이 인식한 사정을 기준함 → '구체적' 위험성)을 기초로 하여, 이를 일반인의 입장에서 판단한 구체적 위험성의 유무를 기준으로 위험성을 결정하는 입장이다(다수설). [경찰승진 12]

　　예 시체를 살아 있는 사람으로 오인하여 살해하려고 한 경우
　　　┌ 일반인도 살아 있는 것으로 안 경우 → 불능미수
　　　└ 일반인은 시체임을 알고 있었던 경우 → 불능범

　ⓛ 비판 : 행위자가 인식한 사정과 일반인이 인식할 수 있었던 사정이 일치하지 않을 경우에는 무엇을 기준으로 판단해야 하는가가 명백하지 않다. [사시 11]

④ **추상적 위험설**(행위자위험설, 주관적 위험설, 주관적 객관설, 판례) [사시 10·11]

　ⓖ 내용 : **행위시에 행위자가 인식한 사정**을 기초로 하여 행위자가 생각한 대로의 사정이 존재하였으면 일반인(어느 정도 전문적 지식을 가진 자)의 판단에서 결과발생의 위험성이 있는 경우에는 불능미수이고, 위험성이 없는 경우에는 불능범이라는 견해이다(대부분의 판례). **판례**는 대체로 추상적 위험설의 입장을 따르고 있다.

　　예 ⓐ 행위자가 치사량 미달의 독약을 치사량으로 오인하고 투여한 경우(구체적 위험설에 의하더라도 위험)라든지, ⓑ 설탕이라고 표기가 된 설탕병 안의 설탕을 독약으로 오인하여 살인의 의도로 투여한 경우에는 행위자가 의도했던 독약의 투여가 일반인의 입장에서 보면 위험성을 느끼게 하는 것이지만(추상적 위험설에 의하면 위험 有, 단 구체적 위험설에 의하면 위험 無), ⓒ 행위자가 처음부터 설탕을 다량으로 투여하면 사람이 죽을 것으로 믿고 행위한 경우에도 행위자가 인식한 사정을 일반인의 관점에서 보면 위험성이 없으므로 불능범이 된다(주관설에 의할 경우에만 불능미수).

　ⓛ 비판 : 행위자가 경솔하게 인식한 사정을 기초로 위험성을 판단하는 경우에는 위험성 인정범위가 지나치게 확장된다.

판례연구　　**추상적 위험설을 취한 판례의 예**

대법원 2005.12.8, 2005도8105
소송비용을 편취할 의사로 손해배상청구의 소를 제기한 사례 : 불능범
불능범의 판단기준으로서 위험성 판단은 '피고인이 행위 당시에 인식한 사정'을 놓고 이것이 객관적으로 일반인의 판단으로 보아 결과발생의 가능성이 있느냐를 따져야 하고(추상적 위험설), 민사소송법상 소송비용의 청구는

소송비용액 확정절차에 의하도록 규정하고 있으므로 위 절차에 의하지 아니하고 손해배상금 청구의 소 등으로 소송비용의 지급을 구하는 것은 소의 이익이 없는 부적법한 소로서 허용될 수 없어, 소송비용을 편취할 의사로 소송비용의 지급을 구하는 손해배상청구의 소를 제기하였다고 하더라도 이는 **객관적으로 소송비용의 청구방법에 관한 법률적 지식을 가진 일반인의 판단으로 보아 결과 발생의 가능성이 없어 위험성이 인정되지 않는다고** 할 것이다. [경찰채용 10 1차 / 경찰채용 20 2차 / 경찰승진(경장) 10 · 11 / 국가9급 09 / 국가7급 08 / 법원9급 07(하) / 법원행시 09 · 10 · 14 / 사시 10 · 12 · 14 / 변호사시험 13]

⑤ (순)**주관설** [사시 10]

  ㉠ **내용** : 범죄의사가 확실하게 표현된 이상, 객관적으로 절대불능일지라도 가벌적 미수범으로 처벌하여야 한다고 하여 원칙적으로 불능범을 인정하지 않는 입장이다. 따라서 아예 구성요건해당행위가 없는 미신범을 제외하고는 대부분이 가벌적 미수로 처벌된다고 한다(독일 판례).

  ㉡ **비판** : 행위자의 의사에 지나치게 의존한 나머지 가벌성이 지나치게 확대된다. [경찰간부 13 · 17] 우리 형법과는 어울리지 않는 입장이다.

⑥ **인상설**

  ㉠ **내용** : 법적대적 의사가 일반인의 법질서의 효력에 대한 신뢰와 법적 안정감을 동요시키는 인상을 줄 경우, 행위의 위험성을 인정할 수 있는 불능미수가 된다는 견해이다.

  ㉡ **비판** : 법적 평온상태의 교란에 대한 인상만 있으면 가벌적 미수를 인정하는 것은 가벌성이 지나치게 확대되고, 위험성에 대한 설명은 될 수 있을지 모르나 위험성 판단기준은 제시하지 못하고 있다.

표정리 불능미수의 위험성에 관한 중요학설 도해

구 분	구객관설		구체적 위험설	추상적 위험설	주관설
–	• 절대적 불능 • 위험성 × • 불능범	• 상대적 불능 • 위험성 ○ • 불능미수	행위자 + '일반인' 인식사정 인식사정 일반인 : 위험성 판단	행위자 인식사정 일반인 : 위험성 판단	• 원칙 : 가벌적 미수 • 예외 : 미신범
수단의 착오	설탕을 하늘에 뿌림	치사량 미달의 독약	① 치사량 미달　불능미수 ② 설탕을 독약으로 오인 불능범	불능미수	불능미수
대상의 착오	시체	방탄복	③ 설탕에 살상력 有　불능범 ④ 부적　불능범	불능범	불능범

03 불능미수의 처벌

결과발생이 불가능하더라도 위험성이 있는 불능미수범은 감경 또는 면제할 수 있다(제27조). [경찰채용 21 1차 / 경찰간부 13 · 17 / 경찰승진(경감) 10 / 경찰승진 14 / 국가9급 09] 불능미수도 미수범이므로 미수범 처벌규정이 있어야 함은 물론이다.

> **판례연구**　**위험성이 인정되어 불능미수가 성립한 사례**
>
> 대법원 2007.7.26, 2007도3687
> 일정량 이상을 먹으면 사람이 죽을 수도 있는 **초우뿌리나 부자 달인 물**을 마시게 하여 피해자를 살해하려다 피해자가 토하여 미수에 그친 행위는 불능범이 아닌 살인미수죄에 해당한다. [경찰승진(경장) 10 · 11 / 법원행시 11 · 14]

대법원 2002.2.8, 2001도6669

임대인과 임대차계약을 체결한 임차인이 임차건물에 거주하기는 하였으나 그의 처만이 전입신고를 마친 후에 경매절차에서 배당을 받기 위하여 임대차계약서상의 임차인 명의를 처로 변경하여 경매법원에 배당요구를 한 경우, 실제의 임차인이 전세계약서상의 임차인 명의를 처의 명의로 변경하지 아니하였다 하더라도 소액임대차보증금에 대한 우선변제권 행사로서 배당금을 수령할 권리가 있다 할 것이어서, 경매법원이 실제의 임차인을 처로 오인하여 배당결정을 하였더라도 이로써 재물의 편취라는 결과의 발생은 불가능하다 할 것이고, 이러한 임차인의 행위를 객관적으로 결과발생의 가능성이 있는 행위라고 볼 수도 없으므로 무죄를 선고하여야 한다.

[경찰간부 20 / 법원9급 16 / 법원행시 09]

MEMO

목 차		난 도	출제율	대표지문
제1절 정범과 공범의 일반이론	01 범죄참가형태	下	★	• 제한적 정범개념 – 간접정범의 정범성을 설명하는 데 어려움이 있다. (○) • 공범독립성설은 간접정범의 정범성을 인정하나, 공범종속성설은 간접정범을 공범 속에 흡수해야 한다고 본다. (×)
	02 정범과 공범의 구별	中	★★	
	03 공범의 종속성	中	★★	
	04 공범의 처벌근거	下	★	
	05 필요적 공범	中	★★	
제2절 간접정범	01 서 설	下	★	• 공무원이 아닌 자가 허위사실을 신고하여 면장의 거주확인증을 발급받더라도 허위공문서작성죄의 간접정범의 죄책을 지지 아니한다. (○) • 피고인이 7세의 아들에게 함께 죽자고 하여 물속에 따라 들어오게 함으로써 익사하게 한 경우, 위계에 의한 승낙살인죄가 성립한다. (×)
	02 간접정범과 신분범 및 자수범	中	★★	
	03 간접정범의 성립요건	上	★★★	
	04 간접정범과 착오	中	★★	
	05 간접정범의 미수	下	★	
	06 과실에 의한 간접정범과 부작위에 의한 간접정범	下	★	
	07 간접정범의 처벌	下	★	
	08 특수교사·방조	下	★	
제3절 공동정범	01 서 설	下	★	• 공동정범의 객관적 요건으로 "공동의사에 기한 기능적 행위지배를 통한 범죄의 실행사실"을 필요로 한다. (○) • 공동정범의 본질에 관한 범죄공동설에 따르면, 공동의 가담자들 사이에 서로 고의의 내용이 다른 경우에는 각자의 개별적인 고의범의 동시범이 인정되게 된다. (○) • 형법 제263조의 동시범은 상해와 폭행죄에 관한 특별규정으로서 동 규정은 그 보호법익을 달리하는 강간치상죄에는 적용할 수 없다. (○)
	02 공동정범의 성립요건	上	★★★	
	03 공동정범과 착오	中	★★	
	04 공동정범의 처벌	下	★	
	05 동시범	中	★★	
	06 합동범	中	★★	
제4절 교사범	01 서 설	下	★	• 교사범이 성립하기 위해서는 교사자의 교사행위와 정범의 실행행위가 있어야 하는 것이므로, 정범의 성립은 교사범의 구성요건의 일부를 형성하고 교사범이 성립함에는 정범의 범죄행위가 인정되는 것이 그 전제요건이 된다. (○) • 협의의 교사의 미수라 함은 피교사자가 교사받은 범죄의 실행에 착수하였으나 범죄를 완성하지 못한 경우를 말한다. (○)
	02 교사범의 성립요건	上	★★★	
	03 교사의 착오	中	★★	
	04 교사범의 처벌	下	★	
	05 관련문제	中	★★	
제5절 종 범	01 서 설	下	★	• 이른바 편면적 종범에 있어서도 정범의 범죄행위 없이 방조범만이 성립될 수 없다. (○) • 예비죄의 공동정범은 물론 예비죄의 종범도 인정된다. (×)
	02 종범의 성립요건	上	★★★	
	03 종범의 착오	中	★★	
	04 종범의 처벌	下	★	
	05 관련문제	中	★★	
제6절 공범과 신분	01 신분의 의의 및 종류	中	★★	• 형법 제33조 소정의 이른바 신분관계라 함은 남녀의 성별, 내·외국인의 구별, 친족관계, 공무원의 자격과 같은 관계뿐만 아니라 널리 일정한 범죄행위에 관련된 범인의 인적관계인 특수한 지위 또는 상태를 지칭하는 것이다. (○)
	02 공범과 신분규정의 해석	上	★★★	
	03 소극적 신분과 공범	中	★★	

✔ 출제경향

구 분	경찰채용						경찰간부						경찰승진					
	17	18	19	20	21	22	17	18	19	20	21	22	17	18	19	20	21	22
제1절 정범과 공범의 일반이론			1		2									1		1		
제2절 간접정범		1	1											1				1
제3절 공동정범	1	2		2	1	1	1	1	1	1	1			1	1	1	1	2
제4절 교사범	2	1						1	1		1	1		1		1		1
제5절 종 범						1			1	1		1	1	1				
제6절 공범과 신분				1	1	1			1	1		1	1		1		1	1
출제빈도	19/220						14/240						19/240					

CHAPTER 06

정범과 공범론

✔ 키포인트

제1절 정범과 공범의 일반이론
- 제한적 정범개념과 확장적 정범개념
- 행위지배설
- 제한적 종속형식
- 종속적 야기설
- 대향범

제2절 간접정범
- 의사지배
- 간접정범과 신분범
- 간접정범과 자수범
- 간접정범의 피이용자
- 신분 없는 도구
- 고의 없는 도구
- 목적 없는 도구
- 실행의 착수

제3절 공동정범
- 기능적 행위지배
- 승계적 공동정범
- 과실범의 공동정범
- 행위공동설
- 공모공동정범
- 동시범
- 상해죄의 동시범의 특례
- 합동범의 본질

제4절 교사범
- 이중의 고의
- 미수의 교사
- 결과적 가중범의 교사
- 교사의 미수

제5절 종 범
- 방조행위의 유형
- 부작위에 의한 방조
- 편면적 방조
- 예비의 방조
- 기도된 방조

제6절 공범과 신분
- 신분과 신분범
- 진정신분범과 부진정신분범
- 제33조의 해석에 관한 학설과 판례
- 소극적 신분

국가9급						법원9급						법원행시						변호사시험					
17	18	19	20	21	22	16	17	18	19	20	21	17	18	19	20	21	22	17	18	19	20	21	22
			1			1		1															
		1											1		1					1			1
1	2	1	2		1	1				1		1	2	1	1	1	1	1		2	1		
											1					1							
		1								1	1	1											1
	1									1			1			2		1				1	
11/120						8/150						14/240						9/140					

정범과 공범론

제1절 정범과 공범의 일반이론

01 범죄참가형태

범죄는 한 사람이 범할 수도 있으나 여러 사람이 함께 범할 수도 있다. 지금까지 범죄론에서 검토했던 것이 주로 1인이 범죄를 범하는 단독정범의 경우를 전제한 것이라면, 이 장에서는 다수(多數)의 범죄참가형태, 즉 공범(共犯)의 문제를 다룬다. 이러한 다수의 범죄참가형태를 분류해보면 아래와 같다.

그림정리 형법상의 공범(최광의의 공범)

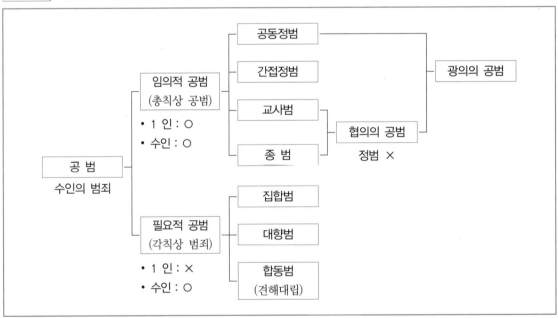

① **협의의 공범** : 정범이 아닌 순수한 의미의 공범을 말하며, 교사범과 종범이 여기에 속한다. 정범과 공범의 구별 및 공범의 종속성에서 사용되는 공범이라는 말은 바로 협의의 공범을 뜻한다.
② **광의의 공범** : 협의의 공범에다가 공동정범·간접정범을 합친 개념이며, **임의적 공범**(총칙상 공범)이라고도 한다. 임의적 공범이란 말 그대로 1인이 범할 수도 있고 수인이 공범형태로 범할 수도 있는 범죄를 말한다. 예컨대, 甲이 乙을 살해하는 경우에는 혼자서 범하는 경우도 있지만(단독정범), A가 甲과 공동하여 乙을 살해할 수도 있고(공동정범), B가 범행결의가 없었던 甲에게 살인의 의사를 가지게 하여 乙을 살해하게 할 수도 있고(교사범), C는 처음부터 범행결의를 가지고 있었던 甲을 도와주어서 살인의 결의를 더욱 강화시킬 수도 있고(종범 내지 방조범), 경우에 따라서는 D가 살인의 고의가 없는 甲을 이용하여 乙을 살해하게 할 수도 있다(간접정범).

③ **최광의의 공범** : 광의의 공범에 필요적 공범까지 포함시킨 개념이다. **필요적 공범**이라 함은 어떤 범죄를 범하기 위해 수인의 범죄참가가 필수적으로 요구되는 범죄유형을 말한다. 이러한 필요적 공범에는 집합범, 대향범 그리고 합동범(견해대립)이 있다.

참고하기 공범의 입법방식

공범을 법률에서 규정하는 방식에는 단일정범체계와 정범·공범 분리방식(이원적 체계)이 있다. 단일정범체계는 정범과 공범(교사범·방조범)을 구별하지 않고 모두 범죄자로 보면서 해당 범죄에 대하여 차지하는 비중에 따라 형량을 고려하는 방식을 말한다(경범죄처벌법 및 외국의 일부 입법례). 그러나 우리 형법은 정범과 공범을 구별하고 특히 방조범은 정범보다 필요적으로 형을 감경한다는 점에서 **정범·공범 분리방식**을 채택하고 있다(통설).

02 정범과 공범의 구별 [국가9급 07]

1. 정범의 개념

(1) 제한적 정범개념 [국가9급 07]

구성요건에 해당하는 행위를 스스로 행한 사람만이 정범이고, 구성요건적 행위 이외의 다른 행위에 의하여 결과야기에 가공한 자는 정범이 될 수 없다고 보는 입장이다(통설). 제한적 정범개념은 교사범·종범에 대한 처벌규정을 둔 것을 **형벌확장사유**로 이해한다.[52] [국가9급 07·14 / 사시 14]

(2) 확장적 정범개념 [국가9급 07]

구성요건적 결과발생에 조건을 설정한 자는 그것이 구성요건에 해당하는 행위인가를 불문하고 모두 정범이 된다는 견해이다. 확장적 정범개념은 교사범·종범은 원래 정범이지만 특히 종범의 경우 정범보다 가볍게 처벌하므로 공범 처벌규정을 **형벌축소사유**로 이해한다.

표정리 정범개념 개관

구 분	제한적 정범개념이론	확장적 정범개념이론
공범의 처벌	형벌확장사유	형벌축소사유 [사시 11]
정범과 공범의 구별	객관설(원인설)	주관설(조건설)

2. 정범과 공범의 구별기준

(1) 객관설

① **형식적 객관설** : 각칙의 구성요건에 해당하는 행위를 직접 행한 자만이 정범이고, 그 이외의 행위를 한 자는 공범이라는 입장이다. [사시 12]

예 甲·乙·丙이 丁(女)을 강간하기로 하고 뒷산으로 끌고 가서 甲은 망을 보고, 乙과 丙은 丁을 강간한 경우, 형식적 객관설에 의하면 乙과 丙만 정범에 해당하게 되고 甲은 종범에 불과하게 된다.

---

52 보충 : 공범규정은 정범의 처벌범위를 확장하는 처벌확장사유라고 하는 입장은 간접정범은 공범이라고 보게 된다. (○) [국가9급 07]
∵ 제한적 정범개념에 대한 설명인데, 제한적 정범개념에 의하면 직접 구성요건적 행위를 실행한 자가 아니면 모두 공범으로 보게 된다.

1. 정범의 범위를 너무 제한적으로 해석한다.
    2. 타인을 이용하여 범행을 하는 간접정범의 정범성을 인정할 수 없다. [사시 12]
    3. 공동정범에서 주관적 공동의사의 측면을 무시하므로 직접 구성요건을 실현하지 않는 한, 대부분 인정할
       수 없다. 결국 공동정범과 방조범을 구별할 수 없게 된다.

② **실질적 객관설** : 인과관계론의 원인설을 근거로, 결과발생에 직접 원인을 주었는가, 단순한 조건을
   주었는가라는 행위가담의 위험성의 정도에 따라 정범과 공범을 구별하는 견해이다. 필요설, 동시설
   [사시 12], 우세설 등이 있다.

1. 공동정범과 방조범의 구별에 의미는 있지만, 간접정범과 교사범의 구별에는 무용하다. 두 경우 모두
       실질적 원인으로 작용하기 때문이다.
    2. 객관적 기준에만 의존하였다는 점에서 형식적 객관설과 동일한 한계가 지적된다.

(2) 주관설

① **의의** : 인과관계에 관한 조건설(등가설)을 전제로, 정범과 공범은 모두 결과에 대해서 조건을 제공한
   점에서 차이가 없으므로 정범과 공범의 구별은 주관적 요소에 의해서만 가능하다는 견해이다.

② **종 류**

  ㉠ **의사설** : 정범의사를 가지고 행위한 자는 정범이고, 공범의사를 가지고 행위한 자는 공범이라는
     견해이다.

  ㉡ **이익설** : 자기의 이익을 위하여 범죄를 행한 자는 정범이고, 타인의 이익을 위하여 행위한 자는
     공범이라는 견해이다. [사시 12]

1. 정범의사와 공범의사가 무엇인지는 정범과 공범의 의미를 파악함이 그 전제가 되므로, 주관설은
       순환론에 빠지게 된다.
    2. 행위자가 이타적인 이유에서 행위할 경우에도 현행형법상 정범성을 인정해야 할 경우가 있다.
       예 촉탁살인(제252조 제1항), 촉탁낙태(제269조), 타인에게 재산상 이익을 취득하게 한 사기(제347
       조 제2항) 등 [사시 12]

(3) 행위지배설

객관적 요소(범죄실현에 대한 행위기여 내지 사건진행에 대한 지배·조종)와 주관적 요소(조종의사)를 모두
고려하여 행위지배(구성요건에 해당하는 사건진행의 '장악')가 있는가를 결정하고, 행위지배의 유무에 따라
정범과 공범을 구별하는 견해이다. [사시 12] 여기에서 행위지배라 함은 전체적인 범행수행과정에서 자기의
의사에 따라 사건진행을 멈추거나 계속시킬 수 있으며 행위수행의 방법을 결정할 수 있는 것을 말한다.
이러한 행위지배가 있으면 정범이요, 없으면 공범에 불과하다는 것이다(통설·판례). 정범과 공범의 구별기준
으로서 가장 합리적이지만, 신분범과 자수범에서 그 한계도 나타난다. [사시 12]

3. 정범의 종류와 그 표지

(1) 실행지배 ➡ 단독정범(또는 직접정범)의 정범성의 표지

(2) 의사지배 ➡ 간접정범의 정범성의 표지

(3) 기능적 행위지배 ➡ 공동정범의 정범성의 표지

표정리 정범과 공범의 구별기준 개관

객관설	1. 형식적 객관설(제한적 정범개념이론) 2. 실질적 객관설(원인설) : 우위설, 직접설, 필요설, 동시설
주관설	1. 이익설(목적설) 2. 의사설(고의설)

	Roxin의 행위지배설

행위지배설	• 신분범, 의무범, 자수범은 행위지배가 정범의 표지가 아니다.
	• 지배범
	    ┌ 단독정범 : 실행지배
	    ├ 간접정범 : 의사지배
	    └ 공동정범 : 기능적 행위지배

03 공범의 종속성

1. 공범독립성설과 공범종속성설 [국가7급 14]

(1) 공범독립성설

① 내용 : 공범(협의의 공범 : 교사범·종범)은 피교사자·피방조자의 범행실행과는 상관없이 스스로의 교사행위·방조행위만으로도 공범이 성립한다는 입장이다.

② 비판 : 범죄의사의 표현만으로도 반사회적 위험성이 표출된 것으로 보아 공범이 성립한다는 주관주의 범죄이론에 불과하고, 결국 공범의 성립범위가 지나치게 확장될 것이며, 간접정범도 모두 공범으로 보게 되어 간접정범과 교사범도 구별할 수 없게 된다.

(2) 공범종속성설

정범의 성립은 교사범·종범과 같은 협의의 공범의 구성요건의 일부를 형성하고, 교사범·종범이 성립하려면 먼저 정범의 범죄행위가 인정되는 것이 그 전제조건이 된다고 보아야 한다는 입장으로서, 통설과 **판례**(대법원 1981.11.24, 81도2422)의 입장이다. [법원9급 21 / 법원행시 12] 공범의 성립범위를 합리적으로 제한할 수 있다는 점에서 타당한 입장이다.

표정리 종속성의 유무에 관한 학설

구 분	공범종속성설	공범독립성설
범죄이론	객관주의 정범의 범죄가 객관적으로 있어야 공범성립	주관주의 범죄란 행위자의 반사회성의 징표
공범의 미수	• 정범의 행위가 가벌미수로 된 때에만 공범의 미수 인정 • 기도된 교사(제31조 제2항·제3항) : (교사자의 특유한 불법에 근거한) 특별규정 [국가9급 14] → 예비죄에 대한 공범성립 부정	• 정범의 실행행위가 없는 경우에도 공범의 미수 인정(교사나 방조행위 그 자체만으로 공범성립) • 기도된 교사(제31조 제2항·제3항) : 공범독립성설의 근거 → 예비죄에 대한 공범성립 긍정
간접정범	피이용자를 정범으로 볼 수 없으므로 이용자가 정범 → 간접정범 긍정 [경찰승진 12]	교사·방조행위가 있으면 공범성립 → 간접정범 부정 [경찰승진 12]
공범과 신분	신분의 연대성을 규정한 형법 제33조 본문이 당연규정	신분의 개별성을 규정한 형법 제33조 단서가 원칙적 규정
자살관여죄	자살이 범죄가 아님에도 불구하고 교사·방조자를 처벌하므로 → (생명관련) 특별규정	공범독립성설의 유력한 근거 → 예시규정

2. 공범종속의 형식

공범의 종속성을 인정하는 전제에서, 공범이 성립하기 위해서는 정범의 행위가 어느 정도로 범죄구성요건을 구비해야 하는가가 문제되는바, 이를 '공범의 종속형식' 내지 '공범종속성의 정도'라 한다. 여기에는 아래와 같이 네 가지 형식이 있다.

(1) 최소한 종속형식 [사시 11]

① 내용 : 정범의 행위가 구성요건에 해당하기만 하면 공범이 성립하며 그 이상 그것이 위법·유책할 필요는 없다는 형식이다. [국가9급 14] 최소한 종속형식에 의하면 대부분의 가공행위는 공범으로 처벌되므로 공범의 성립범위를 가장 넓게 인정하게 된다.

② 비판 : 타인의 위법하지 않은 행위를 이용하는 경우에도 공범의 성립을 인정하게 된다. 예컨대, 타인으로 하여금 정당방위를 하도록 하게 하는 경우까지도 교사범으로 보게 된다.

(2) 제한적 종속형식 [사시 11 / 변호사시험 14]

① 내용 : 공범이 성립하기 위해서는 정범의 행위가 구성요건에 해당하고 위법할 것을 요한다는 형식이다. 따라서 정범이 책임이 조각된다 하더라도 공범이 성립할 수 있게 된다(통설).

② 평가 : 통설이 제한적 종속형식을 취하는 이유는 책임능력이 없는 12세나 13세의 형사미성년자를 교사하여 범죄를 실현하게 한 경우, 아래의 극단적 종속형식을 취하게 되면 교사자를 교사범으로 처벌할 수 없게 된다는 모순을 바로 잡기 위한 것이다.

(3) 극단적 종속형식 [사시 10·11]

① 내용 : 공범이 성립하기 위해서는 정범의 행위가 구성요건에 해당하고 위법하며 유책함을 요한다는 형식이다(소수설). 형법 제31조의 「타인을 교사하여 '죄'를 범하게 한 자」, 제32조의 「타인의 '범죄'를 방조한 자」라는 규정에서, 바로 정범의 행위가 범죄의 성립요건을 완전히 갖추어야 한다는 것을 규정하고 있다는 점을 근거로 제시한다. 극단적 종속형식에 의하면 책임능력자가 형사미성년자를 이용하여 범죄를 실행케 한 경우에는 정범자(형사미성년자)에게 책임성이 없으므로 교사범이 성립하지 않고 '간접정범'의 성립을 인정하게 된다. 따라서 극단적 종속형식은 제한적 종속형식에 비하여 간접정범이 성립히는 범위가 넓다.

② 비판 : ㉠ 정범에게 책임이 있어야만 공범이 성립하고 정범에게 책임이 없는 경우에는 공범이 성립하지 않는다는 것은 책임개별화원칙(자기책임원칙)에 반한다. ㉡ 형법 제31조 제2항과 제3항에서는 피교사자가 실행에 나가지 않은 때에도 교사자는 처벌을 받도록 하고 있는바, 이는 극단적 종속형식과 일치하지 않는다. ㉢ 책임 없는 정범자의 범행을 교사·방조한 자에게 간접정범의 성립을 인정할 뿐인데, 간접정범의 요건인 의사지배가 결여되어 있는 경우에는 처벌할 수 없다는 문제가 있다. [국가7급 09]

(4) 초극단적 종속형식 [사시 11]

① 내용 : 정범의 행위가 구성요건에 해당하고 위법하며 유책할 뿐만 아니라 나아가 가벌성의 요건(처벌조건)까지도 갖추어 완전한 범죄로서 처벌될 수 있어야만 비로소 공범이 성립한다는 형식이다.

② 비판 : 정범의 신분관계로 인한 형벌의 가중·감경의 정황까지도 공범에게 귀속됨으로써 공범의 처벌까지 종속되고, 정범에게 일신전속적 처벌조각사유가 있는 경우에도 공범의 성립을 부정하게 되므로 현행형법의 해석론으로서 취하기 곤란하다.

참고하기 제한적 종속형식의 의미

공범(교사범·종범)이 성립하기 위해서는 정범의 행위는 다음의 요건을 갖춰야 한다.

1. 정범의 행위는 고의범의 객관적·주관적 구성요건에 해당하여야 한다.
   • 구성요건에 해당하면 되므로 정범이 미수에 그쳐도 미수범 처벌규정이 있으면 공범의 성립에는 상관없다.
     ➜ 이를 협의의 교사(방조)의 미수라고도 부른다.
   • 정범은 고의범에 한한다. 과실범에 대한 공범이란 인정될 수 없기 때문이다. 과실범에 대한 공범은 오히려 간접정범으로 인정될 수 있다.
   • 고의와 과실의 결합형태인 결과적 가중범의 경우에도 공범성립이 가능하다.
2. 정범의 행위는 위법하여야 한다.
   정범의 행위가 위법성이 조각되는 경우에는 공범이 성립할 수 없다. 그러므로 정당방위(제21조)를 격려·지원하였다고 해서 종범이 성립되지 않는다. 정범의 행위가 구성요건해당성 내지 위법성이 조각되는 경우 이를 이용하는 행위는 간접정범이 성립할 뿐이다.
3. 정범의 행위는 유책할 것을 요하지 않는다.
   13살짜리 아들에게 범행을 교사하는 경우 아들은 책임이 없지만(제9조), 아버지는 교사범으로 처벌된다. 즉, 공범의 불법은 정범의 불법에 종속하여 성립하지만, 공범의 책임은 그 자신의 비난가능성을 내용으로 평가되는 것이다(자기책임 내지 책임개별화).
   ➜ 甲이 乙에게 甲의 부를 살해하라고 교사하여 乙이 살해한 경우, 乙은 보통살인죄의 정범이 되고 甲은 존속살해죄의 교사범이 된다. 책임(비난가능성)의 경중은 행위자마다 모두 다른 것이기 때문이다.

04 공범의 처벌근거 [국가9급 08]

공범의 처벌근거의 문제는 '공범은 왜 처벌되는가'의 문제로서, 아래의 견해들이 제시되고 있다.[53]

① 책임가담설 [사시 10]
  ㉠ 내용 : 공범의 처벌근거를, 공범자가 정범자를 유혹하여 유책한 범행으로 이끌어서 타락 내지 부패시켰다는 점에서 찾는 입장이다. 즉 공범은 정범의 유책화에 책임을 져야 한다는 것이다. 책임가담설은 **극단적 종속형식**과 논리적으로 결부된다. [국가9급 08]
  ㉡ 비판 : 제한적 종속형식 및 책임개별화의 원칙과 조화될 수 없다. [국가9급 14]

② 불법가담설
  ㉠ 내용 : 공범의 처벌근거를, 공범자가 정범자를 사회와의 일체성 해체에 이르게 하였다는 점에서 찾는 입장이다. 불법가담설은 위 책임가담설을 제한적 종속형식 및 책임개별화원칙에 따라 변형시킨 이론이다. [국가9급 08]
  ㉡ 비판 : ⓐ 교사범은 설명할 수 있어도 종범의 처벌근거를 설명하기는 어렵고, ⓑ 우리 형법의 기도된 교사의 처벌규정(제31조 제2항·제3항)을 설명할 수 없으며, ⓒ 사회적 일체성의 해체 혹은 법적 평화의 침해라는 개념 자체도 모호하다.

③ 순수야기설
  ㉠ 내용 : 공범의 처벌근거를, 정범의 범행에서 찾을 필요가 없고 공범 스스로의 교사·방조행위에서 찾는 입장이다. 즉, 정범자가 실현한 결과를 공범자가 함께 야기한 점이 그 처벌근거라는 것이다. [국가9급 08] 순수야기설은 결국 **공범독립성설**과 통하게 된다.
  ㉡ 비판 : 공범은 정범의 성립에 종속한다는 공범종속성설에 반한다.

---

53 수험을 위한 조언 : 이론적인 부분이니 수험에서는 순수야기설, 종속적 야기설, 혼합적 야기설을 -강의내용에 따라- 간단히 비교해 보고 나머지는 참고만 해두어도 충분하다.

④ 종속적 야기설
- ㉠ 내용 : 순수야기설을 공범종속성원칙에 의하여 수정한 입장으로서, 공범의 처벌근거는 공범자가 타인으로 하여금 범행결의를 갖게 함으로써 정범의 구성요건해당성이 있고 위법한 행위를 야기·조장시켰고 이때 공범 스스로는 유책하게 행위한 점에서 찾는 입장이다(다수설). 즉 공범의 불법은 정범의 불법에 종속되고 책임에 있어서는 공범의 자기책임 내에서 범죄가 성립하게 된다는 견해로서, 제한적 종속형식 및 책임개별화원칙과 조화가 되는 입장이다.
- ㉡ 비판 : ⓐ 정범의 범죄행위가 없으면 공범을 처벌할 수 없기 때문에 효과 없는 교사(제31조 제2항)와 실패한 교사(제31조 제3항)의 가벌성을 긍정한 우리 형법의 태도와 맞지 않고, ⓑ 함정수사를 당하는 피교사자가 범행의 실행에 착수하였는데도 교사자인 함정수사자가 처벌되지 않는 이유를 설명할 수 없다.
⑤ 혼합적 야기설
- ㉠ 내용 : 공범의 불법은 일면 정범의 행위에서 찾고(결과반가치, 종속적 야기설), 다른 한편 공범자의 독자적인 법익침해에서 도출된다(행위반가치, 순수야기설)는 입장이다(소수설). [국가9급 08]
- ㉡ 평가 : ⓐ 형법상 기도된 교사의 가벌성을 인정한 규정을 설명할 수 있고(공범자 자신의 행위반가치는 존재한다는 논리), ⓑ 함정수사에 있어서 미수의 교사자의 불가벌성도 용이하게 설명될 수 있다(교사자 스스로 행위불법을 갖추고 있지 못하기 때문)는 장점이 있다.

05 필요적 공범

1. 의 의

2인 이상의 범죄참가가 필수적으로 요구되는 범죄유형으로서, 이를 임의적 공범(제30조부터 제34조 사이의 총칙상 공범)과 구별하여 **필요적 공범**이라 한다.

2. 종 류

구 분	내 용	범죄의 예
집합범	• 다수인(집단·군중)이 동일한 목표와 방향을 가지고 범한다. • 참가하는 다수인의 역할과 지위 및 행위태양에 따라서 법정형이 등급화된다.	• 내란죄(제87조) • 소요죄(제115조) • 다중불해산죄(제116조) • 범죄단체조직죄(제114조)
합동범	• 다수인이 동일한 목표와 방향을 가진다. • 2인 이상의 합동을 구성요건으로 한다. • 합동=시간적·장소적 협동(현장설)	• 특수도주죄(제146조) [경찰승진(경장) 11] • 특수절도죄(제331조 제2항) [경찰승진(경장) 11] • 특수강도죄(제334조 제2항) [경찰승진(경장) 11] • 특수강간죄(성폭법 제4조 제1항) [경찰승진(경장) 11]
대향범	2인 이상의 참여자가 서로 다른 방향에서 동일한 목표를 실현하는 경우를 말하며, 대향자의 법정형을 기준으로 다음과 같은 분류가 가능하다. 1. 대향자의 법정형이 동일 　도박죄(제246조 제1항), [경찰간부 17/법원행시 13] **아동혹사죄**(제274조), [경찰간부 17/법원행시 13] **인신매매죄**(제289조 제1항)	

대향범	2. 대향자의 법정형이 상이 • 수뢰죄의 수뢰자(제129조)와 증뢰자(제133조 제1항) • 의사 등 낙태죄의 의사(제270조 제1항)와 부녀(제269조 제1항) • 배임수재자(제357조 제1항)와 배임증재자(동조 제2항) [경찰간부 17 / 법원행시 13] 3. 대향자 일방만 처벌 : 편면적 대향범 • 범인은닉죄(제151조 제1항)에서 범인 자신은 불벌(단, 판례는 공범 ○) • 음행매개죄(제242조)에서 직접 간음한 사람은 불벌 • 음화 등 반포죄(제243조)에서 매수자는 불벌 • 촉탁 · 승낙에 의한 살인죄(제252조 제1항)에서 촉탁 · 승낙자는 불벌 • 각종 누설죄(제127조 · 제317조 등)에서 누설의 상대방은 불벌

3. 필요적 공범에 대한 총칙상 공범규정의 적용 여부

필요적 공범에 대해서 총칙상 공동정범, 교사범, 방조범이 인정될 수 있는가의 문제이다. 이는 필요적 공범의 내부관여자와 외부관여자를 나누어 살펴보아야 한다.

(1) 내부관여자

① 대향자의 법정형이 동일한 경우 : 필요적 공범 내부에 가담한 자에 대해서는 총칙상의 공범규정이 적용되지 않는다. [경찰간부 15 / 국가9급 16 / 법원행시 12 · 16 / 사시 15]

② 대향자 중 일방만 처벌되는 경우(편면적 대향범)(대향자의 법정형이 상이한 경우도 포함) : 乙이 甲을 교사하여 甲에게 음화를 판매하도록 하였다면 甲은 음화판매죄(제243조 : 대향자 중 일방만 처벌되는 대향범)가 성립하지만 乙을 음화판매죄의 교사범으로 볼 수 있는가 등의 문제로서 학설이 대립하나, 음화매수행위의 경우에는 이를 처벌하지 않는 형법의 취지와 필요적 공범의 성질을 고려할 때 **부정설**이 다수설 · 판례[54]이다. [법원행시 12]

(2) 외부관여자

필요적 공범을 외부에서 방조하거나 교사한 자는 각각 방조범 또는 교사범으로 처벌된다.

판례연구   **필요적 공범의 내부관여자에게는 총칙상 공범이 성립하지 않는다는 판례**

대법원 2011.4.28, 2009도3642; 2017.6.19, 2017도4240
공무원 등의 직무상 비밀 누설행위와 대향범관계에 있는 '비밀을 누설받은 행위'는 교사범 불성립
형법 제127조는 공무원 또는 공무원이었던 자가 법령에 의한 직무상 비밀을 누설하는 행위만을 처벌하고 있을 뿐 직무상 비밀을 누설받은 상대방을 처벌하는 규정이 없는 점에 비추어, 직무상 비밀을 누설받은 자에 대하여는 공범에 관한 형법총칙 규정이 적용될 수 없다고 보는 것이 타당하다(대법원 2009.6.23, 2009도544 참조). [법원9급 12] 따라서 변호사 사무실 직원인 피고인 甲이 법원공무원인 피고인 乙에게 부탁하여, 수사 중인 사건의 체포영장 발부자 53명의 명단을 누설받은 경우, 피고인 甲의 행위가 공무상비밀누설교사죄에 해당한다고 본 것에는 위법이 있다. [경찰채용 20 1차 / 경찰간부 15 / 국가9급 22 / 법원행시 14 / 사시 12 · 13 · 16 / 변호사시험 15]

---

54 참고 : 예외적 판례 범인이 타인을 교사하여 자신을 은닉케 하면 범인은닉죄(제151조 제1항)의 교사범이 성립한다는 것이 판례이다(대법원 2000.3.24, 2000도20). 반면, 다수설은 필요적 공범 내부의 행위이고 또한 범인의 자기비호의 연장선상에 있는 것이므로 교사범이 성립하지 않는다고 한다. 각론에서 후술한다.

01 서 설

> **제34조【간접정범, 특수한 교사·방조에 대한 형의 가중】** ① 어느 행위로 인하여 처벌되지 아니하는 자 또는 과실범
> 으로 처벌되는 자를 교사 또는 방조하여 범죄행위의 결과를 발생하게 한 자는 교사 또는 방조의 예에 의하여 처벌
> 한다.

1. 의 의

간접정범이란 어느 행위로 인하여 처벌되지 아니하는 자 또는 과실범으로 처벌되는 자를 교사 또는
방조하여 범죄행위의 결과를 발생하게 한 자(제34조 제1항)를 말한다.

2. 본 질

간접정범은 제34조의 제명에서는 '간접정범'이라고 되어 있으나 제34조 제1항의 규정에서는 "교사 또는
방조의 예에 의한다."고 규정됨으로써, 간접정범이 정범인가 공범인가에 대해서 견해가 대립한다.

(1) 공범설 [사시 14]

제한적 정범개념에 의하면 간접정범은 공범으로 이해된다.[55] 또한 **주관주의 형법이론** 내지 **공범독립성설**
에 의하면 간접정범과 공범의 뚜렷한 차이가 없기 때문에 간접정범을 공범으로 보게 된다(이에 의하면
사실상 간접정범 성립을 부정하게 된다).

(2) 정범설

확장적 정범개념에 의하면 간접정범은 정범이 되고, **객관주의 형법이론**에 의해도 간접정범은 그 스스로의
(피이용자에 대한) 이용행위를 가지고 범죄를 범하는 것이므로 정범으로 이해하게 된다(이용행위＝객관적
실행행위). 또한 객관주의와 연결되는 **공범종속성설**에 의하더라도 공범이라 함은 불법을 갖춘 타인의
범죄실행행위에 종속해서만 성립하기 때문에(제한적 종속형식) 고의범이 성립하지 않는 피이용자의 행위를
이용하는 간접정범의 경우에는 공범이 될 수 없고 정범으로 보게 된다.

(3) 결 론

① **정범설** : 간접정범은 이용자가 우월한 사실인식과 의사조종에 의한 **의사지배**로서 이용자 자신의
의사를 실현해나가는 행위지배적 요소를 갖추고 있기 때문에, 공범이 아니라 **정범**이다(객관주의
형법이론에 근거한 의사지배설, 통설). 형법 제34조의 제명도 분명히 간접'정범'으로 되어 있고, 또한
제34조 제1항의 규정의 "교사 또는 방조의 예에 의한다."는 의미도 "간접정범이 성립하지만 (그
처벌에 있어서는 이용행위의 유형에 따라) 교사(정범과 동일한 형) 또는 방조(정범보다 필요적 감경)의 '예에
의하여' 처벌한다."는 의미로 새겨야 한다(통설).

---

[55] 보충 : 사실 이러한 점이 제한적 정범개념의 이론적인 단점이 되기 때문에, 우리 형법이 확장적 정범개념보다는 제한적 정범개념에
그 근간을 두고는 있으나, 정범과 공범의 구체적 구별기준의 문제에서는 더 이상 제한적 정범개념에 의하지 않고 객관설, 주관설,
행위지배설과 같은 학설이 나오게 되는 것이다.

② 정범개념의 우위성 : 간접정범은 정범이므로, 간접정범과 교사범의 구별에 관한 **정범개념의 우위성**을 고려하여 우선적으로 간접정범이 성립할 수 있는가를 먼저 따지고 의사지배적 요소가 있어 간접정범이 성립한다면 논의를 끝내고, 만일 의사지배적 요소가 결여되어 있다면 간접정범은 성립하지 않기 때문에 교사범이 성립하게 된다.

판례연구 **의사지배를 인정한 예**

대법원 1997.4.17, 96도3376 전원합의체
의사지배를 인정한 12·12 내란사건 : 내란죄의 간접정범
1980.5.17. 당시 계엄법 등에 의하면, 비상계엄의 전국확대와 같은 법령이나 제도가 가지고 있는 위협적인 효과가 국헌문란의 목적을 가진 자에 의하여 그 목적을 달성하기 위한 수단으로 이용되는 경우에는 내란죄의 구성요건인 폭동의 내용으로서의 협박행위가 되므로 이는 내란죄의 폭동에 해당한다고 할 것이다. 한편 범죄는 '어느 행위로 인하여 처벌되지 아니하는 자'를 이용하여서도 이를 실행할 수 있으므로(형법 제34조 제1항), 내란죄의 경우 '국헌문란의 목적'을 가진 자가 그러한 목적이 없는 자를 이용하여 이를 실행할 수도 있다고 할 것이다. [경찰채용 18 1차/경찰간부 13/법원행시 13/사시 11·15]

표정리 간접정범과 교사범의 구별

구 분	간접정범(의사지배)	교사범
피이용자	처벌되지 않는 자 또는 과실범	고의범의 정범
이용자	정범	공범

---

02 간접정범과 신분범 및 자수범

1. 간접정범과 신분범

(1) 의 의

신분범에서는 신분을 갖지 않은 자는 '정범'이 될 수 없으므로 비신분자는 간접정범이 될 수 없다(대법원 1976.8.24, 76도151). 예컨대 수뢰죄(제129조 제1항)의 경우 공무원(신분자)은 일반인(비신분자)을 이용하여 수뢰죄(신분범)의 간접정범을 범할 수 있지만, 반대로 공무원이 아닌 자(비신분자)는 공무원(신분자)를 이용하여 동죄의 간접정범을 범할 수는 없다. 다만, 허위공문서작성죄에 대해서는 다수설·**판례**의 예외적 판단이 이루어지고 있다.

(2) 허위공문서작성죄의 간접정범

허위공문서작성죄(제227조)도 작성권한 있는 공무원만 범할 수 있는 진정신분범이다. 따라서 작성권한 있는 공무원(신분자)은 일반인(비신분자)을 이용하여 허위공문서작성죄(신분범)의 간접정범을 범할 수 있으나, 반대로 공무원도 아닌 일반인이 작성권한 있는 공무원에게 허위의 신고를 하는 등의 방법으로 공무원을 이용하여 허위공문서작성죄의 간접정범을 범할 수는 없다. [경찰간부 11/사시 15]

다만, '작성권한 있는 공무원을 보조하는 하위 공무원이 허위의 기안을 작성하고 이를 보고하여 고의가 없는 상관이 여기에 결재를 해주는 등의 방법으로 허위공문서를 작성케 한 경우'에는, 허위공문서작성죄의 간접정범이 성립할 수 있다는 것이 다수설·판례이다(자세히는 각론 문서죄에서 후술).

2. 간접정범과 자수범

(1) 의 의

자수범(自手犯)이란 말 그대로 '(정범이 되기 위해서는) 자신의 직접적 행위를 통해서만 범할 수 있는 범죄'를 말한다. 자수범의 개념을 인정할 것인가에 견해가 대립하나, 실제로 직접적인 범행수행을 통해서만 범할 수 있는 범죄가 있다는 것을 고려하는 긍정설이 통설이다.

(2) 자수범의 예

형법상 자수범의 예로는 위증죄(제152조 제1항), 피구금자간음죄(제303조 제2항), 업무상 비밀누설죄(제317조), 도주죄(제145조 제1항) 등이 있으며, 판례는 부정수표단속법상 허위신고죄(부정수표단속법 제4조)도 자수범으로 보고 있다.

사례연구 **부정수표단속법상 허위신고죄는 자수범**

甲은 1987년 7월 4일 친구 乙에게 70만 원을 대여하면서 담보조로 乙이 발행한 백지가계수표를 타처에 할인하지 않는다는 조건으로 교부받았다. 그러나 甲은 그 수표의 금액란에 70만 원정이라고 기재하여 1개월간 은행에 제시하지 않는다는 조건으로 丙에게 할인의뢰하였고, 丙은 다시 丁에게 할인의뢰하였다. 그런데 丁은 1989년 7월 7일경 그 수표를 은행에 지급제시하였는데, 은행 측으로부터 연락을 받은 乙이 甲에게 왜 약속을 어기고 할인하였느냐라고 항의하자 甲은 그 수표를 분실하였다고 거짓말을 하면서 네가 분실신고를 하라고 종용하였다. 이에 乙은 은행에 분실신고를 하였다. 甲의 형사책임은?

> [해결] 부정수표단속법의 목적이 부정수표 등의 발생을 단속 처벌함에 있고(제1조) 허위신고를 규정한 같은 법 제4조가 '수표금액의 지급 또는 거래정지처분을 면하게 할 목적'이라고 규정하지 않고 '수표금액의 지급 또는 거래정지처분을 면할 목적'이라고 규정하여 이를 요건으로 삼고 있는데, 수표금액의 지급책임을 부담하는 자 또는 거래정지처분을 당하는 자는 오로지 발행인에 국한되는 점에 비추어 볼 때, 발행인 아닌 자는 위 법조가 정한 허위신고죄의 주체가 될 수 없고, 허위신고의 고의 없는 발행인을 이용하여 간접정범의 형태로 허위신고죄를 범할 수도 없다(대법원 1992.11.10, 92도2342). [경찰승진(경사) 10 / 국가7급 13 / 사시 11]

---

(3) 자수범의 효과

자수범에서는 직접정범만이 가능하고 간접정범(및 자수적 실행 없는 공동정범)은 불가능하다. 예컨대 위증죄(제152조)의 경우 행위자는 선서한 증인으로 국한되며, 제3자는 간접정범이나 공동정범이 될 수 없다.[56]

---

03 간접정범의 성립요건 – 피이용자의 범위

간접정범의 행위지배는 피이용자에 대한 우월한 의사(사실인식)에 의하여 가능할 수 있는데(의사지배형태), 형법 제34조 제1항에 의할 때, 피이용자는 첫째, '어느 행위로 인하여 처벌되지 아니하는 자' 또는 둘째,

---

[56] **주의 : 관련문제** 선서능력을 갖춘 甲이 선서무능력자인 증인 乙을 이용하여 위증을 하게 했다면, 甲의 죄책은 무엇인가가 문제된다. ① 위증죄의 간접정범 성부 : 이 경우 위증죄는 자수범이므로 甲은 간접정범이 될 수 없다. ② 위증죄의 교사범 성부 : 교사범과 같은 공범이 성립하기 위해서는 피교사자의 행위가 구성요건해당성·위법성을 갖추고 있어야 한다. 그런데 乙은 선서무능력자이므로 위증죄의 구성요건(제152조 제1항 참조)에 해당될 수 없으므로 甲은 위증죄의 교사범도 성립할 수 없다. ③ 증거위조죄의 성부 : 증거위조죄(제155조 제1항)의 '위조'라고 하는 것은 권한 없는 자가 함부로 어떤 서류나 물건을 만드는 것을 의미하는 것이지 '진술을 허위로 하게 하는 것'을 위조라고 할 수는 없으므로 여기에도 해당되지 않는다. [경찰승진(경위) 10] ④ 결론 : 甲은 무죄가 될 것이다. 여기에서 처벌상의 공백이 발생하게 된다.

'과실범으로 처벌되는 자'이다. 이러한 간접정범의 우월적 지위에 상응하는 피이용자의 범위는 범죄성립조건의 각 단계에 따라 아래와 같이 나눌 수 있다.

1. 피이용자

(1) 어느 행위로 인하여 처벌되지 아니하는 자[57]

구성요건해당성·위법성·책임 중 어느 하나의 요소가 결여되어 범죄가 성립하지 않는 자를 뜻한다.[58]

① 구성요건에 해당하지 않는 경우

　㉠ 객관적 구성요건에 해당하지 않는 경우

　　ⓐ 이용자의 기망·강요에 의하여 피이용자가 자살·자상·자기추행한 경우 : 피이용자의 행위가 살인죄·상해죄·강제추행죄의 구성요건상 행위객체에 해당하지 않으므로, 이를 이용한 이용자가 살인죄·상해죄·강제추행죄의 간접정범이 된다.[59]

> **예** 甲은 乙에게 자살하지 않으면 乙의 아이들을 살해하겠다고 하자 乙이 어쩔 수 없이 자살하였다면, 甲은 乙의 살인죄의 구성요건에 해당하지 않은 자살행위(살인죄의 구성요건요소로서의 행위객체는 '타인'인 사람)를 이용하여 살인죄의 간접정범을 범한 것이다.

판례연구   피이용자의 행위가 객관적 구성요건에 해당하지 않는 경우

대법원 1970.9.22, 70도1638
피해자의 자상(콧등 절단)을 이용한 중상해죄의 간접정범 사례
피고인이 피해자를 협박하여 그로 하여금 자상케 한 경우에 피고인에게 상해의 결과에 대한 인식이 있고 또 그 협박의 정도가 피해자의 의사결정의 자유를 상실케 함에 족한 것인 이상 피고인에 대하여 상해죄를 구성한다.
[국가9급 16 / 법원행시 06]

　　ⓑ 진정신분범에서 신분자가 '신분 없는 고의 있는 도구'를 이용하는 경우 : 신분자만 간접정범이 된다(다수설·판례). 반면 비신분자는 간접정범이 될 수 없다.[60]

> **예** 공무원이 사정을 아는 처를 이용하여 뇌물을 받게 한 경우 : 공무원은 수뢰죄의 간접정범. 반면 처(妻)가 공무원인 남편을 속여 뇌물이 아니라 채무변제로 받는 것이라고 하여 남편으로 하여금 뇌물을 받게 한 경우, 처는 비신분자이므로 수뢰죄의 간접정범이 성립하지 않게 된다.

　㉡ 주관적 구성요건에 해당하지 않는 경우

　　ⓐ 고의 없는 행위를 이용하는 경우 : 소위 고의 없는 도구를 이용하는 경우로서 간접정범이 성립하는 대표적인 경우이다.

판례연구   고의 없는 도구를 이용하는 간접정범의 사례

대법원 2007.9.6, 2006도3591
고의 없는 도구를 이용한 간접정범 형태에 의한 소송사기죄가 성립하는 사례

---

57 **주의** : 동물을 이용한 경우의 간접정범 성부 피이용자, 즉 생명 있는 도구는 당연히 사람을 말한다. **동물을 이용하는 경우에는 직접정범**이 될 뿐이다. 만일 타인을 상해할 의도로 자기가 기르는 개로 하여금 물어뜯게 하는 경우에는 —간접정범은 성립할 수 없고— 상해죄의 직접정범이 성립한다.

58 **주의** : 처벌조건이 결여되는 자를 이용한 경우의 간접정범 성부 범죄가 성립하지만, 친족상도례 등 **인적 처벌조각사유로 인하여 형면제가 되어 처벌되지 않는 자**를 이용한 경우에는 간접정범이 성립하지 않는다. 이 경우에는 교사범 등 공범이 성립할 뿐이다.

59 **참고** : 기망·강요하여 자살·자상케 한 것이 아니라, 설득의 방법으로 교사하여 자살·자상케 하거나 이미 자살·자상을 결심한 자의 자살·자상을 원조한 것에 불과하다면 자살의 경우 자살교사·방조죄가, 자상의 경우 무죄가 된다.

60 다만 허위공문서작성죄의 경우, 작성권한 없는 보조공무원이 상관을 이용하여 허위의 기안을 올려 결재를 받는 등의 방법으로 허위공문서작성죄의 간접정범이 성립할 수 있다는 것이 다수설·판례이다.

자기에게 유리한 판결을 얻기 위하여 소송상의 주장이 사실과 다름이 객관적으로 명백하거나 증거가 조작되어 있다는 정을 인식하지 못하는 제3자를 이용하여 그로 하여금 소송의 당사자가 되게 하고 법원을 기망하여 소송 상대방의 재물 또는 재산상 이익을 취득하려 하였다면 간접정범의 형태에 의한 소송사기죄가 성립하게 된다.
[경찰채용 13 2차 / 경찰간부 11 / 경찰승진(경감) 10 / 국가9급 13 / 국가7급 16 / 법원행시 11·13·18]

ⓑ 목적범에서 '목적 없는 고의 있는 도구'를 이용하는 경우 : 행위지배는 반드시 사실적으로 파악되는 것이 아니고 규범적으로도 파악된다는 규범적·심리적 행위지배론에 의하여 **간접정 범이 된다**는 것이 다수설이다. 판례도 긍정설이다. [국가9급 07]

　　📋 통화위조죄에 있어서 목적 있는 자가 행사의 목적 없는 자를 이용한 경우

② **구성요건에 해당하지만 위법하지 않은 행위를 이용하는 경우**

　ㄱ **정당행위를 이용하는 경우**

　　📋 甲이 허위사실을 신고하여 乙을 구속시킨 경우, 의사지배가 인정되는 한 (무고죄의 성립을 논외로 하더라도) 체포죄의 간접정범이 성립하게 된다.

　ㄴ **정당방위를 이용하는 경우**

　　📋 甲이 乙을 살해하기 위하여 乙을 사주하여 丙을 공격하게 하고, 丙의 정당방위행위를 이용하여 乙을 살해하는 경우, 의사지배가 인정되는 한 甲은 乙에 대한 살인죄의 간접정범이 된다.

　ㄷ **긴급피난을 이용하는 경우**

　　📋 낙태에 착수한 임부가 생명의 위험이 발생하자, 의사를 찾아가서 의사의 임부의 생명을 구하기 위한 낙태수술을 이용하여 낙태한 경우, 의사는 긴급피난으로서 무죄, 임부는 자기낙태죄의 간접정범이 성립하게 된다.

③ **구성요건에 해당하는 위법행위이나 책임 없는 행위를 이용하는 경우** : 피이용자의 행위가 구성요건해 당성과 위법성을 갖추었으나 책임이 조각되는 경우에는 이용자의 죄책으로는 간접정범과 교사범의 두 가지 경우를 모두 따져보아야 한다. 피이용자가 책임이 조각되어 무죄인 경우, 이용자에게 의사지배 적 요소가 인정되는 경우에는 간접정범이 성립할 수 있고, 한편 피이용자(직접행위자)의 행위가 구성요 건해당성·위법성을 갖추고 있기 때문에 공범종속성의 정도에 관한 제한적 종속형식(통설)을 따를 때에는 이용자에게 공범(교사범·방조범)이 성립할 수 있다.
이 경우의 판단방법은 우선 **정범개념의 우위성**이다. 즉 간접정범 성립을 먼저 따져보아야 한다. 왜냐하면 간접정범이 성립하게 되면 교사범·방조범의 성립은 따져볼 필요도 없기 때문이다. 만일 간접정범이 성립하지 않는 경우에는 교사범·방조범의 성립을 살펴보아야 한다.

　ㄱ **피이용자의 책임무능력상태를 이용하는 경우**

　　📋 甲이 심한 정신병자인 乙로 하여금 丙을 폭행하게 했다면, 甲은 폭행죄의 간접정범이다(물론 심신상실자 라 하더라도 의사결정능력이 존재하는 상태에서의 행위에는 의사지배가 부정되는 경우도 있을 수 있다. 여기에서는 사물변별능력과 의사결정능력이 상실된 상태를 전제한 것이다). 의사지배가 인정되기 때문 이다(다수설). 또한 14세 미만의 형사미성년자(제9조)를 이용하는 경우, 어떤 범죄에 대하여 해당 형사미 성년자가 판단능력을 갖추고 있을 때에는 의사지배가 인정될 수 없기 때문에, 이용자는 간접정범이 성립하지 않고 교사범의 죄책을 져야 할 것이다(다수설).

　ㄴ **피이용자의 법률의 착오(금지착오)를 이용하는 경우** : 회피할 수 없는 금지착오를 이용한 경우에는 간접정범이 성립하지만, 회피가능한 경우에는 교사범 성립을 인정한다(다수설).

　ㄷ **위법성조각사유의 객관적 전제조건에 관한 착오를 이용하는 경우** : 간접정범이 인정된다. 그런데 이 경우 엄격책임설에 의하면 피이용자의 책임이 조각되어 무죄가 되는 경우이므로 여기에 속하 지만, 그 이외의 학설(고의설, 소극적 구성요건표지이론, 제한적 책임설 중 유추적용설과 법효과제한적 책임설[61])에 의하면 피이용자가 과실범이 성립하게 되므로 "과실범으로 처벌되는 자"를 이용하는

경우로 이해하게 된다.

> 예 甲은 乙이 丙을 공격한다고 속여 丙에게 乙을 상해하게 하였다. 甲은 상해죄의 간접정범이다.

ⓔ **기대불가능성으로 책임이 조각되는 자의 행위를 이용하는 경우**

> 예 강요된 행위(형법 제12조)를 이용하는 경우 → 甲은 의사 乙을 칼로 위협하여 자기 애인 丙양에게 법적으로 허용될 수 없는 임신중절수술을 하게 했다. 甲은 낙태죄의 간접정범이다.

(2) 과실범으로 처벌되는 자

피이용자에게 과실이 인정되어 과실범으로 처벌되더라도 이용자는 고의범죄의 간접정범이 될 수 있다(제34조 제1항). 이는 피이용자에게 인식 있는 과실이 있는 경우에도 마찬가지이다.

> 예 간호사가 주사기에 든 약물의 내용을 확인하지 않고 의사가 시키는 대로 환자에게 주사하여 결국 의사가 살해하고자 의도한 환자를 사망하게 한 경우 → 간호사에게는 업무상 과실치사죄(제268조)가 성립하고, 이용자인 의사에게는 살인죄(제250조 제1항)의 간접정범이 인정된다.

2. 이용행위

이용행위자의 이용행위는 제34조 제1항에서 "교사 또는 방조"로 규정되어 있다. 다만 교사범·종범의 그것과 동일한 것이 아니고, 사주(使嗾)·이용(利用)의 의미(피이용자는 정범이 아니기 때문)이다. 이러한 이용행위는 처벌되지 아니하는 타인의 행위를 적극적으로 유발하고 이를 이용하여 자신의 범죄를 실현함으로써 이루어지는 것이지, 반드시 그 과정에서 **타인의 의사를 부당하게 억압하여야만 간접정범에 해당하는 것은 아니다**(대법원 2008.9.11, 2007도7204). [경찰채용 13 2차 / 경찰승진(경위) 10 / 경찰승진 14]

---

04 간접정범과 착오

이용자가 피이용자를 책임무능력자로 오인하고 이용하였으나 사실은 피이용자가 책임능력자였던 경우, 이용자는 간접정범의 의도를 가지고 이용행위를 하였으나, 실은 피이용자의 상태조차 파악하지 못한 경우이므로 의사지배적 요소는 결여되어 있다. 따라서 **이용행위자는 간접정범이 성립하지 않고 교사범**으로 보아야 한다는 것이 다수설이다.

한편, 이용자가 피이용자를 책임능력자로 오인하여 교사행위를 하였으나 사실은 피이용자가 책임무능력자였던 경우, 이용자는 교사범의 고의범위 내에서만 죄책이 인정되기 때문에, **교사범의 죄책만 진다**는 것이 통설이다.

---

05 간접정범의 미수(실행의 착수시점)

형법 제34조 제1항에서는 '범죄행위의 결과를 발생'하게 한 자를 간접정범으로 규정하고 있으나, 기수범뿐만 아니라 미수범에 관한 간접정범도 성립할 수 있음은 당연하다. 그렇다면 미수범의 성립요건인 '실행의 착수의 시기'가 문제될 것이다. 이에 대해서는 학설이 대립하나, 간접정범의 이용행위가 법익침해의 위험성을 직접적으로 초래하였거나 이용자로서의 행위를 완료하여 피이용자의 손에 범행의 실현 여부가 달려

---

61 보충 : 법효과제한적 책임설에 의하면 책임고의가 조각될 뿐 고의범의 불법은 갖추고 있으므로 이용자에게 간접정범뿐만 아니라 교사범·방조범의 죄책도 지울 수 있게 된다.

있을 때에 실행의 착수를 인정한다는 **이용행위시설**(이용행위 완료시설)이 다수설이다. 예컨대, 부산에 있는 甲이 서울에 있는 乙을 살해하기 위해 추석선물세트인 한과세트에 독극물을 주입하고 이를 택배회사 직원 A에게 맡겨 발송시킨 경우에는(소위 격리범의 경우), 이를 **발송시킨 행위**를 한 시점에서 살인죄의 간접정범의 실행의 착수가 있다.

06 과실에 의한 간접정범과 부작위에 의한 간접정범

1. 과실에 의한 간접정범

과실에 의한 간접정범은 있을 수 없다. 간접정범 성립의 요건인 의사지배가 결여되어 있기 때문이다. 예컨대, 이용자가 (고의 없이) 장난삼아 빈 총이라고 친구를 기망하여 사냥용 총을 격발하게 한 결과 우연히 지나가던 사람에게 명중하여 사망하게 된 경우에는, 살인죄의 간접정범이 성립할 수 없다.

2. 부작위에 의한 간접정범

작위범과 그 구조가 다르기 때문에 **부작위에 의한 간접정범** 성립은 부정된다(다수설). 부작위를 통해서 타인의 의사를 지배한다는 것은 상상하기 어렵기 때문이다.[62]

07 간접정범의 처벌

형법 제34조 제1항에 의하면 간접정범은 '**교사 또는 방조의 예에 의하여 처벌한다**'. 교사의 예에 따라 처벌한다면 정범과 동일한 형으로 처벌되는 것이고(제31조 제1항 참조), 방조의 예에 따라 처벌한다면 정범의 형보다 필요적으로 감경하여 처벌하게 된다(제32조 제2항 참조).

또한 간접정범은 교사 또는 방조의 예에 의하여 처벌되고, 교사범·방조범은 제34조 제2항에서 특수교사·방조라는 일반적 가중사유의 적용을 받게 되기 때문에, 간접정범도 자기의 지휘·감독을 받는 자(고의범이 성립하지 않는 자)를 이용한 경우에는 소위 **특수간접정범**으로서 가중처벌될 것이다(다수설).

08 특수교사·방조

> **제34조 【간접정범, 특수한 교사·방조에 대한 형의 가중】** ② 자기의 지휘·감독을 받는 자를 교사 또는 방조하여 전항의 결과를 발생하게 한 자는 교사인 때에는 정범에 정한 형의 장기 또는 다액에 그 2분의 1까지 가중하고 방조인 때에는 정범의 형으로 처벌한다. [경찰간부 20]

---

62 **주의** : 다만 과실에 '대한' 간접정범이나 부작위에 '대한' 간접정범은 얼마든지 가능하다. 이 경우에는 피이용자가 과실범이나 부작위범인 경우이고, 이를 고의·작위에 의하여 이용한 간접정범이 성립할 수 있기 때문이다. 혼동될 수 있는 개념들을 정리해보면 다음과 같다. ① **부작위에 의한 교사범** ×, [사시 13 / 변호사시험 14] ② **부작위에 의한 방조범** ○, [국가9급 08 / 법원행시 13 / 사시 10 · 13 · 14 / 변호사시험 12 · 14] ③ **부작위에 대한 교사범** ○, ④ **부작위에 대한 방조범** ○, ⑤ **과실에 의한 간접정범** ×, ⑥ **과실에 대한 간접정범** ○, ⑦ **부작위에 의한 간접정범** ×, ⑧ **부작위에 대한 간접정범** ○, ⑨ **결과적 가중범의 간접정범** ○(보다 자세한 공범론 용어정리는 본장의 말미에 있는 도표 참조).

1. 개 념

자기의 지휘·감독을 받는 자를 교사 또는 방조하여 범죄행위의 결과를 발생하게 한 경우를 의미한다(제 34조 제2항).

2. 가중처벌

교사인 경우에는 **정범에 정한 형의 장기 또는 다액의 2분의 1까지 가중**하고, 방조범인 때에는 **정범의 형**으로 처벌한다. [국가9급 16 / 국가7급 07]

또한 간접정범의 경우에도 적용될 수 있다. 결국 본조는 특수교사, 특수방조 그리고 특수간접정범의 경우를 규정하고 있다고 볼 수 있다(다수설).

제3절 공동정범

01 서 설

> 제30조 【공동정범】 2인 이상이 공동하여 죄를 범한 때에는 각자를 그 죄의 정범으로 처벌한다.

1. 의 의

(1) 개 념

공동정범이란 2인 이상의 자가 공동의 범행계획에 따라 각자 실행의 단계에서 본질적인 기능을 분담하여 이행함으로써 성립하는 정범형태를 말한다(제30조).

(2) 공동정범의 정범표지 : 기능적 행위지배

정범과 공범의 구별기준에 관한 행위지배설에 의할 때, 공동정범의 정범성의 표지는 **기능적 행위지배**이다. [경찰채용 12 1차] 따라서 공동정범이 성립하기 위해서는, 주관적 요건인 공동가공의 의사와 객관적 요건으로서 그 공동의사에 기한 기능적 행위지배를 통하여 범죄를 실행하였을 것을 필요로 한다. [국가9급 09]

예를 들어, 甲·乙·丙이 함께 A를 살해하기로 하고, 甲은 망을 보고 乙은 칼로 A를 찔러 살해하기로 하고 丙은 A가 도망치는 길목을 지키고 있다가 혹시 A가 도망쳐오면 확실히 살인범행을 마무리하기로 결의하고 이에 따라 범행을 실행하였다면, 이는 의사의 상호연락과 이해를 통해 분업적 역할분담에 의하여 범행을 함께 실행한 것으로서 甲·乙·丙은 A에 대한 살인죄의 공동정범이 성립하게 된다.

> **판례연구** 대법원이 기능적 행위지배라는 용어를 명시적으로 사용하면서 공동정범 성립을 부정한 사례
>
> 대법원 2004.6.24, 2002도995
> 보라매병원 의사에 대하여 살인죄의 공동정범 성립을 부정한 사례
> 보호자가 의학적 권고에도 불구하고 치료를 요하는 환자의 퇴원을 간청하여 담당 전문의와 주치의가 치료중단 및 퇴원을 허용하는 조치를 취함으로써 환자를 사망에 이르게 한 행위에 대하여 보호자, 담당 전문의 및 주치의가

부작위에 의한 살인죄의 공동정범으로 기소된 경우, 담당 전문의와 주치의에게 환자의 사망이라는 결과 발생에 대한 정범의 고의는 인정되나 환자의 사망이라는 결과나 그에 이르는 사태의 핵심적 경과를 계획적으로 조종하거나 저지·촉진하는 등으로 지배하고 있었다고 보기는 어려워 공동정범의 객관적 요건인 이른바 **기능적 행위지배**가 흠결되어 있기 때문에 (살인죄의 공동정범은 성립하지 않고 – 필자 주) 작위에 의한 살인방조죄만 성립한다.
[경찰승진 13 / 국가7급 11 / 법원행시 14 / 변호사시험 13·14]

(3) 판례의 예외적 입장

대법원 판례는 과실범의 공동정범에 있어서는 행위공동설을 취함으로써 기능적 행위지배설을 택하지 않고 있다. 다만 공모공동정범에 있어서는 종래 공동의사주체설과 간접정범유사설을 선택하였다가 근래 기능적 행위지배설을 취하면서도 그 성립을 인정하고 있다. 또한 **판례**는 합동범의 공동정범에 있어서도 공모공동정범의 이론을 확장적용하여 그 성립을 인정하고 있다. 결국 이러한 **판례**의 입장들은 학계의 논쟁의 대상이 되고 있는 것이다.

2. 공동의 의미 – 범죄공동설과 행위공동설

종래 공동정범이 무엇을 공동하는가에 대해서는 ① 특정한 범죄를 공동으로 하는 것이라는 범죄공동설과 ② 사실상의 자연적 행위를 공동으로 하는 것이라는 행위공동설의 대립이 있어 왔다.

표정리 범죄공동설과 행위공동설의 비교[63]

구 분	범죄공동설 구파	행위공동설 신파
내 용	수인이 공동하여 특정 범죄를 실현 [경찰채용 11 2차]	수인이 행위공동하여 각자 범죄를 실현
종 류	• 고의공동설 • 구성요건공동설 • 부분적 범죄공동설	• 자연적 행위공동설 • 구성요건적 행위공동설
특 징	공범성립 제한 → 책임원칙에 충실	공범성립 확대 → 형사정책적 합목적성 추구
異種 또는 數個의 구성요건	각 구성요건에 따라 분리 검토	공동정범 ○
고의, 과실의 공동정범	공동정범 ×	공동정범 ○
과실범의 공동정범	부정	긍정(판례 : 과실범의 공동정범) [법원9급 07(하)]
편면적 공동정범	부정	긍정
승계적 공동정범	부정	긍정
한 범죄사실의 일부공동	방조범	공동정범 ○
공모공동정범	부정	부정(★)

---

63 **참고** : 범죄공동설과 행위공동설의 학설적 의의 공동정범은 '무엇을 공동으로 하는가'라는 공동정범의 본질론에 대한 범죄공동설과 행위공동설의 논의는, 공동정범의 '공동성'의 본질에 관한 것이다. 범죄공동설은 특정한 한 개의 범죄행위를 공동으로 하는 것이 공동이라는 것이요, 행위공동설은 범죄가 아니라 사실상의 행위만 함께 해도 공동이라는 것이다. 그러나 오늘날에는 공동성에 대한 논의에 대해서는 현대 형법학의 공동정범론으로서는 어울리지 않는다는 비판이 제기되면서(통설), 공동성의 내용을 중시하기보다는 '공동정범의 정범성의 표지(기능적 행위지배)'와 그에 상응하는 '공동정범의 성립범위(귀책범위)'에 논의를 집중시키고 있다.

1. 주관적 요건 – 공동가공의 의사

(1) 의 의

공동정범이 성립하기 위해서는 주관적 요건인 **공동가공**(共同加功)의 의사와 객관적 요건인 공동의사에 의한 **기능적 행위지배를 통한 범죄의 실행사실**이 필요한데, 공동가공의 의사는 공동의 의사로 특정한 범죄행위를 하기 위하여 일체가 되어 서로 다른 사람의 행위를 이용하여 자기의 의사를 실행에 옮기는 것을 내용으로 하는 것이어야 한다(대법원 1997.9.30, 97도1940 등). [국가7급 13]

판례는 공동정범에 있어서 주관적 요건은 **공모**(共謀)라고 하고, 이러한 공모는 공범자 상호간에 범죄의 공동실행에 관한 의사의 결합만 있으면 족하고 법률상 어떤 정형을 요구하는 것이 아니라고 한다(대법원 1990.6.22, 90도767). [법원행시 06] 다만 공동행위자가 단순히 사정을 알았다는 것만으로는 공모가 성립되지 않으며, 의사의 상호연락이 있어야 한다(대법원 1971.1.26, 70도2173).

(2) 내 용

① **의사의 상호이해** : 공동정범이 성립하기 위하여는 각자의 역할분담과 공동작용에 대한 상호이해가 필요하다. 이는 서로 협력하여 공동의 범의를 실현하려는 의사의 상통을 말한다(대법원 1987.9.22, 87도347).

   ㉠ **공동가공의 의사가 인정되는 경우** : 공동의 의사로 특정한 범죄행위를 하기 위하여 일체가 되어 서로 다른 사람의 행위를 이용하여 자기의 의사를 실행에 옮기는 것을 내용으로 하는 의사를 가졌다면, 공동가공의 의사가 인정된다(대법원 1997.9.30, 97도1940).

> **판례연구** **공동가공의 의사를 인정한 사례**
>
> 대법원 1983.7.12, 82도180
> 부동산이중매매의 제2매수인이 적극 공모하였다면 배임죄의 공동정범이 된다는 사례
> 점포의 임차인이, 임대인이 그 점포를 타에 매도한 사실을 알고 있으면서 점포의 임대차계약 당시 "타인에게 점포를 매도할 경우 우선적으로 임차인에게 매도한다"는 특약을 구실로 임차인이 매매대금을 일방적으로 결정하여 공탁하고 임대인과 공모하여 임차인 명의로 소유권이전등기를 경료하였다면 임대인의 배임행위에 적극가담한 것으로서 배임죄의 공동정범이 성립한다.

   ㉡ **공동가공의 의사가 부정되는 경우** : 의사의 상호이해 없이 공동행위자 중의 한 사람만 범행의사를 가진 **편면적 공동정범**은 공동정범이 성립하지 않고(대법원 1999.9.17, 99도2889; 1985.5.14, 84도2118), [경찰채용 20·21 2차 / 경찰채용 15 3차 / 경찰간부 12·14·15 / 국가7급 11·13·16 / 법원9급 05 / 변호사시험 12] **동시범**(단독정범의 경합) 또는 종범(편면적 종범)이 성립할 뿐이다. **동시범**의 경우에도 의사의 상호이해가 없으므로 공동정범이 성립하지 않는다. [경찰간부 14] 예컨대, 乙이 A를 칼로 찔러 죽이려는 것을 甲이 알고 乙 모르게 A의 집 현관문의 시정장치를 풀어놓고 A에게 수면제를 먹여 잠들게 하여, 乙이 A를 칼로 찔러 살해하기 쉽도록 하였다면 甲은 살인죄의 공동정범이 인정되지 않는다(살인죄의 방조범만 성립).

> **판례연구** **공동가공의 의사를 인정하지 않은 사례**
>
> 대법원 2000.4.7, 2000도576
> 밀수입해 올 테니 팔아달라는 제의에 대하여 승낙한 것은 밀수를 공동으로 한다는 것은 아니라는 사례

전자제품 등을 밀수입해 올 테니 이를 팔아달라는 제의를 받고 승낙한 경우, 그 승낙은 물품을 밀수입해 오면 이를 취득하거나 그 매각알선을 하겠다는 의사표시로 볼 수 있을 뿐 밀수입범행을 공동으로 하겠다는 공모의 의사를 표시한 것으로는 볼 수 없다. [경찰간부 18 / 경찰승진(경위) 11 / 경찰승진(경감) 10]

② **의사연락의 방법 및 시기** : 공동정범의 의사연락에는 어떤 정형(定型)이 있는 것이 아니므로, 의사연락의 방법은 명시적 의사연락뿐 아니라 묵시적·암묵적 의사연락이나 순차적·연차적(릴레이식)·간접적 의사연락이 모두 가능하다(대법원 1997.10.10, 97도1720). [국가7급 09 / 사시 16 / 변호사시험 13] 또한 의사연락의 시기는 타 공범자의 행위실행 이전에 공동가공의 의사연락이 이루어졌든(예모적 공동정범) 행위 도중에 우연히 생겨났든(우연적 공동정범) 모두 공동정범이 성립할 수 있다. [경찰채용 10 2차 / 국가7급 09 / 법원9급 07(상)]

2. 승계적 공동정범

(1) 의의 및 논의의 전제

공동의 범행결의가 선행자의 실행행위의 일부 종료 후 그 기수 이전에 성립한 경우, 즉 선행자의 범행 도중 그와의 사후적인 의사연락하에 **후행자**가 선행자와 함께 혹은 단독으로 범행의 나머지 부분을 수행하는 경우를 가리킨다. 이 경우 선행자의 선행행위 부분에 대해서 후행자가 공동정범의 죄책을 질 수 있는가가 문제된다.

(2) 승계적 공동정범 성립의 시간적 한계

① (단순일죄의 경우) 범행의 기수 이전 후행자가 가담한 경우 : 후행자가 공동정범으로 성립된다는 데 이론(異論)이 없다. 예를 들어 공범자가 공갈행위에 착수한 후 그 범행을 인식하면서도 그와 공동의 범의를 가지고 공갈행위를 계속하여 재물을 취득한 때에는 공갈죄의 공동정범이 성립하는 데 지장이 없다(대법원 1997.2.14, 96도1959). [사시 14]

② 범행의 기수 후 종료 전까지의 시기에 가담한 경우

　㉠ 단순범 : 선행자의 기수 이후에 가담한 자는 공동정범이 성립하지 않는다.

> **판례연구** **기수 이후 가담자에게 공동정범 성립을 부정한 예**
>
> 대법원 2003.10.30, 2003도4382
> 영업비밀 무단 반출 이후 영업비밀을 취득하려고 한 자는 공동정범이 될 수 없다는 사례
> 회사직원이 영업비밀을 경쟁업체에 유출하거나 스스로의 이익을 위하여 이용할 목적으로 무단으로 반출한 때 업무상 배임죄의 기수에 이르렀다고 할 것이고, 그 이후에 위 직원과 접촉하여 영업비밀을 취득하려고 한 자는 업무상 배임죄의 공동정범이 될 수 없다. [경찰채용 12 1차 / 경찰간부 18 / 국가9급 15 / 변호사시험 12]

　㉡ 연속범 : 선행자의 연속범 중간에 가담한 후행자는 가담한 이전의 선행자의 범행부분에 대해서는 책임을 지지 않고 가담한 이후의 부분에 대해서만 공동정범의 죄책을 진다(대법원 1982.6.8, 82도884).
　　[경찰간부 12·16·18 / 사시 10·11·14]

> **사례연구** **필로폰 제조가담 사례**
>
> 甲은 1981년 1월 초순경부터 乙의 집 지하실에 필로폰 제조기구를 설치하여 필로폰을 밀조하고 있었다. 丙은 1981년 2월 9일경 甲이 필로폰을 제조하고 있다는 사실을 알고 그때부터 甲의 제조행위에 가담하였다. 이 필로폰 제조일당은 경찰에 의해 1981년 2월 15일경 검거되었다. 丙의 형사책임은?

해결 1981년 2월 9일부터만 제조행위의 공동정범이다. 포괄적 일죄의 일부에 공동정범으로 가담한 자는 그가 그때에 이루어진 종전의 범행을 알았다 하여도 그 **가담 이후의 범행에 대해서만 공동정범으로서의 책임을 진다**(대법원 1982.6.8, 82도884). [경찰채용 21 2차 / 경찰간부 12 / 국가7급 14 / 법원승진 12 / 사시 10·11·14]

(3) 결론 : 중간가담자의 귀책범위

후행자는 어디까지나 자신이 가담한 이후의 범행부분에 대해서만 공동정범의 죄책을 진다는 것이 통설이다. **판례**도 포괄일죄의 범행 도중에 가담한 자는 ―비록 가담 이전의 선행자의 범행부분을 인식하고 있다 하더라도― 가담한 이후의 부분에 대해서만 공동정범의 책임을 진다는 입장이다(대법원 1997.6.27, 97도163). [경찰채용 14 1차 / 경찰채용 16 2차 / 경찰승진(경사) 10 / 경찰승진 15·16·22 / 국가9급 08·09 / 국가7급 09·10·16 / 법원9급 06·10 / 법원승진 12 / 법원행시 06·11·12 / 변호사시험 13] 따라서 만일 甲이 포괄일죄인 무면허영업을 수년간 하고 있던 중 乙과 공동으로 무면허영업을 계속한 경우, 乙은 자신이 영업에 참여하기 이전의 甲의 행위에 대해서는 공동정범으로서의 책임을 지지 않게 된다. [국가7급 10 / 법원승진 12]

3. 과실범의 공동정범

(1) 의 의

2인 이상의 공동의 과실로 인하여 과실범의 구성요건적 결과를 발생하게 한 경우에 과실범의 공동정범이 성립하는가의 문제이다.

(2) 학설·판례

① 긍정설

㉠ 행위공동설 [경찰간부 12 / 경찰승진(경사) 10 / 경찰승진 13·14 / 국가9급 07·08 / 국가7급 09·11·14]

ⓐ 내용 : 공동정범에서의 공동을 특정한 범죄의 공동으로 이해하지 않고 **자연적·사실적·전법률적 행위의 공동**으로 파악하는 입장이다(판례). 따라서 공동정범에 있어서 상호간에 의사의 연락은 반드시 고의의 공동을 요하지 않고, 과실행위에 있어서도 사실상의 행위를 공동으로 할 의사의 연락이 있으면 인정된다('사실상 행위를 공동으로 하는 의사의 연락+사실상 행위의 공동'=과실범의 공동정범).

ⓑ 비판 : 고의를 달리하는 경우에도 공동정범이 성립한다면 실질적으로 공동정범의 주관적 요건을 완화시키는 효과를 가지게 되어 **책임주의 원칙이 약화**된다.

판례연구 **과실범의 공동정범을 인정한 사례 : 행위공동설**

대법원 1997.11.28, 97도1740
성수대교 붕괴 사건
교량이 그 수명을 유지하기 위하여는 건설업자의 완벽한 시공, 감독공무원들의 철저한 제작시공상의 감독 및 유지·관리를 담당하고 있는 공무원들의 철저한 유지·관리라는 조건이 합치되어야 하는 것이므로, 위 각 단계에서의 과실 그것만으로 붕괴원인이 되지 못한다고 하더라도, 그것이 합쳐지면 교량이 붕괴될 수 있다는 점은 쉽게 예상할 수 있고, 따라서 위 각 단계에 관여한 자는 전혀 과실이 없다거나 과실이 있다고 하여도 교량붕괴의 원인이 되지 않았다는 등의 특별한 사정이 있는 경우를 제외하고는 붕괴에 대한 공동책임을 면할 수 없다. 이 사건의 경우, 피고인들에게는 트러스 제작상, 시공 및 감독의 과실이 인정되고, 감독공무원들의 감독상의 과실이 합쳐져서 이 사건 사고의 한 원인이 되었으며, 한편 피고인들은 이 사건 성수대교를 안전하게 건축되도록 한다는 "공동의 목표"와 의사연락이 있었다고 보아야 할 것이므로, 피고인들 사이에는 이 사건 업무상과실치사상 등 죄에 대하여 형법 제30조 소정의 공동정범의 관계가 성립된다. … 상호의사의 연락이 있어 공동정범이 성립한다면, 독립행위경합 등의 문제는 아예 제기될 여지가 없다. [경찰간부 11 / 법원9급 13 / 사시 12]

ⓛ **공동행위주체설** : 공동의 행위를 하면 하나의 주체가 되어 누구의 행위에 의해서 결과가 발생하든 공동정범이 성립한다는 입장이다. [국가9급 07] 사실상 행위공동설과 같은 입장이다.

ⓒ **과실공동·기능적 행위지배설** : 주의의무위반공동·기능적 행위지배설이라고도 한다. 이 입장은 주의의무위반의 공동과 결과발생에 대한 기능적 행위지배가 있으면 과실범의 공동정범이 성립한다는 입장이다.

ⓔ **과실공동·행위공동설** : 과실의 공동과 결과를 일으키는 '구성요건적' 행위의 공동이 있으면 −의사의 연락은 요하지 않고− 과실범의 공동정범이 성립한다는 학설이다.

② **부정설**

㉠ **범죄공동설**

ⓐ **내용** : 범죄공동설은 '특정범죄에 대한 고의의 공동과 실행행위의 공동'이 구비되어야 공동성을 인정한다. 따라서 고의범의 범위 내에서만 공동정범을 인정할 수 있으므로 과실범의 공동정범은 인정할 수 없고 단지 동시범이 될 뿐이라는 견해이다. [국가9급 07]

ⓑ **비판** : 사실상의 행위를 공동으로 한다는 공동정범의 본질에 맞지 않는다.

㉡ **목적적 행위지배설** : 과실범에 있어서는 목적적 행위지배 자체가 있을 수 없기 때문에 과실범의 공동정범은 성립할 수 없다는 입장이다.

㉢ **기능적 행위지배설** : 공동정범의 본질은 기능적 행위지배에 있고, 기능적 행위지배는 공동가공의 범행결의에 기초한 역할분담을 의미하는데, **과실범에는 이러한 공동의 범행결의가 불가능하므로 공동정범이 성립할 여지가 없다**는 견해이다(통설). 즉, 이 경우에는 공동정범이 아니라 **동시범**(제19조)으로 해결해야 한다는 것이다.

4. 객관적 요건 – 공동가공의 실행

(1) 의 의

전체적인 공동의 범행계획을 실현하기 위하여 공동참가자들이 **분업적 공동작업원리에 따라 상호간의 역할을 분담하여 각각 실행단계에서 본질적 기능을 수행하는 것**을 말한다(분업적 역할분담에 의한 각 기능의 실행). 여기에서 공동의 '실행행위'란 반드시 구성요건에 규정된 실행행위만을 말하는 것이 아니다.

(2) 내 용

① **공동실행의 시기 및 공모관계로부터의 이탈**

㉠ **공동실행의 시기** : 실행의 착수 이후부터 실질적 종료 이전까지의 실행단계에서의 공동실행만이 공동정범의 실행행위로 인정된다(단, 예비단계에서 필수적 기능을 분담한 자가 이탈하지 않는 한 역시 공동정범은 인정됨).

㉡ **공모관계로부터의 이탈**

ⓐ **이탈이 인정되는 경우** : 다른 공모자 중 1인이 '실행에 이르기 전'에 그 공모관계에서 이탈한 때에는 그 이후의 공모자의 행위에 대해서는 **공동정범의 책임을 지지 않는다**(대법원 1996.1.26, 94도2654 : 시라소니파 사례). 이 경우 이탈의 표시는 **명시적임을 요하지 않는다.** [경찰승진(경사) 10 / 국가9급 08·15 / 법원행시 08·11 / 사시 14 / 변호사시험 12] 가령, 시라소니파 폭력조직 조직원 2명이 반대파 조직원에게 칼에 찔려 다치게 되자, 시라소니파 조직원들은 보복을 하기로 결의하였으나 같은 조직원 甲은 범행에 가담하기를 꺼려하여 함께 술을 마시다가 일행들이 범행을 하려고 출발하는데 혼자 슬그머니 귀가해버리고 나머지 일행들은 반대파 조직 두목을 살해한 경우, 甲에게는 살인죄의 공동정범의 죄책이 인정될 수 없다. 공모관계에서 이탈해버렸기 때문이다(보통 살인예비·음모죄의 죄책을 질 수 있으나, 이 사건의 甲은 이 점도 인정할 수 없어 무죄가 된다).

대법원 1986.1.21, 85도2371

강도살인 탈퇴 사례

甲·乙·丙·丁은 강도범행의 피해자인 戊의 팔, 다리를 묶어 저수지 안에 던져 살해하기로 의견의 일치를 보았으나, 위 범행에 착수하기 전에 丁이 그 패거리에서 탈퇴해버렸다면, 丁은 살해모의에는 가담하였으나 다른 공모자들이 실행행위에 이르기 전에 그 공모관계에서 이탈하였으므로, 공동정범이 성립하지 아니한다(강도죄 및 살인음모죄－제255조－에 불과함). [경찰채용 18 2차 / 국가9급 09]

　　ⓑ 이탈로 인정되지 않는 경우 : ㉠ 행위자 상호간에 범죄의 실행을 공모하였다면 다른 공모자가 '이미 실행에 착수한 이후'에는 그 공모관계에서 이탈하였다 하더라도 공동정범의 책임은 면할 수 없다(대법원 1984.1.31, 83도2941). [국가9급 08] 예컨대, 피고인 등이 금품을 강취할 것을 공모하고 피고인은 집 밖에서 망을 보기로 하였으나, 다른 공모자들이 피해자의 집에 침입한 후 담배를 사기 위해서 망을 보지 않았다고 하더라도, 피고인은 타 공범자가 범한 강도상해죄의 공동정범의 죄책을 면할 수가 없다(위 판례). [법원행시 12] 또한 ㉡ 주도적 참여자의 이탈도 원칙적으로 부정된다. 즉 공모에 주도적으로 참여하여 다른 공모자의 실행에 영향을 미친 공모자의 경우에는, 범행을 저지하기 위하여 적극적으로 노력하는 등 실행에 미친 영향력을 제거하지 않는 한 공모관계에서 이탈되었다고 할 수 없다(대법원 2008.4.10, 2008도1274; 2010.9.9, 2010도6924). [경찰채용 10·16 2차 / 경찰간부 13·16 / 경찰승진 14·15 / 국가9급 12·15·17 / 국가7급 10·11·16 / 법원9급 05·13·16 / 법원행시 10 / 사시 13·14 / 변호사시험 15]

대법원 2008.4.10, 2008도1274

甲은 21세로서 이 사건 강도상해의 범행 전날 밤 11시경에 14세 또는 15세의 공동피고인 乙, 丙, 丁과 강도모의를 하였는데 이때 甲이 삽을 들고 사람을 때리는 시늉을 하는 등 주도적으로 그 모의를 하였고, 강도 대상을 물색하다가 乙, 丙이 피해자 A를 발견하고 쫓아가자 甲은 "어?"라고만 하고 위 丁에게 따라가라고 한 후 자신은 비대한 체격 때문에 위 乙, 丙을 뒤따라가지 못하고 범행현장에서 200m 정도 떨어진 곳에 앉아 있게 되었으며, 결국 위 乙, 丙은 A를 쫓아가 폭행하여 항거불능케 한 다음 A의 뒷주머니에서 지갑을 강취하고 A에게 약 7주간의 치료를 요하는 우측 무릎뼈골절 등의 상해를 입혔다. 그렇다면 피고인은 乙, 丙이 강도상해죄의 실행에 착수하기까지 범행을 만류하는 등으로 그 공모관계에서 이탈하였다고 볼 수도 없으므로 강도상해죄의 공동정범으로서의 죄책을 면할 수 없다. [경찰간부 13 / 경찰승진 16 / 국가9급 09·12 / 국가7급 14 / 사시 14 / 변호사시험 14]

② 태양 : 공동가공의 실행은, 각자가 구성요건의 전부를 실행한 경우(부가적 공동정범)이든, 각자 구성요건의 일부를 실행한 경우(기능적 공동정범)이든(대법원 1984.6.12, 84도780), 스스로 구성요건을 실현하지 않고 그 실현행위를 하는 공범자에게 그 행위결정을 강화하도록 협력하는 것으로도 가능하므로(대법원 1987.10.13, 87도1240; 2006.12.22, 2006도1623), [경찰채용 16 2차 / 경찰간부 22] 전체계획에 의하여 결과를 실현하는 데 불가결한 요건이 되는 기능을 실행한 경우이든 무방하다. [국가7급 09]

　　예 망보는 행위도 공동정범의 객관적 요건에 해당된다(대법원 1971.4.6, 71도311; 1984.1.31, 83도2941; 1986.7.8, 86도843).

다만, 공동실행에 불가결한 요건이 아닌 기능을 실행하였다면 방조범이 성립할 뿐이다.

　　예 훔쳐 오면 팔아 주겠다고 하는 경우에는 절도죄의 공동실행이 있다고 보기 어렵다. 보통 "A행위를 해오면 B행위를 해 주겠다."고 하는 경우, A행위에 대한 공동정범은 성립하지 않는다(경우에 따라 A행위에 대한 방조범이 성립할 뿐이다).

③ 현장성의 요부 : 범행현장이 아니고서도 기능적 행위지배가 가능한 방법(**예** 통신수단)이 있을 수 있으므로 공동정범에서는 원칙적으로 현장성이 요구되지 않는다.

대법원 2010.1.28, 2009도10139
위조된 부동산임대차계약서를 사용한 사기 사건에서 임대인 행세를 해준 사례
공동피고인이 위조된 부동산임대차계약서를 담보로 제공하고 피해자로부터 돈을 빌려 편취할 것을 계획하면서
피해자가 계약서상의 임대인에게 전화를 하여 확인할 것에 대비하여 피고인에게 미리 전화를 하여 임대인 행세를
하여달라고 부탁하였고, 피고인은 위와 같은 사정을 잘 알면서도 이를 승낙하여 실제로 피해자의 남편으로부터
전화를 받자 자신이 실제의 임대인인 것처럼 행세하여 전세금액 등을 확인함으로써 위조사문서의 행사에 관하여
역할분담을 한 경우, 피고인의 행위는 위조사문서행사에 있어서 기능적 행위지배의 공동정범 요건을 갖추었다고
할 것이다. [경찰채용 12 2차]

5. 공모공동정범

(1) 의 의

　　2인 이상의 자가 공모하여 그 공모자 가운데 일부가 공모에 따라 범죄의 실행에 나아간 때에는 실행행위를
담당하지 아니한 공모자에게도 공동정범이 성립한다는 이론이다. 즉 공모공동정범이란 '공모만 하고
실행은 하지 않은 자'를 말한다. [경찰채용 12 1차/경찰채용 15 2차]

(2) 학설·판례

① 긍정설

　　㉠ 공동의사주체설

　　　　ⓐ 내용 : 2인 이상이 일정한 범죄를 실현하려는 공동목적하에 일심동체(一心同體)를 이루면 공동의
사주체(共同意思主體)가 형성되고, 이러한 자들 중 1인이 범죄를 실행하게 되면 그 실행행위는
공동의사주체의 행위가 되어 직접 실행행위를 담당하지 않은 단순한 공모자도 공동정범이
된다는 견해이다(과거의 판례).

　　　　ⓑ 비판 : 일종의 단체책임의 원리로 공동정범의 성립요건에 접근한 것으로서 개인책임의 원칙에
반한다.

대법원 1983.3.8, 82도3248
공모공동정범은 공동범행의 인식으로 범죄를 실행하는 것으로서 공동의사주체로서의 집단 전체의 하나의 범죄
행위의 실행이 있음으로써 성립하고 공모자 모두가 그 실행행위를 분담하여 이를 실행할 필요가 없으므로,
공모에 의하여 수인 간에 공동의사주체가 형성되어 범죄의 실행행위가 있으면 공동의사주체로서 정범의 죄책을
면할 수 없다. [경찰승진 13/법원9급 05]

　　㉡ 간접정범유사설

　　　　ⓐ 내용 : 공모만 한 자라 하더라도 다른 사람의 행위를 자기 의사의 실현수단으로 하여 범죄를
실행하였다고 볼 수 있는 정도(간접정범과 유사한 정도)에 이른 경우에는 공동정범이 성립한다는
견해이다(과거의 판례).

　　　　ⓑ 비판 : 간접정범의 일방적 이용관계인 의사지배와 공동정범의 상호간의 협력관계인 기능적
행위지배를 혼동하였고, 간접정범의 이용행위만으로 공동정범의 공동가공의 실행이 인정된다
는 것은 지나치게 주관주의적 입장이다. 결국 공동의사주체설이나 간접정범유사설 모두 공동정
범의 객관적 요건을 지나치게 완화시키고 있다.

> **판례연구**   **간접정범유사설에 의하여 공모공동정범을 인정한 사례**
>
> **대법원 1980.5.20, 80도306**
> 공모공동정범에 있어서 공모는 2인 이상의 자가 협력해서 공동의 범의를 실현시키는 의사에 대한 연락을 말하는 것으로서 실행행위를 담당하지 아니하는 공모자에게 그 실행자를 통하여 자기의 범죄를 실현시킨다는 주관적 의사가 있어야 함은 물론이나, 반드시 배후에서 범죄를 기획하고 그 실행행위를 부하 또는 자기가 지배할 수 있는 사람에게 실행하게 하는 실질상의 괴수의 위치에 있어야 할 필요는 없다.

     ⓒ **적극이용설** : 간접정범유사설과 유사한 입장이며, 유사한 비판이 제기된다.

     ② **기능적 행위지배설에 의한 제한적 긍정설**

         ⓐ **내용** : 기능적 행위지배설을 취하면서도 공모공동정범을 인정하는 독특한 입장으로서, 공모자가 실행에 가담하지 않았더라도 기능적 행위지배의 요건을 갖춘 경우가 있을 수 있고 그러한 경우에는 공동정범이 된다는 견해이다(소수설 및 현재의 판례). 다만 이 입장은 모든 공모자에게 공모공동정범을 인정하는 것이 아니라 범죄에 대한 본질적 기여를 통한 기능적 행위지배가 인정되는 공모자에 한하여 공모공동정범이 성립한다고 하여, 공모공동정범의 성립범위를 제한한다. [국가9급 17·20 / 국가7급 14]

         ⓑ **비판** : 기능적 행위지배는 공모만 하고 객관적 역할을 분담실행하지 않은 경우에는 인정되지 않는다.

> **판례연구**   **기능적 행위지배설에 의한 제한적 긍정설의 판례 중 공모공동정범을 인정한 사례**
>
> **대법원 2010.7.15, 2010도3544**
> 건설 관련 회사의 유일한 지배자에게 뇌물공여죄의 공모공동정범을 인정한 사례
> 건설 관련 회사의 유일한 지배자가 회사 대표의 지위에서 장기간에 걸쳐 건설공사 현장소장들의 뇌물공여행위를 보고받고 이를 확인·결재하는 등의 방법으로 위 행위에 관여한 경우, 비록 사전에 구체적인 대상 및 액수를 정하여 뇌물공여를 지시하지 아니하였다고 하더라도 그 핵심적 경과를 계획적으로 조종하거나 촉진하는 등으로 기능적 행위지배를 하였다고 보아 공모공동정범의 죄책을 인정하여야 한다. [경찰채용 14 1차 / 경찰채용 12 2차 / 경찰간부 18 / 법원행시 14]

> **판례연구**   **기능적 행위지배설에 의한 제한적 긍정설의 판례 중 공모공동정범을 부정한 사례**
>
> **대법원 2009.6.23, 2009도2994**
> 전국노점상총연합회가 주관한 도로행진시위에 참가한 단순가담자 사례 : 공모공동정범 부정
> 전국노점상총연합회가 주관한 도로행진시위에 참가한 피고인이 다른 시위 참가자들과 함께 경찰관 등에 대한 특수공무집행방해 행위를 하던 중 체포된 경우, 단순가담자인 피고인은 그가 체포된 이후에 이루어진 다른 시위참가자들의 범행에 대하여는 본질적 기여를 통한 기능적 행위지배가 존재한다고 보기 어려워 공모공동정범의 죄책을 인정할 수 없다. [경찰승진 14 / 국가9급 10]

② **부정설** : 부정설에는 ㉠ 범죄공동설, ㉡ 행위공동설, ㉢ 공동행위주체설 등이 이론적 근거로 사용되기도 한다. ㉣ 통설의 입장은 '기능적 행위지배설'에 기초하여 공모공동정범에 있어서는 공동의 실행이 없다는 이유로 공동정범 성립을 부정한다는 것이다. 통설에서는 제34조 제2항의 특수교사 및 방조규정 (또는 교사범·방조범)으로 해결하자는 대안도 제시된다.

03 공동정범과 착오

1. 의 의

공모한 범죄와 다른 공동자가 실행한 범죄가 일치하지 않은 경우를 말한다. 따라서 실행된 결과에 대하여 어떠한 죄책을 져야 하는가가 문제된다.

2. 구체적 사실의 착오 [경찰채용 21 1차 / 국가9급 12]

공동정범의 공동가공의 의사와 공동가공의 실행이 일치하지 않았으나 서로 동일한 구성요건에 속하는 경우를 말한다. 예컨대, 甲과 乙이 A를 살해하기로 공모하고, 甲은 망을 보고 乙은 A를 향하여 총을 쏘았으나 빗나가 B가 맞아 죽은 경우이다. 이 경우는 구체적 사실의 착오 중 방법의 착오로서 **구성요건적 착오 이론에 의하여 해결하면 된다**. 즉, 구체적 부합설에 의하면 甲·乙은 A에 대한 살인미수와 B에 대한 과실치사가 되고, 법정적 부합설에 의하면 甲·乙은 B에 대한 살인죄의 공동정범이 된다. 판례는 주지하다시 피 법정적 부합설을 따른다.

3. 추상적 사실의 착오

공동정범의 공동가공의 의사와 공동가공의 실행이 일치하지 않고 또한 서로 다른 구성요건에 속하는 경우를 말한다.

(1) 질적 초과의 경우

공모한 사실과 발생한 사실이 전혀 별개의 구성요건인 경우에는 질적 초과된 부분에 대하여 단독정범이 성립할 뿐이다. [국가9급 12]

사례연구 **강도강간 질적 초과 사례**

甲·乙·丙은 새벽 무렵 丁(여)의 집 안방에 들어가 乙과 丙이 丁에게 과도를 들이대고 다시 乙이 전화선으로 丁의 손발을 묶고 乙이 주먹과 발로 丁을 수회 때려 반항을 억압하였다. 곧이어 乙은 장롱 등을 뒤져 빼앗을 물건을 찾기 시작하였다. 한편, 그 시간 丙은 丁의 머리 위에서 丁을 붙잡고 甲은 丁을 강간하였다. 51만 원 정도의 금품을 챙긴 乙이 돌아서보니 甲은 강간을 하고 있어서 빨리 가자고 재촉하고 다같이 그 집을 나왔다. 甲·乙·丙의 형사책임은?

해결 판례는 이 사건에서는 乙에게 강도강간의 공모사실을 인정할 증거가 없다고 하지 않을 수 없다고 판시하 고 있다(대법원 1988.9.13, 88도1114). [국가9급 13] 이에 甲과 丙은 강도강간죄의 공동정범, 乙은 강도죄의 공동정범(엄밀히는 특수강도죄)이 된다.

---

(2) 양적 초과의 경우

① 인식의 양적 초과인 경우 : 공동정범자 중의 1인이 공모한 고의보다 양적으로 초과된 고의를 가진 경우를 말한다. 이 경우 발생한 결과에 따라 사리에 맞게 처리하면 족하다.

사례연구 **인식만의 양적 초과 사례**

甲과 乙은 丙에 대한 상해행위만을 함께 하기로 하고 이를 수행하였다. 그런데 甲은 상해의 고의를 가지고 乙은 살해의 고의를 가지고 있었다. 甲·乙의 죄책은?

---

208 PART 02 범죄론

해결 甲에게는 상해죄만 인정된다. 그러나 乙은 살인의 고의를 가졌는데 상해에 그쳤으므로 살인미수죄가 성립할 것이다. 살인미수는 상해를 포함하므로 살인미수죄만 성립한다(만일 丙이 사망하였다면 甲은 상해치사죄, 乙은 살인기수죄가 성립할 수 있음).

② **실행의 양적 초과인 경우**(결과적 가중범의 공동정범의 문제) : 공동정범자 상호간에 공모가 있었지만 범행수행과정에서 그중 1인이 공모한 범죄보다 양적으로 초과된 실행행위로 나아간 경우를 말한다. 흔히 발생하는 공동정범의 착오 유형이다. 결국 이 문제는 결과적 가중범의 공동정범의 문제와 잘 연결된다. 이 경우, 통설은 기능적 행위지배설에 의하여 공동정범의 성립을 부정하는 입장이지만, 판례는 "기본범죄에 대한 공동이 있다거나 결과에 대한 예견가능성이 있으면 결과적 가중범의 공동정범은 성립한다."는 입장으로서, "결과적 가중범의 공동정범에서 공동정범은 행위를 공동으로 할 의사가 있으면 성립하고 결과를 공동으로 할 의사까지는 필요 없다."(대법원 2002.4.12, 2000도3485; 1990.6.26, 90도765; 1978.1.17, 77도2193)고 하여 결과적 가중범의 공동정범을 광범위하게 인정하고 있다.

[경찰채용 13 1차 / 경찰간부 16 · 22 / 경찰승진 22 / 국가9급 07 / 국가7급 10 / 사시 11]

판례연구 **결과적 가중범의 공동정범에 관한 원칙적 판례 : 예견가능성 ○**

대법원 2000.5.12, 2000도745; 1993.8.24, 93도1674; 1978.1.17, 77도2193
수인이 상해의 범의로 범행 중 한 사람이 살인 또는 상해치사한 경우 나머지 공범자의 죄책
결과적 가중범인 상해치사죄의 공동정범은 폭행 기타의 신체침해 행위를 공동으로 할 의사가 있으면 성립되고 결과를 공동으로 할 의사는 필요 없으며, [국가9급 08 / 국가7급 10] 여러 사람이 상해의 범의로 범행 중 한 사람이 피해자를 살해하거나 피해자에게 중한 상해를 가하여 사망에 이르게 된 경우 나머지 사람들은 상해나 폭행에 대해서는 인식이 있었다고 할 것이므로 사망의 결과를 예견할 수 없는 때가 아닌 한 상해치사의 공동정범의 죄책을 면할 수 없다. [경찰채용 16 1차 / 경찰채용 16 2차 / 경찰간부 12 · 15 / 경찰승진 10 · 15 / 국가9급 08 · 13 · 14 / 국가7급 07 · 10 · 13 / 법원9급 14 · 16 / 법원행시 10 · 14 / 사시 10 / 변호사시험 15]

---

04 공동정범의 처벌

1. 형법 제30조 제1항

각자를 그 죄의 정범으로 처벌한다. [경찰승진 15 / 국가7급 16]

2. 내 용

(1) 일부실행 · 전부책임의 원칙

비록 일부만을 실행한 자라도 공동의 범행결의 안에서 발생한 결과 전체에 대해서 정범의 책임을 진다. 예를 들어, ① 甲과 乙이 통화의 위조와 행사를 공모하고 함께 위조한 후 乙 혼자서 이를 행사하였다 하더라도, 甲은 위조통화행사죄 부분에 대해서도 공동정범의 책임을 져야 하고, ② 1인이 강간하고 있는 동안 다른 1인이 피해자의 입을 막고 소리치지 못하도록 도와준 경우에도 강간죄의 공동정범이 성립한다(대법원 1984.6.12, 84도780). [경찰간부 15]

(2) 책임의 독립성

① **책임조각사유 및 인적 처벌조각사유** : 그 사유가 존재하는 자에게만 적용한다. 예를 들어 중지미수를 한 경우 중지범의 필요적 감면(책임감소 내지 인적 처벌조각사유)은 중지자에게만 적용되며, 나머지 공동정범자는 장애미수로 된다.

② **양형** : 동일한 법정형의 범위 내에서 처단형은 각자 달라질 수 있다.

05 동시범

> **제19조【독립행위의 경합】** 동시 또는 이시의 독립행위가 경합한 경우에 그 결과발생의 원인된 행위가 판명되지 아니한 때에는 각 행위를 미수범으로 처벌한다. [법원행시 05]

1. 의 의

동시범이라 함은 2인 이상의 행위자가 상호 의사의 연락 없이 개별적으로 구성요건을 실현시키는 범행형태를 말한다(독립행위의 경합).

2. 성립요건

(1) 2인 이상의 실행행위가 있어야 한다. [법원행시 05]

(2) 행위자 사이에는 의사의 연락이 없어야 한다.

> **판례연구** **공동가공의 의사가 있는 경우 동시범은 성립하지 아니한다는 판례**
>
> 대법원 1985.12.10, 85도1892
> 2인 이상이 상호 의사의 연락 없이 동시에 범죄구성요건에 해당하는 행위를 한 경우 그 결과 발생의 원인된 행위가 분명하지 아니한 때에는 각 행위자를 미수범으로 처벌하고(독립행위의 경합), 이 독립행위가 경합하여 특히 상해의 결과를 발생한 경우에는 공동정범의 예에 따라 처단(동시범)하는 것이므로, 공범관계에 있어 **공동가공의 의사**가 있었다면 이에는 동시범 등의 문제는 제기될 여지가 **없다**. [경찰채용 10 2차/국가7급 09]

(3) 행위객체는 동일해야 한다.

(4) 행위의 장소와 시간이 반드시 동일할 필요는 없다.

(5) 결과발생의 원인된 행위가 판명되지 않아야 한다.

3. 원인행위가 판명되지 않은 경우의 효과

각자를 미수범으로 처벌한다(제19조)(in dubio pro reo의 원칙). 따라서 甲과 乙 상호 의사연락 없이 A를 살해하려고 총을 1발씩 쐈는데, 그중 1발이 명중하여 A가 사망한 경우 누구의 총알이 명중했는지 판명되지 않은 경우에는 甲과 乙 둘 다 각 살인미수죄의 죄책만 지게 된다. [국가7급 09]

4. 동시범의 특례

> **제263조 【동시범】** 독립행위가 경합하여 상해의 결과를 발생하게 한 경우에 있어서 원인된 행위가 판명되지 아니한 때에는 공동정범의 예에 의한다. [경찰채용 10 2차 / 국가9급 12 / 법원9급 07(상) / 법원9급 14 / 법원행시 05]

(1) 의 의

상해죄의 동시범에 있어서는 그 원인된 행위가 판명되지 아니한 때에도 의사연락이 있었던 경우와 같이 공동정범의 예에 의해서 처벌한다는 규정이다. 이는 검사의 입증책임의 어려움을 제거하기 위한 예외규정이다.

(2) 법적 성질

학설이 대립하나, 형법 제263조는 **거증책임전환규정**으로서 원칙적으로 검사에게 인정된 거증책임을 예외적으로 피고인에게 전환시켜 주는 규정이다(다수설·판례).

(3) 적용요건

① 독립행위(상해 내지 폭행)의 경합이 있어야 한다(대법원 1984.5.15, 84도488). [경찰간부 14]
② 상해(판례에 의하면 사망도 포함)의 결과가 발생해야 한다.
③ 원인행위가 판명되지 않아야 한다.

(4) 적용범위

① 적용되는 범죄 : 판례는 상해의 결과가 발생한 **상해죄·폭행치상죄**뿐만 아니라 사망의 결과가 발생한 **폭행치사죄·상해치사죄**에도 제263조의 적용을 긍정하고 있다.
② 적용되지 않는 범죄 : 제263조는 각칙상 규정이며 그 적용범위는 제25장 상해와 폭행의 죄(제257조부터 제265조까지)로 제한되어야 한다. 따라서 **강간치상죄**(제301조)·**강도치상죄**(제337조)에는 적용될 수 없다(대법원 1984.4.24, 84도372). [경찰간부 14 / 경찰승진(경사) 10 / 국가9급 12·18 / 국가7급 09·10 / 법원행시 05]

(5) 원인행위가 판명되지 아니한 경우의 효과

상해죄의 기수, 폭행치상, 상해치사, 폭행치사죄의 공동정범의 예에 따라 처벌된다.

> **판례연구** **제263조의 동시범의 특례가 적용된 사례**
>
> 대법원 2000.7.28, 2000도2466
> 독립된 상해행위나 폭행행위가 경합하여 피해자가 사망하고 그 사망의 원인이 밝혀지지 않은 경우의 죄책
> 시간적 차이가 있는 독립된 **상해행위**나 **폭행행위**가 경합하여 **사망**의 결과가 일어나고 그 사망의 원인된 행위가 판명되지 않은 경우에는 공동정범의 예에 의하여 처벌할 것이므로, 2시간 남짓한 시간적 간격을 두고 피고인이 두 번째의 가해행위인 이 사건 범행을 한 후 피해자가 사망하였고 그 사망의 원인을 알 수 없었다면 피고인을 **폭행치사죄의 공동정범**으로 본 것은 정당하다. [경찰간부 14·20 / 국가9급 12 / 국가7급 08 / 법원행시 08 / 사시 15]

> **판례연구** **제263조의 동시범의 특례가 적용되지 않은 사례**
>
> 대법원 1984.4.24, 84도372
> 강간치상죄와 동시범 규정 적용 가부(소극)
> 형법 제263조의 동시범은 상해와 폭행죄에 관한 특별규정으로서 동 규정은 그 **보호법익을 달리하는 강간치상죄**에는 적용할 수 없다. [경찰간부 14 / 국가9급 12 / 국가7급 10]

06 합동범

1. 의 의

  형법상 2인 이상이 합동하여 죄를 범하도록 규정된 경우를 **합동범**이라 한다. 즉, 2인 이상의 범인이 범행현장에서 합동하여 범행을 하는 경우는, 범인이 단독으로 범행을 하는 경우에 비하여 그 범행이 조직적이고 집단적이며 대규모적으로 행하여져 그로 인한 피해도 더욱 커지기 쉬운 반면 그 단속이나 검거는 어려워지고, 범인들의 악성도 더욱 강하다고 보아야 할 것이기 때문에 그와 같은 행위를 통상의 단독범행에 비하여 특히 무겁게 처벌하기 위한 것이다.

  囫 특수절도죄(제331조 제2항), 특수강도죄(제334조 제2항), 특수도주죄(제146조), 성폭력범죄의 처벌 등에 관한 특례법상 특수강간죄(동법 제4조 제1항) 등

2. 본 질

  합동범이 도대체 무엇이길래 특별히 가중된 형벌로 처벌하는가의 문제 즉, 합동범의 본질에 대해서는 견해가 대립하나, 합동범이 성립하기 위해서는 주관적 요건으로 2인 이상의 범인의 공모가 있어야 하고, 객관적 요건으로 2인 이상의 범인이 현장에서 실행행위를 분담해야 하며, 그 실행행위는 시간적·장소적으로 협동관계가 있음을 요한다는 **현장설**이 다수설·판례의 입장이다(대법원 1969.7.22, 67도1117; 1976.7.27, 75도2720; 1998.5.21, 98도321 전원합의체). [경찰승진(경위) 10 / 경찰승진 22 / 국가9급 07 / 국가7급 08]

> **판례연구**　**합동범이 성립하는 사례**
>
> 대법원 2004.8.20, 2004도2870
> 강간범행에 대하여 공모·협동관계가 있다고 보아 성폭법상 특수강간죄가 성립한다는 사례
> 피고인 등이 비록 특정한 1명씩의 피해자만 강간하거나 강간하려고 하였다 하더라도, 사전의 모의에 따라 강간할 목적으로 심야에 인가에서 멀리 떨어져 있어 쉽게 도망할 수 없는 야산으로 피해자들을 유인한 다음 곧바로 암묵적인 합의에 따라 각자 마음에 드는 피해자들을 데리고 불과 100m 이내의 거리에 있는 곳으로 흩어져 동시 또는 순차적으로 피해자들을 각각 강간하였다면, 그 각 강간의 실행행위는 시간적으로나 장소적으로 협동관계에 있었다고 보아야 할 것이므로, 피해자 3명 모두에 대한 합동범인 특수강간죄가 성립한다. [경찰채용 20 2차 / 변호사시험 13]

3. 합동범의 공범

(1) 내부관여자

  합동범의 내부관여자는 합동범일 뿐이므로 별도로 공범규정이 적용될 수 없다.

(2) 외부관여자

  ① **합동범의 교사범·방조범** : 합동범에 대해서 이를 외부에서 교사하거나 방조한 자는 합동범의 교사범 및 방조범이 성립한다. [국가7급 12]

  ② **합동범의 공동정범** : 견해의 대립이 있으나, **판례**는 합동범의 본질에 대해서는 현장설을 취하면서도, 현장에서 합동실행하지 않은 공모자에게는 '**합동범의 공동정범**'(아래 삐끼 사례에서 '특수절도죄의 공모공동정범'을 인정함)을 인정함으로써, 합동범의 공동정범 문제에 있어서만큼은 현장설을 대폭 완화하고 있다. **판례**는 아래 사례에서 합동범의 공동정범이 성립하는 조건으로서 "㉠ 3인 이상의 공모, ㉡ 그중 2인 이상의 현장에서의 합동실행, ㉢ 나머지 1인 이상의 공모자가 '공모공동정범'의 요건을

갖추고 있을 것"을 제시하면서, 위 조건이 충족되면 ㉣ "합동범의 공동정범이 성립한다."고 결론내리고 있다.

사례연구   소위 삐끼 사례

삐끼주점의 지배인인 甲은 피해자 A로부터 신용카드를 강취하고 신용카드의 비밀번호를 알아낸 후 현금자동지급기에서 인출한 돈을 삐끼주점의 분배관례에 따라 분배할 것을 전제로 하여 乙(삐끼), 丙(삐끼주점 업주) 및 丁(삐끼)과 甲은 삐끼주점 내에서 A를 계속 붙잡아 두면서 감시하는 동안 乙, 丙, 丁은 피해자의 위 신용카드를 이용하여 현금자동지급기에서 현금을 인출하기로 공모하였고, 그에 따라 乙, 丙, 丁이 1997.4.18. 04:08경 서울 강남구 삼성동 소재 엘지마트 편의점에서 합동하여 현금자동지급기에서 현금 4,730,000원을 절취하였다. 甲은 범행현장에 간 일이 없다. 현금 4,730,000원을 절취한 부분에 대한 甲, 乙, 丙, 丁의 죄책은?

> [해결] 공동정범 이론을 형법 제331조 제2항 후단의 합동절도와 관련하여 살펴보면, 2인 이상의 범인이 합동절도의 범행을 공모한 후 1인의 범인만이 단독으로 절도의 실행행위를 한 경우에는 합동절도의 객관적 요건을 갖추지 못하여 합동절도가 성립할 여지가 없는 것이지만, ① 3인 이상의 범인이 합동절도의 범행을 공모한 후 ② 적어도 2인 이상의 범인이 범행 현장에서 시간적, 장소적으로 협동관계를 이루어 절도의 실행행위를 분담하여 절도 범행을 한 경우에는 ③ 공동정범의 일반이론(공모공동정범 긍정설)에 비추어 그 공모에는 참여하였으나 현장에서 절도의 실행행위를 직접 분담하지 아니한 다른 범인에 대하여도 그가 현장에서 절도 범행을 실행한 위 2인 이상의 범인의 행위를 자기 의사의 수단으로 하여 합동절도의 범행을 하였다고 평가할 수 있는 정범성의 표지를 갖추고 있다고 보여지는 한 ④ 그 다른 범인에 대하여 합동절도의 공동정범의 성립을 부정할 이유가 없다고 할 것이다(대법원 1998.5.21, 98도321 전원합의체).[64]
>
> [경찰간부 15 / 국가9급 07 / 국가7급 08 / 법원9급 13 / 법원행시 08·09 / 사시 10·15 / 변호사시험 13]
>
> [정답] 乙·丙·丁은 특수절도죄(제331조 제2항),
> 甲은 특수절도죄의 공동정범(제331조 제2항, 제30조) 성립

제4절 교사범

01 서 설

제31조 【교사범】 ① 타인을 교사하여 죄를 범하게 한 자는 죄를 실행한 자와 동일한 형으로 처벌한다. [법원행시 06]
② 교사를 받은 자가 범죄의 실행을 승낙하고 실행의 착수에 이르지 아니한 때에는 교사자와 피교사자를 음모 또는 예비에 준하여 처벌한다. [경찰간부 20 / 법원9급 21 / 법원행시 09 / 사시 13·14]
③ 교사를 받은 자가 범죄의 실행을 승낙하지 아니한 때에도 교사자에 대하여는 전항과 같다. [법원행시 06·14]

교사범이란 범행결의가 없는 타인을 교사하여 범죄실행의 결의를 생기게 하고 범죄를 실행시키는 자를 말한다(제31조 제1항).

공범종속성원칙(통설·판례)에 의할 때 이러한 교사범이 성립하기 위해서는 정범의 범죄가 있어야 한다(구체적으로는 구성요건에 해당하고 위법한 피교사자의 행위가 있어야 함 : 제한적 종속형식). 대법원은 "교사범이 성립

---

[64] 보충 : 위 판례의 또 다른 논점 합동절도에서도 공동정범과 교사범·종범의 구별기준은 일반원칙에 따라야 하고, 그 결과 범행현장에 존재하지 아니한 범인도 공동정범이 될 수 있으며, 반대로 상황에 따라서는 장소적으로 협동한 범인도 방조만 한 경우에는 종범으로 처벌될 수도 있다. 이와 다른 견해를 표명하였던 대법원 1976.7.27, 75도2720 판결 등은 이를 변경하기로 한다.

하기 위해서는 교사자의 교사행위와 정범의 실행행위가 있어야 하는 것이므로, 정범의 성립은 교사범의 구성요건의 일부를 형성하고 교사범이 성립함에는 정범의 범죄행위가 인정되는 것이 그 전제요건이 된다(대법원 2000.2.25, 99도1252)." [경찰승진(경감) 10 / 경찰승진 14 / 국가9급 16 / 법원9급 11 / 법원행시 12·16] 고 판시함으로써, 공범종속성원칙을 명시적으로 수용하고 있다.

02 교사범의 성립요건

교사범이 성립하기 위해서는 교사자의 이중의 고의에 의한 교사행위와 −공범종속성에 입각하여− 정범의 고의적 실행행위가 있어야 한다.

1. 교사자의 교사행위

(1) 교사행위

① 의의 : 범죄를 저지를 의사가 없는 타인에게 범죄실행의 결의를 가지게 하는 것을 말한다. 그러므로 범죄의 결의를 이미 가지고 있는 자에게 범죄의 결의를 가지게 하는 행위를 한다 하더라도 이는 방조범의 문제가 될 뿐 교사범은 성립하지 않는다.

② 수 단

   ㉠ 수단의 다양성 : 타인으로 하여금 일정한 범죄를 실행할 결의를 생기게 하는 행위를 하면 되는 것으로서 교사의 수단·방법에 제한이 없다 할 것이므로, 교사범이 성립하기 위해서는 범행의 일시, 장소, 방법 등의 세부적인 사항까지를 특정하여 교사할 필요는 없는 것이고, 정범으로 하여금 일정한 범죄의 실행을 결의할 정도에 이르게 하면 교사범이 성립된다(대법원 1991.5.14, 91도542). [경찰채용 15·22 1차 / 경찰승진 15 / 국가9급 10 / 변호사시험 14] 따라서 피교사자의 정신적 의사형성에 영향력을 줄 수 있는 방법으로서 모든 심리적 영향력 행사(설득·부탁·위협·유혹·사례·약속·요청 등)가 동원될 수 있으며, 교사행위는 명시적이든 묵시적이든 모두 가능하다(대법원 2000.2.25, 99도 1252). [국가7급 12] 또한 수인이 공동으로 교사하는 공동교사도 인정된다.

> **판례연구** **교사행위의 유형**
>
> 대법원 1991.5.14, 91도542
> 교사행위는 완결될 것을 요하지는 않으므로 범행의 세부사항까지 특정할 필요는 없다는 사례
> 피고인이 乙·丙·丁이 절취하여 온 장물을 상습으로 19회에 걸쳐 시가의 3분의 1 내지 4분의 1의 가격으로 매수하여 취득하여 오다가, 乙·丙에게 일제 드라이버 1개를 사주면서 "丁이 구속되어 도망다니려면 돈도 필요할텐데 열심히 일을 하라(도둑질을 하라)"고 말하였다면 그 취지는 종전에 丁과 같이 하던 범위의 절도를 다시 계속하면 그 장물은 매수하여 주겠다는 것으로서 절도의 교사가 있었다고 보아야 한다. [경찰승진(경감) 10 / 경찰승진 16]

   ㉡ 특정범죄에 대한 교사 : 범죄 일반에 대하여 교사하는 것은 교사범이 될 수 없으므로, 막연히 "범죄를 하라"거나 "절도를 하라"고 하는 등의 행위만으로는 교사행위가 되기에 부족하다.

   ㉢ 부작위에 의한 교사 : 부정된다. 교사란 범죄의 결의 없는 자에게 범죄결의를 갖도록 하는 것이므로 교사행위는 피교사자의 의사형성을 일으킬 수 있는 수단이어야 하기 때문이다.

③ **상대방**(피교사자) : 피교사자는 고의범이어야 한다. 교사자의 교사행위에 의하여 피교사자는 범행의 결의, 즉 고의를 가져야 하기 때문이다. 따라서 **과실범에 대한 교사란 있을 수 없다**(간접정범은 가능). 그러나 피교사자가 책임능력자일 필요는 없다(제한적 종속형식).

　　예 책임 없는 자가 피교사자인 경우에 문제되는 것은 교사자가 간접정범이 될 수 있는 가능성이다. 피교사자가 처벌을 받지 아니하는 자(제34조 제1항)가 되기 때문이다. 이때 제기되는 것은 정범개념의 우위성이다. 기술하였듯이, 우선 간접정범 성립 여부, 즉 의사지배 여부부터 검토하고 난 후 이것이 부정되면 교사범 성립 여부를 검토하면 된다.

(2) 교사자의 고의 – 이중의 고의

① **교사의 고의** : 교사자는 피교사자에게 (특정범죄에 대한) 범죄실행의 결의를 갖게 한다는 사실을 인식해야 한다. 따라서 **과실에 의한 교사는 부정된다.** [국가7급 16 / 사시 14 / 변호사시험 14]

② **정범의 고의**

　　㉠ **의의** : 교사자는 피교사자(정범)를 통하여 일정한 구성요건적 결과를 발생시킨다는 사실을 인식해야 한다. 따라서 연소한 자에게 **"밥값을 구해오라"**고 하는 것만으로는 절도교사범이 성립할 수 없고(대법원 1984.5.15, 84도418), 피고인이 그 자녀들로 하여금 조총련의 간부로 있는 "피고인의 실형에게 단순한 신년인사와 안부의 편지를 하게 한 것"만으로는 반국가단체의 구성원과 그 이익이 된다는 사정을 알면서 통신연락을 하도록 교사하였다고 할 수 없다(대법원 1971.2.23, 71도45).

　　㉡ **미수의 교사**(agent provocateur) : 교사자가 피교사자의 행위가 미수에 그친다는 것을 인식하고 있는 경우를 말한다. 미수의 교사는 교사범이 될 수 없어 **처벌되지 않는다.**[65] [국가9급 07]

　　　　예 경찰관 甲이 마약조직 내에 침투하여 마약상 乙과 丙 간의 거래를 주선하여 거래가 이루어질 때 그들을 체포하는 경우, 甲의 금고가 비어 있는 줄 알면서 乙에게 甲의 금고에서 보석 절취를 사주하는 경우

　　　　➡ 교사의 미수는 처벌된다. [경찰승진 13] 기수의 고의를 가지고 교사행위를 하였기 때문에 –비록 의도한 결과의 발생이 일어나지 않았다 하더라도– 미수범(협의의 교사의 미수) 내지 예비 · 음모죄(효과 없는 교사나 실패한 교사의 경우)로 처벌될 수 있는 것이다. [경찰승진 13]

2. 피교사자의 실행행위

(1) 피교사자의 결의 – 교사행위와 피교사자의 결의와의 인과관계

① **의의** : 피교사자는 교사에 의하여 비로소 범죄실행의 결의를 가져야 한다(따라서 소위 편면적 교사는 교사범이 되지 못함). [사시 14] 그러나 **교사범의 교사가 정범이 죄를 범한 유일한 조건일 필요는 없으므로,** 교사행위에 의하여 정범이 실행을 결의하게 된 이상 비록 정범에게 범죄의 습벽이 있어 그 습벽과 함께 교사행위가 원인이 되어 정범이 범죄를 실행한 경우에도 교사범의 성립에 영향이 없다. [법원9급 14 / 법원행시 14 / 사시 16]

한편, **이미 범행의 결의를 가지고 있는 피교사자**에 대해서는 교사범이 성립할 수 없으나(대법원 1991.5.14, 91도542 : "피교사자가 이미 범죄의 결의를 가지고 있을 때에는 교사범이 성립할 여지가 없다."). [경찰승진(경장) 11 / 경찰승진 13 / 국가7급 13 / 법원9급 11 · 14 / 법원행시 15] 이 경우 교사의 미수 또는 방조범의 성부만 문제될 뿐이다.[66]

---

65 **참고** : 미수의 교사에 있어서 기수에 도달한 경우 미수의 교사자의 가벌성에 대해서는 ① 발생된 결과의 과실범으로 처벌할 수 있다는 견해(과실범설, 다수설)와 ② 교사자는 방조범이 된다는 입장(방조범설)이 대립한다.

66 **참고** : 교사행위에 의하여 피교사자의 고의가 바뀌는 경우의 해결에 대해서는 견해의 대립이 있다. 우선 ① **가벼운 범죄를 결의하고 있는 자에게 무거운 범죄의 결의를 가지게 한 경우**(절도를 결의하고 있는 자에게 강도의 결의를 가지게 하고 강도를 실행케 한 경우)의 교사자에 대해서는 ㉠ 무거운 범죄의 방조범을 인정하는 입장과 ㉡ 무거운 범죄인 강도죄의 교사범을 인정하는 입장(다수설)이 대립한다. 다음, ② **무거운 범죄를 결의하고 있는 자에게 가벼운 범죄의 결의를 가지게 한 경우**(특수강도를 결의한 자에게 단순강도를 범하도록 교사한 경우) 교사자는 특수강도교사는 물론 단순강도교사도 성립하지 않는데, 이 경우 정신적 방조의 효과는 인정될 수 있다는 점에서 단순강도죄의 방조범이 성립한다는 것이 다수설이다.

② 인과관계가 없는 경우

    ㉠ 피교사자가 범죄실행을 승낙하지 아니한 경우 : 교사범이 성립할 수 없고 교사자는 예비·음모에 준하여 처벌된다(실패한 교사, 제31조 제3항). [사시 15]

    ㉡ 이미 범행결의를 하고 있는 자에 대하여 교사한 경우 : 교사범이 성립할 수 없고 교사자는 예비·음모에 준하여 처벌된다(제31조 제3항). 그러나 종범의 성립은 가능하다. [법원행시 09]

(2) 피교사자의 실행행위

① 실행행위의 정도 : 피교사자는 실행의 착수를 지나 현실로 실행행위를 하여야 한다(미수·기수 불문). 피교사자가 범행을 결의하였으나 예비·음모에 그친 경우에는 교사자는 (교사범이 될 수 없고) 피교사자와 함께 예비·음모에 준하여 처벌된다(효과 없는 교사, 제31조 제2항).

② 교사범의 종속성 : 정범의 실행행위는 구성요건에 해당하고 위법해야 하나, 유책할 필요는 없다(제한적 종속형식).

03 교사의 착오

1. 실행행위에 대한 착오

(1) 의 의

교사자의 교사내용과 피교사자가 현실로 실행한 행위가 일치하지 않은 경우를 말한다.

(2) 종류 및 효과

① 구체적 사실의 착오 : 교사자의 교사내용과 피교사자의 실행사실이 동일한 구성요건의 범위에 속하는 경우를 말한다. 이 경우 피교사자의 구체적 사실에 대한 객체의 착오는 교사자에 대해서는 구체적 사실에 대한 '방법의 착오'가 된다는 것이 다수설이다. 예를 들어, 甲이 乙에게 A를 살해하라고 교사하였는데 이를 승낙한 乙이 B를 A로 오인하고 살해한 경우를 말한다. 이 경우 甲에게 교사의 미수(예비·음모죄)와 실현된 결과에 대한 과실범의 상상적 경합이 된다는 입장(구체적 부합설)이 있으나, 판례는

실현된 결과에 대하여 고의·기수책임이 인정된다는 입장이다(법정적 부합설). [변호사시험 14]

② 추상적 사실의 착오

㉠ 의의 : 교사내용과 피교사자의 실행사실이 상이한 구성요건인 경우를 말한다.

㉡ 유형 및 효과

ⓐ 교사내용보다 적게 실행한 경우 [국가7급 09]

㉮ 원칙 : 교사자는 공범종속성원칙에 의해 피교사자가 실행한 범위 내에서만 책임이 있다.

> **예** 특수강도를 교사했으나, 강도를 실행한 경우 → 단순강도죄의 교사범

㉯ 예외 : 교사한 범죄가 중죄로서 예비·음모가 처벌되는 범죄인 경우에 문제가 된다. 형법 제31조 제2항·제3항에서 기도된 교사의 처벌규정이 있기 때문이다.

> **예** 강도를 교사했으나, 절도를 실행한 경우 → 절도의 교사범과 형법 제31조 제2항에 의한 강도예비·음모의 상상적 경합이며, 형이 무거운 강도예비·음모로 처벌된다. [경찰간부 15 / 경찰승진 12 / 국가9급 16 / 법원행시 06 / 변호사시험 14]

ⓑ 교사내용을 초과하여 실행한 경우

㉮ 질적 초과 : 실행된 범죄가 교사된 범죄와 질적으로 전혀 다른 범죄인 경우를 말한다. 실행된 범죄에 대한 교사범이 성립되지 않는다. 단, 교사한 범죄의 예비·음모의 처벌규정이 있는 경우에는 예비·음모로 처벌될 수 있다(제31조 제2항). [법원행시 06]

> **예** 강도를 교사했는데, 강간을 행한 경우 → 강도교사 부정, 강도예비·음모가 가능하다. [경찰승진 12]

만약, 질적 차이가 본질적이지 않은 경우에는 양적 초과와 마찬가지로 교사한 범죄에 대한 교사범이 성립한다. [변호사시험 21]

> **예** 공갈을 교사했는데, 강도를 범한 경우 → 공갈교사 가능

㉯ 양적 초과 : 실행된 범죄가 교사된 범죄와 죄질을 같이하나 그 정도를 초과한 경우를 말한다. 실행된 범죄의 초과부분에 대해서는 책임이 없고, 교사한 범죄의 교사범으로 처벌될 뿐이다.

> **예** 절도를 교사했는데 강도를 실행한 경우 → 절도의 교사범

다만, 정범이 결과적 가중범을 실현한 경우에는 교사자에게 무거운 결과에 대하여 과실이 있는 경우 **결과적 가중범의 교사범**이 성립할 수 있다는 것이 **판례**이다(다수설은 반대).

> **예** 상해를 교사했는데, 살인(내지 상해치사)을 실행한 경우 → (판례에 의하면) 사망의 결과에 대하여 (교사자의) 과실이 있다면 결과적 가중범 성립 가능

판례연구 **교사의 실행의 양적 초과에서 결과에 대한 예견가능성이 인정되는 사례**

대법원 1993.10.8, 93도1873

상해를 교사하였는데 살인을 실행한 경우 교사자의 죄책 : "그 진구 안 되겠어. 지네가 손 좀 봐줘" 사례

교사자가 피교사자(피해자와 사이가 안 좋은 자신의 경호원)에 대하여 상해 또는 중상해를 교사하였는데 피교사자가 이를 넘어 살인을 실행한 경우 일반적으로 교사자는 상해죄 또는 중상해죄의 교사범이 되지만, 이 경우 교사자에게 피해자의 사망이라는 결과에 대하여 과실 내지 예견가능성이 있는 때에는 **상해치사죄의 교사범**으로서의 죄책을 질 수 있다. [경찰채용 10 1차 / 경찰승진 10 / 국가9급 09·10·20 / 국가7급 10·13 / 법원9급 07(상) / 법원9급 07(하) / 법원9급 11 / 법원행시 08·09·11 / 변호사시험 14]

---

2. 피교사자에 대한 착오

피교사자가 피교사자를 책임무능력자인 것으로 오인하고 이용행위를 하였으나 사실은 책임능력자인 경우(그 반대의 경우도 포함)에는 교사범이 성립한다(간접정범의 착오에서 기술함).

04 교사범의 처벌

정범과 동일한 형(법정형) [경찰채용 16 1차 / 국가7급 08 / 사시 15] 으로 처벌한다(제31조 제1항). 다만, 자기의 지휘 또는 감독을 받는 자를 교사한 경우(특수교사)에는 정범에 정한 형의 장기 또는 다액의 2분의 1까지 가중한다 (제34조 제2항).

05 관련문제

1. 교사의 미수

(1) 의 의

교사의 미수란 기수의 고의를 가진 교사자의 의도가 실현되지 못한 경우를 말한다.

(2) 종 류

① **협의의 교사의 미수** : 피교사자가 범죄의 실행에 착수하였으나, 미수에 그친 경우를 말한다(제31조 제1항의 적용). [국가9급 11]

② **기도된 교사** : 제31조 제2항과 제3항의 규정은 공범독립성설에 의하면 당연·예시규정이지만, **공범종 속성설**에 의하면 **특별·예외규정**으로 보게 된다(통설). 형법 제31조 제2항·제3항에 의하면 피교사자가 범죄의 실행으로 나아가지 않은 경우에도 교사자에 대해서 −비록 교사범은 성립하지 못하지만− 예비죄로 의 가벌성은 인정하고 있다.[67] **판례**도 "권총 등을 교부하면서 사람을 살해하라고 한 자는 피교사자의 범죄실행결의의 유무와 관계없이 그 행위 자체가 독립하여 살인예비죄를 구성한다."고 판시하고 있다(대법원 1950.4.18, 4283형상10). [경찰간부 11]

ⓐ **효과 없는 교사** : 피교사자가 범죄의 실행은 승낙하였으나, 실행의 착수에 나아가지 않은 경우를 말한다(제31조 제2항)(효과 없는 교사=예비죄에 대한 교사). [경찰승진 13 / 국가9급 11·14]

ⓑ **실패한 교사** : 교사를 하였으나, 피교사자가 범죄의 실행을 승낙하지 아니한 경우를 말한다(제31조 제3항, 이미 범죄의 실행을 결의하고 있었던 경우 포함). [경찰승진 13 / 국가9급 11 / 국가7급 11]

참고하기 예비죄에 대한 교사

> 기수의 고의를 가지고 범행을 교사하고 피교사자가 이를 승낙하였으나 실행에 착수하지 않은 경우 교사자의 죄책이 특히 문제되는데, 이를 **예비죄에 대한 교사**라 한다(이와는 달리 처음부터 실행에 착수하게 하지 않으려 는 의도로 교사하는 경우, 즉 '예비단계에 그치게 하겠다는 의도로 한 교사'도 '예비의 교사'로 부를 수 있는데, 이는 '미수의 교사'처럼 불가벌이다).
>
> 예비죄에 대한 교사는 예비죄와 기본범죄의 관계에 대한 **독립범죄설**이나 공범의 종속성 여부에 관한 **공범독립 성설**에 의하면 교사범이 성립하게 되지만, **발현형태설**(다수설·판례)나 **공범종속성설**(통설·판례)에 의하면 교사범이 성립할 수 없게 된다. 또한 현행형법에 의하면 예비죄에 대한 교사의 경우, 교사자는 −피교사자의 범죄실행행위가 없기 때문에− 당연히 교사범이 성립할 수는 없지만 제31조 제2항에 의하여 −피교사자와 함께− 예비·음모죄로 처벌된다.
>
> 따라서 예비죄에 대한 교사는 공범이 성립하지 않지만 가벌성은 있다.

---

67 **방조범과의 비교** : ① 부작위에 의한 방조 : O, [국가9급 07·09 / 법원행시 13 / 사시 10·13·14 / 변호사시험 12·14] ② **편면적** 방조 : O, [사시 14] ③ 기도된 방조 : 가벌성 ×, ④ 승계적 방조 : O

(3) 효 과

① 협의의 교사미수 : 교사자·피교사자 모두 미수범으로 처벌된다. [국가9급 10·11/사시 15]

② 기도된 교사 : 효과 없는 교사의 경우에는 교사자·피교사자 모두 예비·음모로 처벌되며, [경찰채용 16 1차 / 경찰간부 15 / 경찰승진(경장) 10 / 경찰승진(경사) 10 / 경찰승진(경감) 10 / 경찰승진 12 / 국가9급 16 / 법원9급 15] 실패한 교사의 경우에는 교사자만 예비·음모로 처벌된다. [경찰채용 15 1차 / 경찰승진 13·14 / 국가9급 10·11·16 / 국가7급 07·11 / 법원행시 06·09·16 / 사시 12]

표정리 교사의 미수 개관

구 분		교사행위	범행결의	실행착수	결과발생
교사의 기수(보통의 교사)					
협의의 교사미수					
기도된 교사	효과 없는 교사(교사에 성공했으나 실행착수 없음)				
	실패한 교사(교사 자체 실패)				

2. 교사의 교사

교사의 교사에는 1인의 중간교사자가 개입된 경우인 **간접교사**(甲이 乙을 시켜 A에게 군무를 기피하게 하기 위해 부대를 이탈할 것을 권유하여 A로 하여금 군무이탈케 한 경우, 대법원 1967.3.21, 67도123)와 수인의 중간교사자가 개입된 경우인 **연쇄교사**가 있다. 이 경우 모두 교사범으로 처벌된다. [법원행시 05]

참고하기 각칙상의 교사·방조죄에는 총칙상의 교사범·방조범 규정이 적용되지 않는다

형법각칙을 보다 보면 자살교사·방조죄(제252조 제2항), 음행매개죄(제242조), 간첩방조죄(제98조 제1항), 도주원조죄(제146조) 등 교사나 방조라는 용어를 사용하거나 그와 유사한 의미가 있는 용어를 사용하는 죄명이 있음을 발견하게 된다. 그러나 이러한 범죄들은 어디까지나 각칙상 독립된 범죄이지 총칙상 공범규정의 적용을 받는 것은 아니다. 예를 들어, 자살방조죄는 10년 이하의 징역으로 처벌하는 것이고, 총칙상 방조범처럼 형을 감경(제32조 제2항)하는 것이 아니다.

제5절 종 범

01 서 설

제32조 【종 범】 ① 타인의 범죄를 방조한 자는 종범으로 처벌한다.
② 종범의 형은 정범의 형보다 감경한다.

종범(방조범)이란 타인의 범죄행위를 도와준 자를 말한다(제32조 제1항).

종범은 행위지배의 요소가 없다는 점에서 정범(직접정범·간접정범·공동정범)과 구별된다. 특히 공동정범은 공동의사에 의한 기능적 행위지배가 있지만 방조범은 그렇지 않다는 점에서 양자는 구별된다(판례도 이 점을 명시함. 대법원 1989.4.11, 88도1247 등).

행위지배의 요소가 결여되어 있으므로 정범이 아닌 공범, 즉 협의의 공범인 점에서 종범은 교사범과 같다. 그러나 범행결의가 이미 있는 자에게 그 범행을 촉진시키는 행위라는 점에서 범행결의 없는 자에게 범죄의사를 가지게 하는 교사범과는 구별된다.

02 종범의 성립요건

종범의 범죄는 정범의 범죄에 종속하여 성립하는 것이므로(공범종속성원칙) 정범의 범죄행위 없이 방조범이 성립할 수 없다. 따라서 예를 들어 사기방조죄는 정범인 본범의 사기 또는 사기미수의 증명이 없으면 성립할 수 없고(대법원 1970.3.10, 69도2492), 심지어 소위 편면적 종범에 있어서도 정범의 범죄행위 없이 종범이 성립할 수 없다(대법원 1974.5.28, 74도509). [국가9급 18 / 법원행시 12 / 사시 15]

1. 종범의 방조행위

(1) 방조행위

① **의의** : 실행행위 이외의 행위로서 정신적 또는 물질적으로 정범을 원조하고 그 실행행위를 용이하게 하는 것을 말한다.

② **방법** : 정범의 범죄실현을 용이하게 하는 것이면 **정신적 방조**(조언, 격려)와 **물질적 방조**(흉기제공)를 묻지 않고, 정범의 실행에 대해 직접적으로 방조하든 간접적으로 방조하든 모두 가능하다. [법원행시 10·16] 정범의 범행이 누구에 의하여 실행되는가를 알아야 할 필요도 없다(대법원 1977.9.28, 76도4133). [경찰간부 17 / 법원9급 13 / 사시 11 / 변호사시험 12] 그리고 작위에 의한 방조이든 부작위에 의한 방조(교사범과의 차이)이든 모두 방조가 될 수 있다. [경찰간부 16 / 국가9급 08·09·11 / 국가7급 09] 다만 방조행위는 **정범의 범행을 촉진하거나 강화하는 효과**가 있어야 하므로(공범의 처벌근거에 관한 종속적 야기설 또는 혼합적 야기설), 이미 입영기피를 결심한 자에게 '몸조심하라고 악수를 나눈 정도의 행위'만으로는 병역법위반죄의 방조가 될 수 없고(대법원 1983.4.12, 82도43), [경찰승진 16 / 사시 16] 간첩에게 '숙식을 제공하거나 안부편지를 전달해주거나 무전기 매몰시 망을 보아주는 행위'만으로는 간첩방조[물론 이는 총칙상의 방조범은 아니라 각칙상 독립된 범죄(제98조 제1항)이지만 방조행위의 의미에 있어서는 차이가 없음]가 될 수 없다(대법원 1967.1.31, 66도1661). [사시 16]

> **판례연구** **종범의 방조행위에 해당하는 사례**
>
> 대법원 2012.8.30, 2012도6027
> 진범 아닌 자의 허위자백을 유지시킨 형사변호인에게 범인도피방조죄를 인정한 사례
> 공범자의 범인도피행위 도중에 그 범행을 인식하면서 그와 공동의 범의를 가지고 기왕의 범인도피상태를 이용하여 스스로 범인도피행위를 계속한 경우에는 범인도피죄의 공동정범이 성립하고(대법원 1995.9.5, 95도577), [경찰승진 14] 이는 공범자의 범행을 방조한 종범의 경우도 마찬가지이며(계속범인 범인도피의 승계적 방조 ○), 형사변호인이 의뢰인의 요청에 따른 변론행위라는 명목으로 수사기관·법원에 대하여 적극적으로 허위진술을 하거나 피고인·피의자로 하여금 허위진술을 하도록 하는 것은 허용되지 않으므로(**변호인의 변론행위의 한계**), 휴대전화 문자발송사기의 진범 乙을 은폐하기 위해 甲이 자신이 범행을 저질렀다고 허위자백을 하고 있는데 甲의 사기 피고사건 **변호인**으로 선임된 피고인 A가 위 **허위자백을 유지**하면서 甲과 乙 사이에서 양쪽의 의사를 전달하는 등의 행위를 하였다면 이는 정범인 甲에게 결의를 강화하게 한 방조행위로 평가될 수 있다.

③ **부작위에 의한 방조** : 방조자가 '법적 작위의무가 있는 한' 정범의 범행을 방치한 경우에는 방조범이 성립한다는 것이 **판례**이다.

판례연구   **부작위에 의한 방조가 성립한다는 사례**

대법원 1996.9.6, 95도2551
법원 경매계 총무의 입찰보증금 임시보전 용인 사례
법원 민사과 경매계 총무인 법원공무원 甲은 인천지방법원 집행관 합동사무소 사무원인 乙이 입찰보증금 약 45억 원을 다른 곳에 소비하고 이미 소비하여 금액이 비는 곳에 이후에 실시할 입찰사건의 입찰보증금을 대신 충당하는 방법으로 계속 이전의 입찰보증금을 메꾸어나가는 사실을 알고 있었음에도 이를 용인하였다면, 甲에게는 (부작위에 의한) 업무상 횡령죄의 방조범이 성립한다. [경찰채용 18 1차 / 국가9급 15 / 법원9급 13 / 법원행시 13 / 사시 10]

판례연구   **부작위에 의한 방조가 성립하지 않는다는 사례**

대법원 2004.6.24, 2002도995
보라매병원 사례 : 치료를 요하는 환자에 대하여 치료중단 및 퇴원을 허용하는 조치를 취한 의사 사례
보호자가 의학적 권고에도 불구하고 치료를 요하는 환자의 퇴원을 간청하여 담당 전문의와 주치의가 치료중단 및 퇴원을 허용하는 조치를 취함(작위)으로써 환자를 사망에 이르게 한 행위에 대하여 보호자, 담당 전문의 및 주치의가 부작위에 의한 살인죄의 공동정범으로 기소된 경우, 담당 전문의와 주치의에게 환자의 사망이라는 결과 발생에 대한 정범의 고의는 인정되나 환자의 사망이라는 결과나 그에 이르는 사태의 핵심적 경과를 계획적으로 조종하거나 저지·촉진하는 등으로 지배하고 있었다고 보기는 어려워 공동정범의 객관적 요건인 이른바 기능적 행위지배가 흠결되어 있다고 보아야 하므로 작위에 의한 살인방조죄만 성립한다(작위범 ○ → 부작위범 ✕). [경찰승진 13 / 법원행시 14 / 변호사시험 13·14]

---

④ **방조행위의 인과관계** : 방조행위와 정범의 실행행위 간에는 인과관계가 필요하다는 것이 통설·판례이다.

⑤ **정범의 방조행위 인식 여부** : 정범이 방조행위를 인식할 필요는 없으므로 정범 몰래 행하는 '편면적 방조행위'도 인정된다. [경찰간부 16 / 국가7급 09 / 사시 14] 공동정범·교사범과는 다른 점이다.

⑥ **방조행위의 시기** : 종범의 방조행위는 정범의 실행행위시에 있을 것을 요하지 않는다.

    ㉠ **피방조자의 실행착수 전에 방조한 경우** : 종범은 정범의 실행행위 중에 이를 방조하는 경우뿐만 아니라 실행착수 전에 장래의 실행행위를 예상하고 이를 용이하게 하는 행위를 한 경우에도 정범이 실행행위로 나아갔다면 성립한다(대법원 1996.9.6, 95도2551). [경찰채용 10 1차 / 경찰간부 17 / 경찰승진(경위) 10·11 / 국가9급 15 / 국가7급 08·12 / 법원9급 07(상) / 법원9급 07(하) / 법원9급 13·15 / 법원행시 12·14·16 / 사시 10·13·16 / 변호사시험 12·15]

    ㉡ **계속범의 기수 이후 종료 이전에 방조한 경우 – 승계적 방조** : 정범이 기수에 이르렀으나 종료되기 전에 방조를 한 자도 종범이 인정된다.

       → 다만, 정범의 종료 이후에 방조하는 사후방조는 독립된 범죄이지 방조범이 아니다. 예를 들어, ⓐ 甲은 乙이 교도소에서 탈주해서 간수자의 실력적 지배를 이미 이탈한 시점에서 乙을 돕겠다는 생각에서 乙을 자신의 집에 숨겨 주었다. 甲에게는 도주원조죄(제147조), 즉 乙의 도주를 도와준 죄책이 인정될까? 인정되지 않는다. 乙의 도주는 이미 완료된 이후이기 때문이다. 이때에는 범인은닉·도피죄(제151조 제1항)가 성립할 뿐이다. 또 한 예를 들면, ⓑ 甲은 乙이 丙으로부터 절취한 물건이라는 점을 알면서 乙을 도와주고자 해당 물건을 구입해주었다. 甲에게는 절도죄의 방조범이 성립할까? 역시 같은 이유로 성립하지 않는다. 장물취득죄(제362조 제1항)만 성립할 뿐이다.

    ㉢ **예비죄의 방조범** : 불가벌(다수설·판례)

       ⓐ **기수의 고의로 방조했으나 피방조자가 예비단계에 그친 경우** : 예비죄의 종범으로 처벌할 수 없으며 불가벌이다(대법원 1976.5.25, 75도1549; 1979.11.27, 79도2201). [경찰채용 22 1차 / 경찰간부 11

15] 왜냐하면 공범종속성원칙상 정범의 범죄실행행위(실행착수)가 없는 이상 방조범이 성립할 수 없고, ─교사범에 있어서는 공범종속성원칙을 다소 양보한 특별 · 예외규정인 '형법 제31조 제2항 및 제3항(기도된 교사)'과 같은 예비 · 음모죄 처벌규정이 있기에 예비죄에 대한 교사의 가벌성은 인정할 수 있었지만─ 방조범에 있어서는 기도된 방조를 따로 처벌하는 규정을 두고 있지 않은 이상 그 가벌성을 인정할 수 없기 때문이다.

　　　ⓑ 예비단계에 그치게 할 의도로 방조한 경우 : 예비단계에 그칠 것을 목표로 하는 방조범은 미수의 방조가 불가벌인 것처럼 당연히 불가벌이다(기회제공형 함정수사).

　ⓒ 방조행위에 대한 방조행위 : 연쇄방조는 정범에 대한 방조와 동일하다. 따라서 방조범이 성립한다. 또한 교사행위를 방조한 경우에도 방조범이 성립하게 된다. 다만 **기도된 교사에 대한 방조**는 결국 정범이 실행에 착수하지 못한 경우를 의미하므로 교사자는 예비죄로 처벌되나(제31조 제2항 · 제3항) 방조자는 처벌할 수 없다.[68]

(2) 종범의 고의

① 방조의 고의 : 과실에 의한 방조는 불가벌이다. [경찰간부 16 / 국가9급 07 / 국가7급 09 / 사시 10 · 11]

② 정범의 고의 : 방조범이 성립하려면 ─교사범과 마찬가지로─ 정범의 실행을 방조한다는 방조의 고의뿐만 아니라 정범의 구성요건적 실행행위에 대한 인식과 의사인 정범의 고의가 있어야 한다. [경찰채용 22 1차 / 국가7급 14 / 법원9급 15 / 법원행시 09 / 사시 16] 이러한 정범의 고의는 정범에 의하여 실현되는 범죄의 구체적 내용을 인식할 것을 요하는 것은 아니고 **미필적 인식 또는 예견으로 족하다**(대법원 2005.4.29, 2003도6056). [경찰채용 10 1차 / 경찰간부 17 / 경찰승진 14 / 국가9급 17 / 법원9급 13 · 15 / 법원행시 08 · 12 · 14 / 사시 16 / 변호사시험 12 · 14] 다만 이 역시 기수의 고의이어야 하므로 **미수의 방조**(기회제공형 함정수사)는 불가벌이다.

판례연구	방조범의 고의 관련사례

대법원 2006.1.12, 2004도6557
입원치료가 불필요한 환자들에게 입원확인서를 발급해준 의사에게 사기죄의 방조범을 인정한 사례
의사인 피고인이 입원치료를 받을 필요가 없는 환자들이 보험금 수령을 위하여 입원치료를 받으려고 하는 사실을 알면서도 입원을 허가하여 형식상으로 입원치료를 받도록 한 후 입원확인서를 발급하여 준 경우에는 **사기방조죄**가 성립한다. [경찰승진(경위) 10]

---

2. 정범의 실행행위

(1) 실행의 착수

정범이 실행의 착수에 나아가야 한다(미수 · 기수 불문).

(2) 실행의 착수가 없는 경우

기도된 방조는 (기도된 교사와는 달리) 처벌규정이 없으므로 **벌할 수 없다.** [경찰간부 16 / 국가7급 09 / 사시 10 · 12]

---

68 **보충** : 기도된 교사에 대한 방조 기도된 교사란 피교사자가 실행에 착수하지 못한 경우이다. 이 경우 교사자는 예비 · 음모로 처벌될 수 있으나(제31조 제2항 및 제3항), 다시 이를 방조한 자의 경우에는 예비죄에 대한 방조가 처벌될 수 없기 때문에 처벌될 수 없다. 즉 기도된 교사에 대한 방조는 불가벌이다.

03 종범의 착오

1. 구체적 사실의 착오

(1) 의 의

종범의 방조내용과 정범의 실행행위가 동일한 구성요건의 범위 내에 있는 경우를 말한다.

> 예 A가 B에게 甲에 대한 살해를 방조했으나, B가 乙을 살해한 경우

(2) 효 과

구체적 부합설에 의하면 교사사실의 미수와 발생사실의 과실의 상상적 경합이 성립하나, 법정적 부합설(판례)에 의하면 살인죄의 방조범이 성립한다.

2. 추상적 사실의 착오

(1) 의 의

종범의 방조내용과 정범의 실행행위가 상이한 구성요건인 경우이다.

(2) 유 형

① 방조내용보다 적게 실행한 경우 : 종범은 정범의 실행행위의 범위 내에서만 책임을 진다.

> 예 살인을 방조했는데 상해만 실행하였다면 상해죄의 방조범만 성립한다. 교사범의 경우에는 이때 살인예비죄가 성립하였으나 방조의 경우에는 기도된 방조를 처벌하지 않는다.

② 방조내용을 초과하여 실행한 경우

　㉠ 질적 초과 : 실행된 범죄가 방조된 범죄와 본질적으로 다른 범죄인 경우를 말한다.

> 예 절도를 방조했는데, 살인을 실행한 경우의 효과로서는 절도방조죄는 성립되지 않고 기도된 방조도 불가벌이기 때문에 결국 방조자는 처벌되지 아니한다.

　㉡ 양적 초과 : 실행된 범죄가 방조된 범죄와 죄질을 같이하나, 그 정도를 초과한 경우를 말한다. 방조자의 인식과 정범의 실행 간에 착오가 있고 양자의 구성요건을 달리한 경우 원칙적으로 방조자의 고의는 조각되는 것이지만, ⓐ 그 구성요건이 중첩되는 부분이 있는 경우에는 그 중복되는 한도 내에서는 방조자의 죄책을 인정하게 된다(대법원 1985.2.26, 84도2987). [경찰승진(경위) 10 / 경찰승진 14 / 법원9급 13] 다만 ⓑ 방조자의 예상한 한도를 벗어난 양적 초과의 결과가 발생한 경우, 방조자에게 결과발생에 대한 예견가능성이 있는 경우 '결과적 가중범의 방조'가 가능한가에 대해서는 견해의 대립이 있으나 판례는 긍정하는 입장이다.

> 예 상해를 방조했는데, 살인을 실행한 경우 ▸ 판례에 의하면 무거운 결과에 대해서 과실이 있는 경우에 상해치사죄(결과적 가중범)의 종범이 성립된다(결과적 가중범의 교사 참조, 다수설은 반대).

04 종범의 처벌

정범의 형(법정형)보다 **필요적으로 감경**한다(제32조 제2항). [경찰승진(경사) 10] 정범이 미수에 그친 경우에는 미수의 감경과 방조의 감경의 이중의 감경이 가능하다. 법률상 감경할 사유가 수개 있는 경우에는 거듭 감경할 수 있기 때문이다(제55조 제2항).

1. 방조의 미수

(1) 협의의 방조의 미수(정범이 실행에 착수하였으나, 미수에 그친 경우)

피방조자와 마찬가지로 방조자도 미수로 처벌된다.

(2) 기도된 방조(방조하였으나, 정범의 실행의 착수가 없는 경우)

불가벌이다. [경찰간부 16 / 국가7급 09 · 10] 교사범(제31조 제2항 · 제3항)과는 달리 처벌규정이 없기 때문이다.

2. 방조의 방조, 교사의 방조, 방조의 교사

(1) 방조의 방조(종범을 방조하는 경우)

종범이 성립한다. 즉 간접방조도 방조범으로 인정된다(대법원 1977.9.28, 76도4133).[69]

(2) 교사의 방조(교사범을 방조하는 경우)

방조자는 방조행위를 한 데 불과하므로 종범이 성립한다.

(3) 방조의 교사(종범을 교사한 경우)

실질적으로 정범을 방조한 것이기 때문에 종범이 성립한다.

제6절 공범과 신분

> **제33조 【공범과 신분】** 신분이 있어야 성립되는 범죄에 신분 없는 사람이 가담한 경우에는 그 신분 없는 사람에게도 제30조부터 제32조까지의 규정을 적용한다. 다만, 신분 때문에 형의 경중이 달라지는 경우에 신분이 없는 사람은 무거운 형으로 벌하지 아니한다. 〈우리말 순화 개정 2020.12.8.〉

01 **신분의 의의 및 종류**

1. 공범과 신분의 의의

신분이 범죄의 성립이나 형의 가감에 영향을 미치는 경우 신분자와 비신분자가 공범관계에 있을 때 이를 어떻게 취급해야 할 것인가를 다루는 문제를 말한다.

---

69 **판례** : 간접방조 정범이 범행을 한다는 점을 알면서 그 실행행위를 용이하게 한 이상 그 행위가 간접적이거나 직접적이거나를 가리지 않으며 이 경우 정범이 누구에 의하여 실행되어지는가를 확지할 필요는 없다(대법원 1977.9.28, 76도4133). [변호사시험 12]

2. 신분범의 의의

(1) 신분범과 신분의 개념

① 신분범 : 행위자에게 일정한 신분관계가 존재하여야 범죄가 성립하거나 형의 경중에 영향을 미치는 범죄(자)를 의미한다. [국가9급 12]

② 형법상 신분 : 남녀의 성별, 내·외국인의 구별, 친족관계, 공무원자격 등은 물론 범인 개인 특유의 지위 또는 상태를 의미한다. [경찰채용 12 3차/경찰간부 20] 판례는 **목적도 이에 포함**된다는 입장이다(통설은 반대). 이에 모해위증죄(제152조 제2항)의 모해의 목적을 가진 자가 이러한 목적이 없는 자를 교사하여 위증케 한 경우, 정범은 단순위증죄(제152조 제1항)로 처벌되는 데 반해 교사자는 제33조 단서에 따라 **모해위증교사죄**(제152조 제2항)로 처벌된다고 한다(대법원 1994.12.23, 93도1002). [경찰채용 22 1차/경찰채용 12 2차/경찰간부 17·18·22/경찰승진(경사) 10/국가7급 14/법원9급 11/법원행시 05·08·09·14/사시 11·12·13·14/변호사시험 14]

(2) 신분범의 종류

① 진정신분범 : 신분이 있어야 범죄가 성립하는 경우를 말한다. [경찰승진 13/법원행시 05]

② 부진정신분범 : 신분 때문에 형이 가중되거나 감경되는 경우를 의미한다. [경찰승진 13/법원행시 05]

3. 신분의 종류

(1) 범죄구성적 신분

일정한 신분이 있어야 범죄가 성립하는 신분을 말한다. 진정신분범의 신분이 이에 해당한다.

예 공무원 또는 중재인(제129조), 의사, 한의사, 치과의사 또는 조산사(제233조), 타인의 재물을 보관하는 자(제355조 제1항), 타인의 사무를 처리하는 자(제355조 제2항) 등

(2) 형벌가감적 신분

신분이 없어도 범죄는 성립하지만, 행위자의 신분에 의하여 형벌이 가중되거나 감경되는 신분을 말한다. 부진정신분범의 신분이 이에 해당한다.

예 직계비속(가중적 신분, 제250조 제2항), 직계존속(감경적 신분, 제251조), 업무자(가중적 신분, 제356조), 모해할 목적(판례, 가중적 신분, 제152조 제2항) 등

02 공범과 신분규정의 해석

형법 제33조는 공범과 신분에 관한 규정으로서, 비신분자(공범)가 신분자(정범)의 범행에 가담한 경우 비신분자에게 어떠한 범죄가 성립하며 그를 어떻게 처벌해야 하는가를 정한 규정이다. 형법 제33조의 본문은 공범의 연대성(종속성)을, 단서는 공범의 독립성(책임의 개별성)을 규정하고 있다.

표정리 공범과 신분

형법 제33조	본 문	단 서
통 설	진정신분범의 성립·과형의 근거	부진정신분범의 성립·과형의 근거
소수설·판례 [사시 10]	• 진정신분범의 성립·과형의 근거 • 부진정신분범의 성립의 근거	부진정신분범의 과형의 근거

1. 형법 제33조의 본문의 의미

(1) 통설 - 진정신분범의 성립과 과형의 근거

제33조 본문에 의하여 진정신분범인 범죄의 신분자의 범행에 가공한 비신분자의 경우에도 해당 **진정신분범의 공범이 성립하고 그 형으로 처벌**된다. [경찰승진 13] 예컨대, ① 의사가 아닌 자도 의사와 함께 허위진단서작성죄(제233조)의 공동정범이 될 수 있으며, ② 유기죄(제271조 제1항)의 법률상·계약상 보호의무가 없는 자라 하더라도 보호의무자를 교사·방조하여 보호의무자로 하여금 유기죄를 범하게 한 경우 유기죄의 교사범·방조범이 될 수 있다. [법원행시 05] 이렇듯 제33조 본문은 신분의 연대성 원칙을 규정하고 있으며, **진정신분범인 정범의 범행에 가공한 신분 없는 공범자를 어떻게 처리하는가를 규정하고 있는 것이다(제33조 본문은 진정신분범의 성립과 과형의 근거).**

> **판례연구**   **제33조 본문에 의하여 진정신분범의 공범이 성립한다는 판례**
>
> 대법원 1992.1.17, 91도2837
> 공무원 아닌 자가 공문서작성을 보좌하는 공무원과 공모하여 허위 공문서를 작성케 한 사례
> 공문서의 작성권한이 있는 공무원(예비군동대장)의 직무를 보좌하는 자(예비군동대 방위병 乙)가 그 직위를 이용하여 행사할 목적으로 허위의 내용이 기재된 문서 초안을 그 정을 모르는 상사에게 제출하여 결재하도록 하는 등의 방법으로 허위의 공문서를 작성하게 한 경우, 乙은 허위공문서작성죄의 간접정범이 성립되고 **이와 공모한 자(예비군훈련을 받지 않은 자 甲) 역시 그 간접정범의 공범(공동정범)으로서의 죄책을 면할 수 없는 것이며**, 여기서 말하는 공범은 반드시 공무원의 신분이 있는 자로 한정되는 것은 아니라고 할 것이다. [법원9급 11 / 법원행시 11·13]

(2) 소수설·판례 - 진정신분범의 성립·과형의 근거이면서 부진정신분범의 성립의 근거

진정신분범의 성립과 과형의 근거를 제33조 본문에 의하여 처리하고 있는 점은 **판례**도 같다. 다만 소수설과 **판례**는 부진정신분범의 성립의 근거로써 제33조 본문을 적용하는 것은 통설과 다른 점이다. [경찰채용 14 2차] 예를 들어, 甲이 乙을 교사하여 乙의 아버지 丙을 살해하게 한 경우, 乙은 존속살해죄(제250조 제2항, 부진정신분범)의 정범이 되는데, 이 경우 **판례**는 일단 **제33조 본문에 의해 甲에게도 乙이 범한 존속살해죄에 대한 교사범이 성립**한다고 보고 있다. 즉 부진정신분범에 있어서도 일단 **신분의 연대성 원칙을 적용**한 것이다. 다만 과형에 있어서는 제33조 단서에 의해 보통살인죄의 교사범의 형으로 처벌하고 있는 것이다. [국가9급 16]

2. 형법 제33조 단서의 의미

(1) 학설과 판례의 입장

제33조 단서는 **책임개별화의 원칙**을 규정하고 있다. 통설은 이를 부진정신분범의 성립과 과형의 근거로 이해하나, 소수설과 판례는 부진정신분범의 과형의 근거로만 파악한다.

(2) "무거운 형으로 벌하지 아니한다"의 의미

① **가중적 신분의 경우** : 통설은 아예 보통 범죄의 공범이 성립한다고 이해하나, **판례**는 일단 부진정신분범의 공범이 성립하고(제33조 본문) 그 과형에 있어서만 무거운 형으로 벌하지 않는 것으로 본다(제33조 단서). [국가9급 07]

> **판례연구**   **형법 제33조 단서가 적용된 사례**
>
> 대법원 1999.4.27, 99도883
> 비신분자가 신분자와 공모하여 업무상 배임죄를 범한 경우의 처단방법

업무상 배임죄는 업무상 타인의 사무를 처리하는 지위라는 점에서 보면 단순배임죄에 대한 가중규정으로서 신분관계로 인하여 형의 경중이 있는 경우라고 할 것이므로, 그와 같은 신분관계가 없는 자가 그러한 **신분관계가 있는 자와 공모하여 업무상 배임죄를 저질렀다면**(제33조 본문 : 업무상 배임죄 성립 - 필자 주) 그러한 신분관계가 없는 자에 대하여는 형법 제33조 단서에 의하여 단순배임죄에 정한 형으로 처단하여야 한다. [국가9급 12 / 법원행시 15 / 사시 11 · 13]

② **감경적 신분의 경우** : 견해가 대립하나, 제33조 단서는 책임개별화의 원칙을 규정한 것이고 자기책임 원칙에 따라 범죄의 성립을 정한 것이므로 감경적 신분의 비신분자에게 적용이 없고 신분자만이 감경된다는 것이 다수설이다.

> 例 영아살해죄(제251조)를 친모와 함께 범한 경우에 이에 가담한 비신분자는 보통살인죄(제250조 제1항)의 공동정범(혹은 종범)이 성립하고 그 형으로 처벌된다.

03 소극적 신분과 공범

1. 소극적 신분의 개념

신분관계가 존재할 경우 범죄가 성립하지 않는 경우의 신분을 말한다.

> 例 불구성적 신분 - 무면허의료행위죄(의료법위반죄)에 있어서 의료인의 신분

2. 소극적 신분과 공범

(1) 비신분자가 신분자의 범행에 가담한 경우 [법원행시 05]

직접행위자가 소극적 신분자일 경우에는 신분자의 행위가 구성요건에 해당되지 않으므로 비신분자의 범죄 역시 성립하지 않는다(통설).

(2) 신분자가 비신분자의 범행에 가담한 경우

범죄를 구성하지 않는 소극적 신분자가 범죄를 구성하는 비신분자의 범행에 가담한 경우에는 공범이 성립한다. 예를 들어 의료인일지라도 의료인이 아닌 자의 의료행위에 공모하여 가공하면 의료법 제25조 제1항이 규정하는 무면허의료행위의 공동정범으로서의 죄책을 진다(대법원 1986.2.11, 85도448). [경찰채용 14 2차 / 경찰승진(경장) 10 / 경찰승진 13 / 국가7급 13 · 14 · 20 / 법원9급 11 / 사시 11 · 12 · 13 / 변호사시험 16]

표정리 공범론 관련개념 정리(판례와 다수설에 의함)

구 분	예	인정(긍정) · 처벌할 것인가
공동정범	편면적 공동정범	부정 [변호사시험 12] ※ 경우에 따라 동시범 또는 종범
	승계적 공동정범	개입한 이후의 행위에 대해서만 책임 부담(판례 및 현재의 다수설)
	과실범의 공동정범	긍정(판례), 부정(다수설)
	공모공동정범	긍정(판례), 부정(다수설)
간접정범	간접정범의 미수	간접정범의 미수로 처벌(다수설) / 착수시기 : 이용행위시설(다수설)
	과실에 의한 간접정범	부정
	부작위에 의한 간접정범	부정

	과실에 의한 교사	부정 [변호사시험 14] / 이유 : 교사의 고의 필요
교 사	교사의 미수	처벌규정 있음 (제31조 제2항·제3항 : 기도된 교사=효과 없는 교사＋실패한 교사)
	미수의 교사(함정수사)	교사범 불성립(판례·다수설) / 이유 : 기수의 고의 필요
	편면적 교사	부정 [사시 14]
	과실범에 대한 교사	부정 / 이유 : 정범은 고의범이어야 함 / 해결 : 간접정범
	교사의 교사 (간접교사·연쇄교사)	긍정
방 조	부작위에 의한 방조	긍정 [국가9급 07·08 / 법원행시 13 / 사시 10·14 / 변호사시험 12·14] / 비교 : 부작위에 의한 교사는 부정 [사시 13 / 변호사시험 14]
	승계적 방조	긍정
	사후방조	방조 불인정 ※ 사후종범은 종범이 아니라 독립된 범죄이다(예 범인은닉 등).
	과실에 의한 방조	부정 [사시 10·11 / 변호사시험 14] / 이유 : 방조의 고의 필요 [국가7급 09]
	미수의 방조	부정 / 이유 : 기수의 고의 필요
	기도된 방조 (방조의 미수)	처벌규정이 없어 불벌 [사시 10·12]
	편면적 방조	긍정 [사시 14]
	예비의 방조	부정 / 참고 : 효과 없는 방조 불벌
	• 종범의 종범 (간접방조, 연쇄방조) • 교사의 종범 • 종범의 교사	긍정 ※ 모두 다 방조범이다.

표정리 공범 관련 처벌규정의 비교

구 분	처벌내용
공동정범	각자를 정범으로 처벌한다(제30조).
동시범 (독립행위의 경합)	원인된 행위가 판명되지 아니한 때에 각 행위를 미수범으로 처벌한다(제19조). ※ 특례규정 : 상해죄인 경우 공동정범의 예에 의한다(제263조).
교사범	정범(실행한 자)의 형으로 처벌한다(제31조 제1항). ※ 기도된 교사 • 효과 없는 교사 → 교사자와 피교사자를 음모 또는 예비에 준하여 처벌(교사를 받은 자가 범죄의 실행을 승낙하고 착수에 이르지 아니한 경우)(제31조 제2항) • 실패한 교사 → 교사자를 음모 또는 예비에 준하여 처벌(교사를 받은 자가 범죄의 실행을 승낙하지 아니한 경우)(제31조 제3항)
종범(방조범)	정범의 형보다 감경한다(필요적 감경)(제32조 제2항). [경찰승진(경사) 10 / 법원9급 05] ※ 기도된 방조 : 불벌 [사시 10·12]
공범과 신분	• 진정신분범 → 비신분자인 공범도 신분범의 공동정범·교사범·종범 성립(제33조 본문) • 부진정신분범(신분 때문에 형의 경중이 달라지는 경우) → 비신분자(신분 없는 자)는 무거운 형으로 벌하지 않음(제33조 단서)
간접정범	교사 또는 방조의 예에 의하여 처벌(제34조 제1항)
특수교사	정범에 정한 형의 장기 또는 다액에 그 2분의 1까지 가중처벌(자기의 지휘·감독을 받는 자를 교사한 경우)(제34조 제2항)
특수방조	정범의 형으로 처벌(자기의 지휘·감독을 받는 자를 방조한 경우)(제34조 제2항)

MEMO

목 차		난 도	출제율	대표지문
제1절 과실범과 결과적 가중범	01 과실범	中	★★★	• 형법은 인식 있는 과실을 인식 없는 과실보다 무겁게 처벌하고 있다. (×) • 형법 제268조의 업무상 과실의 유무를 판단함에는 같은 업무와 직무에 종사하는 일반적 보통인의 주의 정도를 표준으로 한다. (○) • 정신병동의 당직간호사 甲이 당직을 하던 중 그 정신병동에 입원 중인 환자가 완전감금병동의 화장실 창문을 열고 탈출하려다가 떨어져 사망한 경우 甲에게 과실이 인정된다. (×)
	02 결과적 가중범	中	★★	• 甲이 함께 술을 마신 乙과 도로 중앙선에 잠시 서 있다가 지나가는 차량의 유무를 확인하지 아니하고, 고개를 숙인 채 서 있는 乙의 팔을 갑자기 끌어당겨 도로를 무단횡단하던 도중에 지나가던 차량에 乙이 충격당하여 사망한 경우, 甲이 만취하여 사리분별능력이 떨어진 상태라면 甲에게 차량의 통행 여부 및 횡단가능 여부를 확인할 주의의무가 있다고 볼 수 없다. (×)
제2절 부작위범	01 부작위범의 일반이론	下	★	• 어떠한 범죄가 적극적 작위 또는 소극적 부작위에 의하여도 실현될 수 있는 경우에, 행위자가 자신의 신체적 활동이나 물리적, 화학적 작용을 통하여 적극적으로 타인의 법익상황을 악화시킴으로써 결국 그 타인의 법익을 침해하기에 이르렀다면, 이는 부작위에 의한 범죄로 봄이 타당하다. (×)
	02 부작위범의 성립요건	中	★★★	• 형법에는 진정부작위범의 미수를 처벌하는 규정이 존재한다. (○)
	03 관련문제	中	★★	• 부작위에 의한 살인에 있어서 작위의무를 이행하였다면 사망의 결과가 발생하지 않았을 것이라는 관계가 인정될 경우, 부작위와 사망의 결과 사이에 인과관계가 인정된다. (○)
	04 부작위범의 처벌	下	★	

✔ 출제경향

구 분	경찰채용						경찰간부						경찰승진					
	17	18	19	20	21	22	17	18	19	20	21	22	17	18	19	20	21	22
제1절 과실범과 결과적 가중범	2	1	1	3	1		1		1	1	2	3	1	2	1	1	2	1
제2절 부작위범		1	2		2	1			1	1		1			1	1	1	
출제빈도	14/220						11/240						12/240					

CHAPTER **07**

범죄의 특수한 출현형태론

✔ 키포인트

국가9급						법원9급						법원행시						변호사시험					
17	18	19	20	21	22	16	17	18	19	20	21	17	18	19	20	21	22	17	18	19	20	21	22
2			1	1		1							1		1			1	1			1	1
2	1			1	1								1	1		1		1	1	1		1	
9/120						1/150						5/240						8/140					

CHAPTER 07 범죄의 특수한 출현형태론

제1절 과실범과 결과적 가중범

01 과실범

1. 서 설

> **제14조 【과 실】** 정상적으로 기울여야 할 주의(注意)를 게을리하여 죄의 성립요소인 사실을 인식하지 못한 행위는 법률에 특별한 규정이 있는 경우에만 처벌한다. 〈우리말 순화 개정 2020.12.8.〉 [법원9급 07(하) / 경찰채용 10 2차 / 경찰승진 (경위) 10 / 경찰승진 10]

(1) 과실의 의의와 종류

① **의의** : 자신의 행위로 인하여 법익을 침해하지 않도록 조심해야 할 의무를 주의의무(注意義務)라고 하며, 이러한 주의의무를 위반하는 것(부주의)을 **과실**(過失)이라 한다. 형법은 정상적으로 기울여야 할 주의를 게을리하여 죄의 성립요소인 사실을 인식하지 못한 행위라 규정하고 있다(2020.12.8. 우리말 순화 개정형법 제14조). 고의범의 형이 과실범의 형보다 높은 것은 고의범의 행위불법이 과실범의 행위불법보다 크기 때문인데, 형법은 고의범을 처벌하는 것을 원칙으로 삼고, 예외적으로 과실에 의하여 심각한 결과를 발생시켰다면 법률에 특별한 규정이 있는 경우에 한하여 처벌하고 있다. [국가9급 08] 다만 과실조차 없는 경우에는 형사책임을 묻지 않는바, 이를 **책임주의** 내지 **과실책임의 원칙**(최소한 과실이라도 있어야 형사책임을 진다는 원칙)이라고 한다.

② **종 류**

　⊙ **인식 있는 과실과 인식 없는 과실** : 구성요건적 고의는 객관적 구성요건요소에 대한 인식과 의사이며 이때의 의사는 인용(감수)을 의미한다. 여기서 행위자의 부주의로 인하여 위 인식 자체가 없는 경우를 인식 없는 과실이라 하고, 인식은 있으나 결과가 실현될 것을 인용 내지 감수하지 않는 경우를 인식 있는 과실이라 한다. 형법 제14조에서는 "인식하지 못한 행위"라고 규정되어 있어서, 외관상 인식 없는 과실만 규정한 것으로 보이지만 여기서의 '인식'에는 '인식과 의사'의 의미가 내포되어 있으므로, 제14조는 인식 없는 과실뿐만 아니라 인식 있는 과실도 규정하고 있는 것이다. 인식 있는 과실은 미필적 고의와의 구별에 있어서 의미를 가지나, 인식 없는 과실과 인식 있는 과실은 형법상 동일하게 취급되므로 범죄의 성립과 관련하여 양자를 구별하는 것은 의미가 없으며, [국가9급 08 / 국가7급 08] 단지 양형에 영향을 미칠 가능성이 있을 뿐이다. 양형에서는 인식 있는 과실이 인식 없는 과실보다는 무거운 취급을 받을 수 있다.

ⓛ 보통과실과 업무상 과실과 중과실

ⓐ **업무상 과실** : 업무(業務)는 사람의 사회생활상 하나의 지위로서 계속적으로 종사하는 사무라는 점에서 해당 업무에 종사하는 업무자는 일반인에 비하여 조금만 주의를 기울였더라도 결과를 회피할 수 있었을 것이기 때문에, 업무상 과실은 보통과실보다 결과발생에 대한 주의의무(불법가중) 내지 예견의무 또는 예견가능성(책임가중)이 높은 경우에 해당한다. 예컨대, 자가용차를 가지고 집 대문을 통하여 전진과 후진의 운전연습을 하던 자가 대문 앞길에서 차를 운전하던 중 부주의하여 보행자를 치었을 경우, 식당 주방장이 부주의하여 부패한 재료로 조리한 식사를 손님에게 제공하여 이를 먹은 손님이 식중독을 일으킨 경우, 무자격 광산안전책임자나 자가발전기의 작동작업담당자가 무면허인 경우(업무상 과실범의 업무는 면허의 존재나 적법성을 요하지 않음) 등이 업무상 과실에 속한다.

판례연구   업무상 과실 부정 판례

대법원 2009.5.28, 2009도1040; 2017.12.5, 2016도16738
업무상 과실치상죄에 있어서의 '업무'란 수행하는 직무 자체가 위험성이 있어서 타인에 대한 안전배려를 의무의 내용으로 하는 경우는 물론 사람의 생명·신체의 위험을 방지하는 것을 의무내용으로 하는 업무도 포함되지만, 안전배려 내지 안전관리 사무에 계속적으로 종사하여 위와 같은 지위로서의 계속성을 가지지 아니한 채 단지 건물의 소유자로서 건물을 비정기적으로 수리하거나 건물의 일부분을 임대하였다는 사정만으로는 업무상과실치상죄에 있어서의 업무로 보기 어렵다. [경찰채용 20 1차 / 경찰간부 14·22]

ⓑ **중과실** : 특별한 행위상황이 존재하고 있기 때문에 행위자가 극히 근소한 주의를 함으로써 결과발생을 예견할 수 있었음에도 불구하고, 통상의 과실에 비해 주의의무를 '현저히 게을리하여' 이를 예견하지 못하여 결과를 발생시켰다는 점에서 보통과실보다 무겁게 처벌하는 경우를 말한다. 이렇듯 중과실은 과실로 '무거운 결과'를 발생시킨 것을 말하는 것은 아니고, 주의의무위반의 정도가 무거운 경우를 말한다. [국가7급 08] 중과실과 경과실의 구별은 구체적인 사건에 따라서 '사회통념'에 따라 결정될 문제이다(대법원 1980.10.14, 79도305).

판례연구   중과실 인정 판례

대법원 1997.4.22, 97도538
84세·11세 사람을 상대로 한 안수기도 중 피해자가 사망한 사안에서, 중과실치사죄로 처단한 사례
피고인이 84세 여자 노인과 11세의 여자 아이를 상대로 안수기도를 함에 있어서 그들을 바닥에 반듯이 눕혀 놓고 기도를 한 후 "마귀야 물러가라", "왜 안 나가느냐"는 등 큰 소리를 치면서 한 손 또는 두 손으로 그들의 배와 가슴 부분을 세게 때리고 누르는 등의 행위를 약 20~30분간 반복하여 그들을 사망케 한 경우, 피고인에 대하여 중과실치사죄가 성립한다.

판례연구   중과실 부정 판례

대법원 1994.3.11, 93도3001
전기석유난로를 켜 놓은 채 귀가하여 전기석유난로 과열로 화재가 발생하였다 하여 중실화를 유죄로 인정한 원심판결은 화재발생원인의 인정에 있어 심리미진의 위법이 있다. [경찰채용 20 2차]

ⓒ **보통과실** : 우리 형법에서는 이러한 업무상 과실과 중과실을 제외한 비교적 가벼운 과실(경과실)을 그냥 '과실'(보통과실)로 분류하고 있다. 다만 형법상 과실범 처벌규정들이 이 3가지를 모두 처벌하는 것은 아니어서, 일수(溢水)죄에 있어서는 과실일수죄만 처벌하고 있고, [경찰승진 14] 장물죄에 있어서는 업무상 과실과 중과실 장물죄만 처벌하고 있다.

ⓓ 업무자의 중과실인 경우의 처리 : 업무상 과실 자체가 이미 무거운 과실의 의미를 가지므로 업무자가 중과실로 결과를 일으킨 경우에는 업무상 과실과 중과실이 모두 성립하는 것이 아니라 단지 업무상 과실범만 된다.

(2) 과실의 체계적 지위

표정리 과실의 체계적 지위에 관한 학설 정리

책임요소설	• 내용 : 객관적인 것은 구성요건에서, 주관적(심리적)인 것은 책임에서 다루고, 구성요건에서는 결과의 발생 및 과실과 결과 간의 인과관계만 따지며, 과실은 고의와 마찬가지로 책임요소로 파악된다(심리적 책임론). 따라서 책임요소인 과실의 기준도 행위자 개인의 주의능력에 맞추어 판단된다. • 비판 : 과실이 없이 결과만 발생한 경우를 불법하다고 보는 것은 타당하지 않다.
위법성요소설	• 내용 : 허용된 위험의 이론에 의해 자동차운행 등 사회생활에 필수적 행위를 하는 자가 필요한 안전조치를 다하였다면 그 행위는 책임이 조각되는 것이 아니라 위법성이 조각된다(신과실론, 유기천). 따라서 과실범에서의 주의의무위반은 위법성요소이다. • 비판 : 과실이 없이 결과를 일으킨 경우도 구성요건해당성을 인정하는 것은 타당하지 않다.
구성요건요소설	• 내용 : 목적적 행위론의 행위반가치론에 의하여, 과실범의 본질은 결과가 아니라 주의의무위반이라는 행위의 방식에 있고, 행위자의 의무위반이 불법의 핵심요소이므로(인적 불법론) 과실은 불법요소 즉, 구성요건요소가 된다. • 평가 및 비판 : 과실이 구성요건요소라는 것은 일단 타당하며 이는 목적적 범죄체계론의 공적이다. 그러나 행위반가치에만 집중하는 방식은 이원적·인적 불법론에 어긋나고, 과실도 고의와 마찬가지로 구성요건요소이면서 책임요소가 된다.
이중기능설	과실은, 구성요건의 단계에서는 행위형태를 '객관적 주의의무의 위반'으로 파악하여 그 행위반가치를 검토하고, 책임의 단계에서는 행위자에 대한 비난가능성과 관련하여 '주관적 주의의무의 위반'으로 파악하여 그 심정반가치를 심사하므로, 이중의 지위를 가진다(과실개념의 이중기능). 즉, 구성요건에서는 일반인의 주의의무를 기준으로, 책임에서는 행위자의 주의능력을 기준으로 판단한다(합일태적 범죄체계, 통설).

(3) 형법상 과실범 처벌규정

과실범은 법률에 특별한 규정이 있는 경우에 한하여 처벌되며(형법 제14조) 과실범을 처벌하는 특별규정은 그 명문에 의하여 명백·명료하여야 한다(대법원 1983.12.13, 83도2467). [국가9급 21 / 국가7급 08]

표정리 형법상의 과실범 처벌규정 : 화·일·폭·교·상·사·장·가스·가스

구 분	업무상 과실범	중과실범
실화죄(제170조)	업무상 실화죄(제171조)	중실화죄(제171조)
과실일수죄(제181조) [경찰승진 14]	없음	
과실폭발성물건파열죄 (제172조) [경찰승진 13]	업무상 과실폭발성물건파열죄	중과실폭발성물건파열죄
과실교통방해죄 (제189조 제1항) [경찰승진 14]	업무상 과실교통방해죄 (제189조 제2항)	중과실교통방해죄 (제189조 제2항)
과실치상죄(제266조)	업무상 과실치상죄(제268조)	중과실치상죄(제268조)
과실치사죄(제267조)	업무상 과실치사죄(제268조)	중과실치사죄(제268조)
없음	업무상 과실장물죄(제364조)	중과실장물죄(제364조)
과실가스·전기 등 방류죄 (제173조의2)	업무상 과실가스·전기 등 방류죄 (제173조의2)	중과실가스·전기 등 방류죄 (제173조의2)
과실가스·전기 등 공급방해죄 (제173조의2)	업무상 과실가스·전기 등 공급방해죄 (제173조의2)	중과실가스·전기 등 공급방해죄 (제173조의2)

2. 과실범의 성립요건

(1) 과실범의 구성요건

고의범이 성립하지 않는다는 전제하에, 과실범의 구성요건으로서는 객관적 주의의무위반, 구성요건적 결과발생 그리고 인과관계 및 객관적 귀속이 요구될 것이다.

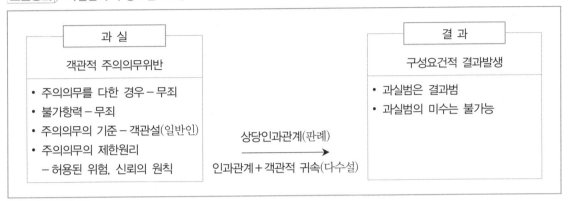
그림정리 과실범의 구성요건 도해

① 객관적 주의의무위반

　㉠ **의의** : 사회생활을 하면서 공동생활을 하는 사회 구성원 개개인에게는 객관적으로 요구되는 주의의무가 존재하며, 이러한 주의의무를 다하지 아니한 주의의무위반은 과실범의 구성요건요소가 된다. 따라서 행위자에게 객관적 주의의무의 침해를 한 부분이 없다면, 비록 법익침해적 결과나 위험이 야기되었을지라도 과실범의 구성요건해당성이 조각된다.[70]

　㉡ **객관적 주의의무의 내용**

　　ⓐ **결과예견의무** : 구체적인 행위로부터 발생가능한 법익에 대한 위험을 인식할 의무를 말한다. 예컨대, 운전자는 자신의 차량운전행위로 인하여 어떠한 법익침해의 결과가 일어날지에 대한 예견의무를 부담한다.

　　ⓑ **결과회피의무** : 구성요건적 결과발생을 방지하기 위해 적절한 방어조치를 취할 의무를 말한다. 예컨대, 운전자는 자신의 차량운전행위로 인하여 타인의 생명·신체에 대한 침해가 일어나지 않도록 회피해야 할 의무가 있다.

　㉢ **주의의무의 판단기준**

　　ⓐ **주관설** [사시 12 / 변호사시험 13] : 구성요건단계에서는 행위자 개인의 주관적 주의의무위반과 주관적 예견가능성만을 심사해야 한다고 하여, 행위자 본인의 주의능력을 표준으로 주의의무위반을 결정하는 견해이다(행위자표준설, 소수설). 주관설에 의하면, 행위자의 특별한 능력도 주의의무의 기준이 되기 때문에, 고도의 주의능력을 가진 자가 평균적인 주의의무만 다한 경우에도 주관적 주의의무위반, 즉 과실이 인정되게 된다.

　　ⓑ **객관설** : 주의의무위반 여부의 판단은 **일반인**(해당 분야의 신중하고 사려 깊은 통찰력 있는 사람)을 기준으로 해야 한다는 입장이다(평균인표준설). 즉 구성요건단계에서의 주의의무는 사회생활에 있어서 준수할 것이 요구되는 표준적 의무로 파악함으로써, 행위자 개인에 대한 책임비난의 문제와는 구별해야 한다는 것이다(다수설·판례). [경찰채용 15 3차 / 경찰간부 15 / 법원9급 13] 이에 평균적 주의능력을 못 가지고 있는 자라 하더라도 객관적 주의의무를 위반하였다면 구성요건적 과실이 인정된다(**예** 운전초보자와 운전숙련자의 구성요건적 주의의무의 범위는 객관적으로 동일함, 다만 책임단계에서 평균적 주의능력에 미달하는 초보자의 경우 주관적 주의의무위반이 없음을 이유로 책임조각이

---

70 국가시험에서는 "행위자가 아무리 주의의무를 다하였다 하더라도 결과가 발생하였으리라고 인정되는 경우나 행위자가 주의의무를 완전히 다한 경우 과실범의 구성요건해당성이 없다."고 출제된 바 있다.

인정될 수 있음). 또한 행위자의 특별한 지식과 경험[71]은 이러한 객관적 주의의무의 내용이 된다(이에 비해 행위자의 특별한 주관적 능력은 책임에서 평가함).

판례연구 **객관적 주의의무위반 관련판례**

대법원 2018.5.11, 2018도2844
의료과오사건에서 의사의 과실을 인정하기 위한 요건
의료과오사건에서 의사의 과실을 인정하려면 결과 발생을 예견할 수 있고 또 회피할 수 있었는데도 예견하거나 회피하지 못한 점을 인정할 수 있어야 한다. 의사의 과실이 있는지는 **같은 업무 또는 분야에 종사하는 평균적인 의사가 보통 갖추어야 할 통상의 주의의무를 기준으로 판단하여야 하고**, 사고 당시의 일반적인 의학 수준, 의료환경과 조건, 의료행위의 특수성 등을 고려하여야 한다. 의사가 진찰·치료 등의 의료행위를 할 때는 사람의 생명·신체·건강을 관리하는 업무의 성질에 비추어 환자의 구체적 증상이나 상황에 따라 위험을 방지하기 위하여 요구되는 최선의 조치를 해야 한다. 의사에게 진단상 과실이 있는지를 판단할 때는 의사가 비록 **완전무결하게 임상진단을 할 수는 없을지라도 적어도 임상의학 분야에서 실천되고 있는 진단 수준의 범위에서 전문직업인으로서 요구되는 의료상의 윤리, 의학지식과 경험에 기초하여 신중히 환자를 진찰하고 정확히 진단함으로써** 위험한 결과 발생을 예견하고 이를 회피하는 데에 필요한 최선의 주의의무를 다하였는지를 따져 보아야 한다. 나아가 의사는 환자에게 적절한 치료를 하거나 그러한 조치를 하기 어려운 사정이 있다면 신속히 전문적인 치료를 할 수 있는 다른 병원으로 전원시키는 등의 조치를 하여야 한다. [국가9급 21]

판례연구 **객관적 주의의무위반을 부정한 판례**

대법원 2010.2.11, 2009도9807
술을 마시고 **찜질방에 들어온 甲이 찜질방 직원 몰래 후문으로 나가 술을 더 마신 다음 후문으로 다시 들어와** 발한실(發汗室)에서 잠을 자다가 사망한 경우, 甲이 처음 찜질방에 들어갈 당시 술에 만취하여 목욕장의 정상적 이용이 곤란한 상태였다고 단정하기 어렵고, 찜질방 직원 및 영업주에게 손님이 몰래 후문으로 나가 술을 더 마시고 들어올 경우까지 예상하여 직원을 추가로 배치하거나 후문으로 출입하는 모든 자를 통제·관리하여야 할 업무상 주의의무가 있다고 보기 어렵다. [경찰채용 14 1차/경찰간부 15·16/경찰승진 14·16/사시 14]

---

② **객관적 주의의무의 제한원리**

　㉠ **허용된 위험 – 객관적 주의의무의 제한원리 I** [국가7급 08]

　　ⓐ **의의** : 현대산업사회의 생활 속에서 나타나는 사람의 행위 중에는 도로교통, 전기나 가스 또는 원자력발전의 이용, 건설, 지하자원의 채굴, 공업생산 등과 같이 만일 이에 수반되는 모든 위험을 면하려면 이들 행위를 전부 금지시킬 수밖에 없는 것이 적지 않다. 따라서 사회적으로 이들 행위는 허용될 수밖에 없는데, 이때 불가피하게 남게 되는 위험을 **허용된 위험**(erlaubtes Risiko)이라고 한다. 이러한 허용된 위험의 법리는 자동차운행 등의 영역에서는 신뢰의 원칙으로 구체화되고 있다.

　　ⓑ **법적 성격** : 허용된 위험은 사회생활상 요구되는 주의의무의 한계를 제시한다고 보아 이 범위 내에서 발생한 결과의 객관적 귀속을 부인한다는 것이 다수설이다(구성요건해당성배제사유설).

　㉡ **신뢰의 원칙 – 객관적 주의의무의 제한원리 II** [국가7급 08]

　　ⓐ **개념** : 원래 도로교통과 관련하여 **판례**에 의하여 형성된 원칙으로서, **교통규칙을 준수하는 운전자는 특별한 사정이 없는 한 상대방도 교통규칙을 준수하리라는 것을 신뢰하면 족하며**, 상대방이 교통규칙을 위반하는 경우까지 예상하여 이에 대한 방어조치를 취할 의무는 없다는 원칙을 의미한다(갑작스러운 타인의 위반행위에 대해서는 규칙준수자의 과실 없음).

---

71 **보충** : 예컨대, 의료행위의 특수성을 알고 있는 의료인의 주의의무나 특정한 도로에 지하철공사 중이어서 위험성이 있다는 것을 알고 있는 차량운전자의 주의의무는 개인적인 능력이라기보다는 업무상 과실범의 업무자에게 요구되는 객관적 주의의무의 내용에 해당한다.

ⓑ **적용범위** : 신뢰의 원칙은 ㉮ 의료행위나 공장의 작업과정 등 **수평적·분업적 공동작업**이 필요한 모든 경우에 적용된다는 견해가 보편화되고 있다. 그러나 ㉯ **분업적 공동작업**이라 하더라도 **수직적 공동작업관계**에서는 신뢰의 원칙이 제한된다. 예를 들어 외과의사와 외과 수련의 사이라든가 의사와 간호사의 사이에서는 의사가 지휘·감독책임을 져야 하므로, 자기만 주의의무를 다한다고 해서 타인의 주의의무의 준수를 무조건 신뢰할 수는 없다.

사례연구   **고속도로에서의 신뢰의 원칙과 상당인과관계**

甲은 1999년 5월 8일 22 : 25경 프라이드 웨곤 승용차를 운전하고 정읍시 소재 호남고속도로 하행선 회덕기점 119.8km 지점을 1차로로 고속버스를 따라가면서 안전거리를 확보하지 아니하고 전방 주시를 태만히 한 채 고속버스를 추월하기 위하여 2차로로 진로를 변경하여 시속 약 120km로 진행하다가 때마침 진행방향 우측에서 좌측으로 무단횡단하는 乙(여, 52세)을 뒤늦게 발견하고 급제동조치도 취하지 못한 채 위 차량 우측 앞범퍼 부분으로 乙의 다리부위를 들이받아 그로 하여금 그 자리에서 두개골파열 등으로 사망에 이르게 하였다. 甲의 형사책임은?

> [해결] 고속도로를 무단횡단하는 보행자를 충격하여 사고를 발생시킨 경우라도 운전자가 상당한 거리에서 보행자의 무단횡단을 미리 예상할 수 있는 사정이 있었고, 그에 따라 즉시 감속하거나 급제동하는 등의 조치를 취하였다면 보행자와의 충돌을 피할 수 있었다는 등의 특별한 사정이 인정되는 경우에만 자동차 운전자의 과실이 인정될 수 있다(대법원 1998.4.28, 98다5135 참조). [법원행시 10] 피고인이 급제동 등의 조치로 피해자 등과의 충돌을 피할 수 있는 상당한 거리에서 피해자 등의 무단횡단을 미리 예상할 수 있었다고 할 수 없고, 피고인에게 제한최고속도를 시속 20km 초과하여 고속버스를 추월한 잘못이 있더라도, 피고인의 위와 같은 잘못과 이 사건 사고결과와의 사이에 **상당인과관계가 있다고 할 수도 없다**(무죄)(대법원 2000.9.5, 2000도2671). [경찰간부 11·12 / 경찰승진 11·15 / 국가9급 12]

ⓒ **법적 성격** – 객관적 주의의무의 제한원리(구성요건해당성배제사유)

ⓓ **적용한계**

㉮ 신뢰의 원칙은 스스로 교통규칙을 준수하는 자를 보호하는 원칙이다. 따라서 **스스로 규칙에 위반하여 행위한 자**의 경우에는 신뢰의 원칙이 적용되지 않는다. 예컨대, 중앙선을 침범하여 불법 U턴을 행한 운전자가 때마침 무단횡단하는 보행자를 충격하여 사상에 이르게 한 경우에는 신뢰의 원칙의 보호를 받을 수 없으므로 업무상 과실치사상죄의 죄책을 면할 수 없다. 그러나 행위자의 규칙위반이 결과발생의 '결정적' 요인이 아닌 경우에는 정황에 따라 신뢰의 원칙이 인정될 수 있다.

㉯ 신뢰의 원칙은 상대방 교통관여자가 도로교통의 제반법규를 지켜 도로교통에 임하리라고 신뢰할 수 없는 특별한 사정이 있는 경우에는 그 적용이 배제된다. 예컨대 상대방이 이미 교통규칙을 위반하여 더 이상 규칙준수를 신뢰할 수 없거나(대법원 1984.3.13, 83도1859) 상대방의 교통규칙위반이 예상되는 객관적 사정이 있는 때에는(대법원 1984.4.10, 84도79) 신뢰의 원칙이 적용되지 않는다.

㉰ 교통규칙을 위반할 것이 예상되는 **특별한 사정**이 있는 경우에는 신뢰의 원칙이 적용되지 않는다.

> [예] 교통사고 빈발 지역임을 운전자가 알거나 그러한 표지를 보았을 때에는 이를 고려하여 운행하여야만 하고, 장애인·노약자·연소자 등에게 교통규칙에 합당한 행태가 기대될 수 없음을 교통참여자가 인식할 수 있는 경우에는 역시 신뢰의 원칙이 배제된다.

③ **구성요건적 결과발생과 그 야기** : 현행형법상 과실범은 모두 결과범이다. 따라서 과실범에 있어서는 객관적 주의의무위반뿐만 아니라 반드시 구성요건적 결과([예] 사망, 상해 등)가 발생하여야 한다(과실범의 미수는 처벌될 수 없음).

④ 인과관계 및 객관적 귀속 : 주의의무를 다하였더라도 결과발생이 불가피하였을 수도 있으므로, 결과는 행위자의 주의의무위반에 의해 야기된 경우에만 상당인과관계 내지 객관적 귀속이 인정된다. [경찰채용 15 1차/국가9급 09] 예컨대 의무위반(예 과속)으로 인하여 발생한 법익침해의 결과가 의무준수(예 규정속도준수)의 상황에서도 발생하였으리라고 예상되는 경우에는 상당인과관계 내지 객관적 귀속이 인정되지 않는다.

> **판례연구** **과실범의 인과관계를 부정한 사례**
>
> 대법원 2011.4.14, 2010도10104; 2015.6.24, 2014도11315
> 의사의 설명의무위반과 환자의 상해·사망 간의 인과관계를 인정하지 않은 사례
> 의사가 설명의무를 위반한 채 의료행위를 하였다가 환자에게 상해 또는 사망의 결과가 발생한 경우 의사에게 업무상 과실로 인한 형사책임을 지우기 위해서는 의사의 설명의무위반과 환자의 상해 또는 사망 사이에 상당인과관계가 존재하여야 한다. 따라서 의사 甲이 고령의 간경변증 환자 A에게 수술과정에서 출혈 등으로 신부전이 발생하여 생명이 위험할 수 있다는 점에 대하여 설명하지 아니하고 수술하던 도중 출혈 등으로 A가 사망한 경우, A가 당해 수술의 위험성을 충분히 인식하고 있어 甲이 설명의무를 다하였더라도 A가 수술을 거부하지 않았을 것으로 인정된다면, 甲의 설명의무위반과 A의 사망 사이에 인과관계가 인정되지 아니한다. [경찰간부 22 / 경찰승진 22 / 국가7급 18 / 변호사시험 17]

(2) 과실범의 위법성

① **과실범의 위법성조각사유** : 고의범과 마찬가지로 위법성조각이 가능하다.

   ⊙ **정당방위**

      예 강도에 대하여 단지 경고사격을 하려고 했지만 부주의로 상해를 입힌 경우, 그것이 만일 행위자가 고의적으로 행하였더라도 정당방위로 되었을 경우

   ⓒ **긴급피난**

      예 의사가 중환자의 생명을 구하기 위하여 과속으로 자동차를 운전하여 인사교통사고를 낸 경우 업무상 과실치사상죄(과실범)의 구성요건해당성이 있지만, 긴급피난(제22조 제1항)으로서 위법성이 조각된다.

   ⓒ **피해자의 승낙** [변호사시험 13]

      예 운전자의 음주사실을 알고 동승했는데 사고가 발생한 경우

   ⓔ **정당행위**

      예 경찰관이 흉기를 휴대하고 저항하는 강도죄의 현행범인을 체포하기 위해 경고사격을 하면서 과실로 범인을 맞혀 상해에 이르게 하였으나, 경찰관직무집행법에 의한 무기사용의 요건(동법 제10조의4)에 해당되는 경우

② **주관적 정당화요소** : 과실범의 위법성조각에 있어서도 주관적 정당화요소가 필요한가에 대해서는 학설이 대립하나, 과실범의 특성상 객관적으로 위법성이 조각되는 상황에는 주관적 정당화요소가 필요하지 않고 위법성이 조각된다는 것이 다수설이다(불요설). [사시 14]

(3) 과실범의 책임

① **고의범과 동일한 책임요소** : 책임능력, 위법성의 인식(고의범과는 다른 의미로서 잠재적 인식으로 충분), 기대불가능성의 부존재가 갖추어져야 한다.

② **주관적 주의의무위반 및 주관적 예견가능성** : 책임단계에서 개인적 능력(행위자의 특별한 능력) 등을 고려하여 판단한다(과실의 이중개념에 의한 심정반가치로서의 책임형식으로서의 과실).

3. 과실범 관련문제

과실범은 모두 결과범으로서 기수범 형태로만 존재한다. 따라서 과실범의 미수란 이론적으로 있을

수도 없고 미수범 처벌규정도 없다. [경찰승진 10·13/국가9급 07·08] 또한 과실범은 침해범(과실치사상죄나 업무상·중과실장물죄), 구체적 위험범(자기소유일반건조물실화죄와 타인소유·자기소유일반물건실화죄),[72] 추상적 위험범(나머지 과실범)으로 분류될 수도 있다. [사시 15]

공범과 관련해서는, 과실에 의한 간접정범은 있을 수 없으나, 과실범의 공동정범은 판례가 이를 긍정한다(행위공동설). 다만 과실에 의한 교사나 과실에 의한 방조는 모두 공범이 될 수 없다. 또한 과실범에 대한 교사나 과실범에 대한 방조는 의사지배의 요소가 있다면 간접정범이 될 수 있을 뿐 역시 교사범·방조범과 같은 공범은 될 수 없다. [경찰간부 16/국가7급 09/사시 10·11]

부작위범과 관련해서는, 과실범의 부작위범은 성립할 수 있다. 왜냐하면 과실의 부진정부작위범은 소위 망각범으로서 처벌될 수 있기 때문이다. 그러나 과실의 진정부작위범은 형법상 진정부작위범에는 과실범 처벌규정이 없다는 점에서 논할 필요가 없다.

02 결과적 가중범

1. 서 설

> 제15조 【사실의 착오】 ② 결과 때문에 형이 무거워지는 죄의 경우에 그 결과의 발생을 예견할 수 없었을 때에는 무거운 죄로 벌하지 아니한다. 〈우리말 순화 개정 2020.12.8.〉 [경찰채용 10 2차/경찰승진(경위) 10]

(1) 의 의

결과적 가중범이란 고의의 기본범죄를 초과하여 행위자가 예견하지 못한 무거운 결과가 발생한 경우에 그 무거운 결과가 예견가능한 것이라면 그 형이 가중되는 범죄를 말한다.

(2) 가중처벌의 근거 – 고의·과실의 결합

기본범죄에 내포된 전형적 불법의 실현으로서의 무거운 결과가 발생하고(예 사람을 상해하다 보면 사망이라는 무거운 결과가 일어날 수 있다), 기본범죄와 무거운 결과 사이에 인과관계가 있으며, 나아가 이러한 무거운 결과를 발생케 한 데 대한 행위자의 **예견가능성**(과실)(예 고의적 기본범죄인 상해를 실행하고 있는 자는 사망의 결과가 일어나지 않도록 결과를 회피해야 할 주의의무가 존재하는데도 이를 다하지 않은 과실이 있음)이 있을 때 결과적 가중범이 성립하는바, 결국 결과적 가중범은 **고의와 과실의 결합**이다.

이러한 이유로 형법 제15조 제2항에서도 **책임주의**를 실현하기 위해 결과적 가중범의 성립요건으로서 **예견가능성**을 명문으로 규정하고 있다. [경찰채용 16 2차]

2. 종 류

(1) 진정결과적 가중범과 부진정결과적 가중범

① 진정결과적 가중범 : 고의에 의한 기본범죄로 과실에 의해 무거운 결과를 발생시킨 경우이다.

> 예 연소죄(제168조), [경찰채용 10 1차/경찰채용 16 2차/법원9급 10] 폭행치사죄(제262조), 상해치사죄(제259조) 등 대부분 결과적 가중범

---

72 독자들은 앞에서 공부했던 구체적 위험범에 대한 "자/일/폭/가/중/직/배"의 암기요령과 연결해보기 바란다. 또한 이는 고의적인 방화죄의 경우에도 마찬가지이다. 각론 방화죄에서 후술한다.

② 부진정결과적 가중범

    ㉠ 의의 : 무거운 결과의 발생이 과실에 의한 경우뿐만 아니라 고의에 의한 경우까지를 포함하는 결과적 가중범을 말한다. [경찰승진 13 / 국가7급 07 / 변호사시험 16]

        예 현주건조물방화치사상죄(제164조 제2항), 현주건조물일수치상죄(제177조 제2항), 특수공무방해치상죄(제144조 제2항), [경찰채용 16 2차 / 경찰승진 10] 교통방해치상죄(제188조), 중상해죄(제258조), 중유기죄(제271조 제3항), 중강요죄(제326조), 중손괴죄(제368조) 등[73]

    ㉡ 부진정결과적 가중범의 인정의 근거 : 원래 결과적 가중범은 무거운 결과에 대하여 과실이 있을 때에만 성립하는 것이고, 고의가 있을 때에는 성립하지 않는다. 그런데 **현주건조물방화치사죄**(제164조 제2항)와 관련하여, 사람을 살해할 고의로 그가 현존하는 건조물에 방화하여 그를 살해한 경우, 이를 진정결과적 가중범이라고 해석할 때에는 -진정결과적 가중범은 무거운 결과에 대하여 과실이 있을 때에만 성립하고 고의가 있을 때에는 성립하지 않는다는 점에서, 현주건조물방화치사죄가 아니라 현주건조물방화죄와 살인죄의 상상적 경합이 되므로, 제40조에 의해 결국 살인죄의 형인 사형, 무기 또는 5년 이상의 유기징역으로 처하게 되는데, 이는 과실이 있을 때에 성립하는 현주건조물방화치사죄의 사형, 무기 또는 7년 이상의 유기징역의 형량보다 낮은 것임- **형의 균형이 유지될 수 없기 때문에**, 현주건조물방화치사죄는 고의가 있는 때에도 성립한다고 인정해줌으로써 형의 불균형을 최소화할 필요가 있다. 이렇듯 무거운 결과에 대하여 고의가 있을 때에도 성립하는 결과적 가중범이 있을 수 있으며 이를 **부진정결과적 가중범**이라 한다(통설·판례). [법원9급 10]

    ㉢ 부진정결과적 가중범과 고의범의 죄수관계 : 상상적 경합으로 보는 것이 통설이나, 판례는 ⓐ 고의범에 대하여 결과적 가중범에 정한 형보다 더 무겁게 처벌하는 규정이 있는 경우(부진정결과적 가중범 < 고의범)에는 부진정결과적 가중범과 고의범의 **상상적 경합**으로, [사시 14] ⓑ 고의범의 형이 더 무겁지 않은 경우(부진정결과적 가중범 ≥ 고의범)에는 결과적 가중범이 고의범에 대하여 **특별관계**에 있다고 보아 **부진정결과적 가중범만 성립**한다는 입장이다. [법원행시 08]

판례연구   **부진정결과적 가중범 관련판례**

대법원 1983.1.18, 82도2341
현주건조물방화치사죄와 살인죄는 법조경합관계로서 현주건조물방화치사죄의 1죄만 성립한다는 사례
형법 제164조 후단(현행형법 제164조 제2항)이 규정하는 현주건조물방화치사상죄는 사형, 무기 또는 7년 이상의 징역의 무거운 법정형을 규정하고 있는 취의에 비추어 보면 **과실이 있는 경우뿐** 아니라 **고의가 있는 경우도 포함된다**고 볼 것인데, 이와 다른 견해에서 형법 제164조 후단의 범죄는 과실의 경우에만 적용되는 것으로 판정하여 피고인을 현주건조물에의 방화죄와 살인죄의 상상적 경합으로 의율한 원심판결은 결국 형법 제164조 후단의 법리를 오해한 것이다. [경찰채용 11 2차 / 국가9급 13 / 법원9급 07(하) / 사시 10·11]

→ 다만 사람을 살해할 목적으로 방화를 하였으나 피해자가 집밖으로 빠져나오려고 하자 다시 집안으로 밀어 넣어 살해한 경우, 현주건조물방화죄와 살인죄 : 실체적 경합(위 판례)

---

(2) 고의의 결과적 가중범과 과실의 결과적 가중범

① **고의의 결과적 가중범** : 기본범죄가 고의에 의한 경우(제15조 제2항 참조)를 말한다. 형법상 결과적 가중범은 모두 여기에 속한다.

② **과실의 결과적 가중범** [변호사시험 14] : 기본범죄가 과실에 의한 경우로서 이에 대하여는 부정설이 다수설이다. [국가9급 07 / 국가7급 09]

---

[73] **주의** : 대법원은 종래 강간치사죄도 부진정결과적 가중범으로 해석하였으나(대법원 1990.5.8, 90도670), 1995년 개정형법에서 강간상해죄와 강간살인죄가 신설되었기 때문에 강간치사상죄는 부진정결과적 가중범이 아니라 진정결과적 가중범에 속하게 된다.

(3) 형법상 결과적 가중범의 처벌규정

표정리 형법상 결과적 가중범의 처벌규정

개인적 법익에 대한 죄	상해치사죄, [법원행시 05] 존속상해치사죄, 폭행치사상죄, [법원행시 05] 동의낙태치사상죄, 업무상 동의낙태치사상죄, 유기치사상죄, 체포·감금 등의 치사상죄, 강간·강제추행치사상죄, [법원행시 05] 인질치사상죄, 강도치사상죄, 해상강도치사상죄, 재물손괴치사상죄, 중상해죄, 중유기죄, 중존속유기죄, 중손괴죄
사회적 법익에 대한 죄	현주건조물방화치사상죄, 연소죄, [법원행시 05] 가스 등의 공작물손괴치사상죄, 현주건조물일수치사상죄, 교통방해치사상죄, 먹는물혼독치사상죄, 폭발성물건파열치사상죄, 가스·전기 등 방류치사상죄
국가적 법익에 대한 죄	특수공무방해치사상죄

➜ 주로 '～치～죄', '중～죄' 등으로 규정되어 있고 '연소죄'도 포함된다. 단 '과실치～'는 과실범이고, '중체포·감금죄(제277조)'는 고의범이다. [경찰간부 12 / 법원9급 10]

3. 구성요건

(1) 기본범죄의 실현

① 기본범죄는 **고의범**이어야 한다(진정, 부진정 결과적 가중범 모두 기본범죄에 대한 고의는 필수적 요소임). [국가7급 09 / 법원9급 08·10] 이 점에서 결과적 가중범의 행위반가치는 과실범보다 무겁다.

② 기본범죄는 **작위·부작위**[74]·**기수·미수**[75]를 불문한다. [법원9급 08] 예컨대, 강간이 미수에 그쳤더라도 그 수단인 폭행에 의하여 상해의 결과가 발생하였다면 강간치상죄가 성립하는 것이다. [법원행시 05] 단 기본범죄는 **최소한 실행에 착수해야** 한다(예비상태에서는 무거운 결과가 발생하더라도 무거운 결과에 대한 과실범 - 예비죄와는 상상적 경합 내지 경합범 - 이 성립할 뿐이다).

(2) 기본범죄로 인한 무거운 결과의 발생

결과적 가중범이 성립하려면 기본범죄보다 무거운 결과가 기본범죄로 인하여 발생해야 한다(인과관계). 또한 행위자가 창출한 위험을 역시 행위자의 행위로 인하여 상당하게 결과로 실현하였어야 객관적 귀속이 인정된다(객관적 귀속, 직접성). [국가9급 07] 이때 기본범죄가 결과를 발생하게 한 유일하거나 직접적인 원인이 되어야만 하는 것은 아니고, 그 행위와 결과 사이에 피해자나 제3자의 과실 등 다른 사실이 개재된 때와 같은 비유형적 인과관계의 경우라 하더라도 그와 같은 사실이 **통상 예견할 수 있는 것**에 지나지 않는다면 객관적 귀속 내지 상당인과관계를 인정할 수 있다(대법원 2014.7.24, 2014도6206). [국가7급 18]

따라서 강간이나 강제추행 등의 과정에서 재차의 행위를 피하기 위한 피해자의 행위로 인하여 무거운 결과기 발생한 경우에는 결과적 가중범이 성립한다. 예컨대, ① 감금당한 피해자가 가혹행위를 당하게 되자 더 이상의 가혹행위를 피하기 위하여 창문으로 뛰어내려 추락시킨 경우 행위자에게는 중감금치사죄가 성립한다(대법원 1991.10.25, 91도2085). [경찰채용 15 2차 / 경찰채용 15 3차 / 법원행시 05·13] 다만, ② 강간을 당한 피해자가 집에 돌아와 수치심으로 인하여 음독자살한 경우에는 강간치사죄가 성립하지 않고 강간죄만 성립하게 된다(대법원 1982.11.23, 82도1446). [경찰간부 11·15 / 경찰승진 15 / 국가9급 10·22 / 법원9급 08·13 / 법원행시 11·13 / 사시 10]

(3) 무거운 결과에 대한 과실(혹은 고의)

형법 제15조 제2항이 규정하고 있는 이른바 결과적 가중범은 행위자가 행위시에 그 결과의 발생을 예견할 수 없을 때에는 비록 그 행위와 결과 사이에 인과관계가 있다 하더라도 무거운 죄로 벌할 수

---

74 조언 : 예컨대, 유기치사죄의 '유기'가 부작위로 범해질 수 있다.
75 참고 : 기본범죄의 미수범 처벌규정이 없는 경우 기본범죄가 이론적으로는 미수 상태이지만 중한 결과는 발생한 경우(예 : 제269조 제3항의 낙태치사상죄는 낙태죄가 미수범 처벌규정이 없음)에는 결과적 가중범이 성립할 수 없는가에 대해서는 견해의 대립이 있다. 다수설은 부정설이다. 각론 낙태치사상죄 참조.

없다(대법원 1988.4.12, 88도178). [경찰간부 12/법원9급 08/사시 11·14] 무거운 결과에 대한 **예견가능성**은 결과적
가중범의 명문의 성립요건으로서 [법원승진 14] 이론적으로 **과실과 동일한 의미로** 이해된다.

이러한 예견가능성은 –과실범의 설명과 유사하게– 구성요건에서는 **객관적 예견가능성**으로 이해된다(책임
에서는 주관적 예견가능성으로 이해됨). 예컨대, 어린애를 업은 사람을 밀어 넘어뜨려 그 결과 어린애가 사망하였
다면, 어린애를 업은 사람을 밀어 넘어뜨리는 폭행행위를 하는 경우 이로 인하여 어린애도 넘어질 것임을
예견할 수 있다는 점에서 폭행치사죄가 성립한다(대법원 1972.11.28, 72도2201).

판례연구　　**결과적 가중범의 상당인과관계와 예견가능성을 모두 인정한 판례**

대법원 1984.6.26, 84도831
피고인이 주먹으로 피해자의 복부를 1회 힘껏 때려 장파열로 인한 복막염으로 사망에 이르게 한 경우, 피해자의
사망은 결국 피고인의 폭행행위에 의한 결과라고 봄이 상당하고, 비록 의사의 수술지연 등의 과실이 피해자
사망의 공동원인이 되었다 하더라도 역시 피고인의 행위가 사망의 결과에 대한 유력한 원인이 된 이상, 그 폭행행
위와 치사의 결과 사이에 인과관계는 있다 할 것이고, 피고인은 피해자의 사망의 결과에 형사책임(**폭행치사죄**)을
져야 함은 당연하다 할 것이다. [경찰채용 15 1차/국가7급 13/법원행시 08/사시 13·14]

판례연구　　**결과적 가중범의 상당인과관계를 인정하지 않은 판례**

대법원 1982.11.23, 82도144
강간을 당한 피해자가 집에 돌아와 음독자살하기에 이른 원인이 강간을 당함으로 인하여 발생하였다 하여도,
그 강간행위와 자살행위 사이에 인과관계가 인정될 수 없다(강간치사 ×, 강간 ○). [경찰간부 11/법원행시 06·11]

판례연구　　**결과적 가중범의 상당인과관계는 인정되나 예견가능성이 인정되지 않은 판례**

대법원 1990.9.25, 90도1596
동료 사이에 말다툼을 하던 중 피고인이 삿대질하는 것을 피하고자 피해자 자신이 두어 걸음 뒷걸음치다가
회전 중이던 십자형 스빙기계 철받침대에 걸려 넘어진 정도라면, 당시 바닥에 장애물이 있어서 뒷걸음치면
장애물에 걸려 넘어질 수 있다는 것까지는 예견할 수 있었다고 하더라도 그 정도로 넘어지면서 머리를 바닥에
부딪혀 두개골절로 사망한다는 것은 이례적인 일이어서 통상적으로 일반인이 예견하기 어려운 결과라고 하지
않을 수 없다(**폭행치사 ×, 폭행 ○**). [경찰승진 16/국가9급 14/법원행시 07/사시 15]

---

4. 관련문제

(1) 결과적 가중범의 미수

형법에는 인질치사상죄(제324조의5), [경찰승진 14] 강도치사상죄와 해상강도치사상죄(제340조) 그리고 현주건
조물일수치사상죄(제182조)와 같이 결과적 가중범의 미수를 처벌하는 근거규정이 존재하고 있다. [국가9급
07/국가7급 09/변호사시험 15] 또한 성폭법에서도 특수강도강간치사상죄와 특수강간치사상죄, 친족관계에 의한
강간치사상죄, 장애인간음치사상죄, 13세 미만 미성년자에 대한 강간·강제추행치사상죄의 미수범 처벌규
정(동법 제15조)을 두고 있다. [국가9급 07] 따라서 결과적 가중범의 미수범 처벌이 가능한가의 문제가 발생한다.
[변호사시험 21]

　① 진정결과적 가중범과 미수
　　㉠ 문제의 소재 : 기본범죄는 기수인데 무거운 결과가 발생하지 않은 경우에는 단지 기본범죄만
　　　　성립하고 결과적 가중범 자체가 성립하지 않기 때문에 결과적 가중범의 미수의 문제를 검토할
　　　　필요가 없다. 따라서 결과적 가중범의 미수범의 문제는 기본범죄가 미수에 그쳤는데 무거운

결과가 발생한 경우 결과적 가중범의 미수범 처벌이 가능한가의 문제라고 할 수 있다.

ⓛ 해결 : 예컨대 특수강간이 미수인데 그 과정에서 상해가 발생한 경우, ⓐ 긍정설은 성폭법상 특수강간치상죄(동법 제8조 제1항)에 대한 미수범 처벌규정(동법 제15조)이 적용됨으로써 임의적 감경(형법 제25조 제2항)을 인정하여야 한다고 주장하나(소수설), ⓑ 부정설은 과실범의 미수가 불가능한 것처럼 진정결과적 가중범의 미수는 이론적으로 인정될 수 없다고 본다(다수설·판례). 예컨대, 성폭법상 특수강간치상죄는 특수강간이 미수에 그쳤다고 하더라도 그로 인하여 피해자가 상해를 입었으면 특수강간치상죄가 그대로 성립하고, 성폭법 제15조에서 정한 미수범 처벌규정은 동법 제8조 제1항의 특수강간상해·치상죄 중에서 **특수강간상해죄의 미수를 정한 것이고 특수강간 치상죄의 미수를 정한 것은 아니라는 것이다**(대법원 2008.4.24, 2007도10058). [국가7급 18 / 법원9급 16 / 법원승진 14 / 사시 11 · 12 · 13 / 변호사시험 14 · 15 · 18] 따라서 부정설에 의하면 기본범죄가 미수인데 무거운 결과가 발생한 경우에는 미수범의 임의적 감경규정이 적용되지 않고 결과적 가중범(의 기수)이 그대로 성립하게 된다.

> **판례연구** **결과적 가중범의 미수 부정 판례**
>
> 대법원 1972.7.25, 72도1294
> 강간미수에 그친 경우라도 강간의 수단이 된 폭행으로 피해자가 상해를 입었다면 강간치상죄가 성립한다. [경찰 승진 15 · 16 / 국가9급 14 / 사시 15]

② 부진정결과적 가중범과 미수 : 학설이 대립하나, 형법전에 부진정결과적 가중범의 미수범 처벌규정이 없으므로 부진정결과적 가중범의 미수를 논할 실익이 없다고 보아(형법 제174조의 미수범 처벌규정에는 제164조 제2항의 현주건조물방화치사상죄가 없음) 부진정결과적 가중범의 미수는 부정되어야 한다는 것이 다수설이다.

(2) 결과적 가중범의 공동정범

공동정범에서 기술하였듯이, 판례는 결과적 가중범의 공동정범은 기본범죄를 공동으로 할 의사만 있으면 성립한다거나 결과에 대한 예견가능성이 있으면 성립한다고 본다(다수설은 반대). [법원9급 08 / 사시 14 / 변호사 시험 14]

(3) 결과적 가중범의 교사 · 방조

정범의 기본범죄(예 상해죄)에 가공한 교사자·방조자에게 무거운 결과(예 사망)에 대하여 예견가능성(과실)이 인정되는 때에 한하여 결과적 가중범의 교사범·방조범이 성립한다(피교사자·피방조자의 예견가능성이 아니라, 교사자·방조자의 예견가능성이 요건임, 다수설·판례). [경찰간부 12 / 경찰승진 13 · 16]

제2절 부작위범

> **제18조【부작위범】** 위험의 발생을 방지할 의무가 있거나 자기의 행위로 인하여 위험발생의 원인을 야기한 자가 그 위험발생을 방지하지 아니한 때에는 그 발생된 결과에 의하여 처벌한다.

01 부작위범의 일반이론

1. 작위·부작위 및 작위범·부작위범의 개념

(1) 작위와 작위범

작위란 칼로 타인을 살해하는 행위처럼 규범적으로 금지되어 있는 것을 하는 것을 말한다. 따라서 작위범은 금지규범의 위반이다.

(2) 부작위와 부작위범

아버지가 물에 빠진 어린 아들을 쉽게 구할 수 있었음에도 불구하고 이를 구하지 않는 행위처럼 부작위는 당연히 행할 것으로 기대되는 그 무엇인가를 행하지 아니하는 것이다. 따라서 부작위범은 명령(요구)규범의 위반이다.

2. 부작위범의 보충성

어떠한 범죄가 적극적 작위에 의하여 이루어질 수 있음은 물론 결과의 발생을 방지하지 아니하는 소극적 부작위에 의하여도 실현될 수 있는 경우에, 행위자가 자신의 신체적 활동이나 물리적·화학적 작용을 통하여 적극적으로 타인의 법익 상황을 악화시킴으로써 결국 그 타인의 법익을 침해하기에 이르렀다면, 이는 작위에 의한 범죄로 보아야 한다. [경찰채용 10 1차 / 경찰채용 14 2차 / 경찰간부 15 / 국가9급 12 / 변호사시험 12] 작위에 의하여 악화된 법익 상황을 다시 돌이키지 아니한 점에 주목하여 이를 부작위범으로 볼 것은 아니며, 나아가 악화되기 이전의 법익 상황이, 그 행위자가 과거에 행한 또 다른 작위의 결과에 의하여 유지되고 있었다 하여 이와 달리 볼 이유가 없다(대법원 2004.6.24, 2002도995 : 보라매병원 사례에서 담당의사들에게 부작위범이 아니라 작위에 의한 살인죄의 방조범을 인정하였음). [경찰간부 13·15 / 경찰승진 13 / 국가9급 12·16 / 국가7급 10 / 법원행시 14 / 사시 14 / 변호사시험 13·14]

즉 작위범이 성립하면 부작위범이 성립하지 않고, 작위범이 성립하지 않을 때에만 부작위범이 성립할 수 있다(작위범=기본법, 부작위범=보충법. 부작위범은 작위범과 보충관계). [국가9급 14]

3. 부작위범의 종류

(1) 형식설

법조문의 형태가 부작위범으로 되어 있으면 진정부작위범이요, 작위범으로 되어 있는 것을 부작위로 범하면 부진정부작위범이라는 입장이다(다수설·판례). [법원9급 05]

① **진정부작위범** : 구성요건 자체가 부작위로 규정되어 있어서, 작위에 의해서는 범할 수 없고 부작위에 의해서만 실현될 수 있는 범죄를 말한다. → '부작위에 의한 부작위범' [경찰간부 12 / 경찰승진 12]

예 전시군수계약불이행죄(제103조 제1항), 다중불해산죄(제116조), 전시공수계약불이행죄(제117조 제1항), 인권옹호직무명령불준수죄(제139조), 집합명령위반죄(제145조 제2항), 퇴거불응죄(제319조 제2항) [경찰간부 12 / 경찰승진 12] 등

② **부진정부작위범** : 구성요건에는 작위범으로 규정되어 있지만, 부작위에 의하여 이러한 작위범의 구성요건을 실현하는 경우를 말한다. → '부작위에 의한 작위범'

예 물에 빠져 익사의 위험에 있는 자녀를 구할 수 있었음에도 구하지 않아 죽음에 이르게 한 부모의 경우처럼 살인죄 등 작위범을 부작위에 의해 실현하는 경우

(2) 실질설

실질적 특징을 기준으로 하는 입장으로서, 진정부작위범은 **거동범**이고 부진정부작위범은 **결과범**이라고 본다(기능설). 따라서 이론적으로 미수범의 성립은 후자에 있어서만 가능하다. [경찰채용 14 2차 / 경찰승진 12]

　　→ 다만 진정부작위범에도 미수범 처벌규정이 있는 것이 있다. [국가7급 12] **예** 집합명령위반죄, 퇴거불응죄

이에 대해서는 부진정부작위범이라 하더라도 결과범뿐만 아니라 거동범도 가능하고, 규정형식을 달리한다면 진정부작위범에 거동범뿐만 아니라 결과범도 있을 수 있다는 비판이 제기된다. [경찰채용 14 2차]

02 부작위범의 성립요건

1. 부작위범의 구성요건

(1) 구성요건에 들어가기에 앞서

일반적 행위가능성(일반적 행위능력)이 있어야만 부작위범이 성립하고 이는 부작위범의 전(前) 구성요건적 요소이다. 즉, 낙동강에 빠진 사람에 대하여 서울에 있는 사람에게 부작위범의 문제는 일어날 여지가 없다고 보는 것이다(소위 '행위론'의 문제).

(2) 부작위범의 공통의 구성요건

진정부작위범과 부진정부작위범에 공통으로 적용되는 구성요건요소를 말한다.

① 구성요건적 상황
　　㉠ 의의 : 작위의무의 이행이 요구되는 상황을 말한다.
　　㉡ 구성요건적 상황의 내용
　　　ⓐ 진정부작위범 : 형법각칙의 구성요건에 이미 규정되어 있다.
　　　　예 퇴거불응죄(제319조 제2항)에서의 퇴거요구
　　　ⓑ 부진정부작위범 : 구성요건적 결과발생의 위험상황이 존재하여야 한다.
　　　　예 아들이 연못에 빠져 익사 직전에 있는 경우, 교통사고피해자가 쓰러져 있는 경우

② **요구된 행위의 부작위** : 요구된 행위를 행위자가 하지 않아야 한다(명령규범의 위반). 즉, 작위의무를 다하였음에도 불구하고 결과가 발생한 경우에는 부작위범의 구성요건해당성이 없다.

③ **개별적 행위가능성** : 구체적인 행위자가 명령규범이 요구하는 행위를 각각의 경우에 할 수 있었는가의 문제이다. 가령 자신의 자녀가 동해안 해수욕장에서 익사 직전의 위험에 처했을 때 서울에서 근무를 하고 있는 아버지에 대한 문제는 일반적 행위능력의 문제로 설명되는 반면에(이는 구성요건요소가 아니므로 고의의 인식대상도 되지 않음), 함께 수영장에 가서 목전에서 자식이 익사하려는 것을 보고도 수영법을 몰라 구조하지 못하였다면 이는 개별적 행위능력의 문제로 검토된다. **판례**도 ㉠ 대출을 받은 회사가 부도 위기에 처하여 대출금상환능력이 없음을 알면서도 상환조치를 취하지 않은 은행장에게 업무상 배임죄의 죄책을 부정한다든가(대법원 1983.3.8, 82도2873) ㉡ 모텔 방에서 재떨이에 담배를 제대로 확인하지 않은 채 끄고 불이 붙기 쉬운 휴지를 재떨이에 버리고 잠을 잔 과실(중과실)로 화재가 발생하여 투숙객에게 상해를 입혔으나 **화재를 용이하게 소화할 수 있었다고 보기 어려워** 부작위에 의한 현주건조물방화치사상죄의 죄책을 부정한 사례(대법원 2010.1.14, 2009도12109,2009감도38)

[경찰채용 12 1차 / 법원행시 13 / 변호사시험 13] 가 있다.

④ **주관적 구성요건** : 고의범이든 과실범이든 부작위범이 성립하는 데에는 지장이 없으므로, 부작위범의 성립에는 반드시 고의가 있을 것을 요하지 않는다. 따라서 과실의 부작위범도 충분히 처벌될 수 있다. 다만, 형법상 진정부작위범들에 대하여 과실범 처벌규정이 없기 때문에, '형법상 과실의 진정부작위범은 처벌되지 않는다.' 따라서 실제 처벌되는 것은 과실의 부진정부작위범(소위 망각범)이며 **판례**도 명시적 판단을 내린 바 있다(관련문제에서 후술).

(3) 부진정부작위범의 특유의 구성요건

① **결과의 발생 및 인과관계와 객관적 귀속** : 부진정부작위범은 대체로 결과범이므로, 이러한 **부작위범에 있어서는 인과관계문제를 검토해야 한다**는 점에서, 부작위와 결과 사이의 상당인과관계(인과관계 및 객관적 귀속)을 따지는 것은 당연하다(진정부작위범에서는 불요).

② **보증인적 지위**

㉠ **의의** : 위험발생을 방지할 법적 의무를 보증인적 의무(작위의무)라 하고, 보증인적 의무를 발생시키는 지위를 **보증인적 지위**라고 한다. 보증인적 지위가 없는 자의 부작위는 부진정부작위범의 구성요건에 해당할 수 없다. 이에 부진정부작위범에서 보증인적 지위는 진정신분범의 범죄구성적 신분으로 기능한다. 이러한 보증인적 지위는 작위의무의 체계적 지위와 관련된 개념이다.

㉡ **작위의무의 체계적 지위** : 예컨대, 물에 빠져 익사의 위험이 있는 乙(5세)의 아버지 甲의 작위의무를 형법적으로 부진정부작위범의 어떠한 요소로 파악할 것인가의 문제이다.

ⓐ **위법성요소설** : 보증인지위와 보증인의무를 모두 위법성의 요소로 이해하는 견해이다. 즉 '작위의무자의 부작위는 위법'하기 때문에, 작위의무는 위법성을 이루는 요소라는 것이다. 이에 대해서는 **부작위범의 구성요건해당성의 범위가 지나치게 확장된다**는 비판이 있다. [경찰채용 10 1차 / 경찰승진 11]

ⓑ **구성요건요소설** : 보증인적 지위와 보증인적 의무 모두 구성요건요소로 이해하는 견해이다(보증인설). 즉 작위의무자의 부작위는 乙을 '살해'한 것이고 '살해'라는 것은 살인죄의 구성요건요소이기 때문에 '작위의무'는 구성요건을 이루는 요소라는 것이다. 이에 대해서는 **작위범과의 체계적 균형에 반한다**는 비판이 제기된다. 즉 작위범에 있어서 작위(甲이 乙을 총으로 쏘아 살해)는 구성요건요소이고 부작위의무(총을 쏘지 말아야 할 의무)는 위법성에서 평가받는 요소인데, 어찌하여 부작위범에서는 이 모두를 구성요건에서 평가하느냐는 것이다.

ⓒ **이분설** : 보증인적 지위는 구성요건요소이나, 보증인적 의무는 위법성의 요소라는 것이 통설이다. [국가7급 14·16 / 사시 11·12·13 / 변호사시험 14] 예컨대 자신의 자녀 두 명이 익사의 위험에 처한 상황에서 두 자녀 모두 구할 수 없는 불가피한 경우이어서 아버지가 한 명을 구하느라 나머지 한 명을 구하지 못하여 사망한 경우, 아버지에게 보증인지위가 있어 부작위범의 구성요건에 해당한다 하여도 정당화적 의무충돌에 의하여 보증인의무가 강제되지 못하므로 위법성이 조각된다. 또한 이분설에 의할 때, 보증인적 지위에 대한 착오는 **구성요건착오**가 되고 보증인적 의무에 대한 착오는 **금지착오**가 된다. [국가9급 13] 따라서 보증인지위에 대한 착오는 구성요건적 고의가 조각되어 과실범 성부가 문제되게 되고, 보증인의무에 대한 착오는 금지착오의 정당한 이유를 따져 책임조각 여부를 심사하게 된다.

㉢ **작위의무의 발생근거**

ⓐ **형식설** [사시 12] : 법적 의무의 실질적 내용보다는 그 형식에 중점을 두어 개개의 성립근거에 따라 작위의무를 확정하려는 견해이다.

대법원 1992.2.11, 91도2951; 1997.3.14, 96도1639; 2003.12.12, 2003도5207
형법이 금지하고 있는 법익침해의 결과발생을 방지할 법적인 작위의무를 지고 있는 자가 그 의무를 이행함으로써
결과발생을 쉽게 방지할 수 있었음에도 불구하고 그 결과의 발생을 용인하고 이를 방관한 채 그 의무를 이행하지
아니한 경우에, 그 부작위가 작위에 의한 법익침해와 동등한 형법적 가치가 있는 것이어서 그 범죄의 실행행위로
평가될 만한 것이라면, 작위에 의한 실행행위와 동일하게 부작위범으로 처벌할 수 있고, [국가9급 12] 여기서
작위의무는 성문법과 불문법, 공법과 사법을 불문하고 **법령, 법률행위, 선행행위**로 인한 경우는 물론, 기타
신의성실의 원칙이나 사회상규 혹은 조리상 작위의무가 기대되는 경우에도 인정된다 할 것이다. [경찰채용 10
·11 1차 / 국가9급 11·14·21 / 국가7급 14 / 법원행시 10·13·14 / 사시 10·14 / 변호사시험 12]

⑦ 법령에 의한 작위의무

예
- 민법상 친권자·후견인의 보호·후견의무(민법 제913조, 제928조, 제947조)
- 친족간의 부양의무(동법 제974조)
- 부부간의 부양의무(동법 제826조) 및 사실혼관계의 부부간의 부조의무
- 도로교통법에 의한 운전자의 구호의무(도로교통법 제54조)
- 경찰관의 요보호자에 대한 보호조치의무(경찰관직무집행법 제4조)
- 의사의 진료와 응급조치의무나 진료기록부에의 기록의무(의료법 제16조, 제21조)
- 법원의 입찰에 관한 업무를 담당하는 공무원의 집행관사무소 사무원의 횡령을 방지해야 할
  의무(국가공무원법) 등

대법원 2002.5.24, 2000도1731
귀책사유 없는 사고차량의 운전자의 도로교통법상 구호조치의무 및 신고의무
위 의무는 교통사고를 발생시킨 당해 차량의 운전자에게 그 사고발생에 있어서 **고의·과실 혹은 유책·위법의
유무에 관계없이 부과된 의무**라고 해석함이 상당할 것이므로, [국가9급 11·21 / 국가7급 11·14] 당해 사고에 있어 귀책사유
가 없는 경우에도 위 의무가 없다고 할 수 없고, 또 위 의무는 신고의무에 한정되는 것이 아니므로 타인에게
신고를 부탁하고 현장을 이탈한 경우 위 의무를 다한 것이라 할 수 없다. [경찰채용 14·15 2차 / 경찰승진 11]

⑭ 계약 등 법률행위에 의한 작위의무 : 수영강사와 수영초보자의 관계처럼 계약을 맺은 사람은
계약상의 보호의무를 부담한다.

예
- 고용계약에 의한 보호의무
- 간호사와 환자 간의 간호의무 등

대법원 2008.2.28, 2007도9354
자신이 법무사가 아니라는 사실을 밝히지 않은 채 근저당권설정계약서를 작성한 사례
피고인은 자신이 A법무사가 아님을 밝히지 아니한 채 A법무사 행세를 하면서 본인 확인절차를 거친 다음 공소외
5로부터 근저당권설정계약서에 서명날인을 받았는데, 피고인은 **자신이 법무사가 아님을 밝힐 계약상 또는 조리
상의 법적인 작위의무가 있다**고 할 것임에도, 이를 밝히지 아니한 채 A법무사 행세를 하면서 등기위임장 및
근저당권설정계약서를 작성함으로써 자신이 공소외 법무사로 호칭되도록 계속 방치한 것은 작위에 의하여 법무
사의 명칭을 사용한 경우와 동등한 형법적 가치가 있는 것으로 볼 수 있다(부작위에 의한 법무사법 제3조 제2항
위반죄 성립). [경찰승진 11 / 사시 10·14 / 변호사시험 13]

⑭ 조리에 의한 작위의무 : 밀접한 생활관계를 의미하는 조리(사회상규 내지 신의칙)에 의한
작위의무도 부작위범의 성립근거로서 인정된다는 것이 다수설·판례이다.

예 • 동거하는 고용자에 대한 고용주의 보호의무
• 관리자의 위험발생방지의무
• 목적물의 하자에 대한 신의칙상의 고지의무 : 거래의 상대방이 일정한 사정에 관한 고지를 받았더라면 당해 거래에 임하지 않았을 것임이 경험칙상 명백한 경우 그 거래로 인하여 재물을 수취하는 자에게는 신의성실의 원칙상 사전에 상대방에게 그와 같은 사정을 고지할 의무가 있다(대법원 1987.10.13, 86도1912). [경찰간부 11 / 경찰승진 13 · 15 / 국가9급 12] 예컨대, (i) 임대차계약을 체결하면서 임차인에게 임대목적물이 경매진행 중인 사실을 알리지 않은 임대인이나 [법원9급 20] (ii) 부동산매매목적물에 대해 소송계속 중인 사실을 알리지 않은 부동산매도인, 또한 (iii) 부동산매매에 있어서 초과된 매매대금을 매수인이 교부하고 있다는 것을 매도인이 사전에 알면서도 이를 고지해주지 않은 채 수령한 경우(대법원 2004.5.27, 2003도4531) [경찰채용 16 1차 / 사시 15] 등에는 신의칙상 고지의무를 위반하였으므로 부작위에 의한 사기죄가 성립한다.

판례연구 **조리 내지 신의칙 관련판례**

대법원 1996.9.6, 95도2551
작위의무는 법적인 의무이어야 하므로 단순한 도덕상 또는 종교상의 의무는 포함되지 않으나 작위의무가 법적인 의무인 한, 성문법이건 불문법이건 상관이 없고 또 공법이건 사법이건 불문하므로, 법령·법률행위·선행행위로 인한 경우는 물론이고 기타 신의성실의 원칙이나 사회상규 혹은 조리상 작위의무가 기대되는 경우에도 법적인 작위의무는 있다. [경찰채용 13 1차 / 경찰채용 15 2차 / 경찰간부 20 / 경찰승진 10 · 12 · 13 · 14 · 16 / 국가9급 08 · 12 · 16 / 국가7급 07 · 10 · 16 / 사시 11 · 14]

㉑ 선행행위에 의한 작위의무 : 자기의 행위로 인하여 위험발생의 원인을 야기한 자는 그 위험발생을 방지해야 한다(형법 제18조). 이 경우의 선행행위(先行行爲; Ingerenz)는 위법할 것을 요한다(통설). 예컨대, 정당방위에 의하여 침해자의 법익을 훼손한 자는 적법한 선행행위를 한 것이기 때문에 침해자를 구조할 작위의무를 부담하지 않는다. [경찰승진 15 · 16 / 국가7급 16]

판례연구 **선행행위에 의하여 작위의무가 인정되는 사례**

대법원 1982.11.23, 82도2024
선행행위 인정례 : 주교사 이윤상 군 유괴살해 사건
피고인이 미성년자를 유인하여 포박·감금한 후 단지 그 상태를 유지하였을 뿐인 데도 피감금자가 사망에 이르게 된 것이라면 감금치사죄에 해당한다 하겠으나, 나아가서 그 감금상태가 계속된 어느 시점에서 피고인에게 살해의 범의가 생겨 피감금자에 대한 위험발생을 방지함이 없이 포박·감금상태에 있던 피감금자를 그대로 방치함으로써 사망케 하였다면(선행행위에 의한 작위의무를 이행하지 않은 – 필자 주) 피고인의 부작위는 부작위에 의한 살인죄를 구성한다. [사시 11 / 변호사시험 14]

ⓑ 기능설 : 작위의무를 −형식적 근거에 얽매이지 않고− 특정법익에 대한 보호의무와 특정 위험원인에 대한 안전(조치)의무로 나누어 설명하는 견해이다. [사시 12] 예컨대, 친권자가 어린 자녀를 외부의 위험으로부터 보호해야 하는 의무는 법익보호의무이고, 어린 자녀가 타인에게 해를 가하지 않도록 감독해야 하는 의무는 위험원 안전조치의무에 해당한다.
㉮ 보호의무가 발생하는 경우는 (i) 자연적 결합관계, (ii) 밀접한 공동체관계, (iii) 계약 내지 사실상 보호적 지위를 인수하는 경우 등이 있고, ㉯ 안전의무가 발생하는 경우는 (i) 선행행위로 인한 보증의무, (ii) 감독의무에 의한 보증의무, (iii) 제3자의 위법행위에 대한 보증의무 등의 경우가 있다. [경찰채용 12 2차]
ⓒ 절충설 : 형식설과 기능설은 상호보완관계에 있다는 것을 인정하는 견해이다(절충설, 다수설). 이에 의하면 형식설에 의한 법령, 계약(법률행위), 조리 또는 선행행위의 형식은 실질설의

법익에 대한 보호의무나 위험원에 대한 안전의무의 내용과 한계로 심사된다. 판례도 근래에는 결합설을 취하고 있다.

판례연구　　**결합설(형식설+실질설) 관련판례**

대법원 2005.7.22, 2005도3034
압류된 골프장시설을 보관하는 회사의 대표이사가 골프장을 개장하여 봉인이 훼손된 사례
압류시설의 보관자 지위에 있는 회사로서는 압류시설을 선량한 관리자로서 보관할 주의의무가 있다 할 것이고, 그 대표이사인 피고인은 적절한 조치를 취할 위임계약 혹은 조리상의 작위의무가 존재한다고 보아야 할 것인데 (형식설), 이러한 작위의무의 내용 중에는 적어도 위 압류·봉인에 의하여 사용이 금지된 골프장 시설물에 대하여 위 시설물의 사용 및 그 당연한 귀결로서 봉인의 훼손을 초래하게 될 골프장의 개장 및 그에 따른 압류시설 작동을 제한하거나 그 사용 및 훼손을 방지할 수 있는 적절한 조치를 취할 의무는 존재한다고 보아야 할 것이고(실질설), 그럼에도 피고인이 그러한 조치 없이 위 개장 및 압류시설 작동을 의도적으로 묵인 내지 방치함으로써 예견된 결과를 유발한 경우에는 부작위에 의한 공무상표시무효죄(제140조 제1항)의 성립을 인정할 수 있다고 보아야 할 것이다. [경찰간부 13 / 법원9급 13 / 법원행시 09]

---

③ 행위정형의 동가치성
  ㉠ 의의 : 부진정부작위범의 구성요건에 해당하려면, 보증인적 지위에 있는 자의 부작위로 인하여 결과가 발생하였는가의 판단뿐만 아니라(이상에서 검토한 구성요건요소들), 해당 부작위가 구성요건에 규정된 작위와 동등한 정도의 행위유형으로 평가받을 수 있어야 한다(상응성). [경찰간부 11 / 경찰승진 14] 이를 부진정부작위범의 '행위정형(행위유형)의 동가치성(내지 상응성)'이라고 한다(통설·판례). [국가9급 08·14]
  ㉡ 적용대상
    ⓐ 순수한 결과야기적 결과범 : 살인죄, 상해죄, 손괴죄, 방화죄 등과 같이 사람이 사망하고, 다치고, 재물이 파손되고, 화재가 발생하는 결과가 중시되는 범죄들을 순수한 결과야기적 결과범 내지 단순한 결과범이라고 하는데, 이들 범죄에 있어서는 보증인적 지위 있는 자의 부작위로 인하여 위와 같은 결과가 발생하면 구성요건해당성을 인정할 수 있게 된다. 따라서 단순한 결과범은 부작위로 인하여 결과가 발생하면 족하고, 추가적인 동가치성은 요구되지 않는다. [사시 12]
    ⓑ 행위의존적 결과범 : 사기죄, 공갈죄, 특수폭행죄 등과 같이 특정한 행위방법에 의한 결과발생을 요하는 범죄들을 행위의존적 결과범(형태의존적 결과범)이라 한다. 예를 들어, 특수폭행죄는 '단체 또는 다중의 위력을 보이거나 위험한 물건을 휴대하여 사람을 폭행'해야 동죄의 무거운 행위불법을 갖추게 되어 비로소 구성요건에 해당된다. 따라서 부진정부작위범이 성립하기 위해서는 부작위가 이러한 작위범의 행위태양과 상응하는 모습이어야 한다(행위정형의 동가치성 필요). [사시 12] 특히, 특수폭행죄·특수협박죄·특수강도죄 등의 특수범죄들은 부작위로 인하여 범하기가 상당히 어렵다.

2. 부작위범의 위법성과 책임

(1) 부작위범의 위법성

의무의 충돌 상황에서는 의무자가 방치된 의무보다 고가치 또는 동가치의 의무를 이행한 경우에는 위법성조각적 의무의 충돌로서 부작위의 위법성이 조각된다.

(2) 부작위범의 책임

부작위범에 있어서 작위의무(보증인적 의무)에 대한 **착오**는 금지착오가 된다.

예 父가 그의 어린 子가 생명의 위험에 처한 것을 인식하지 못했을 경우에는 보증인적 지위에 대한 착오로서 구성요건적 착오가 되지만(보증인지위에 대한 착오는 구성요건착오로서 제13조 적용. ∴ 과실치사죄), 위험에 처한 것을 인식하면서도 작위의 필요성(의무)이 없다고 오인하였던 경우에는 금지착오의 규정에 따라 그 오인에 정당한 이유가 있는 경우에 한하여 면책될 수 있을 뿐이다(보증인의무에 대한 착오는 금지착오로서 제16조 적용. ∴ 살인죄).

03 관련문제

1. 부작위범과 과실범

진정부작위범, 부진정부작위범을 가리지 않고 과실범 처벌규정이 있는 경우 **과실범의 부작위범은 성립할 수 있다.** 다만 현행형법상 진정부작위범에는 과실범 처벌규정이 없으므로(과실의 진정부작위범 : ×) 실제 성립하는 것은 **망각범**, 즉 과실의 부진정부작위범이다.

2. 부작위범과 미수

(1) 진정부작위범의 미수

진정부작위범에서는 부작위에 의하여 즉시 기수가 되므로 이론적으로 미수범은 성립하지 않는다. 다만, 진정부작위범(**예** 퇴거불응죄, 집합명령위반죄)의 미수범 처벌규정이 존재 [경찰간부 11] 하므로 논쟁이 있지만 사실상 거의 성립할 여지가 없다(다수설).

(2) 부진정부작위범의 미수

대체로 결과범이므로 미수가 인정되고, 법익에 대한 직접적인 위험의 발생시 혹은 위험의 증대시에 **실행의 착수**가 인정된다.

예 아버지가 살인의 고의로 익사위험에 처한 아들을 구조하지 않음으로써 아들의 생명에 대한 위험이 실질적으로 증대된 시점에서 살인미수가 된다.

3. 부작위범과 공범

(1) 부작위범의 공동정범

다수의 부작위범에게 공통된 의무가 부여되어 있고 그 의무를 공통으로 이행할 수 있을 때에만 성립한다(대법원 2008.3.27, 2008도89). [경찰채용 10 · 11 · 13 1차 / 경찰채용 10 · 12 2차 / 경찰채용 15 3차 / 경찰간부 12 / 경찰승진 10 / 국가9급 09 · 21 / 국가7급 10 · 12 · 13 / 법원9급 13 / 법원행시 10 · 13 · 14 / 사시 10 / 사시 12 / 변호사시험 12]

(2) 부작위에 의한 공범 [국가7급 14]

① 부작위에 의한 교사 : 부작위에 의해서는 범행결의 형성이 불가능하므로 **부정된다**(통설). [경찰간부 13 / 변호사시험 14]

② 부작위에 의한 방조 : 방조자에게 일정한 결과발생방지의무 내지 보증의무가 있는 경우에 결과발생을 방치하면 방조범이 **성립할 수 있다**(통설 · 판례). [경찰채용 11 1차 / 법원9급 05 / 변호사시험 14]

(3) 부작위범에 대한 공범 [국가7급 14]

① 부작위범에 대한 교사 : 부작위를 하라고 작위에 의하여 교사하는 경우이므로 교사범이 성립하지 못할 이유가 없다. [경찰간부 11 · 12 · 13 / 경찰승진 11 / 사시 15] 따라서 부작위범에 대한 교사는 당연히 인정된다.

② **부작위범에 대한 방조** : 방조범 성립이 인정된다. 소위 보라매병원 사례에서 대법원은 처(妻)의 남편에 대한 부작위에 의한 살인범행을 담당의사가 퇴원허용조치행위라는 작위에 의하여 방조하였다고 판시한 바 있다(대법원 2004.6.24, 2002도995). [경찰승진 13 / 법원행시 14 / 변호사시험 13·14]

04 부작위범의 처벌

진정부작위범의 경우 각칙상 규정에 의하며, 부진정부작위범의 경우에는 (입법론으로는 독일형법처럼 임의적 감경조항을 두자는 견해도 있으나) 작위범의 규정에 의해 동일하게 처벌된다. [경찰승진 10]

✔ 아웃라인

목 차		난 도	출제율	대표지문
제1절 죄수론의 일반이론	01 죄수론의 의의	下	−	• 미성년자의제강간죄 또는 미성년자의제강제추행죄는 행위시마다 한 개의 범죄가 성립한다. (○)
	02 죄수결정의 기준	中	★	
제2절 일 죄	01 서 설	下	−	• 법조경합은 한 개의 행위가 외관상 여러 개의 죄의 구성요건에 해당하는 것처럼 보이나 실질적으로 1죄만 구성하는 경우를 말한 다. (○)
	02 법조경합	中	★★	• 향정신성의약품수수의 죄가 성립되는 경우에는 그에 수반되는 향정신성의약품의 소지행위는 수수죄의 불가벌적 수반행위로서 수수죄에 흡수되고 별도로 범죄를 구성하지 않는다. (○)
	03 포괄일죄	中	★★	• 범죄단체를 구성하거나 이에 가입한 자가 더 나아가 구성원으로 활동하는 경우, 이는 포괄일죄의 관계에 있다. (○)
제3절 수 죄	01 상상적 경합	中	★★	• 실체적 경합관계에 있는 공도화변조죄와 동행사죄가 수뢰후부정처 사죄와 각각 상상적 경합관계에 있다면 종국적으로 3개의 범죄 중에서 가장 무거운 죄에 정한 형으로 처단하면 족하다. (○)
	02 경합범(실체적 경합)	中	★★	• 피고인이 슈퍼마켓사무실에서 식칼을 들고 피해자를 협박한 행위 와 식칼을 들고 매장을 돌아다니며 손님을 내쫓아 그의 영업을 방해한 행위는 협박죄와 업무방해죄의 실체적 경합범이다. (○)

✔ 출제경향

구 분	경찰채용						경찰간부						경찰승진					
	17	18	19	20	21	22	17	18	19	20	21	22	17	18	19	20	21	22
제1절 죄수론의 일반이론		2	1	1				1			1			1				
제2절 일 죄	2						1	1	1		1				1		1	1
제3절 수 죄	1		1	1	1	1	1			1		1	1	3				1
출제빈도	11/220						9/240						9/240					

CHAPTER **08**

죄수론

	국가9급						법원9급						법원행시						변호사시험					
17	18	19	20	21	22	16	17	18	19	20	21	17	18	19	20	21	22	17	18	19	20	21	22
													1										
		1				2	1	1	1	1	1	1		3	2				1		1		
1		1		1			1	1				1		1	2	1	5	1		1	1	1	2
		4/120						10/150						17/240						8/140			

제1절 죄수론의 일반이론

01 죄수론의 의의

죄수론(罪數論)이라 함은 범죄의 '수(數)'를 정하는 문제를 다루는 이론을 말한다. 죄수론은 이상에서 검토한 범죄론을 통하여 확정된 범죄성립 여부 및 과실범 및 부작위범과 같은 범죄의 특수한 형태와 미수범 성립 여부 및 정범과 공범의 문제를 바탕으로 하여 '죄의 수를 결정함'으로써 형벌론에서 이에 대한 형을 과하기 위한 전(前) 단계의 역할을 한다. 또한 죄수론은 소송법상으로도 공소제기의 효력, 공소사실의 동일성, 기판력의 범위에 영향을 미치게 된다.

02 죄수결정의 기준

1. 행위표준설

자연적 의미의 행위의 수에 의하여 죄수를 결정하는 견해로서(객관주의), 대법원은 강간과 추행의 죄 중 미성년자의제강간죄, 미성년자의제강제추행죄, 협박에 의한 공갈죄(협박행위마다 하나의 공갈죄가 성립하여 실체적 경합이 된다는 판례는 대법원 1958.4.11, 4290형상360)에 대하여 원칙적으로 행위표준설에 입각하여 죄수를 판단하고 있다.

> 보충 행위표준설은 일정한 범죄유형에 대하여 법원이 엄격하게 대응하려고 하는 경우에 나타나는데, 대법원은 대체로 마약류, 향정신성의약품, 대마, 관세법위반, 신용카드 이용 불법자금융통, 불법적 다단계(피라미드)판매, 무면허 운전 등에 대하여 행위표준설을 죄수판단의 기준으로 고려하고 있다.

판례연구 **행위표준설의 판례**

대법원 2000.11.10, 99도782
수입물품의 수입신고를 하면서 과세가격 또는 관세율 등을 허위로 신고하여 수입하는 경우에는 그 수입신고시마다 당해 수입물품에 대한 정당한 관세의 확보라는 법익이 침해되어 별도로 구성요건이 충족되는 것이므로 각각의 허위수입신고시마다 1개의 죄가 성립한다. [국가7급 16]

---

2. 법익표준설

법익의 수를 가지고 죄수를 결정하는 견해로서(객관주의) 연속범 등을 제외하면 **판례**의 원칙적인 죄수판단 기준이다. 예컨대, 생명·신체·자유·명예와 같은 일신전속적 법익의 경우 그 법익주체(피해자)의 수만큼 죄수가 인정된다. 따라서 설사 동일한 장소에서 동일한 방법에 의해 시간적으로 접착된 행위를 하였더라도 수인을 살해한 경우에는 수개의 살인죄가 된다.

판례연구　　**법익표준설의 판례**

대법원 1979.7.10, 79도840
위조통화행사죄와 사기죄는 **보호법익을 달리하므로** 위조통화를 행사하여 재물을 불법영득한 때에는 **위조통화행사죄와 사기죄의 양죄는 경합범의 관계에 있다**(다수설은 상상적 경합). [경찰채용 15 2차 / 경찰간부 15 / 국가9급 10 / 법원행시 05·06·13 / 사시 10·13 / 변호사시험 12]

→ 위 판례와 같이 대법원에서는 ~행사죄와 사기죄, 신용카드부정사용죄와 사기죄·절도죄의 관계에 있어서 법익표준설을 중시하여 실체적 경합으로 판시한 예가 많다.

---

3. 의사표준설

행위자의 범죄의사의 수를 기준으로 죄수를 결정하는 견해로서(주관주의) 범죄의사가 단일하면 일죄, 별개의 범의라면 수죄로 본다. 따라서 단일한 범의의 계속하에 동종행위를 반복한 때에는 포괄일죄를 구성한다고 보게 되므로, 특히 연속범을 설명할 때 근거가 될 수 있는 입장이다.

> **보충**　**대법원**은 수뢰, 공갈, 사기, 증권거래법위반, 의료법위반, 약사법위반, 불법오락실(게임장)영업, 업무상 횡령, 신용카드부정사용 등에서 연속범·영업범으로 보아 1죄로 판시하고, 폭행 후에 강간의 범의가 일어난 경우에는 별개의 독립한 죄를 구성한다는 **판례**(대법원 1983.4.12, 83도304) 등에서 별개의 범의로 보아 수죄로 판시하고 있는바, 이는 의사표준설에 의한 것이다.

판례연구　　**의사표준설의 판례**

대법원 1982.10.26, 81도1409
피고인(공무원)이 약 5개월간 7회에 걸쳐 같은 공동피고인으로부터 등기사건처리명목으로 금원을 교부받았다면, 이는 피고인이 뇌물수수의 단일한 범의의 계속하에 일정 기간 동종행위를 같은 장소에서 반복한 것이 분명하므로 피고인의 수회에 걸친 뇌물수수행위는 **포괄일죄**를 구성한다.

---

4. 구성요건표준설

법률상의 구성요건에 해당하는 횟수를 기준으로 하여 죄수를 결정하는 견해로서 죄수기준의 출발점을 제시하는 이론이다.

판례연구　　**구성요건표준설의 판례**

대법원 2007.2.15, 2005도9546 전원합의체; 2011.9.29, 2009도3355
특가법 제8조 제1항에서 말하는 '연간 포탈세액 등(이 일정액 이상)'은 각 세목의 과세기간에 관계없이 각 연도별(1.1.부터 12.31.까지)로 포탈한 또는 부정 환급받은 모든 세액을 합산한 금액을 의미한다. 따라서 특가법 제8조 제1항을 적용함에 있어 해당 연도분 부가가치세 중 제1기분 부가가치세 포탈범행과 제2기분 부가가치세 포탈범행이 각각 같은 연도에 기수에 이른 경우, 전부를 포괄하여 하나의 죄로 의율하여야 함에도 이를 실체적 경합범으로 처단한 원심판결은 위법하다.

---

5. 결론

죄수를 정하는 데 있어서는 **구성요건표준설이 원칙적으로 고려되어야 한다**. 형법상 수죄를 정한 제37조(경합범)나 제40조(상상적 경합)의 '수개의 죄 또는 여러 개의 죄'라는 법문의 표현에서도 잘 나타나듯이, 행위자가 위반한 법조문(구성요건)의 개수를 헤아리는 것은 죄의 수의 출발점인 것이다. 따라서 ① 위반되는 구성요건이 한 개인 경우 그 죄수는 일죄가 된다(자연적 의미의 일죄, 단순일죄). 다만 구성요건표준설에 의하더라도 침해되는 구성요건이 수개(포괄일죄, 상상적 경합, 실체적 경합)인 경우 무조건 수죄가 되는 것은 아니고, 죄수판단의 자료로써 보호법익·행위·범죄의사를 고려하여 ② 이것이 수개일 때에는 수죄가 되지만(상상적 경합 및 실체적 경합) ③ 단일할 때에는 일죄가 될 수도 있다(포괄일죄). 결국 **종합적 판단이 불가피한 것이다**(통설·판례).

표정리 죄수론의 구조 개관

구 분		개 념	행 위	침해되는 구성요건
일 죄	단순일죄	1개의 행위로 1개의 죄를 범한 경우	1개	1개
	법조경합	특별·보충·흡수(택일 : ×)	1개 또는 수개	1개
	포괄일죄	결합범, 계속범, 접속범, 연속범, 집합범	수개	1개
수 죄	상상적 경합	실질상 수죄, 과형상 일죄	1개	수개
	경합범	실질상 수죄, 과형상 수죄	수개	수개

제2절 일 죄

01 서 설

한 개의 행위가 한 개의 구성요건에 해당하는 데에 그치는 경우(자연적 의미의 일죄라고도 함)에는 당연히 일죄이다. 이에 비하여 '법조경합'은 외관상 수개의 죄에 해당되는 것처럼 보이지만 구성요건들 간의 일정한 관계 때문에 한 개의 죄만 성립하는 경우를 말한다. 자연적 의미의 일죄와 법조경합을 통틀어 강학상 단순일죄라 부른다.[76] 한편, '포괄일죄'란 수개의 행위가 한 개의 죄에 해당되도록 구성요건이 규정되어 있거나 행위가 파악되는 경우를 말한다.

02 법조경합

1. 의 의

법조경합(法條競合)이라 함은 한 개 또는 수개의 행위가 외견상 수개의 구성요건에 해당하는 것처럼

---

76 자연적 의미의 일죄만 단순일죄라고 부를 때도 있고, 판례는 포괄일죄까지 포함시켜 단순일죄라고 부를 때도 있다.

보이지만, 실제로는 수개의 법조 간의 관계상 일죄로 인정되는 경우를 말한다(단순일죄). [경찰채용 10 2차 / 국가9급 11] 한편 절도죄와 횡령죄의 관계처럼 비록 타인 소유의 재물이라는 점에서 동일하기는 하지만 해당 재물의 점유자가 타인인가 자기인가에 따라서 절도죄와 횡령죄 중 어느 하나의 죄만 성립하게 되는 택일관계는 법조경합이라 할 수 없다(통설). 처음부터 외관상 절도와 횡령 모두에 해당되는 것처럼 보이지도 않기 때문이다. 법조경합에는 특별관계, 보충관계 그리고 흡수관계가 있다.

2. 유형

(1) 특별관계

특별법은 일반법에 우선된다(특별법우선의 원칙). 즉 어느 구성요건이 다른 구성요건의 모든 요소를 포함하는 이외에 다른 특별한 요소를 구비하여야 성립하는 경우로서, 특별관계에 있어서는 특별법의 구성요건을 충족하는 행위는 일반법의 구성요건을 충족하지만, 반대로 일반법의 구성요건을 충족하는 행위는 특별법의 구성요건을 충족하지 못한다. [경찰채용 10 2차 / 국가9급 11 / 법원행시 09 / 사시 12 / 변호사시험 21]

표정리 특별관계의 주요 예 정리

일반법(×)	특별법(○)
보통살인죄(제250조 제1항)	존속살해죄(제250조 제2항), 영아살해죄(제251조) [국가9급 10] 촉탁·승낙살인죄(제252조 제1항)
단순절도죄(제329조)	특수절도죄(제331조)
단순폭행죄(제260조)	특수폭행죄(제261조)
상해죄(제257조), 과실치사죄(제267조)(부분범죄)	상해치사죄(제259조)(결과적 가중범)
절도죄(제329조)	강도죄(제333조)
배임죄(제355조 제2항)	횡령죄(제355조 제1항)

판례연구 **특별관계를 인정한 판례 : 법조경합으로서의 1죄**

대법원 2008.12.11, 2008도9182
교특법위반죄(업무상 과실치사상)와 특가법상 위험운전치사상죄[77]는 흡수관계(내지 특별관계)
음주로 인한 특정범죄가중처벌 등에 관한 법률 위반(위험운전치사상)죄는 형법 제268조에서 규정하고 있는 업무상과실치사상죄의 특례를 규정하여 가중처벌함으로써 피해자의 생명·신체의 안전이라는 개인적 법익을 보호하기 위한 것이다. 따라서 그 죄가 성립하는 때에는 차의 운전자가 형법 제268조의 죄를 범한 것을 내용으로 하는 교통사고처리특례법 위반죄는 그 죄에 흡수된다. [국가7급 12 / 변호사시험 21]

판례연구 **특별관계를 부정한 판례 : 상상적 경합 내지 실체적 경합 인정**

대법원 1997.6.27, 97도1085
형법 제238조 제1항의 공기호부정사용죄와 자동차관리법위반죄는 그 보호법익을 달리하고 있는 점 등에 비추어 보면, 자동차관리법 제78조, 제71조가 형법 제238조 제1항 소정의 공기호부정사용죄의 특별법 관계에 있다고는 보이지 아니한다. [법원행시 12]

---

77 특가법 제5조의11(위험운전치사상) 음주 또는 약물의 영향으로 정상적인 운전이 곤란한 상태에서 자동차(원동기장치자전거를 포함한 다)를 운전하여 사람을 상해에 이르게 한 자는 1년 이상 15년 이하의 징역 또는 1천만 원 이상 3천만 원 이하의 벌금에 처하고, 사망에 이르게 한 자는 무기 또는 3년 이상의 징역의 유기징역에 처한다.

(2) 보충관계

　　기본법은 보충법에 우선된다. 어떤 구성요건이 다른 구성요건의 적용이 없을 때에만 보충적으로 적용되는 경우로서 기본법 우선의 원칙에 따라 보충법 적용이 배제된다. 보충관계 중 명시적 보충관계는 법률의 규정에 의한 것을 말하고, 묵시적 보충관계는 형벌법규의 해석에 의한 것을 말한다.

표정리 보충관계의 주요 예 정리

구 분	보충법(×)	기본법(○)
명시적 보충관계	일반이적죄(제99조)	외환유치죄(제92조)~간첩죄(제98조)
	일반건조물방화죄(제166조)	현주건조물방화죄(제164조), 공용건조물방화죄(제165조)
묵시적 보충관계	예비	미수 · 기수
	미수	기수
	추상적 위험범	구체적 위험범
	위험범(유기죄)	침해범(살인죄)
	방조범	교사범 · 공동정범
	교사범	공동정범
	모욕죄	명예훼손죄
	준사기죄 등(준A죄)	사기죄 등(A죄)

(3) 흡수관계 – 전부법은 부분법을 폐지

① 의의 : 전부법은 부분법을 흡수한다. 즉 전형적으로 어떤 범죄가 무거운 구성요건의 실현 도중에 행해지거나(불가벌적 수반행위) 혹은 그 후에 행해지는 경우(불가벌적 사후행위)를 흡수관계라 한다. 이 경우 흡수하는 전부법만 적용되고 흡수되는 부분법은 배제된다.

② 종 류

　　㉠ 불가벌적 수반행위 : 주된 범죄를 범하기 위해서 수반되는 경미한 범죄 즉, 수반된 행위의 불법과 책임이 주된 범죄에 비해 현저히 경미하기 때문에 별도로 처벌되지 않고 주된 범죄에 흡수되는 행위를 말한다. [경찰채용 16 2차/법원행시 14] 예를 들어 ⓐ 부동의낙태에 수반하여 나타나는 임부의 신체에 대한 상해는 낙태에 흡수되며, ⓑ 도주행위를 하기 위하여 사복을 절취하여 도주하는 경우에 절도는 도주죄에 흡수되고, ⓒ 향정신성의약품수수죄에 수반되는 소지죄는 수수죄에 흡수되며(대법원 1990.1.25, 89도1211),[78] [국가9급 11] ⓓ 사람을 감금하기 위하여 폭행 · 협박하여 감금하는 경우에 폭행 · 협박은 감금죄에 흡수되고,[79] ⓔ 인장위조 · 동행사는 문서위조 · 유가증권위조에 흡수되며, [변호사시험 12] ⓕ 신용카드매출전표에 대한 사문서위조 · 동행사는 신용카드부정사용죄에 흡수되고, [경찰간부 16] ⓖ 휘발유를 소비한 부분에 대한 절도는 자동차불법사용죄에 흡수된다.

표정리 불가벌적 수반행위의 주요 예 정리

구 분	부분법(×)	전부법(○)
	의복손괴 [국가9급 10]	살인행위

---

78 비교 : 다만 향정신성의약품수수죄 이후 별개의 법익침해 또는 위험을 일으킨 소지죄는 별개의 죄를 구성하게 되며, 절취한 대마를 흡입할 목적으로 소지하는 죄도 별죄를 구성하는데 이는 후술하는 불가벌적 사후행위 관련판례 참조.

79 비교 : 그러나 강간을 하기 위해 감금하는 행위는 강간을 하기 위해 반드시 감금하는 행위가 수반되는 것은 아니라는 점에서 강간죄에 흡수되지 않고 별개의 죄를 구성하여 강간(미수)죄와 감금죄의 상상적 경합이 성립한다는 것이 판례의 입장이다(상상적 경합에서 후술). [법원행시 11]

불가벌적 수반행위	휘발유절취	자동차불법사용
	인장위조 및 동행사 [변호사시험 12]	문서위조
	사문서위조 및 동행사	신용카드부정사용
	부수적 상해	낙태
	부수적 협박	상해

판례연구 **불가벌적 수반행위 인정 판례**

대법원 1976.12.14, 76도3375
상해＋협박＝상해(예외도 있음)
같은 시간, 같은 장소에서 상해를 입히고 협박을 한 경우에 특별한 사정이 없는 한 위 협박행위는 상해와 동일범의 하에서 이루어진 폭언에 불과하여 위 상해죄에 포함되는 행위라고 봄이 타당하다.

> 비교 협박＋상해＝실체적 경합
> 흉기로 찔러 죽인다고 말하여 협박한 후 주먹과 발로 구타하여 상해를 입힌 경우 협박죄와 상해죄의 실체적 경합이 된다(대법원 1982.6.8, 82도486).

판례연구 **불가벌적 수반행위 부정 판례**

대법원 2012.10.11, 2012도1895
업무방해죄와 폭행죄는 구성요건과 보호법익을 달리하고 있고, 업무방해의 성립에 일반적·전형적으로 사람에 대한 폭행행위를 수반하는 것은 아니며, 폭행행위가 업무방해죄에 비하여 별도로 고려되지 않을 만큼 경미한 것이라고 할 수도 없으므로, 설령 피해자에 대한 폭행행위가 동일한 피해자에 대한 업무방해죄의 수단이 되었다고 하더라도 그러한 폭행행위가 이른바 불가벌적 수반행위에 해당하여 업무방해죄에 대하여 **흡수관계에 있다고 볼 수는 없다.** [경찰채용 22 1차 / 경찰채용 16 2차 / 경찰채용 18 3차 / 경찰간부 16 / 국가9급 13 / 법원9급 18 / 법원승진 13 / 법원행시 14 / 사시 14]

ⓛ **불가벌적 사후행위**

    ⓐ **의의** : 범죄로 획득한 위법한 이익을 이용하거나 확보하는 행위가 구성요건해당적 행위이지만, 그 침해대상은 선행된 범죄에서 이미 침해된 법익이므로(그 불법은 선행한 범죄에서 이미 평가된 것임을 의미) 따로 범죄를 구성하지 않는 경우를 말한다.

    ⓑ **요 건**

        ㉮ **일정한 범죄의 구성요건에는 해당할 것** : 불가벌적 사후행위가 되기 위해서는 사후행위가 처음부터 범죄 자체가 성립할 수 없는 경우이면 안 되며, **일정한 범죄에는 해당이 되어야 한다.** 예컨대, 절도범이 절취한 도품을 처분한 행위가 횡령죄를 구성하지 않는 것은 불가벌적 사후행위이기 때문이 아니라, 애초에 위탁관계에 의한 것이 아니므로 횡령죄 자체를 구성하지 않기 때문이다. 횡령죄(제355조 제1항)에 해당되기 위해서는 위탁관계에 의하여 타인의 재물을 보관하는 자가 이를 영득해야 하는데, 이러한 경우에는 처음부터 위탁관계에 의한 보관 자체가 인정되지 않는다. 다만, **판례** 중에는 사후행위가 처음부터 범죄에 해당하지 않는 경우에도 불가벌적 사후행위로 판시하는 경우도 있다.[80]

---

80 **판례** : 범죄의 구성요건에 해당하지 않아도 불가벌적 사후행위를 인정한 사례 장물죄는 타인(본범)이 불법하게 영득한 재물의 처분에 관여하는 범죄이므로 자기의 범죄에 의하여 영득한 물건에 대하여는 성립하지 아니하고 이는 **불가벌적 사후행위**에 해당한다(대법원 1986.9.9, 86도1273). [사시 12]

ⓘ 선행범죄가 침해한 법익의 양을 초과하지 않을 것 : 예컨대, 절도범이 절취한 재물을 다시 원래의 절도의 피해자에게 도품인 사실을 숨기고 돈을 받고 매각한 경우에는 **절도죄에서 침해한 법익의 양을 초과한 사기죄**(제347조)까지 범한 것이므로 불가벌적 사후행위가 될 수 없다.

ⓘ 제3자의 독자적인 법익을 침해하지 않을 것 : 불가벌적 사후행위의 요건 중 가장 중요한 것이다. 예컨대, 절도범이 절취한 도품을 선의의 제3자에게 매각한 행위는 불가벌적 사후행위를 구성할 수 없고 별도의 사기죄를 구성하게 된다(대법원 1980.11.25, 80도2310).[81] [국가9급 11 / 사시 13]

ⓒ 성 질

㉮ 제3자에 대한 관계에서는 가벌적 행위라는 성질 : 사후행위는 제3자에 대한 관계에서 여전히 가벌적 행위라는 성질을 유지하므로, 선행범죄에 가담하지 않은 자가 불가벌적 사후행위에만 가담한 경우에도 공범성립이 가능하다.

㉯ 장물죄의 본범으로서의 성질 : 아무리 불가벌적 사후행위라 하더라도, 장물죄의 본범으로서의 성질도 가지고 있다. '장물'이라 함은 재산범죄로 인하여 취득한 물건 그 자체를 말하므로, 재산범죄를 저지른 이후에 별도의 재산범죄의 구성요건에 해당하는 사후행위가 있었다면 비록 그 행위가 불가벌적 사후행위로서 처벌의 대상이 되지 않는다 할지라도 그 사후행위로 인하여 취득한 물건은 재산범죄로 인하여 취득한 물건으로서 장물이 될 수 있는 것이다(대법원 2004.4.16, 2004도353). [국가9급 13 / 국가7급 07 / 법원행시 06·11·14 / 변호사시험 20]

표정리 불가벌적 사후행위의 주요 예 정리[82]

구 분	선행범죄(O)	후행범죄(×)
불가벌적 사후행위	재물절취	재물손괴 [국가9급 10]
	자기앞수표/기차승차권절취	환금/환불 [법원행시 05·06]
	재물횡령/사취	제3자에게 매각
	명의수탁자가 부동산을 제3자에게 매각	매각대금을 임의로 사용
	장물보관	횡령 [법원행시 05]
	장물취득	운반·보관·알선

사례연구 절도죄의 불가벌적 사후행위

甲은 절취한 乙의 자기앞수표로 고급 이탈리아식당에서 음식을 주문하여 먹은 후 음식대금 6만 원을 위 자기앞수표로 계산한 후 거스름돈 4만 원을 받고 그곳을 나왔다. 甲의 형사책임은?

해결 금융기관발행의 자기앞수표는 그 액면금액을 즉시 지급받을 수 있어 현금에 대신하는 기능을 하고 있으므로 절취한 자기앞수표를 환금하거나 현금 대신으로 교부한 행위는 절도행위에 대한 가벌적 평가에 당연히 포함되는 것으로 봄이 상당하다. 따라서 절취한 자기앞수표를 음식대금으로 교부하고 거스름돈을 환불받은

---

81 보충 : 왜냐하면 이 경우 선의(善意)의 제3자는 비록 무권리자인 절도범으로부터 도품의 점유를 이전받았으나 민법상 선의취득의 요건(민법 제249조)에 해당하여 소유권은 가지면서도, 민법 제250조의 도품·유실물 특례에 의하여 절도의 피해자인 원권리자로부터 2년간 반환청구권의 행사를 당하게 되므로 그만큼 불안정한 점유상태를 유지하게 되기 때문에, 절도범은 선의의 제3자에게 거래상의 신의칙에 반하는 기망행위를 한 것으로 보아야 하기 때문이다. 결국 절도범은 제3자의 독자적 법익을 침해했다고 인정받게 되어 **별개의 사기죄의 죄책**까지 성립하는 것이다.

82 비교 : 불가벌적 사후행위가 아닌 예 ① 절취·강취한 예금통장으로 예금인출을 하는 행위, ② 절취한 전당표로 전당물을 찾는 행위, ③ 절취한 인장을 부정사용하는 행위, ④ 횡령한 공금을 장부에 허위기재하여 조세포탈까지 한 행위, ⑤ 사문서위조 후 이를 행사하는 행위, ⑥ 절취한 도품을 선의의 제3자에게 매각하는 행위, ⑦ 대마를 매입한 후 이를 소지하는 행위 등. [경찰채용 11 1차]

행위는 절도의 불가벌적 사후처분행위로서 사기죄가 되지 아니한다(대법원 1982.7.27, 82도822; 1987.1.20, 86도1728). [경찰채용 14 1차 / 경찰간부 13 / 경찰승진 10 / 법원9급 08 / 법원행시 05 · 06]

판례연구   **법조경합의 흡수관계 인정 : 불가벌적 사후행위를 인정한 예**

대법원 1976.11.23, 76도3067; 2004.4.9, 2003도8219

절도범인으로부터 장물보관의뢰를 받은 자가 그 정을 알면서 이를 인도받아 보관하고 있다가 임의처분하였다 하여도 장물보관죄가 성립되는 때에는 이미 그 소유자의 소유물추구권을 침해하였으므로 그 후의 횡령행위는 불가벌적 사후행위에 불과하여 별도로 횡령죄가 성립하지 않는다. [경찰간부 13 / 경찰승진(경감) 11 / 경찰승진 12 · 22 / 국가9급 11 / 국가7급 11 · 13 · 20 / 법원9급 07(상) / 법원9급 10 · 12 · 14 / 법원행시 05 · 06 · 08 · 12 / 사시 10]

판례연구   **법조경합의 흡수관계 부정 : 불가벌적 사후행위를 부정한 예**

대법원 2013.2.21, 2010도10500 전원합의체

새로운 위험 : 명의신탁받아 보관 중이던 토지에 대하여 근저당권설정등기 경료 후 매도한 사례

후행 처분행위가 선행 처분행위로 예상할 수 없는 **새로운 위험**을 추가함으로써 법익침해에 대한 위험을 증가시키거나 **선행 처분행위와는 무관한 방법**으로 법익침해의 결과를 발생시키는 경우라면, 이는 선행 처분행위에 의하여 이미 성립된 횡령죄에 의해 평가된 위험의 범위를 벗어나는 것이므로 특별한 사정이 없는 한 **별도로 횡령죄를 구성한다.** 따라서 타인으로부터 명의신탁받아 보관 중이던 토지에 대하여 피해자인 명의신탁자의 승낙 없이 제3자에게 근저당권설정등기를 경료해 주면 그때에 그 토지에 대한 횡령죄가 성립하고, 그 후 피해자의 승낙 없이 그 토지를 다른 사람에게 **매도**하였다면 이는 근저당권으로 인해 예상될 수 있는 범위를 넘어 새로운 위험을 발생시킨 것이므로 별개의 횡령죄를 구성한다. [경찰채용 18 1차 / 경찰채용 11 2차 / 경찰채용 15 3차 / 국가7급 14 / 법원행시 08 · 09 · 10 · 12 · 15]

---

03   포괄일죄

1. 의 의

(1) 개 념

포괄일죄라 함은 일반적으로 각기 따로 존재하는 여러 개의 행위가 포괄적으로 1개의 구성요건에 해당하여 일죄를 구성하는 경우를 말한다.

(2) 법조경합 및 상상적 경합과의 구별

포괄일죄는 본래 일죄라는 점에서 수죄처럼 보이는 법조경합과 구별될 뿐만 아니라 실질적으로 수죄인 상상적 경합과도 구별된다. [사시 10]

2. 유 형

(1) 결합범

여러 개의 범죄행위가 결합되어 한 개의 구성요건으로 되어 있는 범죄를 말한다.

> 예 강도살인죄(제338조) = 강도죄(제333조) + 살인죄(제250조), 강도강간죄(제339조) = 강도죄(제333조) + 강간죄(제297조), 야간주거침입절도죄(제330조) = 주거침입죄(제319조) + 절도죄(제329조)

→ 다만 강도가 과실치사상을 하여 강도치사상죄가 되는 경우에는 '결과적 가중범'이 되는 경우이어서, 이 경우 강도치사상죄와 강도 및 과실치사상죄의 관계는 기술한 법조경합 중 특별관계에 해당된다.

(2) 계속범

계속범(繼續犯; Dauerdelikt)[83]에 있어서 위법상태의 계속 중에 같은 구성요건을 다시 충족하는 경우에도 별도의 구성요건을 실현하는 것이 아니다.

> 예 감금 중인 피해자를 잠시 풀어주어 산책시키다가 다시 잡아 가두거나 감금 중 도주한 피해자를 바로 잡아 다시 감금한 행위 → 두 개의 감금죄가 성립하는 것이 아니라 포괄하여 한 개의 감금죄만 성립한다. 또한 주거침입한 상태에서 퇴거불응하여도 주거침입죄로 포괄된다. 감금죄나 주거침입죄는 기수 이후 위법상태가 계속되는 계속범이기 때문이다.

(3) 접속범

동일한 법익에 대하여 수개의 독립적 구성요건에 해당하는 행위가 불가분하게 접속하여 행하여지는 경우를 말한다.

> 예 방안에서 소유자를 달리하는 두 사람의 물건을 절취하는 경우(대법원 1970.7.21, 70도1133),[84] [법원9급 10] 하나의 사건에 관하여 한 번 선서한 증인이 같은 기일에 여러 가지 사실에 관하여 기억에 반하는 허위의 진술을 한 경우(대법원 1998.4.14, 97도3340), [경찰간부 11 / 법원9급 05 · 09 · 10 / 법원행시 10 · 11 / 변호사시험 13] 같은 기회에 하나의 행위로 여러 개의 영업비밀을 취득한 경우(대법원 2009.4.9, 2006도9022)[85] [경찰간부 11]

판례연구　　**접속범이 인정되는 경우**

대법원 1970.9.29, 70도1516
피해자를 위협하여 항거불능케 한 후 1회 간음하고 200m쯤 오다가 다시 1회 간음한 경우에 있어 피고인의 의사 및 그 범행 시각과 장소로 보아 두 번째의 간음행위는 처음 한 행위의 계속으로 볼 수 있어 이를 단순일죄로 처단한 것은 정당하다. [국가9급 16 / 법원행시 08 · 13]

판례연구　　**접속범이 부정되는 경우**

대법원 1987.5.12, 87도694
피고인이 피해자(여, 20세)를 강간할 목적으로 도망가는 피해자를 추격하여 머리채를 잡아끌면서 블럭조각으로 피해자의 머리를 수회 때리고 손으로 목을 조르면서 항거불능케 한 후 그녀를 1회 간음하여 강간하고 이로 인하여 그녀로 하여금 요치 28일간의 전두부 타박상을 입게 한 후 약 1시간 후에 그녀를 피고인 집 작은방으로 끌고가 앞서 범행으로 상처를 입고 항거불능상태인 그녀를 다시 1회 간음하여 강간한 경우, 이를 그 범행 시각과 장소를 각 달리하고 있을 뿐만 아니라 각 별개의 범의에서 이루어진 행위로 보아 형법 제37조 전단의 실체적 경합으로 처단한 조치는 옳다. [법원9급 13 / 법원승진 12]

---

(4) 연속범

① 의의 : 연속한 수개의 행위가 단일한 범죄의사로 행한 동종의 범죄에 해당하는 경우를 말한다. 상습범 가중처벌규정들이나 누범 가중처벌규정을 별도로 두고 있는 우리 형법의 특성상 연속범은 **포괄일죄**로 보는 것이 다수설·판례이다. [경찰채용 11 2차] 연속범은 시간적·장소적 근접을 요하지 않는다는 점에서 접속범과는 다르다.

---

83 **정리** : 계속범의 예와 그렇지 않은 예 체포·감금, 주거침입·퇴거불응, 약취·유인, 직무유기죄, 범인은닉죄는 계속범이다. 한편 판례가 계속범이 아니라 즉시범 내지 상태범으로 판시한 형법상 예로는 내란죄, 도주죄, 범죄단체조직죄, 학대죄, 횡령죄 등이 있다.

84 **비교** : 대법원 1989.8.8, 89도664에서는 "절도범이 甲의 집에 침입하여 그 집의 방안에서 그 소유의 재물을 절취하고 그 무렵 그 집에 세들어 사는 乙의 방에 침입하여 재물을 절취하려다 미수에 그쳤다면 위 두 범죄는 그 범행장소와 물품의 관리자를 달리하고 있어서 별개의 범죄를 구성한다."고 판시하고 있다. [법원9급 13 / 법원행시 06 · 10 / 사시 15]

85 **보충** : 이러한 경우에는 기업의 영업비밀 보호와 관련된 재산적 가치라는 **비전속적 법익**이 그 보호법익이므로 상상적 경합이 아니라 일죄가 되는 데 불과하다.

② 요 건
- ㉠ 객관적 요건 : ⓐ **침해법익의 동일성**(따라서 생명·신체·자유·명예처럼 일신전속적 법익을 침해한 범죄의 피해자가 다수인 경우나 주거침입죄와 절도죄처럼 법익이 서로 다를 때에는 연속범이 인정될 수 없고 실체적 경합이 될 것임),[86] ⓑ **범행방법의 동종성**(따라서 범행방법이 서로 전혀 다른 작위범과 부작위범과 같은 경우에는 연속범이 인정될 수 없음), 그리고 ⓒ **시간적 계속성과 장소적 계속성**(따라서 각 범행마다 시간적 간격이 상당 기간 있는 경우나 범행장소가 서로 다른 경우에는 연속범이 인정될 수 없음)이 요구된다.
- ㉡ **주관적 요건** : 범의의 단일성이 요구된다. 이는 단일 또는 계속된 범의의 연속이 있으면 인정된다(대법원 1984.8.14, 84도1139; 1984.5.15, 84도233 등). [경찰간부 17 / 국가7급 10 / 법원9급 15] 따라서 고의범과 과실범 간에는 연속범이 성립할 수 없다.

③ **연속범에 관한 판례의 정리**[87] : 동일 죄명에 해당하는 수개의 행위 또는 연속된 행위를 ㉠ 단일하고 계속된 범의하에 일정 기간 계속하여 행하고 그 피해법익도 동일한 경우에는 통틀어 포괄일죄로 처단하여야 하지만, [국가9급 12] ㉡ 범의의 단일성과 계속성이 인정되지 아니하거나 범행방법 및 장소가 동일하지 않은 경우에는 각 실체적 경합범에 해당하게 된다. [경찰승진 14]

사례연구 **수뢰죄의 연속범 사례**

공무원 甲은 건축업자 乙로부터 그의 담당업무인 허가와 관련하여 협조를 부탁한다는 청탁과 함께 1980년 12월 10일 한 번, 동년 동월 17일 甲의 자택에서 한 번, 동년 동월 하순(일자불상)경 한 번 금원을 각각 교부받았다. 甲의 형사책임은?

> 해결 甲은 수뢰죄의 연속범으로서 포괄일죄가 된다(대법원 1983.11.8, 83도711; 1979.8.14, 79도1393)(공무원의 일정 기간 동안 17회에 걸친 뇌물수수행위를 포괄일죄로 본 판례는 대법원 1990.9.25, 90도1588)(참고로 수뢰죄는 상습범 처벌규정이 없음).

사례연구 **가루로 만들어 버리겠다 사례**

甲은 같은 학원에 다니면서 알게 된 乙과 부산 등지로 여행하던 중 부산 소재 모 여관에서 乙에게 현금카드를 빌려 주지 않으면 부산에 있는 아는 깡패를 동원하여 가루로 만들어 버리겠다고 말하여 이에 겁을 먹은 乙로부터 즉석에서 현금카드 1장을 교부받았다. 甲은 그 이후 17회에 걸쳐 현금카드를 이용하여 현금자동지급기에서 도합 7백 5십만 원을 인출하였다. 甲의 형사책임은?

> 해결 甲은 공갈죄의 연속범으로서 포괄일죄가 성립한다. 또한 현금카드는 도난 또는 분실된 신용카드가 아니므로 신용카드부정사용죄가 적용되지 않는다는 점을 주의하자. 그리고 갈취한 현금카드로 현금인출을 받은 행위는 절도죄 그 자체를 구성하지 않는다(대법원 1996.9.20, 95도1728).

(5) 집합범

구성요건의 성질에서 이미 **동종의 행위가 반복**될 것으로 당연히 예상되는 범죄로서, 영업성, 직업성 또는 상습성에 의하여 개별범죄를 하나의 죄로 통일하는 효과가 일어나 일괄하여 일죄로 되는 경우를 말한다(다수설·판례). 따라서 단지 행위자가 동종의 행위를 반복하였다 하더라도 해당 범죄가 **영업성이나**

---

86 판례 : 구성요건이 다르면 포괄일죄를 구성할 수 없다는 사례 포괄1죄라 함은 각기 따로 존재하는 수개의 행위가 한 개의 구성요건을 한번 충족하는 경우를 말하므로 구성요건을 달리하고 있는 횡령, 배임 등의 행위와 사기의 행위는 포괄1죄를 구성할 수 없다(대법원 1988.2.9, 87도58). [사시 15]

87 정리요령 : 연속범 내지 영업범으로서 포괄일죄가 되는 대표적인 경우들은 수뢰, 공갈, 사기(1인의 피해자, 자기명의카드), 증권거래법 위반(시세조종, 불공정거래), 의료(무면허의료, 의료매개사주), 약사법위반(담합), 오락/게임(불법적 오락실·게임장영업), 횡(업무상 횡령죄), 신(신용카드부정사용) 등의 경우들이다.

상습성에 의하여 동종행위가 반복될 것으로 예상되는 구성요건의 성질을 갖추지 못한 것이라면 집합범으로 볼 수 없다(대법원 2004.7.22, 2004도2390).

> **판례연구** **집합범 인정 판례 : 포괄일죄 인정**
>
> 대법원 2003.2.28, 2002도7335
> 직계존속인 피해자를 폭행하고, 상해를 가한 것이 존속에 대한 동일한 폭력습벽의 발현에 의한 것으로 인정되는 경우, 그중 법정형이 더 중한 상습존속상해죄의 포괄일죄만 성립한다. [경찰채용 10·15 2차 / 국가7급 10 / 법원행시 07]

3. 효 과

포괄일죄는 형법상 일죄가 된다. 또한 포괄일죄 도중에 법률변경이 있는 때에는 법정형의 경중을 따지지 않고 범죄종료시의 법인 신법을 적용한다(형법 제1조 제1항). [법원9급 10] 그리고 포괄일죄 도중에 가담한 공동정범자는 자신이 가담한 이후의 부분에 대해서만 죄책을 진다.

> **판례연구** **포괄일죄의 효과 관련판례**
>
> **1** 대법원 2014.1.16, 2013도11649
> 영리목적 무면허의료행위 중 일부에 보건범죄단속법위반죄가 아니라 의료법위반죄로 판결이 확정된 경우
> 영리를 목적으로 무면허 의료행위를 업으로 하는 자의 여러 개의 무면허 의료행위가 포괄일죄 관계에 있고 [법원9급 15] 그중 일부 범행이 보건범죄단속법 제5조 제1호 위반죄가 아니라 단순히 의료법 제27조 제1호 위반으로 기소되어 판결이 확정된 경우에도, 그 확정판결의 기판력은 사실심판결선고 이전에 범한 보건범죄단속법 제5조 제1호 위반 범행에 미친다. [경찰채용 21 1차]
>
> **2** 대법원 2001.8.21, 2001도3312
> 포괄일죄 도중에 다른 종류의 죄에 대한 확정판결이 있는 경우
> 포괄일죄로 되는 개개의 범죄행위가 다른 종류의 죄의 확정판결의 전후에 걸쳐서 행하여진 경우에는 그 죄는 2죄로 분리되지 않고 확정판결 후인 최종의 범죄행위시에 완성되는 것이다. [법원9급 07(상) / 법원행시 12 / 사시 15 / 변호사시험 15]

제3절 **수 죄**

01 **상상적 경합**

> **제40조【상상적 경합】** 한 개의 행위가 여러 개의 죄에 해당하는 경우에는 가장 무거운 죄에 대하여 정한 형으로 처벌한다. 〈우리말 순화 개정 2020.12.8.〉 [법원9급 16 / 법원행시 07]

1. 의 의

상상적 경합이라 함은 한 개의 행위를 통하여 여러 개의 형벌법규 또는 동일한 형법법규를 수차 침해하는 경우를 말한다(관념적 경합). 예를 들어, 甲이 乙의 진돗개를 죽이려고 총을 쏘았으나 빗나가 乙이 맞아

죽은 경우(추상적 사실의 착오 중 방법의 착오), −구체적 부합설이나 법정적 부합설에 의하면− 손괴미수죄와 과실치사죄의 상상적 경합이 성립하는데, 과형은 형법 제40조에 의하여 보다 더 무거운 손괴미수죄의 형인 3년 이하의 징역으로 처벌한다. 즉 **상상적 경합은 과형상 일죄**로 처리한다.

2. 법적 성질

비록 하나의 행위이지만, 여러 개의 형벌법규를 침해하므로 수죄이다. 그러므로 상상적 경합은 **실질**(본질)**상 수죄, 과형**(처분)**상 일죄**로 파악된다.

3. 요 건

(1) 행위의 단일성과 동일성이 인정될 것

상상적 경합이 인정되려면 행위의 단일성이 요구되는바, 단일한 행위라 함은 '법적 평가를 떠나 사회관념상 행위'가 사물자연의 상태로서 1개로 평가되는 것을 의미한다(판례).

(2) 여러 개의 죄에 해당될 것

상상적 경합은 한 개의 행위가 실질적으로 여러 개의 구성요건을 충족하는 경우를 말하는바, 실질적으로 1죄인가 또는 수죄인가는 **구성요건적 평가와 보호법익**의 측면에서 판단하여야 한다(대법원 2002.7.18, 2002도669 전원합의체 등). [경찰채용 10 2차 / 경찰승진 13 / 국가9급 11 / 법원행시 12 / 사시 12] 수개의 구성요건은 이종일 수도 있고(이종의 상상적 경합), 동종일 수도 있다(동종의 상상적 경합).

(3) 법조경합의 관계가 아닐 것

특별관계, 보충관계, 흡수관계 등 법조경합이 되면 일죄만 성립하므로 상상적 경합이 될 수 없다.

4. 구체적 적용 − 범죄태양과 상상적 경합

(1) 고의범과 과실범

고의범과 과실범 간에는 상상적 경합이 충분히 성립할 수 있다. 예컨대, 폭탄을 던져 고의로 재물을 손괴하고 과실로 사람을 살해한 경우에는 행위의 완전동일성이 인정되어 재물손괴죄의 고의범과 과실치사죄의 상상적 경합이 성립한다.

(2) 결과적 가중범

결과적 가중범의 기본범죄가 다른 범죄와 상상적 경합관계에 있는 경우나, 결과적 가중범의 무거운 결과가 고의로 실현된 경우 고의범과 결과적 가중범 사이에 상상적 경합이 성립한다.

> 예 전자의 경우는, 적법한 직무를 집행하는 공무원에 대한 폭행을 했는데 상해에 이른 경우 공무집행방해죄와 폭행치상죄의 상상적 경합을 생각하면 된다. 후자의 경우는, 판례가 현주건조물방화치사죄와 강도살인죄의 관계 또는 현주건조물방화치사죄와 존속살해죄의 관계에서 상상적 경합관계로 본다.[88]

(3) 작위범과 작위범 및 부작위범과 부작위범

작위범과 작위범 간의 관계에 상상적 경합이 인정되듯이, 부작위범과 부작위범 간에도 행위의 동일성이 인정되기 때문에 상상적 경합이 인정된다. [법원9급 10] **판례**도 인권옹호직무명령부준수죄(진정부작위범)와 직무유기죄(판례에 의하면 부진정부작위범)의 상상적 경합을 인정하고 있다(대법원 2010.10.28, 2008도11999).

---

88 기술한 범죄의 특수한 출현형태, 결과적 가중범 중 부진정결과적 가중범 참조.

(4) 작위범과 부작위범

작위범과 부작위범은 행위의 동일성이 인정되지 않고 오직 시간적 중복만이 가능하므로 상상적 경합관계가 성립하지 않고(통설), 법조경합 중 묵시적 보충관계에 해당한다. 예컨대, 허위공문서작성죄, 위계에 의한 공무집행방해죄, 범인도피죄, 증거인멸죄 등의 작위범이 성립하는 경우에는 직무유기죄와 같은 부작위범은 '상상적 경합'관계로는 성립하지 않는다(판례). [법원9급 05·11 / 법원행시 11]

➡ 다만 직무를 유기하고 나서 이와 같은 위법사실을 적극적으로 은폐할 목적이 아닌 다른 목적으로 허위공문서를 작성한 공무원에게 직무유기죄와 허위공문서작성죄의 '실체적 경합'이 된다는 판례는 있다.

(5) 계속범

① **강간하기 위하여 감금한 경우** : ㉠ 불법감금 중에 강간의 고의가 생겨 강간한 경우는 실체적 경합이지만, ㉡ 강간의 목적으로 감금하여 강간한 경우처럼 '즉시범(목적)을 범하기 위해 계속범(수단)을 범한 경우'라면 **상상적 경합**에 해당한다(대법원 1983.4.26, 83도323). [경찰승진 12 / 국가9급 13 / 국가7급 08·10·13 / 법원행시 08 / 사시 13]

② **무면허운전과**(무면허운전 중) **업무상 과실치사상죄의 관계** : 실체적 경합에 해당한다(판례, 대법원 1972.10.31, 72도2001, 반대견해 있음). [국가9급 08]

(6) 행위의 부분적 동일성과 관련한 소위 연결효과에 의한 상상적 경합의 가능성

① **의의** : 2개의 독자적 행위가 제3의 행위와 각각 상상적 경합의 관계에 있는 경우 이를 통하여 이들 모든 행위 사이에 상상적 경합관계가 성립할 수 있다는 것을 소위 **연결효과에 기한 상상적 경합**이라 한다. 예컨대, 예비군 중대장 甲이 그 소속 예비군 乙로부터 금원을 받고 乙이 예비군훈련에 불참하였음에도 불구하고 참석한 것처럼 허위내용의 중대 학급편성명부를 작성·행사한 경우, 수뢰 후 부정처사죄(제131조 제1항) 이외에 별도로 허위공문서작성(제227조) 및 동행사죄(제229조)가 성립하고 이들 죄와 제3의 범죄인 수뢰 후 부정처사죄는 각각 상상적 경합관계에 있게 되는데(대법원 1983.7.26, 83도1378), 이때 제3의 범죄와 상상적 경합으로 '연결'되는 것의 '효과'로 허위공문서작성죄와 동행사죄 간에도 상상적 경합으로 인정할 수 있겠는가의 문제이다.

② **해결** : 견해는 대립하나, 판례는 허위공문서작성죄와 동행사죄 간에는 실체적 경합이 성립하지만(성립하는 죄책 : 실체적 경합), 수뢰 후 부정처사죄와 허위공문서작성죄가 상상적 경합으로 연결되고 또한 수뢰 후 부정처사죄와 허위작성공문서행사죄도 상상적 경합으로 연결되기 때문에, 결국 상상적 경합범관계에 있는 수뢰 후 부정처사죄와 대비하여 가장 무거운 형에 정한 형으로 처단하면 족한 것(과형 : 상상적 경합, 이는 처벌에 있어서는 수뢰 후 부정처사죄와 허위공문서작성죄와 허위공문서행사죄를 모두 상상적 경합으로 처리한 것임)이고 따로 경합범가중을 할 필요 없다는 입장이다(대법원 1983.7.26, 83도1378). [법원9급 07(상) / 법원9급 11]

(7) 기타 상상적 경합의 판례 정리

판례연구	기타 상상적 경합을 인정한 판례

대법원 2002.7.18, 2002도669 전원합의체
사기죄와 업무상 배임죄는 그 구성요건을 달리하는 별개의 범죄이고 형법상으로도 각각 별개의 장에 규정되어 있어, 1개의 행위에 관하여 사기죄와 업무상 배임죄의 각 구성요건이 모두 구비된 때에는 양 죄를 법조경합 관계로 볼 것이 아니라 상상적 경합관계로 봄이 상당하다 할 것이고, 나아가 업무상배임죄가 아닌 **단순배임죄**라고 하여 양 죄의 관계를 달리 보아야 할 이유도 없다. [국가7급 11·16 / 법원9급 11 / 법원행시 06·09·11·12·14 / 사시 11·13·14 / 변호사시험 12]

5. 효 과

여러 개의 죄 중에서 **가장 무거운 죄에 대하여 정한 형**으로 처벌된다(2020.12.8. 우리말 순화 개정형법 제40조). 가장 무거운 죄에 대하여 정한 형이란 법정형을 의미한다. 구체적으로, 형의 경중은 형법 제50조에 따르되, 형의 상한과 하한을 모두 대조하여 전체적으로 중한 형으로 각각 결정하여야 한다는 **전체적 대조주의(결합주의)** 가 통설·판례이다(대법원 1984.2.28, 83도3160 참조). 즉 상상적 경합관계에 있는 죄들 중 가장 중한 죄 아닌 죄의 하한이 가장 중한 죄의 하한보다 중할 때 이를 '가장 중한 형'의 하한으로 해야 한다. [경찰채용 10 2차 / 법원행시 06·07·08]

다만 가장 무거운 죄에 대하여 정한 형으로 처벌한다고 하여 가장 무거운 죄 아닌 죄에 정한 가벼운 형종의 형을 병과할 수 없는 것은 아니다. 따라서 상상적 경합관계에 있는 죄 중 형이 무거운 법조에 정한 형으로 처벌하는 경우 다른 법조에서 정한 벌금형을 병과하는 것은 정당하며(대법원 2008.12.24, 2008도 9169), [국가9급 08] 마찬가지로 형이 가벼운 죄에 정한 몰수·추징과 같은 부가형도 과할 수 있다(대법원 2006.1.27, 2005도8704).

02 경합범(실체적 경합)

> 제37조【경합범】판결이 확정되지 아니한 수개의 죄 또는 금고 이상의 형에 처한 판결이 확정된 죄와 그 판결확정 전에 범한 죄를 경합범으로 한다. [법원9급 08·16 / 법원행시 07·09]

1. 서 설

(1) 의 의

경합범(실체적 경합)이라 함은 한 사람에 의하여 범해진 판결이 확정되지 아니한 수개의 죄 또는 금고 이상의 판결이 확정된 죄와 그 판결확정 전에 범한 죄를 말한다. 원래 수개의 행위로 수개의 죄를 범하였다면 수개의 형이 병과되어야 할 것이지만 우리 형법에서는 경합범을 원칙적으로 가중주의에 의하여 처리하고 있다. 즉 경합범은 법관으로 하여금 합리적으로 양형을 하도록 도모한 개념이자 규정이다.

(2) 종 류

① **동시적 경합범** : 동일인이 수개의 행위를 통해 범한 수죄의 전부에 대해 판결이 확정되지 않아 동시에 판결될 것을 요하는 범죄 간의 관계를 말한다(제37조 전단).

② **사후적 경합범** : 동일인이 범한 수개의 범죄 중에서 어느 일부의 죄에 대하여 먼저 금고 이상의 형에 처하는 판결이 확정된 경우, 그 금고 이상의 판결이 확정된 죄와 그 판결확정 전에 이미 범한 범죄(여죄)와의 사이의 경합관계를 말한다(제37조 후단).[89]

---

89 보충 : 이 경우를 왜 경합범관계라고 인정하는가 하면, 금고 이상의 판결이 확정되던 그때에 (판결이 확정될) 그 죄와 (판결확정) 이전에 이미 범한 범죄는 −수사와 공소제기가 이루어지고 병합심리가 행해졌다면− 동시적 경합범으로 처리할 수도 있었기 때문이다. 따라서 **사후적 경합범**은 원래 동시적 경합범인데, 다만 그중 이미 판결이 확정된 죄가 있고 그 죄에 대하여는 기판력이 발생하여 이 죄에 대하여는 더 이상 손을 댈 수가 없기 때문에 그 판결확정 전에 범한 죄에 대하여만 형을 선고하게 되는 것이다.

2. 요 건

(1) 실체법적 요건

① **구성요건침해의 다수성** : 여러 개의 동종 또는 이종의 구성요건이 침해되어 수죄가 성립해야 한다(동종의 경합범 또는 이종의 경합범).

② **행위의 다수성** : 행위는 수개이어야 한다. 만일 행위가 한 개이면 여러 개의 죄에 해당되더라도 과형상 일죄인 상상적 경합으로 취급된다.

(2) 소송법적 요건

① **동시적 경합범의 경우**

    ㉠ **전부의 판결미확정** : 동시적 경합범이 성립하기 위해서는 판결이 확정되지 않을 것을 요한다. 따라서 원래 (동시적) 경합범관계의 수죄 중 검사가 일부 죄만 기소하여 먼저 판결이 확정된 경우에는 형법 제37조 전단의 동시적 경합범이 될 수 없다(대법원 1966.6.7, 66도526). 이는 경합범 중 일부 죄에 대해 파기환송되었으나 다른 죄가 이미 확정된 경우에도 마찬가지이다(대법원 1974.10.8, 74도1301). [법원9급 18 / 사시 10]

    ㉡ **병합심리** : 수개의 죄가 **동시에 판결될 상태에 있어야 함**을 말한다. 따라서 수개의 죄 가운데 일부 범죄가 기소되지 않은 경우에는 동시적 경합범이 될 수 없다. 다만 기소되지 않은 일부에 대해 추가기소가 되어 병합심리가 되는 경우에는 동시적 경합범에 속한다. 병합심리가 항소심에서 이루어져도 동시적 경합범이다(대법원 1972.5.9, 72도597).

② **사후적 경합범의 경우** [법원행시 09]

    ㉠ **일부의 판결확정** : (금고 이상의 형에 처한) 판결이 확정된 죄와 그 판결확정 전에 범한 죄만이 사후적 경합범이 된다. 판결확정 전의 죄와 후의 죄는 사후적 경합범이 성립할 수 없다.

        예 甲이 시간적 순서대로 ABC의 죄를 차례로 범하고 C죄에 대해 금고 이상의 형에 처한 확정판결이 있은 후 DE의 죄를 범한 경우에, AB죄와 C죄는 사후적 경합범이며, A죄와 B죄, D죄와 E죄는 동시적 경합범이다. 그러나 ABC죄와 DE죄는 경합범이 아니다. 따라서 이 경우 두 개의 형이 병과되고 형의 합계도 문제되지 않는다.

    ㉡ **동시에 판결할 수 있었던 죄일 것** : 형법 제37조 후단 경합범 중 아직 판결을 받지 아니한 죄는 이미 판결이 확정된 죄와 동시에 판결할 수 있었던 죄이어야 한다. 따라서 아직 판결을 받지 아니한 죄가 이미 판결이 확정된 죄와 동시에 판결할 수 없었던 경우에는 사후적 경합범의 관계가 성립할 수 없어 형법 제39조 제1항에 따라 동시에 판결할 경우와 형평을 고려하여 형을 선고하거나 형을 감경 또는 면제할 수 없다(대법원 2011.10.27, 2009도9948; 2012.9.27, 2012도9295; 2014.3.27, 2014도469).

[경찰간부 16 / 법원9급 14 · 16 / 법원행시 16]

사례연구   **경합범의 개념**

피고인 A가 범한 甲죄, 乙죄, 丙죄의 범행일시는 모두 피고인의 丁죄 등에 대한 판결(이하 '제1판결'이라 한다) 확정 이후이고, 그중 甲죄와 乙죄의 범행일시는 피고인의 戊죄에 대한 판결(이하 '제2판결'이라 한다) 확정 전인 반면 丙죄의 범행일시는 그 이후인데, 戊죄의 범행일시가 제1판결 확정 전인 경우이다. 그렇다면, 제2판결의 확정을 전후한 甲 · 乙죄와 丙죄 사이에는 ① 형법 제37조 전단의 경합범의 관계인가, ② 형법 제37조 후단의 경합범의 관계인가, 아니면 ③ 형법 제37조 전단 · 후단의 어느 경합범관계도 성립할 수 없는가? (①, ②, ③ 중 택일)

    해결   戊죄와 甲죄 및 乙죄는 처음부터 동시에 판결할 수 없었던 경우여서, 경합범 중 판결을 받지 아니한 죄에 대하여 형을 선고할 때는 그 죄와 판결이 확정된 죄를 동시에 판결할 경우와 형평을 고려하도록 한 형법 제39조 제1항은 여기에 적용될 여지가 없으나, 그렇다고 마치 확정된 제2판결이 존재하지 않는 것처럼 甲죄 및 乙죄와 丙죄 사이에 형법 제37조 전단의 경합범관계가 인정되어 형법 제38조가 적용된다고 볼 수도 없으므로, 확정된 제2판결의 존재로 인하여 이를 전후한 甲죄 및 乙죄와 丙죄 사이에는 형법 제37조 전·후단의 어느 경합범관계도 성립할 수 없고, 결국 각각의 범죄에 대하여 별도로 형을 정하여 선고할 수밖에 없다(대법원 2011.6.10, 2011도2351).

정답 ③

ⓒ 확정판결의 범위 : 금고 이상의 형에 처한 판결이 확정된 죄
 ⓐ '판결이 확정된 죄'에서 '금고 이상의 형에 처한 판결이 확정된 죄'로의 개정 : 확정판결은 반드시 금고 이상의 형에 처하는 것임을 요한다(2004.1.20. 개정형법 제37조).[90]
 ⓑ 2004년 형법개정의 취지 : 예컨대, 행위자가 A죄를 범하고 나서 B죄를 범하고 B죄에 대한 '벌금'의 형이 내려지고 이 판결이 확정되고 난 후 C죄를 범한 경우, (구형법에 의하면 B와 A죄 간에는 사후적 경합범이지만 판결확정 전후의 죄인 A죄와 C죄 간에는 경합범관계가 인정되지 않아 A죄와 C죄에 대한 각각 별도의 형이 내려지고 별도로 집행되었던 데 비하여) 2004년 1월 20일자 개정형법에 의하면 제37조 후단의 '판결이 확정된 죄'가 '금고 이상의 형에 처한 판결이 확정된 죄'로 제한됨에 따라 벌금형으로 확정된 B죄에 대한 판결확정 전후의 죄인 A죄와 C죄 간에는 아직 판결이 확정되지 않은 수개의 죄의 관계(동시적 경합범)가 있다고 보게 되어 동시적 경합범으로서 하나의 형으로 합쳐 판결을 내릴 수 있게 된 것이다(대법원 2004.1.27, 2001도3178; 2004.6.25, 2003도7124; 2005.7.14, 2003도1166).
 ⓒ '금고 이상의 형에 처한'이라는 문구의 추가로 인한 결과 : 금고 이상의 형에 처한 확정재판임을 요하므로, 제37조 후단의 '판결이 확정된 죄'에 대하여 벌금형을 선고하는 판결이 확정된 때나 약식명령이 확정된 경우도 포함된다고 보았었던 기존의 판례들(대법원 2001.11.30, 2001도5657; 2001.8.24, 2001도2832; 1994.12.21, 93도1817)은 모두 폐기된 것이다.
 ⓓ 2004년 개정형법 제37조의 소급효 허용 : 종래 경합범 처리를 할 수 없었던 경우를 위와 같이 경합범으로 처리할 수 있게 됨에 따라, 여기에 해당되는 피고인에게는 보다 유리한 변화가 생기게 되었다.[91] 따라서 위 개정법률 제37조를 적용하는 것이 ―피고인에게 불리하게 되는 특별한 사정이 없는 한― 형법 제1조 제2항을 유추적용하여 위 개정법률 시행 당시 법원에 계속 중인 사건 중 위 개정법률 전에 벌금형에 처한 판결이 확정된 경우에도 적용되는 것으로 보아야 할 것이다(소급효 인정, 대법원 2004.1.27, 2001도3178; 2004.6.25, 2003도7124; 2005.7.14, 2003도1166).
 ⓔ 금고 이상의 '판결이 확정된 죄'의 범위 : 판결이 확정된 죄라 함은 어느 죄에 대하여 확정판결이 있었던 사실 그 자체를 의미하므로 이 판결에 대하여 사면이 있거나 형이 실효되거나 집행유예(집행유예는 징역이나 금고의 형이 선고되는 경우임을 상기할 것 ― 제62조 제1항 참조)의 기간이 경과되어 형선고의 효력이 실효되는 등의 여부는 문제되지 않고, 금고 이상의 판결이 확정된 죄가 있다면 그 죄와 그 판결확정 전에 범한 죄 간에는 모두 사후적 경합범이 성립하게 된다(대법원 1984.8.21, 84모1297; 1992.11.24, 92도1417; 1996.3.8, 95도2114). [법원9급 08/사시 10]

---

90 2004.1.20. 형법개정의 이유 : 2004년 개정형법 이전의 형법 제37조 후단에서는 사후적 경합범의 요건으로 '판결이 확정된 죄'라고 규정하면서 그 범위를 제한하지 않고 있어서 이것이 피고인에 대하여 불리하게 작용될 뿐만 아니라 법원의 입장에서도 인력·예산의 낭비를 초래하는 측면이 있었기 때문이다.
91 보충 : A죄의 형이 징역 1년 이하이고 C죄의 형이 징역 1년 이하라고 한다면 구형법에 의하면 양죄 간에 경합범관계가 없으므로 이를 따로 집행하게 되므로 길게는 2년까지 징역형의 집행을 받을 수 있었던 데 비하여, 개정형법에 의하면 양죄는 동시적 경합관계가 인정되므로 제38조 제1항 제2호에 의하여 징역 1년 6개월 이하의 범위에서 형집행을 받게 될 것이다.

ⓔ 판결확정 전에 범한 죄 : 판결확정시점에 대해서는 견해의 대립이 있으나, '상소 등 통상의 불복절차에 의하여 다툴 수 없게 된 상태'를 말한다는 것이 판례이다(대법원 1983.7.12, 83도1200). 판결확정 전에 범한 죄라 함은, 범죄가 판결확정 전에 성립하고 '종료'되어야 한다(대법원 2007.1.25, 2004도45). 따라서 포괄일죄의 도중에 다른 종류의 범죄에 대한 금고 이상의 형에 처한 판결이 확정된 경우, 포괄일죄는 위 도중의 판결이 확정된 후에 '종료'된 것이므로, 판결이 확정된 죄와 위 포괄일죄는 형법 제37조 후단의 사후적 경합범에 해당될 수 없다.[92] [법원행시 06 / 사시 10]

판례연구 **실체적 경합을 인정한 판례**

대법원 1989.11.28, 89도1309; 1995.8.22, 95도594; 1996.2.13, 95도2121; 1995.8.22, 95도594; 2000.2.11, 99도4862; 2000.7.7, 2000도1899; 2003.4.8, 2003도382; 2010.4.29, 2010도2810
동일한 피해자 또는 수인의 피해자에 대한 수개의 사기행위의 죄수
① 사기죄에 있어서 동일한 피해자에 대하여 수회에 걸쳐 기망행위를 하여 금원을 편취한 경우, 범의가 단일하고 범행방법이 동일하다면 사기죄의 포괄일죄만이 성립하고, 범의의 단일성과 계속성이 인정되지 아니하거나 범행방법이 동일하지 아니하다면 각 범행은 실체적 경합범에 해당한다(대법원 1989.11.28, 89도1309; 1997.6.27, 97도508). 또한 ② 사기죄에 있어서 수인의 피해자에 대하여 각 피해자별로 기망행위를 하여 각각 재물을 편취한 경우에 그 범의가 단일하고 범행방법이 동일하다고 하더라도 포괄1죄가 성립하는 것이 아니라 피해자별로 1개씩의 죄가 성립하는 것으로 보아야 할 것이다(대법원 1996.2.13, 95도2121; 1995.8.22, 95도594; 1997.6.27, 97도508; 2000.2.11, 99도4862; 2000.7.7, 2000도1899; 2003.4.8, 2003도382). [국가9급 12 / 국가7급 07 / 법원9급 10 / 법원행시 14]
따라서 ③ 백화점 식품부 차장이 전날 판매하고 남은 재고품을 재포장하고 가공일자가 재포장일자로 기재된 바코드라벨을 부착하여 마치 신선한 식품인 것처럼 수많은 고객들에게 판매한 경우도 피해자별로 1개씩의 사기죄가 성립하고(대법원 1995.8.22, 95도594), ④ 다수의 계(契)를 조직하여 수인의 계원들을 개별적으로 기망하여 계불입금을 편취한 경우에도, 각 피해자별로 독립하여 사기죄가 성립하고 그 사기죄 상호간은 실체적 경합범관계에 있다(대법원 2010.4.29, 2010도2810). [경찰간부 12 / 경찰승진 13]

---

3. 효 과

(1) 동시적 경합범의 처벌

① 흡수주의

제38조【경합범과 처벌례】 ① 1. 가장 무거운 죄에 대하여 정한 형이 사형, 무기징역, 무기금고인 경우에는 가장 무거운 죄에 대하여 정한 형으로 처벌한다. 〈우리말 순화 개정 2020.12.8.〉

동시적 경합범 중 어느 하나의 죄에 사형, 무기징역, 무기금고가 규정되어 있는 경우에는 다른 죄의 형을 고려할 필요 없이 가장 무거운 죄의 형으로 흡수된다.

② 가중주의

제38조【경합범과 처벌례】 ① 2. 각 죄에 대하여 정한 형이 사형, 무기징역, 무기금고 외의 같은 종류의 형 [국가9급 08] 인 경우에는 가장 무거운 죄에 대하여 정한 형의 장기 또는 다액(多額)에 그 2분의 1까지 가중하되 각 죄에 대하여 정한 형의 장기 또는 다액을 합산한 형기 또는 액수를 초과할 수 없다. 다만, 과료와 과료, 몰수와 몰수는 병과(倂科)할 수 있다. 〈우리말 순화 개정 2020.12.8.〉 [법원9급 08 · 16 / 법원행시 06 · 08 · 10]
② 제1항 각 호의 경우에 징역과 금고는 같은 종류의 형으로 보아 징역형으로 처벌한다. 〈우리말 순화 개정 2020.12.8.〉

동시적 경합범의 각 죄에 정한 형이 예컨대 유기징역과 유기징역인 경우처럼 같은 종류의 형 [국가9급 08] 인 경우에는 가장 무거운 죄에 대한 정한 형의 장기 또는 다액에 2분의 1을 가중하되 각 죄의 장기 또는 다액을 합산한 형기 또는 액수를 초과할 수 없다. 상상적 경합범의 전체적 대조주의(결합주의)는

---

92 기술한 포괄일죄의 법적 효과 참조.

여기에도 그대로 적용되어, 가장 중한 죄 아닌 죄에 정한 형의 단기가 가장 중한 죄에 정한 형의 단기보다 중한 때에는 그 중한 단기를 하한으로 한다(대법원 1985.4.23, 84도2890). [국가9급 08 / 법원9급 07(상) / 법원행시 06 · 08 · 10]

또한 동시적 경합범에 해당하는 죄에 대하여 동시에 판결할 때에는 단일한 선고형으로 처단해야 하고(대법원 1972.5.9, 72도597) 명문의 규정이 없는 한 분리하여 형을 선고할 수 없다(대법원 2009.1.30, 2008도4986). 반면, 확정판결 전에 저지른 범죄와 그 후에 저지른 범죄는 경합범관계에 있는 것은 아니므로 두 개의 주문으로 각각 따로 처벌해야 한다(대법원 1970.12.22, 70도2271).

한편, 금고와 징역을 선택하여 경합범가중을 하는 경우에는 형법 제38조 제2항에 따라 금고형과 징역형을 같은 종류의 형으로 간주하여 징역형으로 처벌하여야 한다(대법원 2013.12.12, 2013도6608).

③ 병과주의

> **제38조【경합범과 처벌례】**① 3. 각 죄에 대하여 정한 형이 무기징역, 무기금고 외의 다른 종류의 형인 경우에는 병과한다. 〈우리말 순화 개정 2020.12.8.〉 [법원행시 07]

병과주의는 수죄에 정한 형이 다른 종류인 경우이든, 일죄에 대하여 다른 종류의 형을 병과할 경우이든 적용된다. 또한 다른 종류의 형을 병과할 때 후술하는 형의 일부에 대한 선고유예(제59조 제2항)나 형의 일부에 대한 집행유예(제62조 제2항)가 가능해진다. 다만, 병과주의도 동시적 경합범을 처리하는 방식인 만큼, 수개의 마약류관리법 위반죄의 중간에 확정판결이 존재하여 확정판결 전후의 범죄가 서로 경합범관계에 있지 않게 된 경우, 1개의 주문으로 징역과 벌금을 병과하여 형을 선고하는 것은 위법하다(대법원 2010.11.25, 2010도10985).

(2) 사후적 경합범의 처벌

① 형의 선고

> **제39조【판결을 받지 아니한 경합범】**① 경합범 중 판결을 받지 아니한 죄가 있는 때에는 그 죄와 판결이 확정된 죄를 동시에 판결할 경우와 형평을 고려하여 그 죄에 대하여 형을 선고한다. 이 경우 그 형을 감경 또는 면제할 수 있다. 〈개정 2005.7.29.〉 [국가9급 08 / 법원9급 08 · 16 / 법원행시 07 / 사시 14]
> ② 제39조 제2항을 삭제한다. 〈개정 2005.7.29.〉
> (참고 : 개정 전 형법 제39조 ① 경합범 중 판결을 받지 아니한 죄가 있는 때에는 그 죄에 대하여 형을 선고한다)

㉠ 제39조 제1항 본문 : 개정 전 형법에 있어서는 사후적 경합범이 동시적 경합범보다 피고인을 불리하게 취급할 소지가 있었기 때문에,[93] 2005년 7월 29일 형법 제39조 제1항을 개정하여 "경합범 중 판결을 받지 아니한 죄가 있는 때에는 그 죄와 판결이 확정된 죄를 동시에 판결할 경우와 '형평을 고려하여' 그 죄에 대하여 형을 선고한다."고 규정하게 되었다. 따라서 이러한 형법의 개정은 일단 피고인에게 유리한 **법률의 변경**이라고 볼 수 있다(이에 개정형법 제39조 제1항의 소급적용을 인정한 판례는 대법원 2005.11.25, 2005도6457).

㉡ 제39조 제1항 단서 : 개정형법 제39조 제1항 단서에서는 "이 경우 그 형을 감경 또는 면제할 수 있다."라고 하여, 본문에서는 형평을 고려하도록 하는 반면 단서에서는 임의적 감면에 불과한 것으로 규정하고 있다. **판례**는 사후적 경합범에 대한 형의 감면은 어디까지나 임의적이고, 특별한 경우에만 가능하다는 입장이다. 또한, 법정형에 하한이 설정된 후단 경합범에 관한 감경을 할 때에 형기의 2분의 1 미만으로는 감경할 수 없다.

---

93 참고 : 2005년 개정형법 이전의 형법 제39조 개정 전 형법 제39조 제1항은 "경합범 중 판결을 받지 아니한 죄가 있는 때에는 그 죄에 대하여 형을 선고한다."고 규정하고 있었다. 또한 동조 제2항에서는 이미 확정된 판결을 존중하여 변경할 수 없도록 한다는 전제에서 형의 '집행'에 있어서만 제38조의 동시적 경합범의 예에 의하도록 규정하고 있었다.

PART 01
PART 02
PART 03

사후적 경합범의 처리 관련판례

대법원 2008.9.11, 2006도8376
제39조 제1항 본문의 '형평을 고려하여' 형을 선고한다고 정한 취지는 판결을 받지 아니한 죄와 판결이 확정된
죄의 두 죄에 형법 제38조를 적용하여 산출한 처단형의 범위 내에서 전체형을 정한 다음 그 전체형에서 판결이
확정된 죄에 대한 형을 공제한 나머지를 판결을 받지 아니한 죄에 대한 형으로 선고해야 하는 것도 아니고,
두 죄에 대한 선고형의 총합이 두 죄에 대하여 형법 제38조를 적용하여 산출한 처단형의 범위 내에 속하도록
형을 선고하는 방법으로 전체형을 정하거나 처단형의 범위를 제한하는 것은 아니다. [법원9급 14] 따라서 무기징
역의 판결이 확정된 죄와 형법 제37조 후단 경합범의 관계에 있는 죄에 대하여 공소가 제기된 경우, 법원은
형을 필요적으로 면제하여야 하는 것은 아니며 형을 감면하는 것은 어디까지나 법원의 재량이다. [법원9급 14
/ 법원행시 16]

② 형의 집행과 경합범

제39조【형의 집행과 경합범】 ③ 경합범에 의한 판결의 선고를 받은 자가 경합범 중의 어떤 죄에 대하여 사면 또는
형의 집행이 면제된 때에는 다른 죄에 대하여 다시 형을 정한다. [법원행시 07]
④ 전3항의 형의 집행에 있어서는 이미 집행한 형기를 통산한다.

제39조 제3항의 '다시 형을 정한다.'는 것은 그 형의 집행에 대해서만 다시 결정함을 말한다.

MEMO

PART 03

형벌론

✔ 출제경향

구 분	경찰채용						경찰간부						경찰승진					
	17	18	19	20	21	22	17	18	19	20	21	22	17	18	19	20	21	22
제1장 형벌의 의의와 종류		1									1			1				
제2장 형의 경중																		
제3장 형의 양정				1	1						1			1				
제4장 누 범									1									
제5장 집행유예·선고유예 ·가석방		1	1				1	1	1	1	1		1	1	1	1		
제6장 형의 시효·소멸·기간	1																	
제7장 보안처분																		
출제빈도	6/220						8/240						6/240					

형벌론

✔ 키포인트

국가9급						법원9급						법원행시						변호사시험					
17	18	19	20	21	22	16	17	18	19	20	21	17	18	19	20	21	22	17	18	19	20	21	22
1	1		1	1		1	1	1			1	1	1	1	2	1			1				
															1								
		1	1				1		1	1		1		1	2	2							1
								1				1		1		1	1						
		1	1			1	1				1	1	2				1				1		
													2		1								
					1										1								
9/120						12/150						25/240						3/140					

CHAPTER 01 형벌의 의의와 종류

제1절 서 설

01 형사제재의 의의와 종류

형사제재란 범죄에 대한 법적 효과로서의 형벌과 보안처분을 총칭한다.

원칙적인 형사제재로서의 형벌에 대해서, 우리 형법은 제41조부터 제86조에 걸쳐서 '형에 관한 규정'을 마련하고 있다. 보완적 의미의 형사제재인 보안처분에 대해서는 치료감호법을 비롯한 여러 특별법에 규정을 두고 있다.

02 형벌의 의의

1. 개 념

형벌이란 범죄에 대한 법률상의 효과로서 국가가 범죄자에 대하여 그의 책임을 전제로 하여 과하는 법익의 박탈을 말한다.

2. 보안처분과의 구별

형벌은 행위자의 책임에 대해 부과하는 데 반해, 보안처분은 재범의 위험성을 기초로 내려진다. 즉, 형벌판단은 과거의 범죄에 대한 것이므로 **책임주의**의 제한을 받고, 보안처분은 장래의 재범의 위험성에 대한 판단이므로 행위자의 책임에 제한될 수는 없다. 따라서 형벌과는 달리 보안처분은 책임주의의 통제를 받지 않고 재범의 위험성에 비례한다는 **비례성원칙**의 적용을 받는다(통설).

03 형벌의 종류

형벌의 종류는 형법 제41조에서 규정하고 있다(사·징·금·자·자·벌·구·과·몰). 이는 동시에 형의 경중의 순서이기도 하다(형법 제50조 참조). 이를 4개의 범주로 분류해보면 다음과 같다. ① **생명형** : 사형, ② **자유형** : 징역, 금고, 구류, ③ **명예형** : 자격상실, 자격정지, ④ **재산형** : 벌금, 과료, 몰수.[94]

이외에 추징(제48조 제2항)은 형법상 형벌로 규정되어 있지 않지만(형법 제41조에 없음), 실질적으로 몰수에 갈음하는 사법처분으로서 부가형의 성질을 가진다.

제2절 사 형

01 의 의

사형이란 수형자의 생명을 박탈하는 것을 내용으로 하는 형벌을 말한다(생명형). 형법 제41조 제1호는 형의 종류의 하나로서 사형을 규정하고 있다.

02 집행방법

1. 형 법

교정시설[95] 안에서 교수(絞首)하여 집행한다(2020.12.8. 우리말 순화 개정형법 제66조). 즉 형법에서 사형의 집행방법을 명문으로 규정하고 있다.

2. 군형법

총살로 집행하도록 되어 있다(군형법 제3조).

03 형법상 사형범죄의 범위

1. 절대적 법정형으로 사형만이 규정된 범죄

여적죄(제93조)

2. 상대적 법정형으로 사형과 자유형이 선택적인 범죄

내란죄(제87조), 내란목적살인죄(제88조), 외환유치죄(제92조), 모병이적죄(제94조), 시설제공이적죄(제95조), 시설파괴이적죄(제96조), 간첩죄(제98조), 폭발물사용죄(제119조), 현주건조물방화치사죄(제164조 제2항),

---

94 보충 : 주형과 부가형 이와 주형과 부가형이라는 용어도 사용된다. 주형(主刑)은 다른 형벌과 얽매이지 않고 독자적으로 내리는 형벌이다. 대부분이 주형에 속한다. 그런데 형법에는 몰수처럼 부가형으로서 규정된 것도 있다(제49조 본문). 또한 자격상실도 독자적으로 내리는 형벌이 아니라 사형이나 무기형을 받을 경우 당연히 부가되고 있다(제43조 제1항).

95 과거 형법에는 형무소(刑務所)로 규정되어 있으나, 1962년 개정 행형법에서는 형무소를 교도소(矯導所)로, 소년형무소를 소년교도소(少年矯導所)로, 형무관을 교도관(矯導官)으로 그 명칭을 바꿨다. 이는 특별예방의 관점을 실현하기 위한 용어변경으로 볼 수 있는바, 2020.12.8. 우리말 순화 개정형법에서는 결국 '교정시설'로 바뀐 것이다.

살인죄(제250조), 강간살인죄(제301조의2), 인질살해죄(제324조의4), 강도살인죄(제338조), 해상강도살인·치사·강간죄(제340조)[96]

04　사형제도 존폐론

　사형제도에 관하여는 폐지론(다수설)과 존치론(소수설)이 오랫동안 대립해왔는데, 우리 헌법재판소와 대법원은 사형제도를 합헌으로 본다.

> **판례연구**　**사형제도는 합헌이라는 판례**
>
> 헌법재판소 1996.11.28, 95헌바1
> 생명권 역시 헌법 제37조 제2항에 의한 일반적 법률유보의 대상이 될 수밖에 없는 것이나, 생명권에 대한 제한은 곧 생명권의 완전한 박탈을 의미한다 할 것이므로, 사형이 비례의 원칙에 따라서 최소한 동등한 가치가 있는 다른 생명 또는 그에 못지 아니한 공공의 이익을 보호하기 위한 불가피성이 충족되는 예외적인 경우에만 적용되는 한, 그것이 비록 생명을 빼앗는 형벌이라 하더라도 헌법 제37조 제2항 단서에 위반되는 것으로 볼 수는 없다. [국가7급 12]

제3절　자유형

01　의 의

　자유형이란 수형자의 신체적 자유를 박탈하는 것을 내용으로 하는 형벌이다.

02　형법상의 자유형

1. 징 역

　　제67조【징 역】 징역은 교정시설에 수용하여 집행하며, 정해진 노역(勞役)에 복무하게 한다. 〈우리말 순화 개정 2020.12.8.〉

　　제42조【징역 또는 금고의 기간】 징역 또는 금고는 무기 또는 유기로 하고 유기는 1개월 이상 30년 이하로 한다. 단, 유기징역 또는 유기금고에 대하여 형을 가중하는 때에는 50년까지로 한다. 〈개정 2010.4.15.〉 [경찰채용 11 1차 / 법원9급 17 / 법원승진 11 / 법원행시 07·09·11 / 사시 14]

96　**보충** : ① 1995년 개정형법에서 사형규정이 신설된 범죄 : 강간살인죄, 인질살해죄, ② 1995년 개정형법에서 사형이 삭제된 범죄 : 현주건조물 등 일수치사죄(제177조), 교통방해치사상죄(제188조), 먹는물혼독치사죄(제194조), 강도치사죄(제338조) 등. 현주건조물방화치사죄와 해상강도치사죄를 제외한 결과적 가중범의 사형규정을 삭제하였다. **암기요령** : 살인, 내란·외환, 폭발물사용, 해상강도강간 등에 사형 있음. '치사죄'는 방화와 해상강도에만 사형이 있음을 유의할 것.

징역(懲役)은 수형자를 교정시설에 수용하여 집행하며, 정해진 노역에 복무하게 하는 것을 내용으로 하는 형벌이다(제67조). 무기징역은 종신형이며 그 집행 중에 있는 사람이 행상(行狀)이 양호하여 뉘우침이 뚜렷한 때에는 '20년<개정 2010.4.15.>'이 경과한 후 가석방을 할 수 있다(제72조 제1항).

2. 금 고

> **제68조 【금고와 구류】** 금고와 구류는 교정시설에 수용하여 집행한다. 〈우리말 순화 개정 2020.12.8.〉

금고(禁錮)는 수형자를 교정시설에 수용하여 집행함으로써 자유를 박탈하는 것을 내용으로 하는 형벌이지만 정해진 노역을 과하지 않는 것이다(제68조). 수형자의 신청이 있으면 작업을 과할 수도 있다(행형법 제67조). 연혁적으로 징역이 파렴치범에 대한 정해진 노역을 수반한 불명예구금의 성격을 가지는 데 비해, 금고는 비파렴치범에 대한 정해진 노역이 없는 명예구금(custodia honesta)의 성격을 가진다.

3. 구 류

> **제46조 【구 류】** 구류는 1일 이상 30일 미만으로 한다. [법원행시 07·11]

구류(拘留)도 금고와 마찬가지로 정해진 노역에 복무하지 않고 교도소에 구치하는 형벌이지만, 역시 금고와 마찬가지로 수형자의 신청에 의하여 작업을 부과할 수 있다(행형법 제67조).

다만 구류는 형기가 대단히 짧은 자유형이라는 점에서 단기자유형을 통한 특별예방보다는 범죄인으로 하여금 다른 수형자들의 하위문화를 습득함으로써 재사회화에 반하는 역기능을 가질 수도 있다. 이 점에서 단기자유형을 제한하자는 것이 통설이다.

참고하기 자유형제도의 개선책으로 제시되는 입법론

1. 자유형의 단일화문제
   징역·금고·구류 3종류의 자유형의 구별을 폐지하고 자유형을 단일화해야 한다는 주장으로서, 교도행정정책의 일관성을 유지해야 한다는 점에서 학계에서는 지배적인 흐름이다.
2. 단기자유형의 문제점
   6월 이하의 단기의 자유형은 폐지하거나 제한하여야 한다는 주장이다. 현행형법상 30일 미만의 구류도 여기에 속한다. 혼거구금에 의하여 초범자나 경범죄를 저지른 자가 다른 수형자에게 범죄기술 등의 방법을 교육받는 등 악영향을 받을 소지가 농후하여 특별예방 목적에 반한다는 점이 주요 논거이다.

   보충 다만 최근에는 단기자유형의 필요성을 인정하는 입장도 나오고 있다. 영미의 충격적 단기구금 후 보호관찰 제도(shock probation)가 그 입법례이다.

제4절 재산형

01 의 의

재산형이란 범인으로부터 일정한 재산을 박탈하는 것을 내용으로 하는 형벌을 말한다. 형법에서는 벌금, 과료, 몰수 세 종류의 재산형을 규정하고 있다.

1. 벌 금

제45조【벌 금】 벌금은 5만 원 이상으로 한다. 다만, 감경하는 경우에는 5만 원 미만으로 할 수 있다. [법원행시 07 · 11]

제69조【벌금과 과료】 ① 벌금과 과료는 판결 확정일로부터 30일 내에 납입하여야 한다. 단, 벌금을 선고할 때에는 동시에 그 금액을 완납할 때까지 노역장에 유치할 것을 명할 수 있다. [국가9급 08 · 10 / 국가7급 12 / 법원9급 12]
② 벌금을 납입하지 아니한 자는 1일 이상 3년 이하, 과료를 납입하지 아니한 자는 1일 이상 30일 미만의 기간 노역장에 유치하여 작업에 복무하게 한다. [국가9급 10 / 법원행시 11 / 사시 11]

제70조【노역장 유치】 ① 벌금이나 과료를 선고할 때에는 이를 납입하지 아니하는 경우의 노역장 유치기간을 정하여 동시에 선고하여야 한다. 〈우리말 순화 개정 2020.12.8.〉 [국가9급 10 / 국가7급 12]
② 선고하는 벌금이 1억 원 이상 5억 원 미만인 경우에는 300일 이상, 5억 원 이상 50억 원 미만인 경우에는 500일 이상, 50억 원 이상인 경우에는 1천일 이상의 노역장 유치기간을 정하여야 한다. 〈신설 2014.5.14, 우리말 순화 개정 2020.12.8.〉

제71조【유치일수의 공제】 벌금이나 과료의 선고를 받은 사람이 그 금액의 일부를 납입한 경우에는 벌금 또는 과료액과 노역장 유치기간의 일수(日數)에 비례하여 납입금액에 해당하는 일수를 뺀다. 〈우리말 순화 개정 2020.12.8.〉

(1) 의의 및 형법의 규정

벌금형은 범죄인에 대하여 일정한 금액의 지불의무를 강제적으로 부담하게 하는 것을 내용으로 하는 재산형으로서 5만 원 이상(제45조)인 경우를 말한다. 벌금은 형벌로서 일신전속적 성질을 가지므로 상속의 대상이 되지 않는다. 형법상 벌금형의 상한은 제한이 없으며, 각 처벌규정에 벌금형의 상한을 규정하고 법관은 해당 범위 내에서 양형을 하는 제도를 택하고 있다(총액벌금형제도). [국가9급 08]

> **참고하기** 벌금형제도의 개선책으로서의 일수벌금형제도
>
> 총액벌금형제도에 의할 때, 동일한 불법과 책임을 가지고 있는 A와 B라는 자에게 동일한 벌금형을 선고하게 되는데, 이 경우 A와 B의 경제력의 차이에 따라 부자인 A는 벌금을 납입하게 되고 빈자인 B는 벌금을 납입하지 못하여 대체자유형인 노역장 유치처분으로 환형되게 된다. 이는 개인의 경제능력에 따른 형벌효과의 불평등이 발생하는 것으로 볼 수밖에 없다.
> 이에 대한 개선책으로 일수벌금형제도가 제시되는데, 이는 범행의 경중에 따라 우선 일수(日數)를 정하고 개인의 소득상황에 따라 1일당 액수(일수정액)를 정해 이를 일수에 곱하여 차등화가 이루어진 벌금형을 내리는 제도이다. [국가9급 10] 일수벌금형제도의 이론적 근거에 대해서는 대체로 공감하는 것이 학계의 경향이나, 개인의 소득상황을 정확히 파악하는 것이 이 제도의 전제라는 이유로 아직 도입되지 않고 있다.

(2) 소위 황제노역 방지규정의 신설

2014.5.14. 개정 전 형법에서는 벌금을 납부하지 않는 경우 1일 이상 3년 이하 기간 동안 노역장에 유치하여 작업에 복무하도록 규정하고 있을 뿐 노역장 유치기간에 대해서는 법관의 재량에 의하여 구체적 사안에 따라 정하도록 하고 있었다. 그런데 고액 벌금형의 경우 피고인이 벌금을 납입하지 않더라도 일부 재판의 경우에는 단기간 동안 노역장에 유치되는 것만으로 벌금액 전액을 면제받게 되는 사례(소위 황제노역의 문제)가 발생해왔다. 이에 2014.5.14. 개정형법 제70조 제2항에서는 이를 개선하기 위해, 일정 액수 이상의 벌금형을 선고할 경우에는 노역장 유치의 최소기간을 직접 법률에 다음과 같이 규정하여 고액 벌금형을 단기의 노역장 유치로 무력화하지 못하도록 도모하고 있다(개정이유). 다만, 이러한 노역장유치조항은 당해 규정 제정 이전의 행위에 대해서는 적용될 수 없다.

① 선고하는 벌금이 1억 원 이상 5억 원 미만인 경우 : 300일 이상

② 5억 원 이상 50억 원 미만인 경우 : 500일 이상

③ 50억 원 이상인 경우 : 1천일 이상

2. 과 료

> 제47조 【과 료】 과료는 2천 원 이상 5만 원 미만으로 한다. [법원행시 07·11]

과료는 경미한 범죄에 대하여 2천 원 이상 5만 원 미만의 금액의 지불의무를 강제적으로 부담하게 하는 재산형을 말한다(제47조). 제69조(벌금과 과료), 제70조(노역장 유치), 제71조(유치일수의 공제)는 과료에도 적용된다.

3. 몰수와 추징

> 제48조 【몰수의 대상과 추징】 ① 범인 외의 자의 소유에 속하지 아니하거나 범죄 후 범인 외의 자가 사정을 알면서 취득한 다음 각 호의 물건은 전부 또는 일부를 몰수할 수 있다. 〈우리말 순화 개정 2020.12.8.〉
> 1. 범죄행위에 제공하였거나 제공하려고 한 물건
> 2. 범죄행위로 인하여 생겼거나 취득한 물건
> 3. 제1호 또는 제2호의 대가로 취득한 물건
> ② 제1항 각 호의 물건을 몰수할 수 없을 때에는 그 가액(價額)을 추징한다. 〈우리말 순화 개정 2020.12.8.〉
> ③ 문서, 도화(圖畵), 전자기록(電磁記錄) 등 특수매체기록 또는 유가증권의 일부가 몰수의 대상이 된 경우에는 그 부분을 폐기한다. 〈우리말 순화 개정 2020.12.8.〉 [법원행시 11]
> 제49조 【몰수의 부가성】 몰수는 타형에 부가하여 과한다. 단, 행위자에게 유죄의 재판을 아니할 때에도 몰수의 요건이 있는 때에는 몰수만을 선고할 수 있다. [법원행시 11]

(1) 몰수의 의의·성질·종류

① 의의 : 몰수는 범죄의 반복을 방지하거나 범죄로부터 이득을 얻지 못하게 할 목적으로 범죄행위와 관련된 재산을 박탈하여 이를 국고에 귀속시키는 재산형을 말한다.

② 법적 성질 : 견해가 대립하나, 몰수는 형식적으로는 형법 제41조 제9호에 규정되어 있는 형벌이지만 실질적으로는 재범방지를 위하여 내리는 대물적 보안처분이라는 것이 다수설이다(형벌＋보안처분, 절충설). 판례는 형벌의 성격을 강조하는 입장이다(대법원 1980.12.9, 80도384 등).

> **판례연구** **몰수의 형벌적 성질**
>
> 대법원 2003.5.30, 2003도705
> 몰수는 반드시 압수되어 있는 물건에 대하여서만 하는 것이 아니므로, 몰수대상물건이 압수되어 있는가 하는 점 및 적법한 절차에 의하여 압수되었는가 하는 점은 몰수의 요건이 아니다. 따라서 이미 그 집행을 종료함으로써 효력을 상실한 압수·수색영장에 기하여 다시 압수·수색을 실시하면서 몰수대상물건을 압수한 경우, 압수 자체가 위법하게 됨은 별론으로 하더라도 그것이 위 물건의 몰수의 효력에는 영향을 미칠 수 없다. [경찰간부 16 / 국가9급 15·20 / 법원9급 08 / 법원행시 13 / 사시 12·14]

③ 종 류

　㉠ 임의적 몰수 : 형법 제48조 제1항은 몰수에 관한 일반규정으로서 임의적 몰수를 규정하고 있으므로, 형법상 몰수(및 추징)는 원칙적으로 법관의 자유재량에 의해 결정한다(대법원 1971.11.9, 71도1537; 2007.6.14, 2007도2451). 따라서 특별법에 규정된 필요적 몰수의 요건이 충족되지 아니한 경우에도 형법 제48조의 요건이 충족되면 임의적 몰수가 가능하다(대법원 1974.6.11, 74도352).

ⓛ 필요적 몰수 : 뇌물죄의 뇌물 또는 뇌물로 제공하려고 한 금품(제134조), [경찰채용 15 3차 / 경찰승진(경감) 11 / 경찰승진 15] 아편에 관한 죄의 아편·몰핀이나 그 화합물, 아편흡식기구(제206조), [경찰채용 15 3차 / 경찰승진(경감) 11 / 경찰승진 15] 배임수재죄의 재물(제357조 제3항[97]) [경찰채용 15 3차 / 경찰승진(경감) 11 / 경찰승진 15] 은 반드시 몰수해야 한다. 이외 특별법상 몰수도 필요적 몰수이다.

(2) 몰수의 요건

① 대물적 요건(제48조 제1항 제1호 내지 제3호) : 몰수의 대상은 무언가 범죄행위와 관련된 물건이어야 하므로, 범죄와 관련 없는 물건은 몰수의 대상이 되지 않는다(대법원 1967.2.7, 66오2). 또한 적법한 몰수가 인정되려면 비례의 원칙에 위반되지 않아야 한다. 제48조 제1항 제1호부터 제3호까지 규정된 대물적 요건은 다음과 같다.

ⓘ 범죄행위에 제공하였거나 제공하려고 한 물건

ⓐ 범죄행위에 제공한 물건 : 살인에 사용한 흉기처럼 현실적으로 범죄수행에 사용한 물건을 말하지만, 범죄의 실행행위 자체에 사용한 물건에만 한정되는 것이 아니며, 실행행위의 착수 전의 행위 또는 실행행위의 종료 후의 행위에 사용한 물건이더라도 그것이 '범죄행위의 수행에 실질적으로 기여하였다고 인정되는 한' 제공한 물건에 포함된다. [법원9급 07(하) / 법원행시 11]

ⓑ 범죄행위에 제공하려고 한 물건 : 범죄행위에 사용하려고 준비했지만 현실적으로는 사용하지 못한 물건을 말한다. 이때 그 물건은 유죄로 인정되는 당해 범죄행위에 제공하려고 한 물건임이 인정되어야 한다. 따라서 ㉮ 체포될 당시에 미처 송금하지 못하고 소지하고 있던 자기앞수표나 현금은 장차 실행하려고 한 외국환거래법 위반의 범행에 제공하려는 물건일 뿐, 그 이전에 범해진 외국환거래법 위반의 '범죄행위에 제공하려고 한 물건'으로는 볼 수 없으므로 몰수할 수 없다(대법원 2008.2.14, 2007도10034). [경찰간부 12·14 / 경찰승진 12 / 법원승진 12 / 법원행시 09·11·13] 그러나 ㉯ 피해자로 하여금 사기도박에 참여하도록 유인하기 위하여 고액의 수표를 제시해 보인 경우, 위 수표가 직접적으로 도박자금에 사용되지 아니하였다 할지라도 이를 몰수할 수 있다(대법원 2002.9.24, 2002도3589). [경찰간부 16 / 국가7급 13 / 법원9급 07(하) / 법원9급 12 / 사시 11·12]

ⓛ 범죄행위로 인하여 생겼거나 취득한 물건 : 생긴 물건(참고로 2020.12.8. 우리말 순화 개정형법 전 구형법에서는 '生한 물건')이란 통화위조행위로 만들어낸 위조통화, 문서위조행위로 작성한 위조문서처럼 범죄행위 이전에는 없었지만 범죄행위로 인하여 비로소 생겨난 물건을 말한다. 취득한 물건이란 범죄행위로 인하여 취득한 물건으로서, 절취한 장물이나 도박행위로 인하여 취득한 금품처럼 범행 당시 이미 존재했던 것을 범죄행위를 수단으로 하여 범인이 취득한 것을 말한다. 여기서 '취득'이란 해당 범죄행위로 인하여 결과적으로 이를 취득한 때를 말한다고 제한적으로 해석함이 타당하다(대법원 1979.9.25, 79도1309; 2021.7.21, 2020도10970).

ⓒ 제1호 또는 제2호의 대가로 취득한 물건 : 제1호 또는 제2호에는 해당되지 않지만 그 물건의 대가, 즉 범죄에 의한 부정한 이득을 말한다. 예를 들어, ⓐ "장물을 매각하여 얻은 금전"은 몰수의 대물적 요건에 해당되므로 몰수할 수 있다. 다만 ⓑ 장물을 매각하여 그 대가로 얻은 금전이지만 "피해자에게 반환하여야 할 압수물"은 —몰수의 대인적 요건에 위반되므로— 몰수할 수 없고 피해자에게 교부해야 한다(대법원 1969.1.21, 68도1672 : 장물을 처분하여 그 대가로 취득한 압수물은 몰수할 것이 아니라 피해자에게 교부하여야 할 것이다). [경찰간부 14 / 사시 12]

---

97 배임수재죄(제357조 제1항)에 의하여 취득한 재물만 필요적 몰수의 대상이지만(동조 제3항), [경찰승진(경감) 11 / 경찰채용 15 3차 / 경찰승진 15] 배임증재에 제공하려고 한 재물은 임의적 몰수만 가능하고(제48조 제1항 제1호) 필요적 몰수의 대상은 아니다.

② 대인적 요건(제48조 제1항 본문)

　　㉠ 범인 외의 자의 소유에 속하지 아니할 것

　　　　ⓐ 의의 : 범인의 소유에 속하는 물건과 같이 범인 외의 자의 소유에 속하지 않으면 몰수할 수 있다. 여기서의 누구의 소유에 속하는가의 판단은 **공부상의 명의 여하에 따르지 않고 권리의 실질적인 귀속관계에 따라서** 판단하여야 한다(대법원 1999.12.10, 99도3478). [사시 12]

　　　　ⓑ 몰수의 대상인 것 : 형법 제48조 제1항의 '범인'에 해당하는 공범자는 반드시 유죄의 죄책을 지는 자에 국한된다고 볼 수 없고 공범에 해당하는 행위를 한 자이면 족하다고 할 것이어서, [국가급 14] 이러한 자의 소유물도 형법 제48조 제1항의 '범인 외의 자의 소유에 속하지 아니하는 물건'으로서 이를 피고인으로부터 몰수할 수 있다(대법원 2006.11.23, 2006도5586). [경찰간부 14 / 법원9급 07(하) / 법원9급 08 / 법원행시 08 / 사시 11 · 12] 정리해보면, ㉮ 범인 외의 자가 소유하지 않는 물건을 몰수할 수 있으므로, **공범자의 소유에 속하는 물건**(대법원 2000.5.12, 2000도745; 1984.5.29, 83도2680), [법원행시 08] ㉯ **무주물 내지 소유자 불명인 물건**(대법원 1952.6.26, 4285형상74; 1955.8.26, 4288형상216), ㉰ 법률상 누구의 소유에도 속할 수 없는 **금제품**(禁制品)(예 아편흡식기)(대법원 1960.3.16, 4292형상858), ㉱ 불법원인급여에 해당되어 소유자에게 반환청구권이 없는 물건이나 소유자가 **반환청구권을 포기한 물건** 등은 몰수할 수 있다.

　　　　ⓒ 몰수의 대상이 아닌 것 : ㉮ **피해자 소유**, [법원행시 05] ㉯ 다른 사람으로부터 **차용한 물건**, ㉰ **국고수표**, ㉱ 범행 후 판결선고 전에 범인의 사망에 의하여 그 물건의 소유권이 **상속인에게** 이전된 물건 등은 몰수할 수 없다.

　　㉡ 범죄 후 범인 외의 자가 사정을 알면서 취득한 물건 : 범인 외의 자의 소유에 속하기는 하나, 그 자가 '범죄행위에 제공된 물건 등과 같은 제48조 제1항 각 호에 해당한다는 점을 알고' 취득한 물건이라면 몰수할 수 있다.

판례연구　　**몰수의 대인적 요건에 해당된다고 본 사례**

대법원 1984.5.29, 83도2680
기소중지된 공범자의 소유물이 몰수의 대상이 되는지 여부(적극)
형법 제48조 제1항의 "범인" 속에는 "공범자"도 포함되므로 범인 자신의 소유물은 물론 공범자의 소유물도 그 공범자의 소추 여부를 불문하고 몰수할 수 있다고 할 것이다. [경찰채용 10 · 11 1차 / 국가9급 15 · 20 / 법원9급 10 · 11 / 법원행시 09 · 14]

---

(3) 추 징

① 의의 · 성질 : 추징은 몰수할 수 없을 때(몰수가 불가능할 때) 그 가액의 납부를 명하는 것으로서, 형법상 형벌로는 규정되어 있지 않지만 실질적으로는 몰수에 갈음하여 명하는 부가형의 성격을 가지는 사법처분이다(제48조 제2항). [경찰간부 11]

② 요 건

　　㉠ 대상수익의 특정 : 몰수와 추징의 대전제는 대상물의 특정이다. 따라서 대상되는 범죄수익이 **특정될 수 없는 경우에는 추징이 허용되지 않는다**(대법원 2007.6.14, 2007도2451 : 범죄수익은닉법에 의한 추징대상이 되는 범죄수익을 특정할 수 없는 경우). [경찰간부 17 / 법원9급 13]

　　㉡ 몰수가 불가능한 경우 : 추징은 몰수가 불가능한 경우에 한하여 행하는 것이다. 여기서 몰수가 불가능하다는 것은 법률상 · 사실상 몰수할 수 없는 경우를 총칭하므로 몰수한 물건을 소비 · 분실 · 양도하는 등 그 원인은 따지지 않는다. 따라서 **몰수가 된 경우** 그에 대해서 다른 공범에게

추징하는 것은, 몰수가 안 되는 경우에만 추징한다는 요건에 위배되어, **위법이다**(대법원 1980.8.26, 80도620).

③ 종 류

　㉠ 범죄수익박탈적 추징 : 형법·변호사법 그리고 범죄수익은닉상의 몰수·추징 등은 범죄로 인하여 거둔 이익을 박탈하자는 데 그 취지가 있다. 따라서 범죄수익이 없는 때에는 추징도 불가하며, 이것이 원칙적인 추징이다. 이러한 의미에서 공동피고인에 대한 추징은 **개별추징**이 원칙이고, [법원9급 11] 만일 개별액을 알 수 없을 때에는 불가피하게 **평등분할액**을 추징하는 것이므로(대법원 1977.3.8, 76도1982), [경찰간부 13] 분배율이 명확하지 않을 때 공범자 중 1인에게 전액 추징하는 것은 위법이다. [법원9급 07(하)]

　㉡ 징벌적 추징 : (마약 등) 향정신성의약품관리법·재산국외도피죄(특경법)·관세법·(구)외국환관리법·밀항단속법에 대한 몰수·추징은 징벌적이므로 형벌과 다름없는 성격을 가지게 되어, 그 범행으로 인하여 이득을 취한 바 없다 하더라도 가액의 추징을 명하고, 소유·점유나 이익취득 여부와 관계 없이 취급한 자들에 대하여 그 취급한 범위 내에서 가격 전부의 추징을 명하여야 한다(공동연대추징). [경찰채용 11 1차 / 법원9급 05·15]

④ **가액산정의 기준** : 몰수할 수 없는 때 추징하여야 할 가액은 범인이 그 물건을 보유하고 있다가 몰수의 선고를 받았더라면 잃었을 이득상당액을 의미한다고 보아야 하므로 그 가액산정은 **재판선고시의 가격**을 기준으로 한다(판결선고시설 : 다수설·판례). [경찰채용 12 2차 / 경찰채용 15 3차 / 경찰승진 12 / 법원9급 13·15 / 법원행시 08·14] 따라서 추징하여야 할 가액도 몰수의 선고를 받았더라면 잃게 될 이득상당액을 초과하여서는 아니 된다.

⑤ 방 법

　㉠ 금품 중의 일부를 받은 취지에 따라 타인에게 전달한 경우 : 공무원의 직무에 속한 사항의 알선에 관하여 금품을 받고 그 금품 중의 일부를 받은 취지에 따라 청탁과 관련하여 관계 공무원에게 뇌물로 공여하거나 다른 알선행위자에게 청탁의 명목으로 교부한 경우에는 그 부분의 이익은 실질적으로 범인에게 귀속된 것이 아니어서 **이를 제외한 나머지 금품만을 몰수하거나 그 가액을 추징하여야 한다**(대법원 1982.7.27, 82도1310; 1993.12.28, 93도1569; 1994.2.25, 93도3064; 2002.6.14, 2002도1283). [경찰채용 11 1차 / 법원9급 05 / 법원행시 06·09]

　㉡ 받은 금품의 세부적 사용이 범인의 독자적 판단에 속한 경우 : 범인이 취득한 재물·이익을 중재자의 이익을 위하여 사용한 경우라도 이를 처음부터 예정되어 있던 취지에 따라 타인에게 그대로 전달한 것이 아니라 그 세부적인 사용이 범인의 독자적 권한에 속해 있던 것을 사용한 경우에는 범인이 받은 금액 전부를 추징해야 할 것이다(대법원 1999.6.25, 99도1900; 2000.5.26, 2000도440; 2008.3.13, 2006도3615).

⑥ **이익취득비용의 공제 여부** : 범죄수익의 추징에 있어서 범죄수익을 얻기 위해 범인이 지출한 비용은 그것이 범죄수익으로부터 지출되었다고 하더라도 이는 범죄수익을 소비하는 방법에 지나지 않아 **추징할 범죄수익에서 공제할 것은 아니다**(대법원 2006.6.29, 2005도7146; 2006.11.23, 2005도3255; 2007.11.15, 2007도6775). [경찰간부 17 / 국가9급 15 / 국가7급 14 / 법원9급 06 / 법원행시 06]

(4) 폐 기

문서, 도화, 전자기록 등 특수매체기록, 유가증권의 일부가 몰수의 대상인 때에는 그 부분을 폐기한다(제48조 제3항). [법원행시 05]

(5) 몰수·추징의 부가성과 그 예외

① 부가성(제49조 본문 : 몰수는 타형에 부가하여 과한다)

    ㉠ 부가성의 원칙 : 몰수와 추징은 범죄에 대한 주형(主刑)을 내릴 때 부가적으로 내릴 수 있는 형벌일 뿐이다.

    ㉡ 몰수의 부가성과 공소제기 및 면소판결의 경우 : 공소의 제기 없이 별도로 몰수·추징만을 선고할 수 있는 제도는 없으므로, 공소가 제기되지 아니한 범죄사실을 법원이 인정하여 그에 관하여 몰수·추징을 선고하는 것은 불가능하다(대법원 2008.11.13, 2006도4885). 뿐만 아니라 몰수·추징이 공소사실과 관련이 있다 하더라도 그 공소사실에 관하여 이미 공소시효가 완성되어 유죄의 선고를 할 수 없는 경우에는 몰수·추징도 할 수 없으므로(대법원 1992.7.28, 92도700), [경찰채용 14 1차 / 경찰채용 15 3차 / 법원행시 08 · 12 · 14 / 사시 14] 공소사실을 인정하는 경우가 아닌 면소판결을 내리는 경우에는 몰수도 할 수 없다(대법원 2007.7.26, 2007도4556). [경찰간부 12]

    ㉢ 몰수의 부가성과 상소불가분원칙 및 전부파기원칙 : 몰수·추징은 부가형이므로 주형 등에 부가하여 한 번에 선고되고 이와 일체를 이루어 동시에 확정되어야 하고 본안에 관한 주형 등과 분리되어 이심되어서는 안 된다(대법원 2008.11.20, 2008도5596 전원합의체 : 상소불가분원칙). 따라서 상소심에서 원심의 주형 부분을 파기하는 경우 부가형인 몰수·추징 부분도 함께 파기하여야 하고, 몰수·추징을 제외한 나머지 주형 부분만을 파기할 수는 없다(대법원 2009.6.25, 2009도2807 : 전부상소·전부파기).

    ㉣ 부가성이 구비된 경우 : 몰수의 요건이 있는 경우 검사의 구형에 관계없이 법원은 **직권**으로 몰수할 수 있다(대법원 1989.2.14, 88도2211). [경찰간부 16 / 사시 14]

② 부가성의 예외(제49조 단서 : 단, … 의 때에는 몰수만을 선고할 수 있다)

    ㉠ 부가성의 예외의 의미 : 형법 제49조 단서는 주형에 대하여 유죄의 재판을 아니할 때(예를 들어 형사미성년자가 죄를 범한 경우)라고 하더라도 몰수할 수 있는 요건에 해당되는 때에는 무죄판결을 내림에도 불구하고, 범행에 제공된 도구 등에 대하여 몰수·추징을 할 수 있다는 의미이다. 부가성의 예외는 추징에도 적용된다(대법원 1992.7.28, 92도700).

    ㉡ 부가성의 예외와 선고유예의 경우 : **판례**는 유죄의 재판을 하지 않으면서도 몰수·추징의 가능성이 있는 경우로는 선고유예의 경우를 예로 든다(대법원 1973.12.11, 73도1133). [법원9급 18] 즉, ⓐ 주형에 대하여 선고유예를 하는 경우에도 몰수의 요건이 있는 때에는 몰수나 추징만을 선고할 수 있다는 것이다(제49조 단서). [법원9급 11 / 법원행시 06 · 08 · 12] 또한, ⓑ 주형에 대하여 선고를 유예하는 경우에는 그 부가할 몰수·추징에 대하여도 선고를 유예할 수 있으나, ⓒ 그 주형에 대하여 선고를 유예하지 아니하면서 이에 부가할 몰수·추징에 대하여서만 선고를 유예할 수는 없다(대법원 1979.4.10, 78도3098). [법원행시 05] 따라서 주형에 대하여 그 징역형의 실형 또는 집행유예를 선고하면서 각 그 추징에 대하여서만 그 선고를 유예하는 것은 허용될 수 없다(대법원 1988.6.21, 88도551). [경찰채용 18 1차 / 경찰승진 12 / 법원9급 18 / 법원행시 15 / 사시 11 · 12] 몰수·추징의 부가성에 반하기 때문이다.[98]

---

98 주의 : 이는 후술하는 형을 병과할 경우에는 형의 일부에 대하여 선고유예가 가능하다(제59조 제2항)는 것과 혼동해서는 안 된다.

01 의 의

명예형이란 범인의 명예 또는 자격을 박탈하거나 제한하는 것을 내용으로 하는 형벌을 말한다. 자격형이라고도 한다. 형법상 명예형에는 자격상실과 자격정지가 있다.

02 자격상실

> 제43조 【형의 선고와 자격상실】 ① 사형, 무기징역 또는 무기금고의 판결을 받은 자는 다음에 기재한 자격을 상실한다.
> 1. 공무원이 되는 자격
> 2. 공법상의 선거권과 피선거권 [법원행시 14]
> 3. 법률로 요건을 정한 공법상의 업무에 관한 자격
> 4. 법인의 이사, 감사 또는 지배인 기타 법인의 업무에 관한 검사역이나 재산관리인이 되는 자격

자격상실은 사형·무기징역·무기금고의 판결을 받은 경우 위에서 규정된 자격을 당연히 상실시키는 형벌로서, 독자적으로 내리는 형벌이 아니라 사형이나 무기형을 받을 경우 당연히 부가되는 형벌이다.

03 자격정지

> 제43조 【자격정지】 ② 유기징역 또는 유기금고의 판결을 받은 자는 그 형의 집행이 종료하거나 면제될 때까지 전항 제1호 내지 제3호에 기재된 자격이 정지된다. 다만 다른 법률에 특별한 규정이 있는 경우에는 그 법률에 따른다. 〈개정 2016.1.6.〉
> 제44조 【자격정지】 ① 전조에 기재한 자격의 전부 또는 일부에 대한 정지는 1년 이상 15년 이하로 한다. [법원행시 11·14]
> ② 유기징역 또는 유기금고에 자격정지를 병과한 때에는 징역 또는 금고의 집행을 종료하거나 면제된 날로부터 정지기간을 기산한다. [국가7급 12 / 법원행시 14]

형법상 자격정지에는 두 가지 종류가 있다.

우선, 형법 제43조 제2항의 경우를 자격의 당연정지라 하는데, 유기징역 또는 유기금고의 판결을 받은 자는 그 형집행종료·면제시까지 제43조 제1항 제1호부터 제3호까지의 자격이 정지된다. 그런데 형의 경중을 가리지 않고 제43조 제1항 제2호의 '공법상의 선거권'을 모두 정지시키는 것은 헌법에 위반되므로, 2016.1.6. 개정형법에서는, 제43조 제2항에 대하여 **다른 법률에 특별한 규정**[99]이 있는 경우에는 그 법률에

---

[99] 참고 : 2015.8.13. 개정 공직선거법에서는, 1년 이상의 징역 또는 금고의 형의 선고를 받고 그 집행이 종료되지 아니하거나 그 집행을 받지 아니하기로 확정되지 아니한 사람의 선거권을 제한하되, 그 형의 집행유예를 선고받고 유예기간 중에 있는 사람은 제외하고 있다(공직선거법 제18조 제1항). 이러한 공직선거법의 개정은 헌법재판소의 결정에 따른 것이다. 즉 헌법재판소는 형법 제43조 제2항

따르도록 하는 단서를 신설하였다(2016.1.6. 개정, 법률 제13719호).

이에 비하여 형법 제44조의 경우는 판결의 선고에 의한 자격정지라고 한다.[100]

표정리 형벌의 종류 중 자유형·명예형·재산형 핵심정리

징역·금고	무 기	종신
	유 기	1개월 이상 30년 이하(가중시 50년까지)
	구 류	1일 이상 30일 미만(수형자 신청이 있으면 정해진 노역 가능＝금고)
자격정지	당연정지	형집행종료·면제시까지
	선고에 의한 정지	1년 이상 15년 이하 (선택형 － 판결확정시부터 / ※ 병과형 － 형집행종료·면제된 날부터)
	벌 금	5만 원 이상(총액벌금형제도 : 30일 이내 미납시 1일~3년의 노역장 유치) ※ 단, 감경하는 경우 5만 원 미만도 가능 ※ 1억 원 이상의 벌금선고시 노역장 유치 최소기간은 법정됨
	과 료	2천 원 이상 5만 원 미만(미납시 1일~30일 미만의 노역장 유치)

중 유기징역 또는 유기금고의 판결을 받아 그 형의 집행유예기간 중인 자의 '공법상의 선거권'에 관한 부분은 헌법에 위반되고(단순위헌), 제43조 제2항 중 유기징역 또는 유기금고의 판결을 받아 그 형의 집행이 종료되지 아니한 자의 '공법상의 선거권'에 관한 부분도 헌법에 합치되지 않는다(헌법불합치)는 결정을 내렸던 바 있다(헌법재판소 2014.1.28, 2012헌마409·510,2013헌마167(병합)).

100 형법각칙상에는 자격정지가 선택형 또는 병과형으로 규정되어 있다. 병과형으로 규정된 경우 중에서 낙태죄는 필요적 병과로 규정되어 있고, 나머지는 임의적 병과로 되어 있다.

01 제50조 제1항

제50조【형의 경중】 ① 형의 경중은 제41조 각 호의 순서에 따른다. 다만, 무기금고와 유기징역은 무기금고를 무거운 것으로 하고 유기금고의 장기가 유기징역의 장기를 초과하는 때에는 유기금고를 무거운 것으로 한다. 〈우리말 순화 개정 2020.12.8.〉 [경찰승진 10 / 국가9급 07]

제41조【형의 종류】 형의 종류는 다음과 같다. [경찰채용 11 1차 / 경찰승진 10 / 국가9급 07]

1. 사형	2. 징역	3. 금고	4. 자격상실	5. 자격정지	6. 벌금
7. 구류	8. 과료	9. 몰수			

추징은 제41조에 규정되어 있지 않으나 실질적으로 몰수에 대신하는 형벌의 성질을 가진다.

02 제50조 제2항

제50조【형의 경중】 ② 같은 종류의 형은 장기가 긴 것과 다액이 많은 것을 무거운 것으로 하고 장기 또는 다액이 같은 경우에는 단기가 긴 것과 소액이 많은 것을 무거운 것으로 한다. 〈우리말 순화 개정 2020.12.8.〉

법정형이 병과형 또는 선택형으로 정해진 경우에는 가장 중한 형을 기준으로 경중을 가린다.

03 제50조 제3항

제50조【형의 경중】 ③ 제1항 및 제2항을 제외하고는 죄질과 범정(犯情)을 고려하여 경중을 정한다. 〈우리말 순화 개정 2020.12.8.〉

죄질은 구성요건의 유형적 본질을 말하고, 범정은 책임요소에 해당하는 행위자의 내면적인 심정반가치를 말한다.

01 기 준

형법 제50조의 취지에 따라 판단한다. 형의 경중의 판단은 형사소송법상 불이익변경금지원칙을 적용할 때 실질적으로 나타난다.

02 구체적인 경중의 비교

1. 형의 집행유예와 집행면제

형집행면제가 더 무겁다.

2. 징역형의 선고유예와 벌금형

① 벌금형이 더 무겁다. 선고유예는 형선고를 하지 않은 것이기 때문이다. 그러나 ② 징역형의 선고유예와 벌금형의 선고유예 중에서는 징역형의 선고유예가 무겁다(대법원 1998.3.26, 97도1716 전원합의체).[101]

3. 징역과 집행유예 있는 징역

(1) 형기의 변경이 있는 경우

① 징역형의 형기가 보다 장기인 형이 더 무겁다. 다만 ② 1심에서 집행유예 있는 징역이 내려져 피고인만 항소한 경우 2심에서 징역형은 1심보다 경하게 하였으나 집행유예를 부과하지 않은 것은 불이익변경금지원칙에 위반된다.

(2) 형기의 변경 없이 집행유예가 선고된 경우

형기의 변경 없이 집행유예가 추가된 것은 형이 더 무거워진 것이 아니다. 나아가 제1심이 피고인에게 금고 6월을 선고한 데 대하여 피고인만이 항소하였음에도 불구하고 항소심이 징역 6월에 집행유예 1년을 선고한 경우도 불이익변경금지원칙에 반하지 아니한다(대법원 2013.12.12, 2013도6608).

(3) 1심의 실형을 항소심에서 집행유예하면서 벌금형을 추가한 경우

불이익변경금지원칙에 위반된다(대법원 2013.12.12, 2012도7198).

4. 부정기형과 정기형

제1심판결시 소년에 해당하여 부정기형을 선고받은 피고인만 항소한 항소심에서 피고인이 성년에 이르러 항소심이 제1심판결을 파기하고 정기형을 선고하여야 하는 경우, 항소심은 불이익변경금지원칙에 따라 제1심에서 선고한 부정기형보다 중한 정기형을 선고할 수 없는데, 이때 항소심이 선고할 수 있는 정기형의 상한은 부정기형의 장기와 단기의 **중간형**을 기준으로 한다(대법원 2020.10.22, 2020도4140 전원합의체).

---

101 따라서, 징역 1년형의 선고유예와 벌금 4천만 원 및 추징 1천 6백만 원에 대한 선고유예 중에서는 징역 1년형의 선고유예가 더 무겁다.

5. 몰수와 추징

항소심에서 추징을 몰수로 변경하는 것은 형의 불이익변경에 해당되지 않는다(대법원 2005.10.28, 2005도 5822). [국가7급 18]

6. 성폭력치료프로그램의 병과

피고인만 상소한 상소심에서 원심의 형과 동일한 형을 선고하면서 **성폭력치료프로그램 이수명령을 새롭게 병과**한 것은 불이익변경금지원칙에 위반된다(대법원 2014.8.20, 2014도3390; 2015.9.15, 2015도11362).

CHAPTER 03 형의 양정

제1절 의 의

형의 양정(量定) 또는 양형(量刑)이라 함은 유죄에 대한 인정이 있고 난 후 법정형에 법률상의 가중·감경 또는 정상참작감경을 하여 얻어진 처단형의 범위 내에서 범인과 범행 등에 관련된 제반정황을 고려하여 구체적으로 선고할 형의 종류와 양을 정하는 것을 말한다.

제2절 단 계

01 법정형

법정형이라 함은 입법자가 각 구성요건의 전형적인 불법을 일반적으로 평가한 형벌의 범위로서, 형법각칙 상의 개개의 구성요건에 규정되어 있는 형벌이다. 우리 형법은 상대적 법정형의 입법방식을 채택하고 있는데, 예외적으로 여적죄(제93조)는 사형만 절대적 법정형으로 규정하고 있다. [변호사 16]

02 처단형

형법각칙에 규정된 법정형을 구체적 범죄사실에 적용함에 있어서 법정형이 형종의 선택을 인정하는 형태로 되어 있는 경우에는 먼저 적용할 형종을 선택하고, 이 선택한 형에 다시 법률상 가중·감경·면제 또는 재판상 감경을 행한 처단의 범위가 바로 처단형이다. 즉 구체화된 형벌범위라 할 수 있다.

03 선고형

선고형은 법원이 처단형의 범위 내에서 구체적으로 형을 양정하여 피고인에게 선고하는 형이다.

01 형의 가중

1. 서 설

형의 가중은 법률상의 가중만 인정되고, 재판상의 가중은 인정되지 아니한다. 또한 법률상의 가중이라 하여도 필요적 가중만 인정되고, 임의적 가중은 인정되지 않는다.

2. 일반적 가중사유 [변호사 16]

모든 범죄에 대하여 일반적으로 형을 가중하는 총칙상 가중사유를 말한다.

예
- 경합범가중(제38조 제1항 제2호, 제2항)
- 누범가중(제35조 제2항)
- 특수교사 · 방조(제34조 제2항)와 같은 가중사유

3. 특수적 가중사유

형법각칙의 특별구성요건에 의한 가중사유를 말한다. 상습범가중의 경우와 특수범죄의 가중의 경우가 있다.

표정리 특수범죄의 행위태양 정리

구 분	행위태양	범죄례
합동범이 아닌 특수범죄	단체 또는 다중의 위력을 보이거나 위험한 물건을 휴대하여	• 특수공무방해죄(제144조) [법원행시 07] • 특수상해죄(제258조의2) • 특수폭행죄(제261조) [법원행시 07] • 특수체포 · 감금죄(제278조) [법원행시 08] • 특수협박죄(제284조) [법원행시 08] • 특수주거침입죄(제320조) [법원행시 07 · 08] • 특수강요죄(제324조 제2항) • 특수공갈죄(제350조의2) • 특수손괴죄(제369조) [법원행시 07 · 08]
합동범	야간에(손괴하고 : 특수절도죄) 침입하거나, 흉기를 휴대하거나, 2인 이상이 합동하여	• 특수절도죄(제331조) • 특수강도죄(제334조)
	수용설비 또는 기구를 손괴하거나, 폭행 또는 협박을 가하거나, 2인 이상이 합동하여	• 특수도주죄(제146조) [법원행시 07]
	흉기 기타 위험한 물건을 휴대하거나, 2인 이상이 합동하여	• 특수강간죄(성폭력특별법 제6조 제1항) • 특수강제추행죄(성폭력특별법 제6조 제2항)

→ 합동범인 특수범죄와 그렇지 않은 특수범죄를 구별하여 정리한다.

구 분		각 조에 정한 형의 2분의 1까지 가중한 경우	가중형을 별도로 규정한 경우 [법원행시 07 · 15]
개인적 법익에 대한 죄	생명 · 신체	• 상해 · 존속상해죄(제257조) • 중상해 · 존속중상해죄(제258조) • 폭행 · 존속폭행죄(제260조) • 특수폭행죄(제261조)	없음
	자 유	• 체포 · 감금, 존속체포 · 감금죄(제276조) • 중체포 · 감금, 존속중체포 · 감금죄(제277조) • 협박 · 존속협박죄(제283조) • 특수협박죄(제284조) [법원행시 07] • 강간죄 등(제297~300 · 302 · 303 · 305조)	없음
	재 산	• 절도죄(제329조) [법원행시 06 · 07] • 야간주거침입절도죄(제330조) • 특수절도죄(제331조) • 자동차 등 불법사용죄(제331조의2) • 사기죄(제347조) [법원행시 07] • 컴퓨터 등 사용사기죄(제347조의2) • 준사기죄(제348조) • 편의시설부정이용죄(제348조의2) • 부당이득죄(제349조) [법원행시 07] • 공갈죄(제350조) [법원행시 07]	• 강도죄(제333조) • 특수강도죄(제334조) • 인질강도죄(제336조) • 해상강도죄(제340조 제1항) • 장물취득 · 알선 등 죄(제362조)
사회적 법익에 대한 죄		• 아편 등 제조 등 죄(제198조) • 아편흡식기제조 등 죄(제199조) • 세관공무원의 아편 등 수입죄(제200조) • 아편흡식 및 동 장소제공죄(제201조)	도박죄(제246조) [법원행시 07]

➜ 국가적 법익에 대한 죄는 상습범 처벌규정이 없음

02 형의 감경

1. 법률상의 감경

(1) 의 의

법률의 특별규정에 의하여 형이 감경되는 경우를 말한다.

(2) 종 류

표정리 형의 감면사유 정리 [국가7급 08]

구 분		필요적	임의적
감 경	총 칙	청각 및 언어 장애인, [법원행시 05 · 08 · 11 / 변호사 16] 종범 [법원행시 08 / 변호사 16]	심신미약자, 장애미수 [경찰승진(경감) 10 / 법원행시 08 / 사시 16]
	각 칙	–	• 범죄단체의 조직 • 인질강요의 석방 • 약취유인자 석방 [사시 16]

감면	총칙	• 외국에서 받은 형의 집행 [법원행시 07·08·11] • 중지범(제26조) [법원행시 08 / 변호사 16]	• 과잉방위 [국가7급 08 / 법원행시 05·08 / 변호사 16] • 과잉피난 [법원행시 05 / 변호사 16] • 과잉자구행위 [법원행시 05 / 사시 14] • 불능미수 [경찰간부 16 / 경찰승진(경감) 10 / 법원행시 05·07·08·16 / 변호사 16] • 사후적 경합범 [경찰간부 16 / 법원행시 08·11] • 자수·자복 [경찰간부 16 / 법원행시 07 / 변호사 16]
	각 칙	실행착수 전 자수	내란죄, [법원행시 11 / 사시 16] 외환죄, 외국에 대한 사전죄, 폭발물사용죄, 방화죄, 통화위조죄의 예비죄	없음
		재판·징계처분 확정 전 자수·자백	위증·모해위증죄, [법원행시 07·08·11 / 사시 16] 허위감정·통역·번역죄, 무고죄의 기수범 [법원행시 06 / 사시 16]	
		친족상도례	장물죄를 범한 자와 본범 간에 제328조 제1항의 신분관계가 있는 때 [사시 16]	
면 제	친족간 특례	① 범인은닉죄(제151조 제2항) : 친족, 동거의 가족 [법원행시 08] ② 증거인멸죄(제155조 제4항) : 친족, 동거의 가족 ※ 다만, 위 ①·②는 책임조각사유라는 것이 현재의 다수설	–
	친족 상도례	권리행사방해죄, [법원행시 06] 절도죄, [사시 16] 사기·공갈죄, 횡령·배임죄, 장물죄(재산죄 중 강도, 손괴, 강제집행면탈은 제외)	–

2. 재판상의 감경 – 정상참작감경

(1) 의 의

법률상의 특별한 감경사유가 없는 경우에도 법원이 정상(情狀)에 특히 참작할 만한 사유(제51조의 양형의 조건)가 있는 경우에 재량으로 그 형을 감경하는 것(정상참작감경, 2020.12.8. 우리말 순화 개정형법 제53조, 참고로 구법에서는 '작량감경')을 말한다. 정상참작감경은 법률상 감경을 다하고도 그 처단형의 범위를 완화하여 그보다 낮은 형을 선고하고자 할 때에 하는 것이 옳다(대법원 1991.6.11, 91도985). [경찰채용 10 1차 / 법원9급 09]

(2) 내 용

① 법률상 형을 가중·감경한 후에도 제55조의 범위 내에서 정상참작감경을 할 수 있다. [법원행시 06·10 / 변호사 16] 예를 들어 미수범의 임의적 감경사유는 적용하지 않으면서도 정상참작감경은 할 수 있다(대법원 1959.4.24, 4292형상72).

② 형의 정상참작감경은 법률상 감경에 관한 형법 제55조의 범위 내에서만 허용된다(대법원 1964.10.28, 64도454). 정상참작감경사유가 수개 있다고 하여 거듭 감경할 수는 없다(제55조 제2항의 법률상 감경과의 비교. 대법원 1964.4.7, 63도410). [법원승진 14 / 법원행시 11 / 변호사 16]

③ (하나의 죄에 대하여) 징역형과 벌금형을 병과하며 정상참작감경을 하는 경우 특별한 규정이 없는 한 어느 한 형(刑)만을 감경하는 것은 위법하다(대법원 1997.8.26, 96도3466; 2008.7.10, 2008도3258; 2011.5.26, 2011도3161). [국가7급 09] 다만 형법 제38조 제1항 제3호에 의하여 징역형과 벌금형을 병과하는 경우에는 -각 형에 대한 범죄의 정상에 차이가 있을 수 있으므로- 징역형에만 정상참작감경을 하고 벌금형에는 정상참작감경을 하지 않을 수 있다(대법원 2006.3.23, 2006도1076). [경찰채용 16 · 21 2차 / 법원9급 09 / 법원승진 14 / 법원행시 08 · 09 · 11 · 13]

④ 무기징역을 선택하여 정상참작감경을 하는 경우에는 경합범가중사유나 누범가중사유가 있다고 하여도 이를 적용할 수 없다. 왜냐하면 정상참작감경을 하고 나서 누범가중이나 경합범가중을 하는 것은 제56조의 순서를 무시하고 피고인에게 불리하게끔 이를 유추적용하는 것이 되기 때문이다(유추해석금지원칙. 대법원 1982.10.12, 81도2621).[102] [법원행시 06]

⑤ 정상참작감경을 하고도 정상참작감경을 하기 전 처단형의 범위 내에서 형을 선고한 경우는 판결경정사유에 해당되므로 위 정상참작감경의 법령적용을 삭제하도록 판결을 경정해야 한다(대법원 2010.10.28, 2010도10960).

03 형의 면제

1. 의 의

범죄가 성립하여 형벌권은 발생하였으나, 일정한 사유로 인하여 형만을 과하지 아니하는 경우를 말한다(법률상의 면제에 한하며, 재판상의 면제 불인정).

2. 형집행의 면제와의 구별

(1) 형의 면제

재판확정 전의 사유로 인하여 형을 면제하는 경우이다.

예 친족상도례(제328조 제1항) 등의 인적 처벌조각사유

(2) 형집행의 면제

재판확정 후의 사유로 인하여 형집행을 면제하는 경우이다.

예 재판확정 후의 법률변경(제1조 제3항), 특별사면, 복권, 형의 시효의 완성

04 자수와 자복

제52조【자수, 자복】 ① 죄를 지은 후 수사기관에 자수한 경우에는 형을 감경하거나 면제할 수 있다. 〈우리말 순화 개정 2020.12.8.〉 [경찰채용 10 1차 / 법원9급 06 · 12 / 법원행시 11]

---

102 참고 : 다만 위 판례의 의미는 많이 축소되었다. 왜냐하면 2010년 4월 15일 개정형법에 의하여 제55조 제1항 제2호가 개정되어 무기징역을 감경할 때에는 10년 이상 50년 이하의 유기징역으로 되기 때문에, 굳이 경합범이나 누범의 가중사유를 고려할 필요가 없게 되었기 때문이다.

② 피해자의 의사에 반하여 처벌할 수 없는 범죄의 경우에는 피해자에게 죄를 자복(自服)하였을 때에도 형을 감경하거나 면제할 수 있다. 〈우리말 순화 개정 2020.12.8.〉 [법원9급 06 / 법원행시 08 / 사시 14]

1. 자 수

(1) 자수의 의의

자수(自首)라 함은 범인이 스스로 자기의 범죄사실을 수사기관에 신고하여 소추를 구하는 의사표시를 말한다. 자수를 형의 임의적 감면사유 [법원승진 14] 로 삼고 있는 취지는 범인이 그 죄를 뉘우치고 있다는 점에 있으므로 **범죄사실을 부인하거나 죄의 뉘우침이 없는 자수**는 그 외형은 자수일지라도 법률상 형의 감경사유가 되는 진정한 자수라고는 할 수 없다(대법원 1994.10.14, 94도2130; 2011.12.22, 2011도12041[103]). [경찰간부 12 / 법원행시 12 · 13]

(2) 자수의 요건

자발성은 자수의 핵심요건이므로, [법원행시 05] 수사기관의 직무상의 질문·조사에 응하여 범죄사실을 진술하는 것은 **자백**(自白)일 뿐 자수가 될 수 없다(대법원 2006.9.22, 2006도4883; 2011.12.22, 2011도12041[104]). [경찰간부 12 / 경찰승진(경감) 11 / 국가9급 11 / 법원행시 06] 따라서 경찰관의 여죄 추궁 끝에 범죄사실을 자백한 경우 자수라고 할 수 없다.[105] [법원행시 11]

또한 자수는 범인이 수사기관에 의사표시를 함으로써 성립하는 것이므로 **내심적 의사만으로는 부족**하고 외부로 표시되어야 이를 인정할 수 있으며, 나아가 수사기관에 대한 범인 **스스로의 의사표시**일 것을 요하므로, 수사기관 아닌 자에게 자수의 의사를 전한 것만으로는 자수라고 할 수 없으며(대법원 1954.12.21, 4287형상164), 제3자에게 자수의사를 전달하여 달라고 한 것도 자수가 될 수 없다[대리(代理)에 의한 자수 : ×, 대법원 1967.1.24, 66도1662]. [경찰간부 14 / 국가9급 09 / 국가7급 09 / 법원승진 14 / 법원행시 10 · 12]

> **참고하기** 자수의 요건
>
> 1. **수사기관에 할 것** : 수사기관 아닌 자에게 자수의 의사를 전한 것(×)
> 2. **자발성** : 수사관의 신문이나 세관검색원의 추궁에 의한 범행시인(×) [경찰승진(경감) 11 / 법원9급 06]
> 3. **죄를 지은 후이면 가능** : 공직선거법상 자수의 시기를 범행발각 전으로 제한한 것(×) [경찰채용 16 2차]
> 4. **뉘우침이 있을 것** : 범행을 부인하는 의사표시(×)

(3) 법인의 자수

법인의 직원·사용인이 위반행위를 하여 양벌규정에 의하여 법인이 처벌받는 경우, 법인에게 자수감경의 규정을 적용하기 위해서는 **법인의 이사 기타 대표자가 자수**해야 하며, 그 위반행위를 한 직원·사용인이 자수한 것만으로는 형을 감면할 수 없다. [경찰간부 14 / 국가9급 09 / 국가7급 09 / 법원승진 14 / 법원행시 07 · 10 · 12]

---

103 **보충** : 피고인이 수사기관에 자진 출석하여 처음 조사를 받으면서는 돈을 차용하였을 뿐이라며 범죄사실을 부인하다가 제2회 조사를 받으면서 비로소 업무와 관련하여 돈을 수수하였다고 자백한 행위를 자수라고 할 수 없다는 사례이다.

104 **판례** : 자발성이 없는 진술은 자수가 아님 피고인이 금융기관 직원인 자신의 업무와 관련하여 금품을 수수하였다고 하여 특정법위반(수재)죄로 기소된 경우, 피고인이 수사기관에 두 번째 출석하여 조사를 받으면서 비로소 범행을 자백한 행위를 '자수'라고 할 수 없다(대법원 2011.12.22, 2011도12041). [경찰채용 16 2차 / 법원9급 13]

105 **보충** : 자수와 자백의 구별 자수와 자백은 ① 자발성의 유무, ② 시기에 있어서 자수는 체포 전이요 자백은 재판 중에서도 가능하다는 점, ③ 효과에 있어서 자수는 임의적 감면사유인데 자백은 양형상 참작사유에 불과하다는 점에서 차이가 있다.

(4) 자수의 방법

자수의 신고방법에는 제한이 없으므로 반드시 범인 스스로 출두해야 함을 요하지는 않고, 범인이 제3자에게 부탁하여 수사기관에 자수하는 것도 자수로서 인정된다[소위 사자(使者)에 의한 자수는 인정됨, 대법원 1964.8.31, 64도252]. [법원행시 05·06]

(5) 자수성립 이후의 효력

일부 사실에 약간 차이가 있어도 자수로서의 효력은 인정되고, **일단 자수로서 성립한 후에는 수사기관이나 법정에서 이를 번복해도 자수로서의 효력은 인정된다.** [경찰승진(경감) 11 / 국가7급 08 / 법원9급 06 / 법원행시 07·10·12·13] 따라서 법정에서 수수한 뇌물의 직무연관성에 관하여 자백과 차이가 나는 진술을 하거나 이를 일부 부인하는 경우에도 자수로서의 효력은 인정된다(대법원 2005.4.29, 2002도7262). [국가9급 11 / 법원행시 06]

(6) 자수·자복과 법원의 재량

유효한 자수·자복이 있었더라도 **임의적 감면사유에 불과하므로 형을 감경 또는 면제하는가는 법원의 재량에 의한다**(대법원 2001.4.24, 2001도872). [국가9급 11 / 국가7급 08]

2. 자 복

자복(自服)은 피해자의 의사에 반해 처벌할 수 없는 범죄(반의사불벌죄)에서 피해자에게 자기의 범죄사실을 고백하는 것을 말한다. 따라서 **해제조건부 범죄가 아닌 범죄에 대하여 피해자를 찾아가서 사죄하는 것은 자복이라고 할 수 없다**(대법원 1968.3.5, 68도105).

표정리 자수와 자복의 비교

구 분	자 수	자 복
개 념	범인 스스로 자기의 범죄사실을 수사기관에 신고하여 그 처분을 구하는 의사표시	반의사불벌죄에서 피해자에게 자기의 범죄사실을 고지하는 것
주 체	범인 또는 제3자도 가능	자수와 동일
시 기	소송 이전 단계이면 범죄사실의 발각 전후를 불문 [법원행시 05·06·13]	
효 과	임의적 감면(각칙상 필요적 감면[106]인 경우 있음) [경찰간부 14 / 경찰승진 11 / 국가7급 08]	임의적 감면 [경찰채용 16 2차 / 경찰승진 11]

제4절 형의 양정의 예

01 의 의

형의 가중·감경의 정도·방법 및 순서에 관한 준칙을 말한다.

---

[106] 내란죄 등의 예비·음모단계에서의 **자수**(내/외/외/방/폭/통), 위증죄 등에서의 **자백·자수**(위/허/무), 장물범과 본범 간에 직계혈족 등의 신분관계(직/배/동/동/배)가 있는 경우가 필요적 감면사유이다. [법원행시 06] 이에 비해 **자복**은 반의사불벌죄만 그 대상으로 삼고 있어 이러한 규정이 없다.

1. 형종의 선택

> **제54조【선택형과 정상참작감경】** 한 개의 죄에 정한 형이 여러 종류인 때에는 먼저 적용할 형을 정하고 그 형을 감경한다. 〈우리말 순화 개정 2020.12.8.〉 [법원행시 09]

2. 가중·감경하는 사유가 경합하는 경우 [경찰승진(경위) 11]

> **제56조【가중·감경의 순서】** 형을 가중·감경할 사유가 경합하는 경우에는 다음 각 호의 순서에 따른다. 〈우리말 순화 개정 2020.12.8.〉 [경찰간부 15 / 법원9급 10 / 법원행시 06·07·08·09·10·11 / 사시 14]
> 1. 각칙 조문에 따른 가중
> 2. 제34조 제2항(특수교사·방조)에 따른 가중
> 3. 누범 가중
> 4. 법률상 감경
> 5. 경합범 가중
> 6. 정상참작감경

　　형법 제56조에 의해 법률상 감경사유가 있을 때에는 정상참작감경보다 우선하여 행해야 한다. 따라서 심신미약자의 범행이라 할지라도 경합범에 해당하는 경우에는 경합가중을 해야 하므로 **법률상 감경 후 경합가중을 해야 한다**(대법원 1969.12.30, 69도2013).

03　형의 가중·감경의 정도 및 방법

1. 형의 가중 정도

(1) 유기징역·유기금고를 가중하는 경우에는 50년까지 가능하다(제42조 단서).

(2) 누범·경합범·특수교사·방조의 가중은 별도로 규정되어 있다(제35조, 제38조, 제34조 제2항).

2. 형의 감경 정도와 방법[107]

(1) 법률상의 감경

> **제55조【법률상의 감경】** ① 법률상의 감경은 다음과 같다.
> 1. 사형을 감경할 때에는 무기 또는 20년 이상 50년 이하의 징역 또는 금고로 한다. 〈개정 2010.4.15.〉
> 2. 무기징역 또는 무기금고를 감경할 때에는 10년 이상 50년 이하의 징역 또는 금고로 한다. 〈개정 2010.4.15.〉
> [법원행시 06·09]
> 3. 유기징역 또는 유기금고를 감경할 때에는 그 형기의 2분의 1로 한다. [법원행시 06·07·09·10]

---

107 보충 : 양형의 예시 필자는, 형의 양정 즉, 양형에 대해 정리가 안 되는 독자들이 혹시 있지 않을까 걱정된다. 따라서 아래에서는 어떠한 죄책(형사책임)이 정해진 경우, 형의 양정의 예를 한 가지 예시해보기로 하겠다. 가령 A는 甲이 이미 乙을 살해할 마음이 있다는 것을 알고 칼을 빌려주었다. 그런데 甲이 乙을 살해할 고의로 칼로 수차례 찔렀음에도 乙이 살아났다. A는 자신의 범행을 후회하고 수사기관에 자수하였다. A의 형의 양을 한번 정해보라.

4. 자격상실을 감경할 때에는 7년 이상의 자격정지로 한다.
5. 자격정지를 감경할 때에는 그 형기의 2분의 1로 한다.
6. 벌금을 감경할 때에는 그 다액의 2분의 1로 한다. [법원행시 09]
7. 구류를 감경할 때에는 그 장기의 2분의 1로 한다.
8. 과료를 감경할 때에는 그 다액의 2분의 1로 한다.
② 법률상 감경할 사유가 수개 있는 때에는 거듭 감경할 수 있다.

제1항 제3호의 '그 형기의 2분의 1'로 한다는 것은 상한과 하한 모두 2분의 1로 하는 것을 말한다. 또한 동항 제1항 제6호의 '다액'은 다액 및 소액 모두를 의미한다(대법원 1978.4.25, 78도246 전원합의체).
[법원행시 09·18 / 사시 12]

(2) 정상참작감경

> **제53조【정상참작감경】** 범죄의 정상(情狀)에 참작할 만한 사유가 있는 경우에는 작량하여 그 형을 감경할 수 있다.
> 〈우리말 순화 개정 2020.12.8.〉

제5절 양 형

01 의의와 기준

1. 의 의

양형이란 법정형에 법률상의 가중·감경 또는 정상참작감경을 하여 처단형의 범위 내에서 법원의 재량으로 구체적으로 선고할 형을 정하는 것을 말하고, 양형의 기초는 **책임**이므로 형벌은 책임의 범위를 넘을 수 없다(책임의 형벌제한적 기능). 판례는 양형은 법관의 **자유재량**에 의한다고 한다(통설은 반대).

A에게 인정되는 죄책은 살인미수죄의 방조범이다. 적용되는 법조문은 제250조 제1항, 제254조, 제29조, 제25조, 제32조이다. 그리고 A는 자수하였으므로 제52조 제1항도 적용될 수 있다. 이제 양형을 하면 된다. 우선 **법정형**은 제250조 제1항에 사형, 무기징역, 5년 이상의 징역 중에서 선택할 수 있다. 형을 감경하기 전에 형종선택을 먼저 한다(제54조). 가령 무기징역을 선택하였다고 하자. 이상에서 검토한 형의 가중·감경·면제사유들을 제56조의 순서에 따라 적용가능한 사유를 생각해본다(각칙 본조에 의한 가중, 특수교사·방조의 가중, 누범가중, 법률상 감경, 성합범가중, 정상참작감경). 형의 가중사유는 사안에 제시된 것이 없고, 형의 감경 또는 면제사유는 종범감경(제32조 제2항), 미수범감경(제25조 제2항), 자수감면(제52조 제1항) 그리고 정상참작감경(제53조)이 있다. 형면제는 법률상 면제만 가능한데 위 사안에는 해당사유가 없다.

그렇다면 무기징역에서 우선 방조감경(필요적 감경)은 해야 한다. 제55조 제1항 제2호에 의할 때 10년 이상 50년 이하의 유기징역이 된다. 여기에서 미수감경이나 자수감면은 임의적 사유이므로 적용할 수도 있고 하지 않을 수도 있다. 법관의 기속재량(판례는 자유재량으로 봄)에 따라 미수감경을 선택하여 감경하면 5년 이상 25년 이하의 유기징역이 된다(제55조 제1항 제3호 적용). 그러나 자수감면은 적용하지 않았다고 하자. 그럼에도 법관은 정상참작감경을 하였다고 해보자(판례는 자수감면을 적용하지 않고 정상참작감경을 하는 것도 위법이 아니라고 봄). 그렇게 되면 결국 2년 6개월 이상 12년 6개월 이하의 유기징역이 된다. 이것이 **처단형**이 되는 것이다.

이러한 처단형에서 법관이 징역 3년을 선고하였다고 하면 이것이 **선고형**이 된다. 이렇게 선고형이 정해지게 되면 다양한 효과가 발생하게 된다. 간단히 요약해보겠다. 징역 3년의 형은 그 집행을 받음이 없이 10년을 경과하면 형의 시효가 완성되어 그 형집행이 면제되며(제78조 제5호 참조), 징역 3년의 선고형에 대해서는 선고유예가 안 되고(제59조 제1항 참조) 집행유예는 가능하며(제62조 제1항 참조) 가석방은 1년은 복역해야 받을 수 있고(제72조 제1항 참조), 형집행 중에는 제43조 제1항 제1호부터 제3호까지의 자격이 당연히 정지되며(제43조 제2항 참조), 징역 3년의 형을 선고받은 경력 때문에 앞으로 범한 죄에 대해 선고유예가 불가능하게 되고(제59조 제1항 단서 참조), 형집행종료·면제 후 3년까지 기간에 범한 죄에 대해서는 집행유예가 불가능하게 된다(제62조 제1항 단서 참조).

2. 양형의 기준

현행형법에서는 양형의 조건(제51조)만을 규정하고 있으므로, **양형의 기준 내지 원칙에 대해서는 명문의 규정이 없다.** 통설은 책임에 적합한 형벌에는 일정한 범위가 있다는 책임범위이론을 지지한다(범위이론 또는 재량여지이론). 즉 형벌의 하한과 상한을 책임의 범위에 적합하게 정하고 **이 범위 내에서 일반예방과 특별예방을 고려해서 형을 정한다는 것이다.**

02 이중평가금지의 원칙

양형의 조건을 참작하여 양형을 함에 있어서는 이미 법적 구성요건요소가 되어 있는 사유를 고려해서는 안 된다. 이를 이중평가금지의 원칙이라고 한다. [변호사 16] 예컨대, 성폭법상 특수강간죄에서 행위불법요소로 고려한 흉기휴대 내지 2인 이상의 합동실행의 요소는 이미 특수강간죄의 법정형가중을 통하여 반영되어 있기 때문에, 법관의 양형에 또다시 참작할 사유가 되어서는 안 된다는 것이다.

03 양형의 조건

> **제51조 【양형의 조건】** 형을 정함에 있어서는 다음 사항을 참작하여야 한다.
> 1. 범인의 연령·성행·지능과 환경
> 2. 피해자에 대한 관계
> 3. 범행의 동기·수단과 결과
> 4. 범행 후의 정황

위 사항들은 양형시 반드시 참작하여야 할 요인이지만 **예시적인 성격을 가진다.**[108]

제6절 판결선고 전 구금일수의 산입과 판결의 공시

01 판결선고 전 구금일수의 산입

> **제57조 【판결선고 전 구금일수의 통산】** ① 판결선고 전의 구금일수는 그 전부를 유기징역, 유기금고, 벌금이나 과료에 관한 유치 또는 구류에 산입한다. 〈개정 2014.12.30.〉
> ② 전항의 경우에는 구금일수의 1일은 징역, 금고, 벌금이나 과료에 관한 유치 또는 구류의 기간의 1일로 계산한다.

---

108 **주의** : 제51조에 규정된 양형의 조건이 아닌 것을 묻는 문제가 출제되기도 하는데, 범인의 전과, 성별, 피해자의 지능 등이 규정되어 있지 않다는 점을 주의해야 한다.

1. 의 의

판결선고 전 구금(미결구금)이란 피의자나 피고인을 재판확정 전까지 구금하는 것을 말하며, 이를 형사소송법에서는 구속이라 한다. 이러한 미결구금은 공소의 목적을 달성하기 위하여 어쩔 수 없이 피고인 또는 피의자를 구금하는 강제처분이어서, 비록 형의 집행은 아니지만 자유를 박탈하는 점이 자유형과 유사하기 때문에 나중에 선고되는 자유형인 본형의 형기에 산입되어야 한다.

2. 미결구금일수 산입의 대상형벌·기간과 방법 및 위반시 효과

(1) 대상형벌·기간

판결선고 전의 구금일수는 그 전부를 유기징역, 유기금고, 벌금이나 과료에 관한 유치 또는 구류에 산입한다. 따라서 사형·무기형(대법원 1966.1.25, 65도384)·자격형은 미결구금일수 산입의 대상이 되지 않는다. 다만 무기형에 대하여는 미결구금일수를 산입할 수 없지만, 항소심에서 무기징역형을 선고한 1심판결을 파기하고 유기징역형을 선고할 경우에는 1심판결선고 전의 구금일수의 전부를 산입하여야 한다(대법원 1966.1.25, 65도384; 1971.9.28, 71도1289).

그러나 ① 형법 제57조에서 정한 것은 미결구금일수의 산입이므로, 비록 정식재판청구권회복결정에 의하여 사건을 공판절차에 의하여 심리하는 경우라 하더라도 법원은 **노역장 유치기간을 미결구금일수로 보아 이를 본형에 산입할 수는 없고**, 그 유치기간은 나중에 본형의 집행단계에서 그에 상응하는 벌금형이 집행된 것으로 간주될 뿐이다(대법원 2007.5.10, 2007도2517).[109] 또한 ② '대한민국 정부와 미합중국 정부 간의 범죄인인도조약'에 따라 체포된 후 인도절차를 밟기 위한 기간도 형법 제57조에 의하여 본형에 산입될 미결구금일수에 해당하지 않는다(대법원 2009.5.28, 2009도1446).

(2) 방법 및 위반시 효과

미결구금일수를 전혀 산입하지 않거나(대법원 2007.4.13, 2007도943; 1994.7.29, 94도1354)[110] 구금일수보다 많은 일수를 산입하는 것(대법원 1994.2.8, 93도2563)은 위법이다. 따라서 실제 구금일수를 초과하여 산입한 판결이 확정된 경우에도 그 초과 부분이 본형에 산입되는 효력이 생기는 것은 아니다(대법원 2007.7.13, 2007도3448).

02 판결의 공시

> **제58조 【판결의 공시】** ① 피해자의 이익을 위하여 필요하다고 인정할 때에는 피해자의 청구가 있는 경우에 한하여 피고인의 부담으로 판결공시의 취지를 선고할 수 있다. [법원9급 07(상)]
> ② 피고사건에 대하여 무죄의 판결을 선고하는 경우에는 무죄판결공시의 취지를 선고하여야 한다. [법원9급 07(상)] 다만, 무죄판결을 받은 피고인이 무죄판결공시 취지의 선고에 동의하지 아니하거나 피고인의 동의를 받을 수 없는 경우에는 그러하지 아니하다. 〈개정 2014.12.30.〉
> ③ 피고사건에 대하여 면소의 판결을 선고하는 경우에는 면소판결공시의 취지를 선고할 수 있다. 〈신설 2014.12.30.〉
> [사시 16]

---

109 **이유** : 정식재판청구기간을 도과한 약식명령에 기하여 피고인을 노역장에 유치하는 것은 형의 집행이므로 그 유치기간은 형법 제57조가 규정한 미결구금일수에 해당하지 아니한다. 따라서 정식재판청구권회복 및 형집행정지결정 이전에 피고인이 노역장에 유치된 기간을 판결선고 전의 구금일수에 산입하지 않는다.

110 **유사** : 피고인이 수사기관에 의해 체포되었다가 당일 석방된 경우, 피고인에 대하여 벌금형을 선고하면서 위 미결구금일수를 노역장 유치기간에 산입하지 아니한 것은 위법하다(대법원 2007.2.9, 2006도7837).

CHAPTER 03 형의 양정 **303**

판결의 공시란 피해자의 이익이나 피고인의 훼손된 명예의 회복을 위해 판결의 선고와 함께 판결의 내용을 널리 알리는 제도이다.

제58조 제1항의 경우는, 피해자의 이익을 위한 공시이므로 피해자의 청구가 있을 것을 요하며 피고인의 부담으로 한다.

동조 제2항과 제3항의 경우는 피고인의 이익을 위한 공시이므로 피고인의 청구가 있을 것을 요하지 않는다. 특히 2014년 12월 개정형법에서는 무죄판결을 선고받은 피고인의 명예회복을 위하여 원칙적으로 **무죄판결공시 취지의 선고를 의무화**하였고(필요적 공시원칙, 제58조 제2항 본문), 다만 피고인이 동의하지 아니하거나 피고인의 동의를 받을 수 없는 경우는 예외로 하였다(동항 단서). 다만 면소판결을 선고하는 경우에는 법원의 판단에 의하여 판결공시의 취지를 선고할 수 있다(임의적 공시, 동조 제3항). 여하튼 제2항의 판결공시는 실체판단이 이루어진 **무죄 또는 면소**의 경우에 한하므로 공소기각 판결시에는 판결공시를 할 수 없다.

누 범

제1절 서 설

제35조【누 범】 ① 금고(禁錮) 이상의 형을 선고받아 그 집행이 종료되거나 면제된 후 3년 내에 금고 이상에 해당하는 죄를 지은 사람은 누범(累犯)으로 처벌한다. 〈우리말 순화 개정 2020.12.8.〉 [법원행시 06·10·11]
② 누범의 형은 그 죄에 대하여 정한 형의 장기(長期)의 2배까지 가중한다. 〈우리말 순화 개정 2020.12.8.〉 [경찰채용 10 1차 / 법원행시 06·07·08·09·10·11]

01 의의 및 성격

누범(累犯)이라 함은 금고 이상의 형을 선고받아 그 집행이 종료되거나 면제된 후 3년 내에 금고 이상에 해당하는 죄를 지은 경우의 후범(後犯) 또는 그 범인을 말한다. 누범의 형은 **장기의 2배까지 가중한다**(제35조 제2항). **전범**(前犯)에 대한 형벌의 경고기능을 무시하고 다시 범죄를 저지름으로써 범죄추진력이 새로이 강화되어 그 **행위책임**이 가중되기 때문이다.

누범의 성격에 대해서는 견해가 대립하나, 양형에 관한 법률상 가중사유 즉, **양형규정**으로 보는 것이 다수설·판례이다.[111]

02 누범가중의 위헌성 여부

학계에서는 누범가중의 위헌성 또는 정당성 여부에 대해 견해가 대립하나, 판례는 **합헌**으로 본다.

03 상습범과의 구별

누범과 상습범이 중첩되는 일이 많기는 하나, 양자의 개념은 서로 다르다.

---

111 판례 : 전범이 있다는 사실은 단지 하나의 정상으로서 법관의 양형에 있어 불리하게 작용하는 요소일 뿐, 전범 자체가 심판의 대상으로 되어 다시 처벌받기 때문에 형이 가중되는 것은 아니라 할 것이다(헌법재판소 1995.2.23, 93헌바43).

누범은 **법규정상의 개념**으로서 범죄를 누적적으로 반복하여 범하는 것을 말하는 데 비하여,[112] 상습범은 **범죄학상의 개념**으로서 일정한 범죄를 반복하여 행하는 특정한 범죄적 성향을 가진 범죄인을 말한다. 즉, **상습범은 행위자책임**이 나타난 것이고, **누범은 행위책임**에 근거를 두고 있다.

따라서 누범전과가 없더라도 상습범은 인정될 수 있고, 상습범이라 하여 반드시 누범이 되는 것이 아니고, 누범이라고 하여 반드시 상습범이 되는 것이 아니다. 형법에서도 누범은 총칙 제35조에서, 상습범은 각칙상 개별범죄에서 규정한다. **판례**도 특가법 제5조의4 제1항 위반죄(상습절도)가 성립되는 경우에도 형법 제35조 소정의 누범요건을 충족하는 때에는 누범가중을 하여야 하는 것이라고 판시한 바 있다(대법원 1985.7.9, 85도1000; 1981.11.24, 81도2564).[113] [법원행시 08·12]

표정리〉 누범과 상습범의 비교

구 분	누 범	상습범
의 미	반복된 처벌	반복된 범죄에 징표된 범죄적 경향
판단기준	범죄의 수	상습적 습벽
전과의 존재	전과를 요건으로 함	전과를 요건으로 하지 않음
죄 명	전과의 존재로 족함	동일죄명 또는 동일죄질의 반복요구
죄질의 동일성	不要	要
가중의 근거	행위책임(다수설·판례)	행위자책임
양자의 경합	양자의 요건이 경합하는 경우 양자의 병과 적용 可(상습범에도 누범가중 可)	

제2절 성립요건

01 전범에 관한 요건

1. 금고 이상의 형의 선고

(1) 전 범

금고 이상의 형을 받아야 한다.

(2) 금고 이상의 형

선고형을 의미한다. [경찰간부 11/사시 14] 금고 이상의 형이란 유기징역·유기금고를 의미한다. 여기에는 사형 또는 무기형을 선고받은 자가 감형으로 인하여 유기징역·유기금고로 되거나, 특별사면 또는 형의

---

112 판례 : 누범은 형식적 개념 형법 제35조가 누범에 해당하는 전과사실과 새로이 범한 범죄 사이에 일정한 상관관계가 있다고 인정되는 경우에 한하여 적용되는 것으로 제한하여 해석하여야 할 아무런 이유나 근거가 없고, 위 규정이 헌법상의 평등원칙 등에 위배되는 것도 아니다(대법원 2008.12.24, 2006도1427). [국가9급 13/국가7급 16]

113 유사 1 : 폭처법상 누범과 형법상 누범의 중복적용 폭처법 제3조 제4항의 누범에 해당하여 처벌하는 경우에도 형법 제35조의 누범가중 규정의 적용은 면할 수 없으므로, 형법 제35조를 적용한다고 하더라도 위헌이 아니다(대법원 2007.8.23, 2007도4913). [사시 15]

유사 2 : 특가법 제5조의4 제5항 위반죄의 누범가중 특가법 제5조의4 제5항의 규정 취지는 같은 법조 제1항, 제3항 또는 제4항에 규정된 죄 또는 그 미수죄로 3회 이상 징역형을 받은 자로서 다시 이를 범하여 누범으로 처벌할 경우에는 상습성이 인정되지 않은 경우에도 상습범에 관한 제1항 내지 제4항 소정의 법정형에 의하여 처벌한다는 뜻이라고 새겨지므로, 제1항 내지 제4항에 정한 형에 다시 누범가중한 형기범위 내에서 처단형을 정하는 것이 타당하다(대법원 1994.9.27, 94도1391).

시효의 완성으로 인하여 형집행이 면제된 경우도 포함되고(대법원 1986.11.11, 86도2004), [경찰간부 11 / 국가9급 13 / 법원9급 10 / 사시 11 · 15] 특가법상 누범절도와 관련해서는 소년범으로서 징역형을 받은 전과도 포함된다(대법원 2010.4.29, 2010도973).[114] 다만, 금고보다 가벼운 형인 자격상실 · 자격정지 · 벌금 · 구류 · 과료 · 몰수는 누범전과에서 제외된다.

(3) 전범의 성질

고의범 · 과실범을 불문하며, 형법 위반인지 특별법 위반인지 불문한다.

(4) 형선고의 유효성

① 일반사면 · 집행유예기간의 경과 : 형선고의 효력이 상실되므로 누범전과가 아니다. [경찰간부 11 / 사시 16]

② 선고유예기간의 경과 : 면소판결로 간주되므로 누범전과가 될 수 없다.

③ 복권 : 형선고의 효력이 상실되지 아니하는 자격의 회복에 불과하므로 누범전과가 된다.

④ 재심판결의 확정 : 재심판결이 확정되면 원판결은 그 효력을 잃는다. 따라서 **누범전과에서 제외된다.**

2. 형의 집행종료 또는 집행면제

(1) 집행종료

형기가 만료된 경우이다(예 형기만료, 가석방기간종료).

(2) 집행면제

형의 시효완성(제77조), 특별사면(사면법 제5조),[115] [법원행시 08 · 09 · 10 · 12] 재판이 확정된 후 법률이 변경되어 그 행위가 범죄를 구성하지 아니하게 된 경우(제1조 제3항), 복권 등의 경우를 말한다. 이상과 같은 금고 이상의 형에 대한 형집행종료 · 면제를 **누범전과**라 한다.

---

02 후범에 관한 요건

1. 금고 이상에 해당하는 죄

(1) 후 범

금고 이상에 해당하는 죄이어야 한다.

(2) 금고 이상의 형

선고형을 의미한다(통설 · 판례). [사시 14] 따라서 **법정형 중 벌금형을 선택한 경우에는 누범가중을 할 수 없다**(대법원 1982.7.27, 82도1018). [국가7급 16 / 법원행시 10 / 사시 15]

(3) 후범의 성질

입법론적 비판이 있으나, 해석론상 **고의범 · 과실범을 불문**한다고 해석하는 것은 불가피하다. 또한 같은 죄명이거나 죄질을 같이하는 동종의 범죄일 것을 요구하지 않는다.

---

114 판례 : 소년범으로 처벌받은 징역형과 특가법상 누범절도의 과거 전과 소년법 제67조는 "소년이었을 때 범한 죄에 의하여 형을 선고받은 자가 그 집행을 종료하거나 면제받은 경우 자격에 관한 법령을 적용할 때에는 장래에 향하여 형의 선고를 받지 아니한 것으로 본다"라고 규정하고 있는바, 위 규정은 「사람의 자격」에 관한 법령의 적용에 있어 장래에 향하여 형의 선고를 받지 아니한 것으로 본다는 취지에 불과할 뿐 전과까지 소멸한다는 것은 아니다. 따라서 특가법 제5조의4 제5항을 적용하기 위한 요건으로서 요구되는 과거 전과로서의 징역형에는 '소년으로서 처벌받은 징역형'도 포함된다(대법원 2010.4.29, 2010도973).

115 특별사면을 받아 형집행이 면제된 것도 누범전과라는 판례로는 대법원 1986.11.11, 86도2004 참조. [경찰간부 11 / 국가9급 13]

2. 전범의 형집행종료·면제 후 3년 이내에 범한 죄

(1) 누범시효 이내에 범할 것

전범의 형의 집행을 종료하거나 면제를 받은 후 3년(누범시효) 이내에 후범이 행하여질 것을 요한다. 후범은 3년 이내에 실행에 착수만 하면 누범에 해당되고 범죄가 기수에 이르거나 종료할 것을 요하는 것이 아니다(대법원 2006.4.7, 2005도9858). [국가7급 16 / 법원9급 07(상) / 법원행시 08·09·11·12 / 사시 15] **포괄일죄의 경우에도 일부 행위가 누범기간 내에 이루어진 이상 나머지 행위가 누범기간 경과 후에 행하여져도 행위 전부가 누범관계에 있게 된다**(대법원 1982.5.25, 82도600; 1976.1.13, 75도3397; 2012.3.29, 2011도14135). [경찰간부 15 / 국가9급 13 / 국가7급 16 / 법원9급 18 / 법원행시 11 / 사시 15]

다만 실체적 경합관계에 있는 여러 범죄의 경우에는 누범시효 이내의 범죄만 누범가중을 받는다. 또한 3년 경과 후 범한 죄는 당연히 누범이 되지 못한다(대법원 1975.5.14, 74도956).

(2) 전형의 집행 전 및 집행 중의 범죄

누범이 될 수 없다. 따라서 선고유예기간 중의 범죄, 집행유예기간 중의 범죄(대법원 1983.8.23, 83도1600), [법원9급 10·18 / 법원행시 09·10·11] 형집행 중의 범죄, 형집행정지 중의 범죄, 가석방기간 중의 재범(대법원 1976.9.14, 76도2071) [경찰간부 11 / 법원행시 08·09] 은 누범이 될 수 없다.

제3절	효 과

누범은 그 죄에 정한 형의 **장기의 2배까지 가중**한다(단기는 불가 [경찰간부 15 / 법원행시 08·09·10·11] ─대법원 1969.8.19, 69도1129─, 제42조 단서에 의하여 장기는 50년 초과 불가). [법원9급 10]

누범이 경합범인 경우에는 제56조의 순서에 비추어 각 죄를 먼저 누범가중하고 그 다음 경합범으로 처벌하도록 한다. [경찰간부 15] 마찬가지로 상상적 경합인 경우도 경합범에 준하여, 각 죄에 대하여 먼저 누범가중을 한 후에 상상적 경합규정에 의해 가장 무거운 죄에 정한 형으로 처벌한다. 법률상 감경이나 재판상 감경은 누범에 대하여도 가능하다.

제4절	판결선고 후의 누범발각

제36조【판결선고 후의 누범발각】 판결선고 후 누범인 것이 발각된 때에는 그 선고한 형을 통산하여 다시 형을 정할 수 있다. 단, 선고한 형의 집행을 종료하거나 그 집행이 면제된 후에는 예외로 한다. [법원9급 07(상) / 법원9급 13 / 법원행시 10·11·12]

입법론적 비판이 제기되는 부분이다.

CHAPTER 05 집행유예 · 선고유예 · 가석방

제1절 집행유예

> 제62조 【집행유예의 요건】 ① 3년 이하의 징역이나 금고 또는 500만 원 이하의 벌금의 형을 선고할 경우에 제51조의
> 사항을 참작하여 그 정상에 참작할 만한 사유가 있는 때에는 1년 이상 5년 이하의 기간 형의 집행을 유예할 수
> 있다. 다만, 금고 이상의 형을 선고한 판결이 확정된 때부터 그 집행을 종료하거나 면제된 후 3년까지의 기간에
> 범한 죄에 대하여 형을 선고하는 경우에는 그러하지 아니하다. 〈개정 2005.7.29, 2016.1.6.〉 [국가9급 07 / 법원9급
> 08 · 14 · 16 / 법원행시 06 · 07 · 11]
> ② 형을 병과할 경우에는 그 형의 일부에 대하여 집행을 유예할 수 있다. [경찰간부 13 / 법원행시 11]

01 의의 및 성격

집행유예라 함은 일단 유죄를 인정하여 형을 선고하되 일정한 요건 아래 일정한 기간 동안 그 형의
집행을 유예하고 그것이 취소 · 실효됨이 없이 유예기간을 경과하면 형의 선고의 효력을 상실하게 하는
제도이다(제62조).

집행유예제도는 단기자유형이 가져올 수 있는 부작용을 피하고 형집행을 변형하여 형벌을 집행시키지
않고 범죄인을 사회에 복귀시킴으로써 재사회화를 도모한다는 점에서 특별예방주의의 대표적 제도라고
볼 수 있다. 다만 집행유예는 일단 징역 · 금고의 형선고를 내린다는 점에서 선고유예와는 달리 형벌의
경고적 기능도 동시에 수행하고 있다.

02 요 건

1. 3년 이하의 징역 · 금고 또는 500만 원 이하의 벌금의 형을 선고한 경우일 것

3년 이하의 징역 · 금고 또는 500만 원 이하의 벌금의 형을 선고할 때에만 집행유예가 가능하다. [법원행시
11] 이때의 형은 선고형(宣告刑)을 말한다. [국가9급 14]

또한 형을 병과하는 경우(제62조 제2항)를 제외하고는, 형의 일부에 대한 집행유예는 불가능하다. 따라서
하나의 자유형 중 일부에 대해서는 실형을, 나머지에 대해서는 집행유예를 선고하는 것은 허용되지 않는다
(대법원 2007.2.22, 2006도8555). [경찰채용 10 · 15 1차 / 국가9급 14 / 법원9급 07(하) / 법원9급 12 / 법원행시 13 · 14]

2. 정상에 참작할 만한 사유가 있을 것

판결선고시를 기준으로, 피고인에게 형을 선고하되 즉시 집행하지 않고 유예기간을 주어도 재범을 하지 않을 것으로 인정되는 경우일 것을 말한다. 이 경우 형법 제51조의 양형조건은 동시에 집행유예를 위한 정상참작사유가 된다.

3. 금고 이상의 형을 선고한 판결이 확정된 때부터 그 형집행종료·면제 후 3년까지의 기간에 범한 죄에 대하여 형을 선고하는 경우가 아닐 것(2005.7.29. 개정) [국가7급 11]

(1) 집행유예기간 중의 집행유예는 가능한가의 문제

① 원칙 : 형법 제62조 제1항 단서의 '금고 이상의 형을 선고한 판결이 확정된 때'에는 징역·금고에 대한 집행유예를 선고한 경우도 포함된다. 따라서 징역·금고의 집행유예기간 중에는 원칙적으로 집행유예를 내릴 수 없다(판례, 학설은 대립).[116]

② 예외 : 형법 제37조의 경합범관계에 있는 수죄 중 어느 하나의 사건에서 먼저 집행유예가 선고되어 그 형이 확정되었을 경우, 동시에 같은 절차에서 재판을 받아 한꺼번에 집행유예를 선고할 수 있었던 경우와 비교하여 현저히 균형을 잃게 되는 불합리가 생기는 경우에 한하여 (형의 집행유예를 선고받은 경우를 제62조 제1항 단서의 금고 이상의 형을 선고받은 경우에 포함하지 않는 것으로 보아) **예외적으로 집행유예 기간 중 재차의 집행유예가 허용된다**[여죄설(餘罪說), 대법원 1989.9.12, 87도2365 전원합의체]. [법원행시 10]

그림정리 집행유예기간 중의 집행유예는 가능한가(판례)

```
                          ┌ 원칙 – 불가
  집행유예기간 중의 집행유예 ─┤
                          └ 예외 – 경합범관계에 있으면 가능(판례)
```

여죄설에 의한 집행유예기간 중 재차 집행유예가 가능하기 위한 요건
- A죄(이미 집행유예 받은 죄)와 B죄가 경합범관계에 있을 것
- 병합심리하였더라면 A죄와 B죄의 전체에 대하여 집행유예의 선고가 가능하였을 것

(2) 2005년 개정형법 제62조 제1항 단서

① 내용 : 2005년 7월 29일 형법 제62조 제1항 단서가 다음과 같이 개정되었다. "다만, 금고 이상의 형을 선고한 판결이 확정된 때부터 그 집행을 종료하거나 면제된 후 3년까지의 기간에 범한 죄에 대하여 형을 선고하는 경우에는 그러하지 아니하다." 따라서 금고 이상의 형을 선고한 판결이 확정된 때부터 그 집행을 종료·면제한 후 3년까지의 '기간 중에 범한 죄'에 대해서만 집행유예를 할 수 없는 것이며, 판결확정 '전'에 범한 죄에 대해서는 얼마든지 집행유예가 가능하게 되었다. 이는 여죄설을 입법으로 수용한 것이다. 또한 기간도 종전의 '5년'에서 '3년'으로 단축되었다.

② 집행유예기간 중 범한 죄에 대한 집행유예 가능 여부 : 집행유예기간 중에 범한 범죄에 대하여 공소가 제기된 후 그 범죄에 대한 재판 도중에 집행유예기간이 경과한 경우에는 -제62조 제1항 단서가 적용되지 않는다고 보아- 집행유예의 선고가 가능하다(대법원 2007.2.8, 2006도6196). [국가9급 08·14/국가7급 11·17/ 법원9급 07(하)/법원9급 14/법원승진 11·12/법원행시 10·11·14/사시 10]

---

[116] **참고** : 2005년 개정 전 형법 제62조 제1항 단서에서는 "금고 이상의 형의 선고를 받아 집행을 종료한 후 또는 집행이 면제된 후로부터 5년을 경과하지 아니한 자"에 대해서는 집행유예를 할 수 없다고 규정하고 있었기 때문에, 금고 이상의 형을 선고한 판결이 확정된 후에 범한 죄뿐만 아니라 판결확정 전 범한 죄에 대해서도 집행유예를 할 수 없었다.

1. 형선고의 효력 상실

> **제65조【집행유예의 효과】** 집행유예의 선고를 받은 후 그 선고의 실효 또는 취소됨이 없이 유예기간을 경과한 때에는 형의 선고는 효력을 잃는다. [경찰간부 13 / 국가9급 07 / 법원9급 08]

(1) 집행유예의 시기

우리 형법상 집행유예는 즉시 석방의 의미를 가지기 때문에, 형법 제37조 후단의 경합범관계에 있는 죄에 대해 두 개의 징역형을 선고하면서 하나의 징역형에 대하여만 집행유예를 선고하고 그 **집행유예기간의 시기를 다른 하나의 징역형의 집행종료일로 한 것은 위법**하다(대법원 2002.2.26, 2000도4637). [국가9급 14 / 법원9급 16 / 법원행시 12·18 / 사시 14]

(2) 형선고의 효력 상실

집행유예기간이 무사히 경과하면 형선고의 법률적 효과가 없어진다(따라서 형집행은 불가능). [국가9급 09] 이는 형실효법에 의한 형의 실효와 같이 형의 선고에 의한 법적 효과가 장래에 향하여 소멸한다는 취지이다. 따라서 형의 선고가 효력을 잃는 경우에도 그 전과는 특가법 제5조의4 제5항에서 정한 '징역형을 받은 경우'로 볼 수 없다(대법원 2010.9.9, 2010도8021). [법원9급 17]

(3) 형선고의 사실은 존재

형의 집행유예를 선고받은 자는 형법 제65조에 의하여 그 선고가 실효 또는 취소됨이 없이 정해진 유예기간을 무사히 경과하여 형의 선고가 효력을 잃게 되었다고 하더라도 형의 선고의 법률적 효과가 없어진다는 것일 뿐, 형의 선고가 있었다는 기왕의 사실 자체까지 없어지는 것은 아니다(대법원 2003.12.26, 2003도3768 등). [경찰간부 14·20 / 국가7급 08 / 사시 10·11 / 변호사 14] 따라서 (징역·금고의) **집행유예기간이 경과한 이후 범한 죄에 대해서는 선고유예가 불가능**하다. [법원승진 11 / 법원행시 08·11]

2. 보호관찰·사회봉사명령·수강명령

> **제62조의2【보호관찰, 사회봉사·수강명령】** ① 형의 집행을 유예하는 경우에는 보호관찰을 받을 것을 명하거나 사회봉사 또는 수강을 명할 수 있다.
> ② 제1항의 규정에 의한 보호관찰의 기간은 집행을 유예한 기간으로 한다. 다만, 법원은 유예기간의 범위 내에서 보호관찰기간을 정할 수 있다.
> ③ 사회봉사명령 또는 수강명령은 집행유예기간 내에 이를 집행한다. [경찰채용 15 1차]

(1) 보호관찰

① **의의** : 보호관찰은 형벌이 아닌 **보안처분**의 성격을 갖는 것으로서 장래의 위험성으로부터 행위자를 보호하고 사회를 방위하기 위한 합목적적인 조치이다(대법원 2010.9.30, 2010도6403).

② **기간** : 법원은 유예기간 내에서 보호관찰기간을 정할 수 있다(제62조의2 제2항). [국가9급 08 / 법원행시 06 / 사시 14]

③ **특별준수사항** : 보호관찰에 특별준수사항을 붙일 수 있으므로, 예컨대 근로기준법을 위반한 피고인에 대하여 형의 집행을 유예함과 동시에 집행유예기간 동안 보호관찰을 받을 것을 명하면서 **'보호관찰기간**

중 선거에 개입하지 말 것이라는 내용의 특별준수사항을 부과하는 것도 경우에 따라 정당하다(대법원 2010.9.30, 2010도6403).

④ 특정 범죄자에 대한 위치추적 전자장치 부착 등에 관한 법률상 형의 집행을 유예하는 경우 위치추적 전자장치 부착의 요건 : 법원은 형의 집행을 유예하면서 보호관찰을 받을 것을 명하는 때에만 위치추적 전자장치 부착을 명할 수 있다. 따라서 형의 집행을 유예하면서 보호관찰을 받을 것을 명하지 않은 채 전자장치 부착을 명한 제1심판결에 대해서는 비상상고가 허용된다(대법원 2011.2.24, 2010오1, 2010전오1).

(2) 사회봉사명령

① 금지되는 사회봉사명령 : 일정한 금원의 출연을 내용으로 하는 사회봉사명령은 집행유예에 부가하여 명하는 처분이라는 점에서 허용되지 않으며(대법원 2008.4.24, 2007도8116; 2008.4.11, 2007도8373), [변호사 14] 피고인에게 자신의 범죄행위와 관련하여 어떠한 말이나 글을 공개적으로 발표하도록 명하는 내용의 사회봉사명령도 양심의 자유나 명예 및 인격에 대한 심각하고 중대한 침해에 해당되므로 허용되지 않는다(대법원 2008.4.11, 2007도8373). [경찰승진 12 / 국가7급 17 / 법원행시 18 / 사시 11]

② 특별준수사항 : 사회봉사명령이나 수강명령에도 특별준수사항을 붙일 수 있다. 다만, 사회봉사명령·수강명령 대상자에 대한 특별준수사항은 보호관찰 대상자에 대한 것과 같을 수 없으므로 **보호관찰 대상자에 대한 특별준수사항을 사회봉사명령·수강명령 대상자에게 그대로 적용하는 것은 적합하지 않다**(대법원 2009.3.30, 2008모1116). 예컨대, 사회봉사명령의 특별준수사항으로 개발제한행위 위반에 따른 건축물 등을 모두 원상복구할 것을 부과할 수는 없다(대법원 2020.11.5, 2017도18291).

(3) 보호관찰·사회봉사명령·수강명령의 동시선고

가능하다는 것이 **판례**이다(대법원 1998.4.24, 98도98). [경찰채용 12 1차 / 경찰간부 13·18 / 국가9급 07 / 국가7급 09 / 법원행시 11·18 / 사시 15]

04 실효와 취소

1. 집행유예의 실효

제63조【집행유예의 실효】 집행유예의 선고를 받은 자가 유예기간 중 고의로 범한 죄로 금고 이상의 실형을 선고받아 그 판결이 확정된 때에는 집행유예의 선고는 효력을 잃는다. 〈개정 2005.7.29.〉 [경찰채용 15 1차 / 경찰간부 13 / 국가9급 07 / 국가7급 13 / 법원9급 08·14 / 법원승진 13 / 법원행시 08·11 / 사시 10·11·14]

집행유예의 실효는 ① 고의범[117]으로서 [국가9급 08 / 법원승진 12] ② 집행유예기간 중에 범한 범죄이고 ③ 이에 대해 집행유예가 아닌 금고 이상의 실형의 선고가 내려져 확정되는 경우에만 가능하다.

2. 집행유예의 취소

제64조【집행유예의 취소】 ① 집행유예의 선고를 받은 후 제62조 단행의 사유가 발각된 때에는 집행유예의 선고를 취소한다. [법원행시 08·10·11]

---

117 **정리** : 실효사유는 집행유예와 가석방은 고의범일 것을 요하고, 선고유예의 경우에는 아직도 고의범·과실범을 불문한다.

② 제62조의2의 규정에 의하여 보호관찰이나 사회봉사 또는 수강을 명한 집행유예를 받은 자가 준수사항이나 명령을 위반하고 그 정도가 무거운 때에는 집행유예를 취소할 수 있다. [법원9급 15 / 법원행시 12]

(1) 필요적 취소

① 요건 : 집행유예의 선고를 받은 후 제62조 단행의 사유가 발각된 때에는 집행유예를 취소한다(제64조 제1항). 제62조 단행의 사유란 금고 이상의 형을 선고한 판결이 확정된 때부터 그 형집행종료·면제 후 3년까지의 기간에 범한 죄임에도 이를 간과한 채 집행유예를 내린 경우를 말한다. 여기서 금고 이상의 형에는 실형뿐만 아니라 집행유예가 선고되었던 경우도 포함된다는 것이 판례이다(대법원 1983.2.5, 83모1).

② 판결확정 전 결격사유가 이미 발각된 경우 : 집행유예 취소는 집행유예 선고의 판결이 확정된 후 위 사유가 발각된 경우로 한정되고, 그 판결확정 전에 결격사유가 발각된 경우에는 이를 취소할 수 없으며, [법원행시 10] 이때 판결확정 전에 발각되었다고 함은 검사가 명확하게 그 결격사유를 안 경우만을 말하는 것이 아니라 당연히 그 결격사유를 알 수 있는 객관적 상황이 존재함에도 부주의로 알지 못한 경우도 포함된다(대법원 2001.6.27, 2001모135).

③ 집행유예기간 경과 후 발각된 경우 : 집행유예기간이 경과함으로써 형의 선고가 효력을 잃은 후에는 형법 제62조 단행의 사유가 발각되었다 하더라도 그와 같은 이유로 집행유예를 취소할 수 없고 그대로 유예기간 경과의 효과가 발생한다(대법원 1999.1.12, 98모151). [법원9급 14]

(2) 임의적 취소

① 보호관찰 준수사항 위반에 대한 형사절차와 집행유예 취소의 병행 : 제64조 제2항의 임의적 취소와 관련해서는, 형법 제62조의2의 규정에 의하여 보호관찰이나 사회봉사 또는 수강을 명한 집행유예를 받은 자가 준수사항이나 명령을 위반한 경우에 그 위반사실이 동시에 범죄행위로 되더라도 형사절차와는 별도로 법원이 형법 제64조 제2항에 규정된 집행유예 취소의 요건에 해당하는가를 심리하여 준수사항이나 명령 위반사실이 인정되고 위반의 정도가 무거운 때에는 집행유예를 취소할 수 있다(대법원 1999.3.10, 99모33).

② 사회봉사·수강명령의 이행 여부와 보호관찰자 준수사항 위반 평가의 관계 : 보호관찰이나 사회봉사 또는 수강명령은 각각 병과되는 것이므로 사회봉사 또는 수강명령의 이행 여부는 보호관찰자 준수사항 위반 여부나 그 정도를 평가하는 결정적인 요소가 될 수 없다(집행유예 취소는 적법, 대법원 2010.5.27, 2010모446).

제2절 선고유예

제59조【선고유예의 요건】 ① 1년 이하의 징역이나 금고, 자격정지 또는 벌금의 형을 선고할 경우에 제51조의 사항을 고려하여 뉘우치는 정상이 뚜렷할 때에는 그 형의 선고를 유예할 수 있다. 다만, 자격정지 이상의 형을 받은 전과가 있는 사람에 대하여는 예외로 한다. 〈우리말 순화 개정 2020.12.8.〉 [법원행시 07·11]
② 형을 병과할 경우에도 형의 전부 또는 일부에 대하여 선고를 유예할 수 있다. 〈우리말 순화 개정 2020.12.8.〉 [법원행시 08]

01 의의 및 성격

선고유예란 범정이 경미한 범죄인에 대하여 일정한 기간 동안 형의 선고를 유예하고, 그 유예기간을 경과한 때에는 면소된 것으로 간주하는 제도이다(제59조). 형의 선고유예의 판결은 유죄판결이지만(형사소송법 제321조, 제322조) 특히 경미한 범죄를 저지른 자에 대하여 형의 선고 자체를 유예함으로써 피고인이 형사처벌을 받지 않았다는 점을 부각시켜 사회복귀를 돕는 '형벌도 아니고 보안처분도 아닌 형사제재'라는 성격을 가진다.

02 요 건

1. 1년 이하의 징역·금고·자격정지·벌금의 형을 선고할 경우일 것

선고유예는 1년 이하의 징역·금고·자격정지·벌금의 형을 선고할 경우에만 가능하므로 [국가9급 09 / 법원9급 07(상) / 법원행시 12] **구류에 대해서는 선고유예를 할 수 없다**(대법원 1993.6.22, 93오1). [법원9급 12·14 / 법원행시 07] 다만 **주형을 선고유예하는 경우라면 몰수나 추징에 대해서도 선고유예할 수 있다**(대법원 1980.3.11, 77도2027).

형을 병과할 경우에는 일부에 대한 선고유예도 가능하다(제59조 제2항). [법원9급 05] 따라서 징역형과 벌금형을 병과하는 경우 징역형에 대해서는 집행을 유예하고 벌금형의 선고만 유예하는 것도 가능하다(대법원 1976.6.8, 74도1266). [국가7급 09·13 / 법원9급 11 / 법원승진 12·13 / 사시 11]

2. 뉘우치는 정상이 뚜렷할 것

재범의 위험성이 없어야 함을 말한다(구형법에서는 '개전의 정상이 현저한 때'). 이는 형법 제51조의 사항을 종합하여 판결선고시를 기준으로 판단한다. 따라서 피고인이 **범죄사실을 자백하지 않고 이를 부인하는 때에도 뉘우치는 정상이 뚜렷할 수 있는 경우라면 선고유예를 할 수 있다**(대법원 2003.2.20, 2001도6138 전원합의체). [경찰채용 18 1차 / 국가9급 16 / 국가7급 13 / 법원9급 05·11 / 법원승진 13·14 / 법원행시 08·18 / 사시 10 / 변호사 14]

3. 자격정지 이상의 형을 받은 전과가 없을 것

재범의 위험성이 더욱 적은 초범자에 대하여만 선고유예할 수 있다는 취지이다.

(1) 집행유예기간이 경과한 경우

제59조 제1항 단서의 자격정지 이상의 형을 받은 '전과'라 함은 '형을 선고받은 범죄경력 그 자체'를 말하므로, (징역·금고의) **집행유예를 받아 그 기간이 경과한 자에 대해서는 선고유예를 내릴 수 없다**(대법원 2008.1.18, 2007도9405). [경찰채용 15 1차 / 경찰승진 12 / 국가9급 08 / 법원9급 07(하) / 법원9급 05·11 / 법원승진 11·13 / 법원행시 08·10·14]

(2) 사후적 경합범에 대한 형을 선고하는 경우

형법 제37조 후단 경합범 중 판결을 받지 아니한 죄에 대하여 형을 선고하는 경우, 제37조 후단에 규정된 '금고 이상의 형에 처한 판결이 확정된 죄'의 형도 형법 제59조 제1항 단서에서 정한 선고유예의 예외사유인 '자격정지 이상의 형을 받은 전과'에 포함되므로 **선고유예를 할 수 없다**(대법원 2010.7.8, 2010도931). [경찰간부 14 / 법원9급 14 / 법원승진 13 / 법원행시 12 / 변호사 14]

03 효 과

1. 선고유예의 선고

(1) 선고 여부

형의 선고유예의 판결은 유죄판결이고 형선고를 유예할 것인가는 법원의 재량이지만, 유예기간은 언제나 2년(제60조)으로 법정되어 있으므로 법원의 재량이 허용되지 않는다.

(2) 선고 방법

범죄사실과 선고할 형을 정해서 선고한다. 즉 선고유예의 판결에서도, 선고하려 했었던 **형벌의 종류와 양은 판결이유에서 정해놓아야 한다.** 또한 벌금형을 선고유예하는 경우에는 동시에 −선고유예가 실효되어 벌금형이 선고되고 이를 납입하지 않는 경우의 노역장 유치처분에 대비하여− **환형유치처분까지 해두어야 한다**(대법원 1993.6.11, 92도3437; 1988.1.19, 86도2654). [국가9급 16 / 법원9급 13 / 법원행시 15 / 사시 13]

(3) 보호관찰

선고유예시에는 보호관찰을 할 수 있다(임의적 보호관찰, 제59조의2). [법원9급 05·15 / 법원행시 15] 이 경우 보호관찰 기간은 1년이다.

2. 선고유예기간 경과의 효과

> **제60조【선고유예의 효과】** 형의 선고유예를 받은 날로부터 2년을 경과한 때에는 면소된 것으로 간주한다. [국가9급 09·16 / 사시 13·14]

면소(免訴)된 것이라 함은 형사소송법 제326조에서 규정하고 있다시피 선고유예기간의 경과로 더 이상 소송추행의 의미가 없다는 것이다.

04 실 효

> **제61조【선고유예의 실효】** ① 형의 선고유예를 받은 자가 유예기간 중 자격정지 이상의 형에 처한 판결이 확정되거나 자격정지 이상의 형에 처한 전과가 발견된 때에는 유예한 형을 선고한다. [법원9급 11·16]
> ② 제59조의2의 규정에 의하여 보호관찰을 명한 선고유예를 받은 자가 보호관찰기간 중에 준수사항을 위반하고 그 정도가 무거운 때에는 유예한 형을 선고할 수 있다.

제1항의 필요적 실효의 경우 '자격정지 이상의 형에 처한 전과가 발견된 때'라 함은, 형의 선고유예의 판결이 확정된 후에 비로소 위와 같은 전과가 발견된 경우를 말하고, 그 판결확정 전에 이러한 전과가 발견된 경우에는 이를 취소할 수 없으며, 이때 판결확정 전에 발견된 경우라 함은 검사가 명확하게 그 결격사유를 알았거나 당연히 그 결격사유를 알 수 있는 객관적 상황이 존재함에도 부주의로 알지 못한 경우를 말한다(대법원 2008.2.14, 2007모845). [경찰채용 18 1차 / 국가9급 16 / 국가7급 17 / 법원행시 15] 또한 선고유예 실효결정에 대한 상소심 진행 중에 선고유예기간인 2년이 경과한 경우에는 −면소된 것으로 간주되므로− 선고유예 실효결정을 할 수 없다(대법원 2007.6.28, 2007모348).

선고유예가 실효되면 법원은 유예된 형을 선고한다(제61조).

> 제72조 【가석방의 요건】 ① 징역이나 금고의 집행 중에 있는 사람이 행상(行狀)이 양호하여 뉘우침이 뚜렷한 때에는 무기형은 20년, 유기형은 형기의 3분의 1이 지난 후 행정처분으로 가석방을 할 수 있다. 〈우리말 순화 개정 2020.12.8.〉
> [경찰간부 20 / 법원9급 07(상) / 법원9급 05 / 법원행시 11]
> ② 제1항의 경우에 벌금이나 과료가 병과되어 있는 때에는 그 금액을 완납하여야 한다. 〈우리말 순화 개정 2020.12.8.〉
> [법원9급 07(상)]

01 의의 및 성격

가석방은 자유형을 집행받고 있는 사람이 행상이 양호하여 뉘우침이 뚜렷하다고 인정되는 때에 형기만료 전에 조건부로 수형자를 석방하고 일정한 기간을 경과한 때에는 형의 집행을 종료한 것으로 간주하는 제도로서(제72조 제1항), 법관이 결정하는 사법처분이 아니라 가석방심사위원회의 신청에 의해 법무부장관이 결정하는 **행정처분이라는 점에서**(제72조 제1항, 행형법 제122조 제1항) [법원행시 11] 특별예방목적을 위한 형집행의 변형의 성격을 가진다.

02 요 건

1. 징역·금고 집행 중의 자가 무기형은 20년, 유기형은 3분의 1을 지난 후일 것

형집행 중에 있는 자이어야 한다. 무기징역·금고에 있어서는 20년(2010.4.15. 개정), 유기징역·금고에 있어서는 형기의 3분의 1을 경과하여야 한다.[118] 이때 형기에 산입된 **판결선고 전 구금일수**는 집행한 기간에 산입시킨다(제73조 제1항).

무기징역·금고나 유기징역·금고를 받은 자가 사면 등에 의해 감형(減刑)된 경우에는 **감형된 형이 기준이** 되어 각 20년과 3분의 1을 경과하였는지 판단하지만, 사형을 선고받은 자가 사면법에 의하여 **특별감형**(사면법 제5조 제1항 제4호, 제2항)되어 무기징역으로 된 경우에는 **사형집행대기기간을 처음부터 무기징역을 받은 경우와 동일하게 가석방요건 중의 하나인 형의 집행기간에 다시 산입할 수는 없다**(대법원 1991.3.4, 90모59).
[국가7급 09 / 사시 15·16]

2. 행상이 양호하여 뉘우침이 뚜렷할 것

수형자에게 잔형을 집행하지 않아도 재범의 위험성이 없는 경우를 말한다.

3. 벌금이나 과료가 병과되어 있는 때에는 그 금액을 완납할 것

벌금·과료가 있으면 완납해야 가석방이 가능하다. 벌금이나 과료에 관한 노역장 유치기간에 산입된 판결선고 전 구금일수는 그에 해당하는 금액이 납입된 것으로 본다(제73조 제2항).

---

118 참고 : 소년범에 대한 부정기형에 있어서는 단기를 기준으로 형기의 3분의 1이 경과되었는지를 판단한다(소년법 제65조 제3호).

4. 행정처분으로 할 것

가석방을 하려면 먼저 교도소장이 법무부장관 소속하에 설치된 가석방심사위원회에 가석방심사를 신청하여야 한다(행형법 제121조 제1항). 가석방심사위원회가 가석방적격결정을 한 때에는 5일 이내에 법무부장관에게 가석방허가를 신청하여야 하고(동법 제122조 제1항), 신청을 받은 법무부장관은 동 위원회의 가석방신청이 정당하다고 인정되는 때에는 이를 허가할 수 있다(동 제2항).

03 효 과

1. 가석방의 처분

> **제73조의2【가석방의 기간 및 보호관찰】** ① 가석방의 기간은 무기형에 있어서는 10년으로 하고, 유기형에 있어서는 남은 형기로 하되, 그 기간은 10년을 초과할 수 없다.
> ② 가석방된 자는 가석방기간 중 보호관찰을 받는다. 다만, 가석방을 허가한 행정관청이 필요가 없다고 인정한 때에는 그러하지 아니하다.

(1) 가석방의 처분·기간

가석방심사위원회의 신청에 의하여 법무부장관이 할 수 있다(제72조, 행형법 제122조). 단 **보호관찰부 가석방**의 경우에는 보호관찰심사위원회의 신청에 의하여 법무부장관이 할 수 있다(보호관찰법 제24조). 가석방의 기간은 무기형은 10년, 유기형은 남은 형기로 하되 10년을 초과할 수 없다(제73조의2 제1항).
[국가7급 09 / 법원9급 07(상)]

(2) 필요적 보호관찰의 원칙

가석방된 자는 가석방기간 중 보호관찰을 받는다. 다만 가석방을 허가한 행정관청이 필요가 없다고 인정한 때에는 예외적으로 보호관찰을 부과하지 않을 수 있다(제73조의2 제2항). [법원9급 07(상)] 집행유예나 선고유예의 경우와 마찬가지로 가석방시 보호관찰도 보호관찰법에 의해 보호관찰소에서 담당한다. 다만 집행유예시 보호관찰과는 달리 가석방시 보호관찰에는 기간단축 규정이 없다.

2. 잔형기 경과의 효과

> **제76조【가석방의 효과】** ① 가석방의 처분을 받은 후 그 처분이 실효 또는 취소되지 아니하고 가석방기간을 경과한 때에는 형의 집행을 종료한 것으로 본다. [국가9급 09 / 법원9급 07(상) / 법원9급 05]
> ② 전2조의 경우에는 가석방 중의 일수는 형기에 산입하지 아니한다.

가석방기간이 경과되면 **형집행종료**의 효과가 발생한다. 따라서 형의 선고나 유죄판결 자체의 효력에는 영향이 없다. 또한 가석방기간종료는 형집행종료의 효과를 가진다는 점에서 이는 누범전과(제35조 제1항)이자 형의 소멸원인이 된다.

따라서 아직 가석방기간 중에 금고 이상에 해당하는 죄를 범하더라도 **누범**은 성립하지 않는다(대법원 1976.9.14, 76도2058). [법원9급 05] 잔형기 경과 전인 가석방기간 중에 범행을 저질렀다면 이를 형법 제35조에서 말하는 형집행종료 후에 죄를 범한 경우에 해당한다고 볼 수 없기 때문이다(대법원 1976.9.14, 76도2071).

04 실효와 취소

1. 가석방의 실효

> **제74조【가석방의 실효】** 가석방 기간 중 고의로 지은 죄로 금고 이상의 형을 선고받아 그 판결이 확정된 경우에 가석방 처분은 효력을 잃는다. 〈우리말 순화 개정 2020.12.8.〉 [국가9급 10 / 국가7급 09 / 법원9급 07(상)]

가석방 실효사유는 고의범에 한하며 과실범은 제외된다 [국가9급 10 / 법원9급 13] (집행유예와 유사, 선고유예와 다름).

2. 가석방의 취소

> **제75조【가석방의 취소】** 가석방의 처분을 받은 자가 감시에 관한 규칙에 위배하거나, 보호관찰의 준수사항을 위반하고 그 정도가 무거운 때에는 가석방 처분을 취소할 수 있다.

가석방을 받은 자가 감시에 관한 규칙을 위반하거나 보호관할의 준수사항을 위반하고 그 정도가 무거운 때에는 가석방심사위원회·보호관찰심사위원회에서 심사하여 법무부장관이 가석방을 취소할 수 있다(임의적 취소).

3. 가석방의 실효·취소의 효과

가석방 중의 일수는 형기에 산입하지 아니한다(제76조 제2항). [법원9급 05] 따라서 가석방을 받던 당시의 남아 있던 잔형기의 형을 모두 집행한다.

표정리 집행유예·선고유예·가석방의 주요 사항의 비교

구 분	집행유예 (제62조~제65조)	선고유예 (제59조~제61조)	가석방 (제72조~제76조)
요 건	① 선고형이 3년 이하의 징역, 금고, 500만 원 이하의 벌금 ② 정상에 참작할 만한 사유가 있을 것 ③ 금고 이상의 형을 선고받아 그 판결이 확정된 때부터 형집행 종료·면제 후 3년까지의 기간에 범한 죄가 아닐 것	① 선고형이 1년 이하의 징역, 금고, 자격정지, 벌금 ② 뉘우치는 정상이 뚜렷할 것 ③ 자격정지 이상의 형을 받은 전과가 없을 것	① 무기형 20년, 유기형 3분의 1을 경과 ② 행상이 양호하여 뉘우침이 뚜렷할 것 ③ 벌금이나 과료가 병과되어 있는 때에는 그 금액을 완납할 것
기 간	1년 이상, 5년 이하	2년	무기형은 10년, 유기형은 10년 한도 내의 잔형기
결 정	법원의 판결	법원의 판결	행정처분(법무부)
효 과	형선고의 효력 상실	면소된 것으로 간주	형집행이 종료한 것으로 간주
보호 관찰 등	• 임의적 처분(제62조의2 제1항) • 사회봉사, 수강명령도 가능 • 집행유예기간(단축가능)	• 임의적 처분(제59조의2) • 1년(단축불가)	• 필요적 처분(제73조의2 제2항) • 가석방기간(단축불가)

실 효	유예기간 중 고의로 범한 죄로 금고 이상의 실형을 선고받아 그 판결이 확정된 때	• 유예기간 중 자격정지 이상의 형에 처한 판결이 확정된 때(필요적, 고의·과실 불문) • 자격정지 이상의 형에 처한 전과가 발견된 때(필요적) • 보호관찰 준수사항의 무거운 위반(임의적)	가석방 중 금고 이상의 형의 선고를 받아 그 판결이 확정된 때(다만 과실범은 제외)
취 소	• 필요적 취소(제64조 제1항) : ③의 요건이 발각된 경우 • 임의적 취소(제64조 제2항) : 보호관찰 등 준수사항·명령의 무거운 위반	–	• 감시에 관한 규칙의 위반(임의적) • 보호관찰 준수사항의 무거운 위반(임의적)

CHAPTER 06 형의 시효·소멸·기간

제1절 형의 시효

01 의 의

1. 개 념

형의 선고를 받은 자가 재판이 확정된 후 그 형의 집행을 받지 아니하고 일정한 기간을 경과하면 형의 집행이 면제되는 것이다(형벌집행권의 발동기간).

2. 공소시효와의 구별

형의 시효는 확정된 형벌권을 소멸시키는 제도임에 비하여, 공소시효는 미확정의 형벌권인 공소권을 소멸시키는 제도이다(형벌청구권 내지 형사재판청구권의 발동기간).

02 시효기간

> **제78조 【형의 시효의 기간】** 시효는 형을 선고하는 재판이 확정된 후 그 집행을 받지 아니하고 다음 각 호의 구분에 따른 기간이 지나면 완성된다. 〈개정 2017.12.12.〉〈우리말 순화 개정 2020.12.8.〉 [법원행시 05]
> 1. 사형 : 30년
> 2. 무기의 징역 또는 금고 : 20년
> 3. 10년 이상의 징역 또는 금고 : 15년
> 4. 3년 이상의 징역이나 금고 또는 10년 이상의 자격정지 : 10년 [법원9급 06]
> 5. 3년 미만의 징역이나 금고 또는 5년 이상의 자격정지 : 7년
> 6. 5년 미만의 자격정지, 벌금, 몰수 또는 추징 : 5년
> 7. 구류 또는 과료 : 1년

구 형법상 벌금·몰수·추징의 형의 시효는 3년으로 규정되어 있었다. 이는 벌금형의 공소시효가 5년으로 되어 있는 것(형사소송법 제249조 제1항 제5호)보다 단기로 되어 있어 균형에 맞지 않는 등 그 문제가 지적되어 왔다. 이에 2017년 12월 개정형법에서는 5년 미만의 자격정지, 벌금·몰수·추징의 형의 시효를 3년에서 '5년'으로 연장하고, 이에 따라 3년 미만의 징역·금고, 5년 이상의 자격정지의 형의 시효도 5년에서 '7년'으로 연장하게 된 것이다.

03 시효의 효과

> **제77조【형의 시효의 효과】** 형을 선고받은 사람에 대해서는 시효가 완성되면 그 집행이 면제된다. 〈우리말 순화 개정 2020.12.8.〉 [경찰채용 10 1차 / 법원9급 06 / 법원행시 05]

당연히 집행면제의 효과가 발생하며, 별도의 재판은 요하지 않는다.

04 시효의 정지 및 중단

1. 시효의 정지

> **제79조【시효의 정지】** ① 시효는 형의 집행의 유예나 정지 또는 가석방 기타 집행할 수 없는 기간은 진행되지 아니한다. 〈개정 2014.5.14.〉 [법원9급 06 / 법원행시 13]
> ② 시효는 형이 확정된 후 그 형의 집행을 받지 아니한 자가 형의 집행을 면할 목적으로 국외에 있는 기간 동안은 진행되지 아니한다. 〈신설 2014.5.14.〉 [법원행시 13]

제1항의 '기타 집행할 수 없는 기간'이란 천재지변 기타 사변으로 인하여 집행할 수 없는 기간을 말하며, 국내에 있는 도주나 소재불명의 기간은 이에 포함되지 않는다. 정지사유가 소멸하면 잔여 시효기간이 진행한다. 제2항에서는 형의 집행을 면할 목적으로 국외에 체류하는 동안(국외도피기간)에는 시효가 진행되지 아니하도록 함으로써 형집행의 실효성을 도모하고 있다.

2. 시효의 중단

(1) 사 유

> **제80조【시효의 중단】** 시효는 사형, 징역, 금고와 구류에 있어서는 수형자를 체포함으로, 벌금, 과료, 몰수와 추징에 있어서는 강제처분을 개시함으로 인하여 중단된다. [법원9급 13 / 법원행시 05]

벌금에 있어서의 시효는 강제처분을 개시함으로 인하여 중단된다. 예컨대, 채권에 대한 강제집행의 방법으로 벌금형을 집행하는 경우에는 검사의 징수명령서에 기하여 '법원에 채권압류명령을 신청하는 때'에 강제처분인 집행행위의 개시가 있는 것으로 보아 특별한 사정이 없는 한 그때 시효중단의 효력이 발생한다(대법원 2009.6.25, 2008모1396).

(2) 중단사유 소멸의 효과

다시 새롭게 시효의 전 기간이 경과되어야 시효가 완성된다.

01 형의 소멸

1. 의 의

유죄판결의 확정에 의하여 발생한 형의 집행권을 소멸시키는 제도를 말한다.

2. 원 인

형의 집행의 종료, 형의 집행의 면제, 형의 선고유예 · 집행유예기간의 경과, 가석방기간의 만료, 형의 시효의 완성, 범인의 사망, 사면 등이 형의 소멸의 원인이다. 사면에 대하여는 일반사면과 특별사면으로 나누어 볼 수 있다.

(1) 일반사면

죄를 범한 자에 대하여 미리 죄 또는 형의 종류를 정하여 대통령령으로 행하는 사면을 말한다(사면법 제3조, 제8조). 일반사면을 받으면 형의 언도의 효력이 상실된다.[119]

(2) 특별사면

형선고를 받은 특정인에 대하여 대통령이 하는 사면이다(사면법 제3조 제2호, 제9조). 원칙적으로 형집행이 면제되지만, 특별한 사정이 있을 때에는 형의 언도의 효력이 상실된다(사면법 제5조 제1항 제2호). 단, **형선고의 기성의 효과는 사면으로 인하여 변경되지 아니한다**(사면법 제5조 제2항). ➜ 누범의 전범에 해당되는 이유

02 형의 실효 및 복권

1. 형의 실효

(1) 의 의

형이 소멸되더라도 형선고의 효과가 소멸하는 것은 아니어서 전과사실은 남게 되므로, 전과사실을 말소시켜 수형자의 사회복귀를 용이하게 하는 제도이다.

(2) 종 류

① 재판상의 실효

제81조 【형의 실효】 징역 또는 금고의 집행을 종료하거나 집행이 면제된 자가 피해자의 손해를 보상하고 자격정지 이상의 형을 받음이 없이 7년을 경과한 때에는 본인 또는 검사의 신청에 의하여 그 재판의 실효를 선고할 수 있다.

자격정지 이상의 형을 받지 않아야 하므로, 징역 · 금고의 집행유예를 받은 경우에는 형의 실효를 선고할 수 없다.

---

119 **참고** : 사면법 제5조 제1항 제1호에는 다음과 같이 규정되어 있다. ① 형의 언도를 받은 자는 언도의 효력 상실, ② 형의 언도를 받지 아니한 자는 공소권 상실.

② 당연실효 : 수형자가 자격정지 이상의 형을 받음이 없이(대법원 2010.3.25, 2009도14793) '형의 집행을 종료하거나 그 집행이 면제된 날'[120]로부터 ㉠ 3년을 초과하는 징역·금고는 10년, [법원행시 13] ㉡ 3년 이하의 징역·금고는 5년, ㉢ 벌금은 2년의 기간이 경과된 때에 그 형은 실효된다(형의 실효 등에 관한 법률 제7조).

(3) 효 력

형의 실효의 재판이 있으면 징역 및 금고를 선고했던 재판의 효력이 상실된다(제81조). 이 경우 형선고의 법적 효과는 장래에 향하여 소멸되고, 특가법·폭처법상 누범전과에서도 삭제되는 효과가 발생한다(대법원 1974.5.14, 74누2; 2002.10.22, 2002감도39; 2010.3.25, 2010도8; 2010.9.9, 2010도8021; 2016.6.23, 2016도5032).[121]

2. 복 권

> 제82조【복 권】자격정지의 선고를 받은 자가 피해자의 손해를 보상하고 자격정지 이상의 형을 받음이 없이 정지기간의 2분의 1을 경과한 때에는 본인 또는 검사의 신청에 의하여 자격의 회복을 선고할 수 있다. [법원행시 14]

(1) 의 의

자격정지의 선고를 받은 자에게 그 기간이 만료되지 않은 경우에 있어서도 일정한 조건하에 자격을 회복시켜 줌으로써 사회복귀를 용이하게 하는 제도이다.

(2) 효 력

정지된 자격의 회복이 있게 된다. 그러나 형선고의 효력은 소멸되지 않으므로 전과사실은 **누범가중사유**에 해당하게 된다(대법원 1981.4.14, 81도543). [법원행시 13] 또한 징역형의 집행유예와 추징의 선고를 받은 자에 대하여 징역형의 특별사면 및 복권이 있는 경우라 하더라도 추징에 대해서는 형선고의 효력이 상실되지 않는다(대법원 1997.10.13, 96모33). [사시 11]

제3절 | 형의 기간

01 | 기간의 계산

> 제83조【기간의 계산】연(年) 또는 월(月)로 정한 기간은 연 또는 월 단위로 계산한다. 〈우리말 순화 개정 2020.12.8.〉
> [법원9급 12]

---

120 판례 : 형의 실효기간의 산정 형의 실효 등에 관한 법률의 입법 취지에 비추어 보아, 과거 2번 이상의 징역형을 받은 자가 자격정지 이상의 형을 받음이 없이 마지막 형의 집행을 종료한 날부터 위 법에서 정한 기간을 경과한 때에는 그 마지막 형 이전의 형도 모두 실효되는 것으로 보아야 할 것이다(대법원 1983.9.13, 83도1840,83감도339; 2010.3.25, 2010도8).
121 참고 : 형의 실효에 의한 전과기록 말소 형법 제81조 및 형의 실효 등에 관한 법률 제7조에 의하여 형이 실효된 때에는 수형인명표를 폐기하고 수형인명부의 해당란을 삭제하는 방법으로 전과기록을 말소하게 된다(형의 실효 등에 관한 법률 제8조 제1항 제1호). 수형인명표란 자격정지 이상의 형을 받은 수형인을 기재한 명표로서 수형인의 본적지 시·구·읍·면사무소에서 관리하는 것을 말하고(동법 제2조 제3호), 수형인명부란 자격정지 이상의 형을 받은 수형인을 기재한 명부로서 검찰청 및 군검찰부에서 관리하는 것을 말한다(동법 동조 제2호).

제84조 【형기의 기산】 ① 형기는 판결이 확정된 날로부터 기산한다. [법원9급 12]

　② 징역, 금고, 구류와 유치에 있어서는 구속되지 아니한 일수는 형기에 산입되지 아니한다.

제85조 【형의 집행과 시효기간의 초일】 형의 집행과 시효기간의 초일은 시간을 계산함이 없이 1일로 산정한다. [법원9급 12]

제86조 【석방일】 석방은 형기종료일에 하여야 한다. [법원9급 12]

표정리 형의 종류에 따른 형기와 법률상 감경의 정도

종류(9종)		형 기	법률상 감경
사 형		없음	무기 또는 20년 이상 50년 이하
징역	무 기	없음	10년 이상 50년 이하의 징역
	유 기	1개월 이상 30년 이하(가중시 50년까지)	그 형기의 2분의 1
금고	무 기	없음	10년 이상 50년 이하의 금고
	유 기	1개월 이상 30년 이하(가중시 50년까지) [법원9급 14]	그 형기의 2분의 1
자격상실		사형 · 무기징역 · 무기금고의 판결을 받으면 당연히 상실	7년 이상의 자격정지
자격정지		1년 이상 15년 이하 [법원9급 14]	그 형기의 2분의 1
벌 금		5만 원 이상(미납시 1일 이상 3년 이하 노역장 유치, [법원9급 07(상)] 단 1억 원 이상시 법정)	그 액수의 2분의 1
구 류		1일 이상 30일 미만	그 장기의 2분의 1
과 료		2천 원 이상 5만 원 미만 (미납시 1일 이상 30일 미만 노역장 유치) [법원9급 14]	그 다액의 2분의 1
몰 수		없음	없음

CHAPTER 07

보안처분

제1절 의 의

보안처분이라 함은 형벌로는 행위자의 사회복귀와 범죄의 예방이 불가능하거나 행위자의 특수한 위험성으로 인하여 형벌의 목적을 달성할 수 없는 경우에 재범방지와 사회방위를 위해 형벌을 대체하거나 보완하기 위한 예방적 성질의 목적적 조치를 말한다. [법원행시 07]

우리 헌법은 "누구든지 법률과 적법한 절차에 의하지 아니하고는 … 보안처분을 받지 아니한다."(제12조 제1항)고 규정하여 보안처분의 법적 근거를 제공하고 있고, 이에 종래의 사회보호법과 2005년 대체입법으로 신설된 **치료감호법**에서는 대표적인 보안처분인 치료감호와 보호관찰을 규정하는 등 여러 법률에서 이를 법제화하고 있다.

제2절 형벌과의 관계

01 이원주의

이원주의란 형벌과 보안처분은 본질적으로 다르다는 입장이다(원래는 고전학파 및 도의적 책임론에서 주장됨 [법원행시 07]). 이원주의에 의하면 형벌과 보안처분을 동시에 선고하되, 형벌을 집행하고 나서 보안처분을 다시 집행하게 된다. 우리 입법자는 형벌에 대해서는 형법에 규정하고, **치료감호나 보호관찰**과 같은 보안처분에 대해서는 치료감호법 등의 특별법에 규정하고 있는데 이는 **이원주의**의 표현이라 할 수 있다. 다만 이에 대해서는 **이중처벌**로서 지나치게 가혹하다는 비판이 제기된다.[122]

---

122 참고 : 2005년 8월 4일 사회보호법이 폐지되어 보호감호제도가 없어지게 된 근본적 이유도 바로 여기에 있다. 다만 보호감호제도의 필요성에 대해서는 견해가 대립하고 있으나, 자세한 논의는 생략한다.

02 일원주의

일원주의란 형벌 또는 보안처분은 결국 동일한 성질을 가진다는 입장이다(원래는 근대학파 및 사회적 책임론에서 주장됨). 일원주의에 의하면 형벌을 집행하면 보안처분을 집행할 수 없게 되고, 보안처분을 집행하면 형벌을 집행할 수 없게 된다. 이에 대해서는 책임원칙을 배제 내지 약화시킨다는 비판이 제기된다. 일원주의가 우리 법제에 반영된 곳은 없다.

03 대체주의

대체주의란 형벌은 책임의 정도에 따라 언제나 선고되며, 다만 그 집행단계에서 보안처분의 집행에 의하여 형벌이 대체되어야 한다는 입장으로서, 원칙적으로 형벌과 보안처분이 이원적이라는 점을 인정하면서도 이중처벌의 위험성을 감소시키는 원칙이다.

우리의 **치료감호법상 치료감호제도**는 보안처분을 형벌보다 먼저 집행하고 보안처분기간은 형집행기간에 산입하도록 하고 있는데, 이는 대체주의의 제도적 구현이다.

제3절 지도원리

01 비례성의 원칙

비례성의 원칙은 보안처분은 행위자의 범행, 예기되는 범행의 의미와 그 발생위험의 정도 등을 종합적으로 고려하여 꼭 필요한 정도에 제한되어야 한다는 원칙이다. 형벌이 책임주의의 적용을 받는 데 비하여 보안처분은 비례성원칙의 적용을 받는 것이다. [법원행시 07]

02 사법적 통제와 인권보장

1. 선고기관

보안처분은 법익의 박탈·제한을 내용으로 한다는 점에서 형벌과 동질적이므로, **법원**에 의해서 행해질 것이 요구된다.

2. 보안처분법정주의

죄형법정주의의 원칙은 보안처분에서도 존중되어야 한다(헌법 제12조 제1항).

01 대인적 보안처분

1. 자유박탈보안처분

치료감호처분(치료감호법 제2조), 상습범죄자에 대한 보호감호, 노동시설수용처분 등이 있다.

2. 자유제한보안처분

보호관찰(치료감호법상 보호관찰, 형법상 보호관찰, 보호관찰 등에 관한 법률상 보호관찰, 소년법상 보호관찰, 성폭법상 보호관찰 등), 선행보증, 직업금지, 단종, **화학적 거세**(성충동약물치료법) 등 거세, 국외추방(출입국관리법 제45조), 음주점출입금지처분, 운전면허박탈처분 등이 있다.

02 대물적 보안처분

몰수, 영업소 폐쇄, 법인의 해산 등이 있다.

제5절 현행법상 보안처분

형법상의 보안처분으로서는 집행유예시의 보호관찰(제62조의2 제1항)을 들 수 있다. 이외에도 형법에는 집행유예시의 사회봉사·수강명령(제62조의2), 선고유예시의 보호관찰(제59조의2), 가석방시의 보호관찰(제73조의2 제2항)이 있다. 그런데 형법 이외에도 치료감호법을 비롯한 다른 여러 법률들에는 다수의 보안처분 규정들이 존재하고 있다.

표정리 형법상 중요한 기간·기한·액수·연령 등의 숫자 정리

형법규정	중요한 숫자
형사미성년자(제9조)	14세 미만
소년법의 소년(소년법 제2조)	• 19세 미만 • 10세 이상 소년 : 보호처분 • 12세 이상 소년 : 장기소년원송치, 수강명령 • 14세 이상 소년 : 사회봉사명령
사형·무기형에 처할 수 없으며 벌금형의 환형유치처분도 못 내리는 연령	18세 미만(사형·무기형 → 15년)
아동혹사죄의 아동(제274조)	자기의 보호·감독을 받는 16세 미만
미성년자의제강간죄의 객체(제305조)	13세 미만, 13세 이상 16세 미만

미성년자위계 · 위력간음죄(제302조)	16세(원칙) 이상 19세 미만
특수교사의 가중(제34조 제2항)	정범의 형의 장기 · 다액의 2분의 1까지
특수방조의 가중(제34조 제2항)	정범의 형
경합범가중 (사형 · 무기형 외의 같은 종류의 형인 A형과 B형) (제38조 제1항 제2호)	• A+{A(장기 · 다액)×2분의 1}=X • X≦(A+B) • X≦45년
유기징역 · 금고의 가중(제42조 단서)	50년까지
누범의 성립요건(제35조 제1항)	금고 이상 형집행종료 · 면제 후 3년 이내
누범의 형(제35조 제2항)	장기의 2배까지
사형의 집행기한(형사소송법 제465조)	판결확정 후 6월 이내 집행
유기징역의 기간(제42조)	1개월 이상 30년 이하(가중시 50년까지)
구류의 기간(제46조)	1일 이상 30일 미만
벌금의 액수(제45조)	5만 원 이상(감경시에는 5만 원 미만도 가능)
벌금 · 과료의 납입기한(제69조)	판결확정일로부터 30일 이내
벌금 미납입시(제69조 제2항)	• 1일 이상 3년 이하 노역장 유치 • 1억 원 이상 : 최소기간 법정
과료 미납입시(제69조 제2항)	1일 이상 30일 미만 노역장 유치
노역장 유치기간(제70조 제2항)	• 1억 원 이상 5억 원 미만 : 300일 이상 • 5억 원 이상 50억 원 미만 : 500일 이상 • 50억 원 이상 : 1천일 이상
과료의 액수(제47조)	2천 원 이상 5만 원 미만
자격정지의 기간(제44조 제1항)	1년 이상 15년 이하

APPENDIX

부 록

APPENDIX

APPENDIX

MEMO